W0070871

Bahman Nirumand
Keywan Daddjou

Mit GOTT für die MACHT

Eine politische Biographie
des Ayatollah Chomeini

Rowohlt

Redaktion Ingke Brodersen
Schutzumschlag- und Einbandgestaltung
Jürgen Kaffer
Umschlagfoto Alfked / Gamma
Foto der Autoren
Ann-Christine Jansson / Agentur presstige

1. Auflage September 1987
Copyright © 1987 by Rowohlt Verlag GmbH,
Reinbek bei Hamburg
Alle Rechte vorbehalten
Satz Garamond (Linotron 202)
Gesamtherstellung Clausen & Bosse, Leck
Printed in Germany
ISBN 3 498 04628 4

Inhalt

«Unser Streit geht nicht um Gott. Schlagt euch das aus dem Kopf. Es geht auch nicht um den Islam. Das ist Unsinn, mich könnt ihr damit nicht überlisten. Mir selbst und euch allen geht es um die eigene Person, jeder von uns will die Macht, die ganze Macht.»

Imam Chomeini

(bei der Absetzung von
Staatspräsident Banisadr)

Vorwort

Der zwölfte Nachfolger des Propheten, Mahdi, verschwand im Jahre 874 als Kind. In der schiitischen Mythologie gilt er als «Imam der Zeiten», als Messias der Schiiten. Eines Tages soll er wiederkehren, die Menschen aus der Knechtschaft befreien und auf der ganzen Erde Gerechtigkeit schaffen.

Im Oktober 1978 wurde Chomeini aus seinem Exil im Irak ausgewiesen und tauchte unversehens in Paris auf. Als er von dort aus im Namen der Schwachen und Habenichtse den Sturz des Schah zu fordern begann, waren viele gläubige Muslims im Iran überzeugt, daß mit ihm der verborgene Imam wiedergekommen sei. Bald wurden dem Ayatollah göttliche Kräfte nachgesagt. Es hieß auch, er könne jede Macht vernichten, die sich ihm in den Weg stelle.

Wenige Monate nachdem Chomeini nach Paris übersiedelt war, stürzte das Schahregime. Damit erhielt die Legendenbildung um den geistlichen Revolutionsführer neuen Auftrieb. Sein Ruf als islamischer Messias drang über die Grenzen seiner Heimat hinaus. In großen Teilen der islamischen Welt – von Marokko über den Sudan und Ägypten bis nach Pakistan, Indonesien und den Philippinen, ja selbst unter den Muslims der Sowjetunion – wurde der Ayatollah nun als Gottgesandter und Erlöser gefeiert. Sein Bild, mit einem Heiligenschein um das Haupt und der Inschrift: «Gott ist mächtig, Chomeini unser Führer», schmückte fortan die Lehmhütten der Ärmsten.

Wer aber ist dieser wundersame Alte, der keine Gefühle zu haben scheint und doch Millionen von Menschen den Verstand raubt und sie in den Märtyrertod treibt? Ist er ein gerissener Taktiker, ein Demagoge und Scharlatan, ein machtgieriger Misanthrop, dem die Religion nur als Mittel zum Zweck der Durchsetzung seiner eigenen Ziele dient? Ist er ein islamischer Fundamentalist, ein Strenggläubiger, der – Gott ergeben und über Menschliches erhaben – kein Opfer und keine Verbrechen scheut, um seine Mission zu erfüllen? Oder ist er bloß austauschbare Symbolfigur einer kulturellen und sozialen Eruption, eines Vulkans, den die Schahdiktatur fünfundzwanzig Jahre lang zu stillen und stopfen versuchte, und der doch früher oder später ausbrechen mußte?

Wir, die Autoren dieses Buches, sind diesen Fragen nachgegangen, allerdings nicht als Unbeteiligte. Über gut zwei Jahrzehnte hinweg hatten wir am Kampf der iranischen Opposition gegen die Schahdiktatur teilgenommen, mußten jahrelang im Exil leben. Kurz vor dem Sturz der Monarchie sind wir in den Iran zurückgekehrt, voller Zuversicht. Dort wurden wir aus unseren Träumen wachgerüttelt. Ein ganzes Volk hatte auf Freiheit und Unabhängigkeit gehofft. Nun mußten wir mitansehen, wie Chomeinis Gottesstaat diese Hoffnungen Schlag auf Schlag zertrümmerte.

Die Aufarbeitung der iranischen Geschichte, vor allem der Zeit nach der Revolution, war für uns häufig mit inneren Qualen, Alpträumen, Gefühlen von Enttäuschung, Wut und Ohnmacht verbunden. Hätten wie die unter dem Deckmantel der Frömmigkeit und religiösen Moral verübten Brutalitäten nicht teilweise selbst beobachtet, hätten wir nicht miterlebt, wie innerhalb einer kurzen Zeit das Diabolische hinter dem Heiligenschein hervortrat, wie der Gottesmann Chomeini und seine Jünger sich als zügellose Machthaber entpuppten, wir hätten die Greuelnachrichten aus dem Iran als Hirngespinste zurückgewiesen.

Die Beschäftigung mit Chomeini bedeutet für uns auch, die Auseinandersetzuung mit der eigenen Geschichte, es bedeutet, die Fehler einzusehen, die Linke, bürgerliche Demokraten und selbst Reformwillige aus dem islamischen Lager gemacht haben – Fehler, ohne die Chomeini vermutlich nicht zur absoluten Macht gelangt wäre.

Unsere Arbeit wurde nicht zuletzt durch den Umstand erschwert, daß es über längere Lebensabschnitte des jetzt sechsundachtzigjährigen Ayatollah glaubhafte Zeugnisse kaum gibt. Bis zu seinem sechzigsten Lebensjahr war Chomeini in der Öffentlichkeit unbekannt. Er selber hat sich über seine Kindheit und Jugend bisher nur spärlich ausgelassen. Nach der Revolution kamen zwar im Iran einige Bücher über den Revolutionsführer heraus, die meisten sind aber Lobhudeleien und für eine Biographie unbrauchbar. So waren wir darauf angewiesen, das verfügbare Material durch Aussagen von Zeitgenossen zu ergänzen. Ohne diese Hilfe hätten wir die vorliegende Biographie nicht schreiben können.

Interviews gaben uns u. a.: Ahmad Ali Babai, enger Mitarbeiter des Ayatollah Taleghani, Schapur Bachtiar, Ex-Ministerpräsident, Abolhassan Banisadr, Ex-Staatspräsident, Ali Asghar Haj Seyed Jawadi, Essayist, Huschang Keschawarz, ehemaliger stellvertretender Landwirtschaftsminister, Karim Lahiji, Rechtsanwalt, Ahmad Madani, Ex-Verteidigungsminister, Nemat Mirzazadeh, Dichter, Homa Nategh, Schriftstellerin und Historikerin, Hassan Nazieh, Ex-Ölminister, Mahmud Rafi, ehemaliges Vorstandsmitglied der Konföderation Iranischer Studenten (CIS/NU), Kambiz Rusta, Vorstandsmitglied der Nationalen Front – Nahost, Ahmad Salamatian, ehemaliger Staatssekretär im Außenministerium und Parlamentsabgeordneter, Haj Schanetschi, enger Mitarbeiter des Ayatollah Taleghani, Hassan Schariatmadari, Sohn des Ayatollah Schariatmadari, Asghar Schirazi, Soziologe, Mehdi Serdani, Islamforscher. Ihnen sind wir zu besonderem Dank verpflichtet.

Unser Dank gilt vor allem auch zwei geistlichen Herren, die unsere Arbeit durch detaillierte Informationen unterstützt haben. Sie möchten – aus uns verständlichen Gründen – nicht genannt werden.

Berlin im Juni 1987

Der Heilige am Galgen

Er wirkt auf andere einschüchternd. Sein stechender, durchdringender Blick, die großen schwarzen Augen, überwölbt von kräftigen, buschigen Augenbrauen, die von tiefen Falten gezeichnete Stirn, sein bis zur Brust reichender Vollbart machen den siebzigjährigen geistlichen Würdenträger zu einer charismatischen Erscheinung.

Seitdem die Kugel eines Attentäters seinen rechten Schenkel getroffen hat, trägt er stets einen Stock in der Hand, ein Umstand, der seiner Autorität um so größeres Gewicht verleiht. Dieser Mullah, von Abertausenden geliebt, über Jahre und Jahrzehnte hinweg als geistlicher Führer verehrt, zuletzt aber gefürchtet und gehaßt, sitzt, einsam und von seinen Anhängern verlassen, auf einem Hocker in der Vorhalle des Teheraner Polizeipräsidiums, neben ihm stehend sein alter Diener, vielleicht der einzige, der ihm bis in diese Tage treu geblieben ist. Der Eingang des Polizeipräsidiums ist von bewaffneten Milizen besetzt.

Draußen auf der Straße und auf dem nahegelegenen Kanonenplatz, dem größten Platz der Hauptstadt Teheran, der so oft Schauplatz historischer Ereignisse gewesen ist, haben sich seit den frühen Morgenstunden Tausende von Schaulustigen eingefunden. Ihnen gegenüber steht ein Kreis von kräftigen Männern, die Hände auf dem Rücken, die Beine auseinander, sie schauen unbeweglich wie Palastwächter mit ernster Miene über die Köpfe der Zuschauer hinweg. In der Mitte des Platzes steht ein Galgen, darunter, genau zwischen den beiden Pfosten, befindet sich ein Stuhl, auf dessen Lehne die Schlinge des Galgens liegt.

Obwohl der Platz überfüllt ist, herrscht tiefes Schweigen. Selbst die kleinen Kinder, die in den Armen ihrer Mütter liegen – die größeren sitzen auf den Schultern ihrer Väter – verhalten sich still. Viele haben sich auf die Dächer der umliegenden Gebäude begeben. Sehnsüchtig und gespannt warten alle auf das bevorstehende Ereignis.

Der geistliche Würdenträger leidet offensichtlich unter körperlicher Erschöpfung. Beide Hände und die Stirn hat er auf den Griff seines Stockes gelegt. Neben ihm steht verängstigt der Diener und versucht, alle Vorgänge in der Vorhalle des Polizeipräsidiums aufmerksam im Blick zu behalten.

Plötzlich machen die Milizen der Eingang frei. Ein Mann, begleitet von zwei Leibwächtern, tritt herein, bleibt einen Augenblick lang stehen, blickt seitlich auf den Mullah herab, will weitergehen und die Treppe hinauflaufen, da hebt der Mullah seinen Kopf, hoch zu dem Neuankömmling, streckt seine rechte Hand mit ausgestrecktem Zeigefinger in Richtung Kanonenplatz und sagt mit leiser, aber entschlossener Stimme: «Wenn ich dahin soll, dann beeilt euch.» Dann bewegt er den Arm in die Gegenrichtung, in der das Gefängnis liegt, und sagt: «Wenn ich dorthin soll, dann beeilt euch auch.»

«Das wirst du gleich erfahren», erwidert der Mann und läuft die Treppe hoch. Wenige Minuten später kehrt er zurück, stellt sich vor den Mullah, zeigt in Richtung Kanonenplatz und sagt: «Dorthin.»

Der alte Mullah erhebt sich. Mit langsamen Schritten, gestützt auf seinen Stock, geht er zum Ausgang. Die Milizen treten zur Seite. Draußen vor dem Eingang bleibt er stehen, schaut zum Himmel und murmelt leise einen Spruch aus dem Koran. «Bald werdet ihr euch dessen erinnern, was ich euch verkündet habe. Ich gebe mein Schicksal in Gottes Hand, dem Gott, dem nichts verborgen bleibt.» Dann schreitet er auf den Kanonenplatz zu. Die Milizen müssen ihm den Weg freikämpfen. Wie ein Lauffeuer verbreitet sich die Nachricht unter den versammelten Massen. «Er kommt, er kommt», hört man die Leute flüstern.

Es ist spätnachmittags. Die blasse Sonne neigt sich ihrem Untergang zu. Trotzdem herrscht eine unerträgliche Hitze. Ein staubiger, heißer Wirbelsturm saust, vermutlich von der Wüste kommend, über den Platz hinweg. Ohne Anteilnahme an dem Geschehen läuft der Greis zum Galgen. Die Leute starren ihn an, wagen aber kein Wort zu äußern. Seine Autorität scheint sie immer noch in Bann zu halten. Kurz bevor er den Stuhl unter dem Galgen erreicht hat, bleibt er stehen, ruft mit lauter Stimme: «Nadali, Nadali.» So heißt sein Diener, der ihn selbst auf dem Gang zum Galgen nicht allein lassen will und hinter den Milizen herläuft. Nadali springt nach vorn, um den Befehl seines Herrn zu empfangen. Der Mullah faßt in die Tasche seines schwarzen Umhangs, holt einen Beutel heraus und befiehlt: «Zertrümmere die Stempel und Siegel, vernichte sie.» Nadali holt Stempel und Siegel aus dem Beutel heraus, wirft sie auf die Erde und zertrampelt sie mit seinen Schuhsohlen. Die Zuschauer, die dies sehen, rätseln über den Sinn dieser ungewöhnlichen Demonstration.

«Geh jetzt», sagt der Greis zu seinem Diener, nachdem er sich durch die Spitze seines Stocks davon überzeugt hat, daß die Stempel und Siegel zertrümmert sind. Dann geht er zu dem Stuhl unter dem Galgen, bleibt einige Minuten still stehen, blickt zum Himmel, hebt die Arme und flüstert ein Gebet. Danach beginnt er mit lauter Stimme zu reden. «Herr, du bist mein Zeuge», sagt er. «Was zu sagen war, habe ich diesen Sterblichen und Unwissenden gesagt. Und heute will ich es zum letztenmal wiederholen. Diese Demokraten, diese Freiheitsapostel sind gottlos. Sie sind Feinde des Islam. Ihr Werk ist ein Werk des Satans. Sie haben das Volk verführt, doch bald werden wir alle vor Gericht stehen, und du, mein großer Herr, wirst über uns richten. Du weißt, daß ich die Wahrheit sage...»

«In die Hölle mit dir», unterbricht ihn einer. «In die Hölle mit dir», rufen, ihm folgend, Tausende im Chor.

Der Greis versucht, seine Rede fortzusetzen, aber er kommt gegen den Lärm nicht an. Niemand will ihm zuhören. Die Menge will endlich seinen Tod. Er zieht die Augenbrauen zusammen. Sein Körper zittert vor Wut. Mit der Linken stützt er sich auf die Stuhllehne, mit der Rechten schleudert er heftig seinen Stock in die Zuschauer, die ihn zerbrechen und die Teile auf ihn zurückwerfen. Er nimmt seinen weißen Turban vom Kopf, hält ihn hoch und schreit: «Die Gotteslästerer haben mir diesen heiligen Turban vom Kopf gerissen, dasselbe werden sie bald mit allen Mullahs tun. Sie werden den Islam vernichten und unser Land in eine Hölle verwandeln.» Doch seine Worte werden von dem Geschrei der Menge übertönt. Er wirft den Turban, dann seinen Umhang weg. Zwei Henker fassen ihn an beiden Armen, setzen ihn auf den Stuhl und legen ihm die Schlinge um den Hals. Der Strick wird hochgezogen, der Greis erhebt sich, klettert auf den Stuhl, ein Henker zieht ihm den Stuhl unter den Füßen weg, ein kurzes Zucken der Glieder, dann hängt der leblose Körper in der Luft und wird nur noch durch den Wind hin und her bewegt.

Ein Hurraruf geht durch die Menge. Die Zuschauer klatschen und tanzen. Milizen schießen Kugeln in die Luft. An der Südseite des Platzes beginnt die Polizeikapelle Marschmusik zu spielen.

Nach einer halben Stunde wird der Erhängte heruntergeholt und zum Polizeipräsidium getragen. Viele scheinen nicht befriedigt. Das Geschehen, auf das sie seit den frühen Morgenstunden gewartet haben, ist zu schnell abgelaufen. Sie folgen dem Toten, der auf den nackten Boden in den Hof des Polizeipräsidiums gelegt wird. Die Herumstehenden spucken und schlagen mit Gewehrkolben und Stiefeln auf ihn ein, bis sein Körper völlig verstümmelt ist. Schließlich kommt der Polizeipräsident, läßt die Menge vertreiben, der Leichnam wird auf die Seite gelegt und mit einem weißen Tuch bedeckt.

Nach einer Stunde ist der Kanonenplatz leer, der Galgen bereits abgebaut. Heimlich in der Abenddämmerung kommen Freunde und Verwandte des Toten, um den Erhängten an einen unbekannten Ort zu bringen und ihn dort zu begraben. Es war der 31. Juli 1909.[1]

Seit diesem Tag, liegt der Körper dieses Mannes im Grab,

Scheich Fazlollah Nuri, eines der profiliertesten Oberhäupter der schiitischen Geistlichkeit, sollte aber noch weiterhin Geschichte machen. Er gehörte zu den hartnäckigsten Vertretern des schiitischen Fundamentalismus und war ein entschiedener Gegner jeglichen Fortschritts. Jede Entwicklung, jede Modernisierung, jede Veränderung, die über den Rahmen einer islamischen Urgesellschaft hinausging, galt ihm als Werk des Teufels.

Zwar hatte er, zum Erstaunen seiner Kollegen und Anhänger, anfangs jene Bewegung der Konstitutionalisten unterstützt, die zu Beginn des 20. Jahrhunderts die absolute Monarchie in eine konstitutionell-demokratische überführen wollten. Doch als diese Bewegung im August 1906 siegte und den damaligen König Mozaffareddin Schah zwang, Order zur Bildung einer parlamentarischen Volksvertretung zu erteilen, da rief der Scheich seine Anhänger zum Widerstand auf. Um die neue Staatsform, um die Verfassung und um die politische Macht entbrannte ein erbitterter Kampf zwischen den schiitischen Fundamentalisten und den Konstitutionalisten. Die konstitutionelle Bewegung, getragen von dem aufsteigenden städtischen Bürgertum und aufgeklärten Intellektuellen, die – erfüllt von den Ideen des europäischen Liberalismus und Sozialismus und beeinflußt von der russischen Revolution von 1905 – nach Freiheit, Demokratie und Gerechtigkeit strebten, hatte das ganze Land erfaßt. Die Jugend war begeistert, auch die Geistlichkeit war aktiv dabei. Die beiden Schriftgelehrten Ayatollah Tabatabai und Ayatollah Behbahani, Oberhäupter des schiitischen Glaubens, wurden sogar zu den Initiatoren und Führern der konstitutionellen Revolution gezählt.

Doch diese große Koalition der ideologisch und gesellschaftlich ansonsten unterschiedlich orientierten politischen Strömungen währte nicht lange. Es zeigte sich nur zu bald, daß der Islam – selbst der aufgeschlossene und reformierte – mit den freiheitlich-demokratischen Ideen und Gesellschaftsstrukturen kaum zu vereinbaren war, zumindest solange er am Koran und den dogmatischen Überlieferungen festhielt.

Scheich Fazlollah Nuri war der erste, der aus dem Bund austrat. Als unnachgiebiger Fundamentalist verlangte er, daß die neugegründete Nationalversammlung islamisch getauft werde, eine Forderung, die dem Wesen der parlamentarischen Demokratie und der Akzeptierung einer pluralen Gesellschaft widersprach. Aber er ging noch einen Schritt weiter und forderte die Bildung eines Wächterrats, bestehend aus Vertretern der Geistlichkeit, der als oberste gesetzgebende Instanz das Parlament kontrollieren sollte. Jedes Gesetz, das von den gewählten Volksvertretern verabschiedet werde, sollte nach Meinung des Scheichs zur Überprüfung und endgültigen Entscheidung dem Rat vorgelegt werden. Der Rat sollte befugt sein, Gesetze und Beschlüsse, die seiner Ansicht nach mit den Grundsätzen des Islam nicht übereinstimmten, abzulehnen.

Selbstverständlich waren die neugewählten Parlamentarier nicht bereit, sich dem Diktat der Fundamentalisten zu unterwerfen. Der Konflikt brach offen aus. Der Scheich hatte eine Zeitlang neben den beiden Ayatollahs Behbahani und Tabatabai an den Parlamentssitzungen teilgenommen, obwohl keiner von den dreien gewählt worden war. Nach Ablehnung seiner Vorschläge verließ er das Parlament voller Groll und Wut und begann, den ausgebrochenen Streit öffentlich auszutragen. Von der Kanzel aus redete er den Gläubigen ins Gewissen und hetzte sie, vor Gottes Urteil und Zorn mahnend, gegen die Konstitutionalisten auf, die er als Ketzer und Heiden bezeichnete, als Boten des Teufels, die die Gläubigen verführen und das Verderben auf Erden verbreiten wollten.

Doch mit der Mobilisierung der Gläubigen hatte der Scheich kein Glück. Das Feuer der Revolution war längst nicht erloschen, die Begeisterung für die errungene Demokratie und Freiheit noch so stark, daß seine Mahnungen und Drohungen auf taube Ohren stießen. Je entschiedener er gegen die gewählten Volksvertreter auftrat, desto stärker zog er den Volkszorn auf sich. Bald bildeten sich sogar Gruppen, die seine Verhaftung, Verbannung und Hinrichtung verlangten. «Hängt den Scheich!» rief eine Menschenmasse, die sich vor dem Parlamentsgebäude versammelt hatte.

16

Der Scheich witterte Gefahr, Freunde rieten ihm zur Flucht. Als ihm schließlich eines Tages die Nachricht überbracht wurde, daß eine Gruppe aufgebrachter, zum Teil bewaffneter Männer sich auf dem Weg zu seinem Haus befinde, verließ er Teheran bei Nacht und Nebel, begleitet von einigen seiner Anhänger, und fuhr in den südlich von Teheran gelegenen Wallfahrtsort Rey. An diesem Ort, wo der Heilige Abdolazim begraben liegt, fand er Zuflucht. Hier konnte er sich sicher fühlen, denn nach islamischem Brauch darf niemand, der in eine Moschee flüchtet, unter Zwang herausgeholt, verhaftet und bestraft werden.

Gemeinsam mit einer Schar seiner Anhänger veröffentlichte er Traktate und Flugblätter, schrieb offene Briefe, die im ganzen Land verbreitet wurden. Hier in der Moschee von Rey konnte er offen und unverblümt seine fundamentalistischen Gedanken äußern. Unterstützung erhielt er dabei vom königlichen Hof. Mozaffareddin Schah, ein kranker, schwacher Regent, der zeit seines Lebens immer wieder die Staatskasse leerte, die er mit hohen Anleihen aus Rußland belastet hatte, um seine üppigen Auslandsreisen nach Europa und sein prunkhaftes Hofleben finanzieren zu können, war kurz nach der Unterzeichnung des ersten Verfassungsentwurfs gestorben. Sein Sohn, Mohammad Ali Schah, ein junger Monarch mit diktatorischen Ambitionen, konnte und wollte sich unter keinen Umständen mit dem Parlament und einer konstitutionellen Monarchie befreunden. Er verlangte die Wiederherstellung der absoluten Macht des Königs, die ihm durch die Volksvertretung streitig gemacht worden war. Aber noch war er nicht stark genug, um gewaltsam gegen die Nationalversammlung vorgehen und sie ausschalten zu können. So versuchte er zunächst durch Intrigen und Ausnutzung der unter den Abgeordneten herrschenden Differenzen und Rivalitäten das Parlament zu schwächen. Die Aktivitäten des Scheichs kamen ihm dabei sehr gelegen. Er unterstützte ihn finanziell, ließ seine Schriften verbreiten und gewährte seinen Anhängern Schutz, damit sie in den Städten und auf dem Land die Gläubigen gegen die Konstitutionalisten organisieren konnten.

Der Scheich nahm diese Hilfe gerne in Anspruch, obwohl er zunächst die Gerüchte über seine Verbindungen zum Hof abstritt. Das seien üble Verunglimpfungen, die seine Feinde in die Welt gesetzt hätten, um ihn bei den Volksmassen in Mißkredit zu bringen. Aber er konnte schwerlich erklären, womit er seine politischen Aktivitäten finanzierte. Er kaufte eine Druckmaschine, versorgte etwa achthundert bis tausend seiner Anhänger, die zu ihm gestoßen waren, und gewährte rund achtzig seiner Schüler Kost, Unterkunft und Taschengeld.

Und je mehr Mittel er erhielt, desto schärfer wurden seine politischen Polemiken. Er ging sogar so weit, daß er dem neugegründeten Parlament jegliche Legitimation absprach. «Wozu brauchen wir ein Parlament?», schrieb er. «Der Islam besitzt die umfassendste und vollkommenste Gesetzgebung, und dies nicht nur für religiöse, sondern gleichfalls für politische und soziale Angelegenheiten.» Wenn es eine Volksvertretung geben sollte, dann könne es nur eine sein, deren Fundament auf der Basis islamischer Grundsätze errichtet worden sei. Diese Grundsätze seien für die Ewigkeit bestimmt, niemand dürfe sie in Frage stellen oder gar verändern. Und wenn es um die Auslegung und Anwendung dieser Gesetze gehe, dann seien hierfür einzig und allein die islamischen Schriftgelehrten zuständig und «nicht dieser oder jener Lebensmittel- oder Textilhändler, die – zufällig gewählt – unter den Abgeordneten die Mehrheit bilden.»[2] – «Was ich will, ist ein islamisches Parlament, das kein Gesetz verabschiedet, dessen Inhalt mit den Gesetzen des Koran nicht übereinstimmt.»[3]

«Die konstitutionelle Bewegung hat die Worte Freiheit und Gleichheit auf ihre Fahnen geschrieben. Ihr lieben Brüder, wenn die Konstitutionalisten tatsächlich den Islam schützen und Gottes Gesetze durchsetzen wollten, weshalb haben sie dann Freiheit und Gleichheit zu ihren Grundsätzen erklärt? Diese beiden Forderungen widersprechen dem Islam. Der Islam verlangt Gehorsam und nicht Freiheit, Ungleichheit und nicht Egalität.»[4]

Die Gleichheit vor dem Gesetz gebe es im Islam nicht, sagte

er. Der Koran unterscheide eindeutig und unmißverständlich zwischen Männern und Frauen, Heiden, Christen, Juden und Muslims. Für jede dieser Gruppen gebe es unterschiedliche Gesetze. Zum Beispiel seien die Muslims verpflichtet, Abtrünnige aus ihrem Glauben zu töten. Die Frauen dieser Sündigen seien vogelfrei, ihr Hab und Gut dürfe nur an islamische Erben weitergegeben werden, ihre Leichen nicht geehrt, gewaschen und in ein Tuch gelegt werden. Jeder Handel mit Abtrünnigen sei verboten. Diese dürften nicht beschäftigt werden oder einen Lohn empfangen. Auch die Rechte von Juden und Christen seien im Vergleich zu denen der Muslims stark eingeschränkt. «Wenn jemand in einem islamischen Staat dieselben Rechte genießen möchte wie die Muslims, dann muß er sich zum Islam bekennen, andernfalls muß er, gemäß dem Willen des Allmächtigen, Erniedrigungen und Beleidigungen erdulden...»

«Ihr Unwürdigen, Ehrlosen!» rief er den Konstitutionalisten zu. «Der Islam gesteht euch Privilegien zu, und ihr verzichtet darauf und sagt ‹wir wollen Feueranbeter, Christen und Juden uns gleichstellen›. Schande über euch.»[5]

Wie die Gleichheit lehnte der Scheich auch die Forderung nach Freiheit ab. Auch sie sei mit den Grundsätzen des Islam nicht vereinbar. Der Islam verlange von den Gläubigen uneingeschränkten Gehorsam und dulde keine individuellen Freiheiten. «Meine Brüder», schrieb er, «wißt ihr nicht, daß die Freiheit des Wortes und der Schrift... eindeutig im Widerspruch zu unseren heiligen Gesetzen steht?» Daß die Konstitutionalisten aus den ausländischen Gesetzbüchern u. a. auch den Satz abgeleitet hätten, die Presse genieße uneingeschränkte Freiheit, sei für die Muslims einfach untragbar. Bücher wie die des Franzosen Voltaire, die eine Verunglimpfung des Islam darstellen, dürften niemals in einem islamischen Land erscheinen.[6]

Auch persönliche Freiheiten, vor allem in bezug auf Frauen, seien mit dem islamischen Glauben unvereinbar, meinte der Scheich. «Ihr ehrwürdigen Bürger», rief er. «Laßt nicht zu, daß eure Frauen und Töchter ihre Keuschheit aufgeben, laßt sie nicht ohne Schleier aus dem Haus… Auf den Straßen laufen so viele ledige Männer herum. Wo bleibt euer Ehrgefühl? Fürchtet euch vor Gottes Gerechtigkeit…»[7] Frauen und Mädchen durften nach Meinung des Scheichs auch keine Schule besuchen. Eine allgemeine Schulpflicht, die auch Frauen und Mädchen zum Schulbesuch verpflichte, sei zu verwerfen. Die Schulen für Frauen und Mädchen bezeichnete er als «Stätten der Prostitution».

Auch die Bestrebungen des Parlaments, eine unabhängige Rechtsprechung zu schaffen und Strafverfolgung und Strafmaß weltlichen Richtern zu übertragen, lehnte der Scheich entschieden ab. «In der Verfassung steht der Satz: ‹Niemand dürfe verfolgt oder bestraft werden, es sei denn kraft bestehender Gesetze.› Dieser Satz steht im Widerspruch zum Islam, der vorschreibt, daß juristische Angelegenheiten, in Abwesenheit der Propheten, von der Geistlichkeit geregelt und ausgeführt werden müssen.»[8]

In einem zusammenfassenden Urteil über die bürgerlich-demokratische Bewegung schreibt der Scheich: «Meine Brüder! Wißt ihr, was die Konstitutionalisten in Wirklichkeit wollen? Sie möchten, daß einige, vom Volk gewählte Vertreter, sich in der Hauptstadt versammeln und die gesetzgebende Gewalt bilden. Diese Abgeordneten sollen sich nach den Erfordernissen der Zeit richten und nach dem Willen der Mehrheit, ohne Rücksicht auf den Islam, Gesetze erlassen. Die einzige Bedingung dabei ist, daß die Gesetze der beiden Grundsätzen Freiheit und Gleichheit nicht widersprechen. Das ist die Wahrheit über die Konstitutionalisten, alles andere, was sie euch erzählen, ist nichts als Lüge.»[9]

Zwar hatte das Parlament der Geistlichkeit schon Zugeständnisse gemacht: ein fünfköpfiger Wächterrat sollte die vom Parlament verabschiedeten Gesetze überprüfen und sie, im Falle eines Widerspruchs zum Islam, auch ablehnen können; die Pressefreiheit wurde eingeschränkt; alle Schriften, die gegen den islamischen Glauben gerichtet waren, sollten verboten werden. Doch selbst diese, dem Wesen einer demokratischen Verfassung widersprechenden Ergänzungen der Verfassung konnten den Scheich nicht zufriedenstellen. Was er wollte, war ein islamischer Staat unter der Herrschaft der Geistlichkeit. Dazu aber war die Zeit noch nicht reif.

Die Radikalität, mit der Scheich Fazlollah seine fundamentalistische Position vertrat, und seine Feindschaft gegen die demokratische Bewegung führten schließlich zu einer Spaltung der Geistlichkeit und später auch der gesamten konstitutionellen Bewegung, eine Spaltung, die bis zum heutigen Tag den Verlauf der iranischen Geschichte prägen sollte.

Die gesamte iranische Geschichte des 20. Jahrhunderts ist geprägt von den ständigen Auseinandersetzungen, Annäherungen, Bündnissen und Machtkämpfen zwischen diesen politischen Lagern: den bürgerlich-demokratisch-nationalen, wozu mit Einschränkung auch der aufgeklärte und reformwillige Teil der Geistlichkeit gezählt werden kann, den islamisch-fundamentalistischen und den monarchistisch-absolutistischen. Eine vierte Strömung, die die Linke aller Schattierungen umfaßt, konnte, obwohl sie die meisten Opfer brachte, ihre Mitglieder die Gefängnisse füllten, Verfolgungen und Höchststrafen ausgesetzt waren, nur kurzfristig politischen Einfluß ausüben.

Scheich Fazlollah Nuri war der hartnäckigste Verteidiger des islamischen Fundamentalismus. Unerschütterlich in der Überzeugung, den Willen Gottes erkannt zu haben, fühlte er sich seinem Herrn gegenüber verpflichtet, der Menschheit den rechten Weg zu weisen. Den Koran in der einen Hand, mit der anderen nach der Macht greifend, arrangierte er sich zunächst mit den Aufständischen gegen den königlichen Absolutismus, ging aber, nachdem er seine Pläne scheitern sah, einen Pakt mit dem Hof ein. Im Juni 1908 ließ Mohammad Ali Schah, der König, das Parlamentsgebäude stürmen und zahlreiche Konstitutionalisten hinrichten. Der Scheich befürwortete diesen Putsch und äußerte seine Genugtuung darüber, daß es nun ein Ende habe mit diesem «Haus der Sünde» und «Quelle des Verderbens».

Aber die Freude über diesen Sieg währte nicht lange. Die Konstitutionalisten leisteten, unterstützt durch die Bevölkerung, bewaffneten Widerstand. Ein Jahr später eroberten sie triumphierend die Hauptstadt. Der Schah flüchtete in die russische Botschaft und mußte zugunsten seines minderjährigen Sohnes, Ahmad, abdanken. Der Scheich wurde verhaftet und vor Gericht gestellt. Der Geistliche Zanjani bezeichnete ihn als «Verderber auf Erden» und verurteilte ihn zum Tode. Mit der Hinrichtung von Scheich Fazlollah Nuri erlitt der islamische Fundamentalismus einen tödlichen Schlag. Auch seine Idee von der Vereinigung der Religion mit politischer Macht, die Idee von der Gründung eines Islamischen Staates, mußte vorerst begraben werden.

Jahrzehnte sollten vergehen, bis diese, durch den Tod von Scheich Fazlollah herbeigeführte Niederlage des islamischen Fundamentalismus überwunden und ein Sieg gegen die Kräfte des Fortschritts erreicht werden sollte. Als dem Scheich Fazlollah am 31.Juli 1909 die Schlinge um den Hals gelegt wurde, glaubten viele, daß damit auch seine Ideen beseitigt worden seien. Die Vorstellung, diese Ideen könnten über lange Zeit hindurch im Verborgenen weiterleben, um erst gegen Ende des zwanzigsten Jahrhunderts brutale Wirklichkeit zu werden, schien damals abwegig. Und selbst als sich im Zuge der Revolution von 1978/79 die Bewegung zunehmend islamisierte, schien vielen – auch uns, den Autoren dieses Buches – die Vermutung, die Mullahs könnten im Iran die Macht übernehmen, ein absurder und der Entwicklung der Geschichte widersprechender Gedanke.

Was Scheich Fazlollah Nuri verwehrt geblieben war, sollte siebzig Jahre später Ayatollah Ruhollah Chomeini vergönnt werden: die Gründung eines Islamischen Staates. Voller Stolz blickte der greise Revolutionsführer nach der Machtübernahme auf die Geschichte zurück, würdigte den Scheich, der ihm schon längst zum Vorbild geworden war. «Der gesegnete Scheich Fazlollah Nuri leistete Widerstand und verlangte, daß der Staat dem Glauben untergeordnet wird», sagte Chomeini. «Er forderte eine islamische Gesetzgebung. Aber schon damals fürchteten die Gegner des Islam und die Ausländer die Macht der Geistlichkeit. Sie haben dem ehrwürdigen Scheich Fazlollah einen Schauprozeß gemacht, ein falscher Geistlicher hat ihn verurteilt, er wurde auf dem Kanonenplatz in Teheran erhängt, und die Bevölkerung hat gejubelt und getanzt.»[10]

Ruhollah, die Seele Gottes

Ruhollah Musawi Chomeini wurde 1902 in Chomein, einer Kleinstadt am Rande der großen Salzwüste, geboren. Im sechsten Monat nach seiner Geburt wurde sein Vater – ein Geistlicher – ermordet. Über die Umstände, die zum Tode seines Vaters, Seyed Mustafa, führten, gibt es unterschiedliche Aussagen und zahlreiche Gerüchte. Es wird erzählt, daß er auf dem Weg von Arak nach Chomein von Räubern überfallen, ausgeplündert und umgebracht worden sei, ein Vorfall, der damals nicht ungewöhnlich war.[1] Bei geringem Verkehr auf dieser verlassenen Landstraße, dem Mangel an Straßenkontrollen und der Vielzahl von Banditen war eine Reise durch die Wüstenlandschaft immer mit großem Risiko verbunden. Selten nur reiste jemand allein.

Aber es gibt noch eine andere Geschichte. Chomeinis Bruder Seyed Morteza erzählt, Seyed Mustafa sei von zwei Grundbesitzern ermordet worden. Die Auseinandersetzung über die Menge des Ernteanteils, die nach islamischer Vorschrift der Geistlichkeit zusteht und auf ein Fünftel des Gesamtertrages festgelegt ist, soll zu einem heftigen Streit zwischen diesen und Chomeinis Vater geführt haben, in dessen Verlauf er durch Spatenschläge getötet worden sein soll.[2]

Eine dritte Version, die wohl im Zuge der Revolution entstanden ist, versucht dem Mord eine politische Bedeutung zu geben. Chomeinis Vater, so wird berichtet, sei auf Grund seines politischen Widerstands gegen die Hofdiktatur durch beauftragte Agenten des Schah umgebracht worden. Chomeini selbst hat sich bisher nur selten über die Vergangenheit geäußert, die Vorgänge nach seiner Geburt und während seiner Kindheit hat er nie erwähnt.

Wie auch immer – Ruhollahs Geburt wurde von der abergläubischen Bevölkerung Chomeins mit dem Tod des Vaters in Zusammenhang gebracht und als ein schlechtes Omen aufgefaßt. Es sei ein Unglückskind, so raunten die Bewohner der Stadt, es werde Unglück über die Stadt bringen.[3]

Die Mutter geriet durch solche Gerüchte in Panik, versteckte das Kind. Eine Tante gewährte ihm Zuflucht. Bei ihr blieb er bis zu seinem siebzehnten Lebensjahr.

Die Stadt Chomein, in der Ruhollah seine Kindheit und frühe Jugend verbrachte, war eher ein größeres Dorf, eine verlassene Oase in der Wüstenlandschaft zwischen Arak und Ghom. Nach der Volkszählung, die in den vierziger Jahren durchgeführt worden war, zählte sie 7038 Einwohner. Die Bevölkerung, meist Bauern und Händler, lebte von Produktion und Verkauf von Zuckerrüben, Baumwolle, Trauben, Mandeln und Aprikosen. Ein kleiner Basar, in dem vorwiegend einheimische Produkte neben minderwertigen Textilien, Schmuckwaren, landwirtschaftlich hergestellten Gebrauchsgütern zum Verkauf angeboten wurden, eine verwahrloste Moschee, ein paar größere Gebäude aus Ziegelsteinen und einige hundert Lehmhütten prägten das Stadtbild. Die Wasserversorgung wurde aus dem Ghanat, dem alten Tiefbrunnen, gedeckt. Nur im Frühling floß für wenige Wochen in dem sonst das ganze Jahr über trockenen Fluß ein schmaler Wasserstreifen. Viel Staub gab es in Chomein, besonders im Sommer, und wenn die Wirbelwinde von der Wüste her bliesen, wurde ganz Chomein in eine Staubwolke eingehüllt.

Ruhollahs Vorfahren stammten ursprünglich aus Neyschabur, einer Stadt in der Provinz Chorasan, im Nordosten Irans.[4] Nach dem Indienfeldzug des Perserkönigs Naderschah, im 18. Jahrhundert, bei dem große Gebiete erobert wurden, siedelte die Familie nach Kaschmir über. Die Gegner Chomeinis behaupten deshalb auch, er sei kein Iraner, sondern Inder, hieße in Wirklichkeit mit Nachnamen Hindi (Inder) und habe sich den Namen Chomeini erst viel später zugelegt.

In der Tat hatte Chomeinis Urgroßvater den Zunamen Hindi gewählt. Mir Hamed Hossein Hindi Neyschaburi wurde er genannt. Als schiitischer Geistlicher hatte er in Kaschmir eine kleine theologische Schule gegründet. Seine Liebe zum Islam führte dazu, daß er seinen ältesten Sohn, Seyed Ahmad Musawi, zur theologischen Ausbildung nach Najaf, dem Zentrum der schiitischen Geistlichkeit, schickte.

Die Übersiedlung Seyed Ahmad Musawis von Najaf nach Chomein im Jahre 1840 erfolgte durch die Einladung Jussef Khan Kamareis, eines lokalen Potentaten, der durch die Anwesenheit eines Mullahs für das Seelenheil seiner Untertanen und die Aufwertung seiner eigenen Hausmacht sorgen wollte.

Chomeinis Vater, Mustafa, der einzige Sohn, sollte – der Tradition der Familie folgend – ebenfalls Theologie studieren. Auch er wurde zur Ausbildung nach Najaf geschickt und durfte nach der Beendigung seines Studiums die Position des Vaters in Chomein übernehmen. Finanziell ging es dem jungen Mullah nicht sonderlich gut. Selbst die Heirat mit der Tochter des Gelehrten Mirza Ahmad und die Morgengabe, die sie mit in die Ehe brachte, konnten die bescheidenen Verhältnisse, in denen er zu leben gezwungen war, nicht wesentlich verbessern, zumal die junge Familie bald drei Söhne und drei Töchter zu versorgen hatte.

Ruhollah war das jüngste unter den Kindern. Seinen Vater, der sehr zurückgezogen lebte, den Sinn seines Lebens in der Erfüllung seiner Pflichten den Menschen und vor allem Gott gegenüber sah, viele Stunden des Tages mit Beten und frommen Diensten verbrachte, diesen Vater hatte Ruhollah nicht mehr erlebt. Auch die Liebe und Zärtlichkeit der Mutter, eine im Gegensatz zum Vater sehr lebendige, fröhlich gestimmte und gesellige Frau, blieb ihm verwehrt. Er wuchs als Waisenkind auf.

Die Tante, die Schwester seines Vaters – Sahebe hieß sie – war ziemlich wohlhabend. Ihr Mann, der schon in fortgeschrittenem Alter war, kümmerte sich kaum um den ungewollten Adoptivsohn. So war die Tante die einzige Person, bei der Ruhollah sein kindliches Verlangen nach Wärme und Geborgenheit befriedigen konnte.

Dennoch wuchs der Junge in der Einsamkeit auf. Mit fünf Jahren lernte er bei einem Dorflehrer lesen und schreiben. Unter seinen Mitschülern galt er als der begabteste. Er las viel, studierte den Koran und konnte nach wenigen Jahren viele Passagen auswendig hersagen. Er lernte bei seinem Lehrer aber auch andere religiöse Schriften kennen. Auch für poetische Werke entwickelte er ein großes Interesse, vor allem die berühmten Mystiker wie Hafiz und Molana beeindruckten ihn.

Die Chomein umgebende Landschaft, der unendlich scheinende Horizont der Wüste, die kahlen Hügel und Berge und die dort spürbare Einsamkeit, der Tod des Vaters und der Mangel an familiärer Geborgenheit formten den heranwachsenden jungen Mann zu einem melancholischen, einsamen und mystisch veranlagten Menschen. Freunde hatte er keine. Nach der Schule ging er geradewegs nach Hause, verkroch sich in sein Zimmer, wanderte allein durch die Wüste oder setzte sich im Schatten eines Baumes nieder, las den Koran oder die Gedichte von Hafiz, dem großen persischen Dichter, der vielen iranischen Mystikern als Vorbild dient.

Ruhollah – sein Name bedeutet «Seele Gottes» – war ein schöner Junge. Sein ovales Gesicht mit der klassischen Nase, die schmalen Lippen, die ungewöhnlich hohe Stirn über seinen tiefschwarzen Augen, nicht zuletzt seine wohlgeformte, schlanke Gestalt fielen jedem Betrachter angenehm auf. Die Gerüchte um seine Geburt waren längst vergessen. Für die Bewohner von Chomein, zum größten Teil Analphabeten, gab es Gründe genug, ihn zu bewundern. Seine Herkunft aus einem geistlichen Hause, seine Begabung, die ihn aus seinen Mitschülern herausragen ließ, seine vornehme Bescheidenheit und Höflichkeit, sein durchdringender Blick und zugleich seine Unnahbarkeit wirkten auf die Bewohner von Chomein beeindruckend. Selten konnte man seinen strengen Gesichtszügen ein Lächeln entlocken. Er sprach von sich aus kaum jemanden an und begnügte sich, wenn man ihm Fragen stellte, mit knappen Antworten, sich immer einer gepflegten Sprache bedienend. Aufmerksame Beobachter spürten, daß sich hinter seiner hohen Stirn tiefsinnige Gedanken formten. Doch er schien nicht gewillt, der Außenwelt etwas davon mitzuteilen. Dieses Verhalten schuf zwischen ihm und seinen Mitmenschen eine Distanz, die niemand, nicht einmal seine Pflegeeltern, zu überwinden vermochte. Er wurde als ein Sonderling angesehen, geachtet, bewundert, ja, obwohl er noch so jung war, manchmal auch gefürchtet.

Zu seinen Mitschülern hatte er kaum Kontakt. Keiner von ihnen, die ihn ebenfalls bewunderten und als Autorität akzeptierten, wagte eine Annäherung und den Versuch einer Freundschaft zu ihm. Von Jugendstreichen, Herumtoben, Lärmen und Spielen hielt er nicht viel, auch am Sport fand er keine Freude. Nur manchmal spielte er Fußball, wenn seine Schulkameraden ihn höflichst dazu aufforderten – und dabei gehörte er, wie er sich später selbst rühmte, nicht einmal zu den schlechtesten Spielern.

Bald litt Ruhollah nicht mehr unter der Einsamkeit, im Gegenteil, er liebte sie, hütete seine Geheimnisse und war glücklich über die Stunden und Tage, die er mit sich allein verbringen durfte. Nur einem einzigen öffnete er sein Herz und seine Seele ohne Einschränkung: seinem Schöpfer, dem er eine grenzenlose Liebe entgegenbrachte. All die Zuneigung, die man gewöhnlich in diesem Alter den Eltern, Geschwistern, Freunden und einer Jugendliebe entgegenbringt, richtete sich bei ihm einzig auf Gott, dem er sich voll hinzugeben bereit war.

Als seine Tante und kurz darauf die Mutter starben – er hatte gerade das siebzehnte Lebensjahr erreicht –, da wußte er, daß er in Chomein nichts mehr zu suchen hatte. Diese Kleinstadt mit den engen Gassen, den Bauern und Kleinhändlern, diese winzige, schmutzige, verarmte, verlassene Oase, von der die Geschichte keine Notiz nahm, bedeutete ihm nichts. Auch sein Lehrer, der ihm eine große Zukunft voraussagte, empfahl ihm, die engen Mauern von Chomein zu verlassen, in größere Städte zu ziehen und namhafte Geistliche aufzusuchen. Was hätte er auch in Chomein tun sollen. Ja, er konnte ein einfacher Dorflehrer werden. Aber das wäre im Hinblick auf seine Begabung und seine Fähigkeiten ein viel zu geringes Ziel. Nein, er hatte Höheres im Sinn. Vor allem wollte er viel mehr wissen, um seinem Schöpfer näher sein zu können. Dazu mußte er eine höhere Schule besuchen, mit bedeutenden Schriftgelehrten diskutieren und viele Bücher lesen. All dies war in Chomein nicht möglich. Hier konnte und wollte er nicht bleiben.

Doch wohin sollte er gehen? Am liebsten wäre er, wie sein Vater und Großvater, nach Najaf gefahren, ins Zentrum des schiitischen Glaubens, wo der Prophetennachfolger Ali begraben liegt. Hier residierten die großen Ayatollahs. Hier hätte er sicherlich Gelegenheit gefunden, sich ganz dem Studium der Theologie zu widmen und an Vorlesungen und Diskussionen teilnehmen zu können über Fragen, die ihn Tag und Nacht beschäftigten. Doch zu dieser weiten Reise in den Irak fehlten ihm die Mittel.

Im Iran selbst gab es einige bekannte Theologieschulen in Maschad, Teheran, Schiraz, Isfahan. Ruhollah beschloß, zunächst nach Isfahan zu fahren. Diese alte Stadt mit ihren zahlreichen, herrlichen Moscheen, historischen Bauten, breiten Straßen, in deren Mitte der Fluß Zayanderud floß, zählte seit der Safawidenzeit zu den Hochburgen der schiitischen Geistlichkeit. Hier hätten die Gedankenflüge des jungen Ruhollah die ihnen entsprechende Räumlichkeit und Atmosphäre vorgefunden. Doch auch dieser Wunsch konnte nicht in die Tat umgesetzt werden. Die Landstraße von Chomein nach Isfahan wurde nahezu vollständig von Räuberbanden beherrscht. Niemand wagte sich damals allein auf diesen Weg. Als Chomeini sich später bei einer Ansprache vor den «Revolutionswächtern» an diese Zeit erinnert, erzählte er: «Als ich in Chomein war, bauten wir Schutzgräben. Ich war siebzehn Jahre alt, besaß ein Gewehr. Mein Bruder, der älter ist als ich, konnte gut schießen. Wir stiegen in unsere Schutzgräben und verjagten die Banditen.»[5]

Doch es war wohl so, daß der Ayatollah mit dieser kleinen Geschichte eher den jungen Revolutionswächtern imponieren, als den Historikern eine authentische Information über seine Jugend mitteilen wollte.

Daß man auf den iranischen Straßen seines Lebens nicht sicher sein konnte, war nicht zuletzt eine Folge des Ersten Weltkriegs. Zwar hatte der Iran in diesem Krieg seine Neutralität erklärt, doch dies hinderte die Russen und Engländer keineswegs, den Norden bzw. Süden des Landes zu besetzen. Auch die türkischen Osmanen hatten einige Gebiete im Westen erobert. Unfähig, dagegen vorzugehen, wurde die Zentralregierung, deren Herrschaftsbereich auf die Hauptstadt und Umgebung begrenzt blieb, in die Rolle eines Zuschauers gedrängt. Sie hatte die Kontrolle über das Land verloren, Gesetze waren faktisch außer Kraft gesetzt, und die Verwaltung und Ordnungskräfte vermochten nicht, dem zunehmenden Chaos Einhalt zu gebieten.

Der Niedergang des Osmanischen Reiches trieb die Türken aus dem Land. Auch die Russen verließen nach dem Sieg der Oktoberrevolution die besetzten Gebiete. Ihre Stelle nahmen eine Vielzahl von lokalen Potentaten ein, die die Bevölkerung erbarmungslos ausplünderten. Außerhalb der Städte und Dörfer, auf den Landstraßen und Handelswegen, herrschten die Banditen.

Für den siebzehnjährigen Ruhollah wäre eine Reise nach Isfahan zu riskant gewesen. Daher zog er es vor, sich in die nächstgelegene Stadt Arak zu begeben. Er schloß sich einer kleinen Handelskarawane an. Als Chomein hinter ihm lag, schaute er noch einmal zurück. Sein Herz war froh, und es tat ihm nicht weh, die Stadt seiner Geburt zu verlassen. Nur der Abschied von der vertrauten Landschaft, in der sich Himmel und Erde zu vereinen schienen und in deren Mitte er sich geborgen fühlte, stimmte ihn doch sehr traurig. Ruhollah ist nie mehr nach Chomein zurückgekehrt.

Daß er die Laufbahn eines Geistlichen einschlagen würde, lag nahe. Erstens war er ein «Seyed» – ein Nachkomme des Propheten Mohammed –, zweitens hatten auch seine Vorfahren dem Stand der Geistlichkeit angehört. Es war Tradition, daß die Söhne den gleichen Beruf wie ihre Väter wählten. Schließlich ließen ihm seine finanziellen Mittel nicht viel andere Möglichkeiten. Die theologische Laufbahn eröffnete einem jungen Mann mit seinen Voraussetzungen die Aussicht auf eine ansehnliche Position in der gesellschaftlichen Hierarchie.

Die Mullahs:
«Unordnung ist unsere Ordnung»

Wer schiitischer Geistlicher werden will, muß *talaba* (Forscher, Sucher) werden. Das geschieht dadurch, daß der Studienbewerber mehrere Jahre in einer *howzeh elmiyeh*, einer theologischen Hochschule lebt und dort die verschiedenen Stufen und Fächer des Studiums durchläuft. Eine Aufnahmeprüfung gibt es nicht, auch im Laufe des Studiums finden keine Prüfungen statt. Es gibt weder eine Abschlußprüfung noch ein Diplom.

Äußerlich sehen die theologischen Hochschulen fast alle gleich aus. Rund um einen Hof, in dessen Mitte sich ein Wasserbecken befindet, das den täglichen dreimaligen Waschungen vor dem Gebet dient, sind kleine und größere Einzel- und Doppelzimmer gebaut, in denen die *talaba* wohnen. Die Hochschule ist meist zweistöckig und befindet sich in unmittelbarer Nähe einer Moschee. Zimmer und Verpflegung sind kostenlos. Gleich bei der Aufnahme erhält jeder *talaba* die islamische Kleidung, die für die gesamte Geistlichkeit, gleich welche Position jemand innehat, aus einem weißen Turban, einem *Aba* – das ist ein brauner oder schwarzer Umhang – und *Naleyn*, einer Art Hausschuhe, besteht. Die Studenten lassen sich, sobald sie einen Bart haben, diesen langwachsen. Die Seyeds, die Nachfahren Mohammeds, dürfen einen schwarzen Turban und einen grünen Schal tragen, den sie sich um den Gürtel binden. Jeder *talaba* erhält ein monatliches Taschengeld.

Das Studium beginnt mit dem Erlernen von arabischer Grammatik, Syntax, Lesen und Schreiben von einfachen Texten. Von Beginn an gehen Lernen und Lehren ineinander über. Was der Student in einem Semester lernt, kann und soll er im nächsten Semester selbst lehren. Er kündigt, wie alle anderen Schriftgelehrten, einen Kurs an, den er an einem beliebigen Ort, in der Moschee, an irgendeiner Schule oder manchmal sogar an der Ecke einer ruhigen Straße, abhält. Wenn ein unbekannter *talaba* einen Kurs ankündigt, so begeben sich ein paar Neugierige in seinen Unterricht. Ist er gut, bleiben sie, anderenfalls wird der Kurs wegen Mangel an Besuchern eingestellt. Dieses System ersetzt die Prüfungen. Ein *talaba,* dessen Kurse nie oder ganz selten und von nur wenigen Studenten besucht werden, kann nicht in höhere Ränge aufsteigen.

Die erste Stufe des Studiums, *moqaddamat* (Vorbereitungen) genannt, dauert gewöhnlich fünf bis sechs Jahre.[1] Über Grammatik und Wortschatz hinaus lernen die Studenten während dieser Zeit leichtere Texte zu analysieren und werden auch schon in Rhetorik geschult. Das Arabische, das an den theologischen Hochschulen gelehrt wird, ist das klassische Arabisch, die Schriftsprache, die zu Zeiten Mohammeds oder in den Jahrzehnten und Jahrhunderten danach benutzt wurde. Die neuesten Bücher, die die *talaba* zur Lektüre vorgesetzt bekommen, stammen aus dem 12. und 13. Jahrhundert. Das moderne Arabisch, die heutige Schrift- und Umgangssprache, wird nicht gelehrt.

In der zweiten Stufe, sie wird *sat* (Oberfläche) genannt, erhalten die Studenten an Hand von klassischen Texten grundlegende Kenntnisse in *fegh* (Rechtslehre) und *osul* (Prinzipien). Es werden klassische Texte analysiert und kommentiert und einzelne Gesetze und Prinzipien juristisch und auch philosophisch erörtert.

Nach dieser zweiten Stufe, die ebenfalls etwa fünf Jahre dauert, setzt die dritte Stufe, die *charej* (Außen) genannt wird, ein. In diesem fortgeschrittenen Stadium, dessen Dauer unbegrenzt ist, werden der Koran und religiöse Überlieferungen interpretiert. Hierbei werden keine Bücher benutzt, auch kein Manuskript. Das ist nicht Vorschrift, sondern Ehrensache. Die Studenten haben dabei das Recht, die Ansichten des Gelehrten zu kritisieren. Je gründlicher sie dies tun, desto mehr gewinnen sie an Ansehen. Und auch dies ist ein weiterer Ersatz für eine Prüfung. Je genauer, je schärfer und fundierter ein Student den Kursleiter – oft sind das berühmte Ayatollahs – kritisiert, desto größere Achtung wird ihm innerhalb der Hochschule entgegengebracht. Lehrer und Studenten müssen sich daher gründlich vorbereiten. Die Diskussionen werden manchmal so heftig geführt, daß sie in böse Beschimpfungen und Flüche ausarten. Da keine Prüfungen stattfinden und der Lehrer keine Noten vergeben kann, ist er gezwungen, seine Autorität durch bessere Argumente und größeres Wissen durchzusetzen. Ist er dazu nicht in der Lage, verliert er sein Ansehen und natürlich auch seine Studenten. Vorlesungen und Seminare sind nicht obligatorisch. Jeder Student kann seinen Lehrer nach eigenem Ermessen aussuchen.

Während der dritten Stufe beginnen die Studenten und auch die Lehrer, ihre Ansichten und Interpretationen zu veröffentlichen. Auch hierzu wird keiner gezwungen. Es gibt Schriftgelehrte, die erst nach zwanzig, dreißig Jahren ihre erste Dissertation publizieren.

Das ganze System der Hochschule beruht auf freiwilliger Basis. Jeder ist sich selbst überlassen. Die einzige Kontrollinstanz sind die Lehrer und Studenten selbst. Der Staat hat auf die theologischen Hochschulen keinen Einfluß. Finanziert werden die Hochschulen durch religiöse Abgaben, zu denen jeder Gläubige verpflichtet ist. Die Vorschrift, die selbstverständlich oft mißachtet wird, lautet, daß jeder Muslim ein Fünftel seines Einkommens zur Unterstützung der Armen, der Nachkommen des Propheten und zur Unterhaltung religiöser Einrichtungen zur Verfügung stellen soll. Dieses gibt er einem von ihm ausgewählten Geistlichen, seinem *marja-e taghlid* (wörtlich: Quell der Nachahmung). Was mit diesen Geldern tatsächlich geschieht, wem sie zugute kommen, entscheidet einzig und allein der jeweilige Geistliche. Eine Kontrolle darüber gibt es nicht. *Marja-e taghlid* ist die höchste Stufe, die ein Geistlicher erreichen kann.

Auch für die religiöse Rangordnung gibt es keine festgelegten Bestimmungen. Im Grunde wird auch hier dasselbe System praktiziert wie in der Hochschule, mit dem Unterschied, daß hier in erster Linie die Gläubigen über Rang und Einfluß eines Schriftgelehrten entscheiden. Außer den genannten Hochschulen verfügt die schiitische Religion über keinerlei Institutionen. Es gibt weder eine Zentralinstanz, wie den Papst in der Katholischen Kirche, noch irgendwelche Zwischeninstanzen.

Seit dem Verschwinden des 12. Imam[2], des letzten legitimen Nachfolgers Mohammeds – der nach schiitischem Glauben eines Tages wiederkehren und ein Reich der Freiheit und Gerechtigkeit errichten wird – und dessen weiteren vier Stellvertretern, die nacheinander noch siebzig Jahre die Schiiten als Oberhaupt regierten – der letzte starb im Jahre 940 –, gibt es und soll es bis zur prophezeiten Rückkehr des verschwundenen Imam Mahdi keine weiteren Führer mehr geben. Jeder Schriftgelehrte, jeder, der glaubt, genügend Kenntnisse über den Koran zu besitzen, gleichgültig ob er eine entsprechende Ausbildung vorweisen kann oder nicht, darf um Gläubige werben, ihnen die Worte des Propheten erklären und den rechten Weg weisen. Über seine Glaubwürdigkeit, seine Kompetenz und das Ausmaß seiner Autorität entscheiden die Gläubigen. Ein Gelehrter, dessen Anweisungen und Urteile nicht beachtet und befolgt werden, kann nichts ausrichten und wird früher oder später seinen Beruf als Geistlicher aufgeben müssen.

Dieses System blieb bis zur Gründung der Islamischen Republik bestehen. Erst Chomeinis Anspruch auf die weltliche Macht und die Einführung des Systems der *welayate faghih* (Herrschaft der Geistlichkeit) hat es in Frage gestellt und unter der Geistlichkeit und auch den Gläubigen zu scharfen Kontroversen geführt, die bis heute andauern. Denn in den Augen der Schiiten bedeutet jede staatliche Macht eine unrechtmäßige Okkupation, die nur durch die Wiederkehr des verborgenen Imam Mahdi beseitigt werden kann. Zwar hat sich die schiitische Geistlichkeit, wie wir sehen werden, auch in der jüngsten iranischen Geschichte, oft mit der herrschenden Macht arrangiert, aber nie den Anspruch auf direkte Macht erhoben. Daher sind auch alle Versuche, die Geistlichkeit in das Gefüge der staatlichen Verwaltung zu integrieren und zum Beispiel den religiösen Würdenträgern den Status eines Beamten zu verleihen, an theologischen Hochschulen staatliche Prüfungen einzuführen oder die Abgaben und Stiftungen an die Mullahs mit den staatlichen Steuern zu vereinheitlichen, bisher fehlgeschlagen. Selbst die Islamische Republik Chomeinis konnte für diese Probleme keine Lösungen finden.

So ist bis heute nicht geklärt, ob die Steuern, die an den islamischen Staat geleistet werden, als religiöse Pflichtabgaben anzusehen sind, oder ob nach wie vor neben diesen Steuern ein Fünftel des Einkommens dem zuständigen Ayatollah zur Verfügung gestellt werden soll. Auch hier verfahren die Gläubigen nach eigenem Gutdünken.

Nach Seyed Abolhassan Esfahani, einem bekannten Schriftgelehrten, der 1946 gestorben ist, ist das hervorstechendste Merkmal des Schiismus das Fehlen jeglicher Organisation. «Unordnung ist unsere Ordnung», sagte er und wehrte sich gegen jeden Versuch, diesen Zustand aufzuheben.

Zwar gibt es unter den Mullahs eine Rangordnung, diese hat sich jedoch erst im Verlauf der vergangenen Jahrhunderte gebildet. In der ersten Zeit nach den zwölf Imamen gab es für sämtliche Geistliche nur einen einzigen Titel: *saghat al eslam* (Vertrauter des Islam). Dies ist die unterste Stufe in der Hierarchie der Geistlichkeit. Danach folgten *hojat al eslam* (Beweis des Islam), *ayatollah* (Zeichen Gottes) und *ayatollah ozma* (größtes Zeichen Gottes). Die Entscheidung darüber, wer welchen Titel tragen darf, wird aber wiederum von keiner Institution gefällt. Diese Titel werden von den Mullahs untereinander nicht benutzt, sie nennen sich alle gegenseitig *hojat al eslam*. Es sind wiederum die Gläubigen, die einem Geistlichen den ihm gebührenden Titel zuteilen.

Jedes Jahr werden die theologischen Schulen für einige Monate geschlossen, vor allem während des Trauermonats Moharram, in dem der islamischen Märtyrer gedacht wird. Während dieser Zeit beginnt die praktische Arbeit der Mullahs. (Jeder Prediger wird Mullah oder *achund* genannt). Die älteren und bekannteren unter ihnen haben ihren festen Sitz in einer der großen Städte, die jüngeren ziehen zunächst in die Residenz der Großayatollahs oder begeben sich in eine leerstehende Schule, bis sie von Dorfbewohnern eingeladen werden, zu ihnen zu ziehen, für sie zu predigen und sich um ihre Angelegenheiten zu kümmern. Diejenigen Mullahs, die die Probe gut bestehen und die Dorfbewohner zufriedenstellen, werden gebeten, im nächsten Jahr wiederzukommen. Andere müssen auf neue Einladungen warten. Schon hier findet eine Auswahl statt, und zwar durch die Gläubigen selbst. Ein Mullah, der nicht eingeladen wird, muß entweder seinen Beruf aufgeben oder sich ohne Kontakt zur Außenwelt in der theologischen Schule aufhalten. Derjenige, der begehrt wird, erhält immer mehr Angebote, bis er schließlich in den Rang eines Stadtpredigers aufsteigt. Bis dahin trägt er den Titel *saghat al eslam* oder *hojat al eslam*. Wird er in einer Stadt bekannt und werden seine Ansichten von einer größeren Anzahl von Gläubigen geteilt, dann wird er nach und nach von den Gläubigen mit dem Titel *ayatollah* angeredet.

Selbstverständlich gibt es unter den Mullahs, vor allem unter den Ayatollahs und Großayatollahs, einen ständigen Machtkampf, wenn sie in der gleichen Stadt residieren. Sie konkurrieren um die Gunst der Gläubigen, denn je mehr Anhänger oder *moghaleds* (Nachahmer) ein Ayatollah besitzt, desto mehr Abgaben erhält er und desto mehr Schüler, Arme und Hilfsbedürftige sind auf seine Unterstützung angewiesen. Wichtig dabei sind auch die Entscheidungen über juristische Angelegenheiten. Unter den Mullahs gibt es häufig heftige Kontroversen. Lebenswichtige Fragen, darunter auch politische Stellungnahmen, können von ihnen völlig unterschiedlich beantwortet werden. Für die Gläubigen ist das Urteil ihres Ayatollahs entscheidend. Sind sie damit nicht einverstanden, ist ihnen freigestellt, eine andere «Instanz» zu suchen. Ein Ayatollah, der sich zuwenig um die Angelegenheiten seiner «Nachahmer» kümmert, in wichtigen Fragen falsche Entscheidungen fällt, sich politisch zu sehr an der herrschenden Macht orientiert, wird daher bald Schiffbruch erleiden.

Aus dieser Perspektive betrachtet, ist, wie wir später sehen werden, Chomeinis «Gottesstaat» nicht akzeptabel, denn mit dem Anspruch eines einzigen Ayatollahs auf die absolute weltliche und religiöse Macht sind die anderen Ayatollahs und religiösen Instanzen praktisch entmachtet. Den Gläubigen wird die Freiheit der Wahl versagt, und die traditionell demokratische Form, bei der die Basis der Gläubigen selbst bestimmt, durch die zentralisierte Macht in eine Diktatur verwandelt.

Der Sucher

Als der junge Ruhollah im achtzehnten Lebensjahr in Arak ein-traf, hatte er von all dem keine Ahnung. Zwar war er selbst der Sprößling einer «Dynastie» von Theologen, doch von dem All-tagsleben einer Mullahfamilie, von ihrem Verhalten, Überlegun-gen, Sorgen und Ängsten wußte er nichts. Er war ein «Sucher». Seinen Schöpfer hatte er nicht durch die Familie, auch nicht durch die Schule, sondern in seiner Einsamkeit, in der Wüste, in der Hingabe an die Natur entdeckt. Jetzt in Arak hatte er nichts anderes im Sinn, als diesem Schöpfer zu dienen und ihm näher zu kommen.

Der Neuankömmling kannte niemanden. Gleich nach seiner Ankunft meldete er sich in der theologischen Schule, erhielt dort ein Zimmer, Turban, Umhang und Schuhe und fing an, sich all-mählich mit seiner Umgebung anzufreunden. Bei seiner Suche nach Lehrern stieß er auf zwei sehr unterschiedlich orientierte Schriftgelehrte, Scheich Mohsen Araki und Scheich Abdol Ka-rim Haeri Yazdi. Die Begegnung mit beiden sollte für seine wei-tere Entwicklung von entscheidender Bedeutung sein.

Scheich Mohsen Araki war ein Freund und Weggefährte jenes Scheichs Fazlollah Nuri, der einige Jahre zuvor auf dem Kano-nenplatz in Teheran erhängt worden war. Bestürzt und ent-täuscht über das Unrecht, das seinem Freund widerfahren war, hatte Araki es in Teheran nicht mehr ausgehalten. Keinen Tag länger wollte er an dem Ort verweilen, an dem seiner Meinung nach dem schiitischen Glauben eine vernichtende Niederlage beigebracht worden war. «Es wird Jahrzehnte dauern, bis sich der Islam von diesem Schlag erholen wird», hatte er seinen Schü-lern prophezeit. Erfüllt von Schmerz und Zorn, hatte er die Stadt verlassen und schließlich weitab von allem Geschehen in Arak eine Bleibe gefunden. Dort lebte er mehr oder weniger zurück-gezogen. Nur eine kleine Anzahl von Schülern besuchte seine Vorlesungen.

Araki war nicht die große Persönlichkeit, die den Erkenntnisdrang und die großen Sehnsüchte eines «Suchers» wie Ruhollah hätte befriedigen können. Unter den Schriftgelehrten war er kaum bekannt. Die wenigen Veröffentlichungen, die er vorweisen konnte, wurden in theologischen Kreisen nicht als bedeutend angesehen und kaum diskutiert. Was er nun in Arak lehrte, waren dieselben fundamentalistischen und dogmatischen Gedanken, deren Propagierung Scheich Fazlollah Nuri an den Galgen gebracht hatten. Auch für ihn galt jeder Versuch, den Islam zu reformieren und die Lehre den Erfordernissen der Zeit anzupassen, als eine große Sünde. Das einzige, woran die Gläubigen sich zu orientieren hätten, seien der Islam und der Koran, redete er seinen Schülern ein. Buchstabengetreu müsse man sich an die Gesetze halten, der Geistlichkeit uneingeschränkten Gehorsam erweisen und sich nach ihren Befehlen und Anweisungen richten.

Derlei Gedanken waren dem jungen Ruhollah fremd. Die Verbissenheit und Rachsucht, die er aus den Worten Arakis zu vernehmen glaubte, verwunderte ihn eher. War es die Frömmigkeit, die ihn beherrschte? Mit weltlichen Problemen hatte er sich noch nie befaßt, schon gar nicht mit Politik und deren Beziehung zum Islam. Chomein war von den Auseinandersetzungen, die 1906 zum Sieg der konstitutionellen Revolution und danach zur Spaltung der schiitischen Geistlichkeit in Konservative und Liberale geführt hatten, unberührt geblieben. Arakis Worte lösten eine innere Unruhe in ihm aus. In seiner Vorstellung war ein Mullah einer, dessen Gedanken und Ziele auf Gott gerichtet waren, der seine ganze Kraft darauf verwenden sollte, Menschen dem Schöpfer näherzubringen. Araki paßte nicht in diese Vorstellung. Wie konnte sich ein Geistlicher so über weltliche Probleme ereifern, fragte er sich. Dabei schienen ihm Arakis Argumente durchaus einleuchtend. Seine Forderung, sich strikt an den Koran zu halten, die Geschicke der Bürger in die Hände der Geistlichkeit zu legen, sah er als gerechtfertigt an. Nicht, daß ihm Araki mißfiel, im Gegenteil: Die Entschlossenheit und Hartnäckigkeit, mit der dieser Mullah seine Meinung vertrat, übte einen starken Einfluß auf ihn aus. Strenge Männer mit ausgeprägtem Willen und fester Überzeugung faszinierten ihn. Nein, es war nicht die Person Arakis, auch nicht so sehr dessen Gedanken, die ihn beunruhigten. Er sah sich vielmehr plötzlich inmitten einer fremden Welt, einer Welt voller Unruhen, Rivalitäten, Machtkämpfe, überhäuft von Rache- und Haßgefühlen, wie er es in Chomein nie erlebt hatte.

Die Stadt Arak gefiel ihm ganz gut. Anders als in Chomein herrschte hier tatsächlich eine städtische Atmosphäre. Acht Moscheen, die meisten aus der Zeit der Safawiden-Dynastie stammend, verliehen der Stadt den Eindruck großer Frömmigkeit. Der große Basar im Zentrum, in dem berühmte Handwerker ihre Kunstprodukte zum Verkauf anboten, ein reiches Angebot an Textilien neben Obst, Gemüse und anderen Lebensmitteln, der rege Verkehr von Käufern, Karawanen und fremden Reisenden erweckten allmählich auch in dem jungen Ruhollah die Sehnsüchte nach wirklichem Leben, nach normalem Alltag. Trotzdem hielt er sich vorwiegend in der Aghazia-Moschee auf, die am Ende einer schmalen Gasse, direkt hinter dem Basar stand. Er betrachtete gern die türkisfarbene Kuppel mit den Minaretten auf beiden Seiten, lauschte dem Gesang der Moezzin, die mehrmals am Tag die Gläubigen zum Gebet riefen. Lange Stunden hielt er sich in den heiligen Räumen der Moschee auf, genoß den Duft der Kerzen, die die Besucher anzündeten, sei es zum Gedenken an ihre Toten oder zur Erfüllung ihrer Wünsche. Oft verkroch er sich in eine halbdunkle Ecke, schaute zur Decke hinauf, betete flüsternd zu seinem Schöpfer. Hier fand er seine Ruhe wieder und konnte sich über die Worte Arakis, über die profanen weltlichen Probleme hinwegsetzen und sich ganz seinen reinen Gefühlen hingeben.

Man schrieb das Jahr 1919. Der Erste Weltkrieg, der auch den Iran, trotz Neutralitätserklärung, in Mitleidenschaft gezogen hatte, war vorbei. Geblieben waren chaotische Zustände. Dies nahm Großbritannien – das, im Gegensatz zu Rußland und der Türkei, seine Truppen immer noch nicht aus dem Iran zurückgezogen hatte – zum Anlaß, das Land zu einem britischen Protektorat zu erklären. Es kam sogar zu einem Vertrag, den der damalige Ministerpräsident Wosughaddoleh für den Iran unterzeichnete. Doch der Widerstand der Bevölkerung dagegen war so heftig, daß er sogleich wieder annulliert werden mußte. So zogen es die Briten vor, nach einem «starken Führer» zu suchen, einem Verbündeten, der die Geschicke des Landes zu lenken wüßte, es vor den Einflüssen der gerade neu gegründeten Sowjetunion schützen und die britischen Interessen wahrnehmen würde. Ihre Wahl fiel auf den Politiker und Journalisten Seyed Ziaeddin Tabatabai, der zur Durchführung eines Putsches finanzielle Unterstützung erhielt. Tabatabai seinerseits wendete sich an den Führer einer Kosakenbrigade, einen gewissen Reza Khan, von dessen organisatorischen und militärischen Begabungen er viel gehört hatte.

Reza Khan ließ sich zu dem Vorhaben überreden, nicht umsonst natürlich. Tabatabai erzählte später, daß er zwanzigtausend Tuman – für die damalige Zeit eine beachtliche Summe – unter die Kosaken verteilt habe. Zweitausend davon erhielt Reza Khan persönlich.[1]

Im Februar 1921 gelang der Putsch. Die damalige Regierung wurde gestürzt, der König, Ahmad Schah, ernannte Tabatabai zum Ministerpräsidenten. Reza Khan übernahm die Führung der Armee, einige Monate später wurde er zum Kriegsminister ernannt. Als ein begabter Organisator, entschlossener Offizier und hervorragender Taktiker und Demagoge entwickelt er sich bald zum ersten Mann im Staat. Tabatabai wurde als Verräter aus dem Land gejagt. Reza Khan stand zur Erlangung der Alleinherrschaft nichts mehr im Weg. Was ihm noch fehlte, war die Unterstützung der Bevölkerung, vor allem die Rückendeckung durch die damals noch einflußreiche Geistlichkeit.

Alle diese Ereignisse ließen Ruhollah unberührt. Er war mit sich selbst beschäftigt, mit seinem eigenen Schicksal, seinen Wünschen und Sehnsüchten. War er verliebt? War er auf seinen Wanderungen durch die Stadt, durch den Basar oder in den schönen Gärten, die die Stadt Arak zu bieten hatte, einer Frau begegnet, die unbekannte Gefühle und Leidenschaften in dem Jungen geweckt hatte? Er las Gedichte von Hafiz, obwohl die

Werke dieses großen Mystikers in religiösen Kreisen, zumindest unter den Fundamentalisten und Dogmatikern wie Araki, verpönt waren. Ja, Ruhollah begann sogar selbst zu dichten, schlechte Verse mit holprigem Reim. Er schrieb vom Tanz der Sonne und Sterne, von Musik und Wein und dem alten Mann, der durch den Freudentanz seine Jugend wiederfand und gemeinsam mit den «Mädchen der Gärten und jungen Bräute, heimlich, in Abwesenheit des Gärtners, einen sicheren Ort unter den Blumen aufsuchte» und sich schließlich, «wie die Seele mit dem Körper», mit einem dieser Mädchen «vereinte». «Und ich weiß nicht, was dann geschah», fügt der junge Ruhollah schelmisch hinzu.[2]

Sein Aufenthalt hier sollte nicht lange dauern. Wie schon erwähnt, lernte Ruhollah neben Mohsen Araki auch den Schriftgelehrten Scheich Abdol Karim Haeri Yazadi kennen. Dieser Geistliche, obwohl noch nicht lange in Arak ansässig, übte einen großen Einfluß aus. Er war aus Najaf, der heiligen Stadt im Irak, wo viele schiitische Großayatollahs residierten, in den Iran gereist, angeblich auf Einladung eines Großgrundbesitzers, der einen berühmten Lehrer für seine Söhne suchte und gleichzeitig durch die Unterstützung der Geistlichkeit seinen Einfluß zu erweitern und zu stabilisieren gedachte. Der Scheich hatte sich jahrelang im Irak, dem damaligen Mesopotamien, aufgehalten und damit hohes Ansehen erlangt. Ohne in Najaf gewesen zu sein, konnte kaum jemand in die höchsten Ränge der schiitischen Hierarchie gelangen. Doch gerade während dieser Jahre war es um die Ayatollahs in Najaf nicht gut bestellt.

Mit dem Ende des Weltkrieges und dem Niedergang des Osmanischen Reiches beabsichtigten die Briten, auch den Irak in ein Protektorat zu verwandeln, was auf den heftigen Widerstand der schiitischen Geistlichkeit stieß. Die Ayatollahs weigerten sich, von einer nichtislamischen Macht regiert zu werden. Sie riefen die Bevölkerung zum *jihad,* dem Heiligen Krieg auf. Dies veranlaßte die Briten, dieses «Hindernis» aus dem Weg zu räumen und durch die Bildung anderer schiitischer Zentren im Iran die Macht des Klerus in Najaf zu unterhöhlen. Ob nun die

Einladung aus Arak an Scheich Abdol Karim zufällig zu diesem Zeitpunkt eintraf oder auch der Großgrundbesitzer in die Pläne der Briten eingeweiht war, ist nicht festzustellen. Jedenfalls wurde die Abreise Abdol Karims in den Iran auch von britischer Seite begrüßt. Er wurde aufgefordert, möglichst bald zur Gründung eines schiitischen Zentrums im Iran Aktivitäten einzuleiten.

Nach etwa einjährigem Aufenthalt in Arak stellte Scheich Abdol Karim fest, daß diese Stadt für sein Vorhaben nicht geeignet war. Arak hatte in der schiitischen Geschichte noch nie eine nennenswerte Rolle gespielt. Sie war kein Wallfahrtsort und auch sonst bot sich kein religiöser Anlaß für Schriftgelehrte und Gläubige, um sich hier aufzuhalten. Dagegen war die Stadt Ghom wesentlich günstiger. Zwar war sie als Stadt nicht anziehend – außer Salz, das aus dem naheliegenden Salzsee und den sie umgebenden Hügeln gewonnen wurde, hatte sie kaum etwas anzubieten –, doch war sie ein Wallfahrtsort, und als Zentrum für theologische Ausbildung spielte sie seit dem 12. Jahrhundert eine bedeutende Rolle. Die *madrasa-ye feyzieh*, eine in der islamischen Welt wohlbekannte Hochschule, gegründet um 1530, hatte schon zahlreiche berühmte Theologen hervorgebracht. In Ghom lag die heilige Masuma begraben, die Unschuldige, Unbefleckte, die Schwester des Prophetennachfolgers Imam Reza, eine Frau, die als Symbol der weiblichen Keuschheit und Tapferkeit hohes Ansehen genoß und vielen iranischen Frauen als Vorbild diente.

Ghom bot also viele günstige Voraussetzungen, zu einem Mittelpunkt der schiitischen Welt zu werden. Scheich Abdol Karim entschied sich für Ghom. Ende 1921 machte er sich auf den Weg, und mit ihm sein neuer Schüler Ruhollah.[3] Schon bei der ersten Begegnung löste die Persönlichkeit des Scheichs bei Ruhollah Begeisterung aus. Anders als Araki predigte dieser Mullah Versöhnung und Frieden. Man müsse den Spaltungen und Auseinandersetzungen ein Ende setzen. Alle Gläubigen sollten sich zusammenschließen. Dies sei der einzige Weg, um der geschwächten Religion wieder zu Macht und Würde zu verhelfen.

Er selbst sei entschlossen, diese Aufgabe im Dienste des Schöpfers zu erfüllen.

Der Schüler Ruhollah machte auf den Meister einen positiven Eindruck. Dieser junge Mann mit der schönen Gestalt, den tiefen schwarzen Augen und der hohen Stirn, dessen Begabung und Scharfsinn ihm schon bei den ersten Diskussionen aufgefallen war, könnte ihm bei der Durchführung seiner Pläne eine große Hilfe sein. Als er Ruhollah den Vorschlag machte, mit ihm nach Ghom zu gehen, war dieser begeistert. Zwar fühlte er sich in Arak wohl, er hatte sich inzwischen gut eingelebt und angefangen, sich intensiver mit dem Unterrichtsmaterial auseinanderzusetzen, doch all dies konnte ihn von den großen Aufgaben, von denen sein Meister sprach, nicht mehr abhalten.

Die Reise des Scheichs nach Ghom fiel zeitlich mit der politischen Karriere des Reza Khan in Teheran zusammen, der bald nach der Ankunft des Scheichs Kontakte zu ihm herstellte, um das Wohlwollen der Geistlichkeit zu gewinnen. Auch in Teheran warb der mächtige Offizier um das Vertrauen der religiösen Führer und der Masse der Gläubigen. Gewöhnlich kümmerten sich höhere Offiziere kaum um religiöse Angelegenheiten – sie leisteten höchstens Lippenbekenntnisse, die auch von jedermann als taktische Zugeständnisse aufgefaßt wurden. Um so verwunderlicher schien es, daß Reza Khan nicht nur religiöse Riten und Bräuche unterstützte, er nahm sogar persönlich an Trauerprozessionen teil, und zwar oft so engagiert und übertrieben, daß aufmerksame Zuschauer sein Verhalten als absurd empfanden. So ließ er einmal seine Hände mit Schlamm füllen und diesen auf sein Haupt fallen, schlug mit beiden Händen auf seine nackte Brust, lief barfuß, mit einer Kerze in der Hand, dreimal um die Moschee herum, und weinte bitterlich dabei, um sein Mitleid für den Tod des islamischen Märtyrers Imam Hossein zu demonstrieren – alles nur, um jeden Zweifel an seiner Treue zum Islam auszuräumen. Doch selbst diese Übertreibungen hielten die Geistlichen nicht davon ab, zuversichtlich in die Zukunft zu blicken. Reza Khans Macht werde nicht nur dem im Lande herrschenden Chaos ein Ende setzen, auch die Würde und die gebührende Macht des Islam werde dadurch wiederhergestellt werden.

Den Briten war diese Entwicklung höchst willkommen. Je mehr die Geistlichkeit im Iran an Einfluß und Popularität gewann, desto nebensächlicher wurde die Rolle der Großayatollahs im irakischen Najaf. Jetzt konnten die Kolonialherren einen neuen harten Schlag gegen die irakische Geistlichkeit wagen. Im Juli 1923 veranlaßten sie die Ausweisung von zwei der einflußreichsten Ayatollahs, Naini und Esfahani, aus Najaf und ihre Verbannung in den Iran. Diese beiden Schriftgelehrten hatten sich heftig gegen die Briten zur Wehr gesetzt. Ihre Verbannung erfolgte unter beleidigenden Umständen. Im Iran löste diese Maßnahme heftige Reaktionen aus, nahezu in allen Städten wurden Protestkundgebungen veranstaltet. Man forderte die sofortige Rücknahme der Entscheidung.

Die beiden Ayatollahs wurden bei ihrer Ankunft mit großen Ehren empfangen. Sogar Vertreter des Königs erschienen zu ihrer Begrüßung. Der Monarch versprach, alles zu unternehmen, um ihre baldige Rückkehr zu erreichen. Auch Scheich Abdol Karim, in dessen Residenz in Ghom ihnen Unterkunft gewährt wurde, und selbstverständlich auch Reza Khan, bekundeten ihr Entsetzen über diesen, für die islamische Welt so erniedrigenden Schritt und versprachen Gegenreaktionen. Doch zunächst geschah nichts. Allmählich ließen auch die Proteste nach, und die beiden Geistlichen verloren langsam die Hoffnung, jemals wieder in den Irak zurückkehren zu können.

Aber die Verzögerung, mit der die Iraner auf diese Verbannung reagierten, sollte sich später als eine Taktik erweisen, die von Reza Khan – inzwischen zum Ministerpräsidenten ernannt – und Scheich Abdol Karim erdacht und wahrscheinlich auch so mit den Briten abgesprochen war. Der lange Aufenthalt der Ayatollahs in der Verbannung sollte ihre Autorität schädigen und ihre Rückkehr nicht als Folge eines allgemeinen Widerstandes, sondern als einen Gnadenakt erscheinen lassen. Nicht als Helden, sondern als Begnadigte sollten sie nach Najaf zurückkehren, und dies mit dem Versprechen, sich in Zukunft nicht mehr in politische Angelegenheiten einzumischen. Hinzu kam, daß Reza Khan daraus politisches Kapital schlagen, seine Macht demonstrieren, seine Solidarität mit der islamischen Geistlichkeit bekunden und sich als Retter präsentieren wollte.

Doch vorerst hatte Reza Khan Wichtigeres im Sinn. Er war es, der inzwischen die Macht in den Händen hielt. Er war Ministerpräsident und Kriegsminister zugleich, auch die Armee unterstand nach wie vor seinem Oberbefehl. Aber es gab immer noch einen König. Dieser, obwohl ein Schwächling, könnte ihm eines Tages die Macht streitig machen, eine Gefahr, die ausgeschaltet werden mußte. Aber wie? Durch die Proklamation einer Republik? Der Gedanke war verlockend. Da Reza Khan aber nicht wußte, wie die Bevölkerung und vor allem auch die Geistlichkeit darauf reagieren würde, ließ er durch die ihm ergebene Presse diesen Plan als eine Möglichkeit für die Zukunft publik machen. Die Reaktion darauf war außerordentlich negativ. Die Ayatollahs fanden diesen Gedanken verwerflich und liefen in ihren Predigten dagegen Sturm. Eine Republik, das war ein Produkt aus einer anderen Welt, das Ergebnis einer Bewegung, die sich gegen die Tradition, auch gegen die Religion richtete. Reza Khan fuhr persönlich nach Ghom, um Scheich Abdol Karims Meinung zu erforschen. Ob Ruhollah bei dieser Unterredung zugegen war, ist nicht bekannt. Es war nicht das erste Mal, daß Reza Khan und der Scheich sich begegneten. Inzwischen hatte sich die Beziehung zwischen den beiden so weit vertieft, daß sie sich in kürzeren Abständen trafen und die Koordinierung von religiösen und staatlichen Aktivitäten abstimmten. Daher ist anzunehmen, daß auch Ruhollah, der dem Scheich nahestand, Reza Khan in dieser Zeit begegnete.

Der Scheich lehnte, wie seine geistlichen Kollegen, den Plan Reza Khans zur Gründung einer Republik ab und empfahl ihm, sich öffentlich davon zu distanzieren. Reza Khan nahm diese Empfehlung an.

Um dieser Übereinkunft Nachdruck zu verleihen, veröffentlichte der Scheich nach der Abreise Reza Khans eine entsprechende Erklärung, eine Absage an den Gedanken einer Republik, und ließ diese auch von den beiden verbannten Ayatollahs Naini und Esfahani unterschreiben:

«Im Namen Gottes

An alle Geistlichen Würdenträger, Eminenzen, Kaufleute, Zünfte und Gläubigen Irans!

Da in bezug auf die Gründung einer Republik im Iran Äußerungen laut geworden sind, die ein Mißfallen in der Bevölkerung ausgelöst haben, und da diese Äußerungen die nationalen Interessen zu beeinträchtigen drohen, haben wir, bei dem Besuch des Herrn Ministerpräsidenten in Ghom, ihn aufgefordert, diesen Plan und die damit verbundenen Äußerungen zu widerrufen und dies der Bevölkerung mitzuteilen. Unsere Aufforderung fand die Zustimmung des Herrn Ministerpräsidenten.»[4]

Reza Khan hielt sein Versprechen und veröffentlichte nach seiner Ankunft in der Hauptstadt folgende Erklärung:

«Ich betone, daß meine Ideen und Ziele von Anbeginn darauf gerichtet waren, die Würde und Größe des Islam zu achten und die nationale Unabhängigkeit und die Interessen des Landes zu verteidigen. Die Gespräche in Ghom haben mich dazu veranlaßt, der Bevölkerung zu empfehlen, den Begriff ‹Republik› nicht mehr zu gebrauchen.»[5]

Nachdem nun diese Fehde, die die Öffentlichkeit stark beschäftigt hatte, ausgestanden war und Reza Khan sich scheinbar dem Willen der Bevölkerung und der Geistlichkeit unterworfen hatte, konnten die beiden verbannten Ayatollahs in den Irak zurückreisen. Auf Intervention des Ministerpräsidenten schickte der irakische König Amir-Feisal eine Depesche an die iranische Regierung, in der er die Aufhebung der Verbannung bekanntgab. Danach entsandte Reza Khan einen Vertreter nach Ghom, der die Ayatollahs nach Bagdad begleiten sollte. Diese Geste, die Demonstration einer Ehrerweisung, sollte in Wirklichkeit einen anderen Zweck erfüllen. Als Zeichen der Dankbarkeit wurde dem Gesandten der Regierung der Degen des Abbas, Feldherr des Prophetennachfolgers Imam Hossein, der seit Jahrhunderten in der Schatzkammer in Najaf aufbewahrt wurde, übergeben. Ein Geschenk für den «größten Feldherrn der Gegenwart, Reza Khan».

Imam Hossein, ein Mythos in der schiitischen Religion, der größte Märtyrer des Islam, ein Symbol für Tapferkeit und Gerechtigkeit, spielt im Schiismus eine zentrale Rolle. Er war im Jahre 680 n. Chr. mit 72 seiner Familienangehörigen und Anhänger in der Ebene von Karbala nach einem erbitterten Kampf gegen Ungläubige gefallen. Jedes Jahr, am zehnten Tag des Monats Moharram, wird sein Märtyrertod beweint und gefeiert. Die Übergabe des Degens seines Feldherrn an Reza Khan war also eine Ehrerweisung und enthielt zugleich eine Symbolik, die auch Reza Khan als «Kämpfer für Gerechtigkeit und den Islam» darstellen sollte.[6] Reza Khan ließ die Übergabe des Degens als ein Volksfest feiern. Es wurde ein islamisches Fest. Die Massen jubelten dem «großen Feldherrn» zu. In ihren Augen erschien er nun als ein Auserwählter des Schöpfers, der den Auftrag erhalten hatte, das Land und den Islam vor den drohenden Gefahren zu schützen. In Rußland hatten die «gottlosen» Bolschewisten die Macht übernommen, der westliche Nachbar Irak unterstand den christlichen Engländern, das Osmanische Reich war untergegangen, nun galt es, den Islam wenigstens im Iran zu retten. Und dies konnte, meinten viele, nur unter Führung Reza Khans geschehen.

Der Versuch Reza Khans, die absolute Macht durch die Gründung einer Republik zu erringen, war gescheitert. Als Ausweg blieb nur noch die Beseitigung der herrschenden Kajaren-Dynastie und die Eroberung des Pfauenthrons. Daß die Bevölkerung dabei hinter ihm stehen würde, schien ihm gesichert. Auch die Geistlichkeit stand hinter ihm. Selbst Kommunisten hielten ihn für einen «Repräsentanten der nationalen Bourgeoisie», dem sie während einer bestimmten historischen Übergangsphase progressive Funktionen einräumten.

Angesichts dieser breiten Unterstützung konnte Reza Khan den Griff nach der Krone wagen. Durch seine Anhänger im Parlament ließ er der Volksversammlung einen Antrag zur entsprechenden Änderung der Verfassung vorlegen. Ob aus Überzeugung, Furcht oder Opportunismus, die Mehrheit stimmte zu. Nur wenige Abgeordnete, unter ihnen Mossadegh, der zwei

Jahrzehnte später die Führung einer Volksbewegung zur Nationalisierung der Ölindustrie übernehmen sollte, wagten, den Antrag abzulehnen. Mossadegh begründete seine Ablehnung wie
folgt:

«... Nun zu Herrn Reza Khan Pahlawi. Er überzeugt mich,
und ich fühle mich ihm verbunden... Niemand kann es leugnen,
daß er unserem Land wichtige Dienste geleistet hat. Wir alle kennen sehr wohl die Situation, die vor seiner Machtübernahme in
diesem Land geherrscht hat. Kein Grundbesitzer war seines Lebens sicher. Wenn jemand ein Dorf besaß, mußte er es durch
bewaffnete Männer bewachen lassen, um seine Produkte und
sich selbst schützen zu können. Seitdem Reza Khan die Geschicke unseres Landes in die Hand genommen hat, ist für die
Sicherheit des Landes und der Bürger viel geleistet worden...
Nehmen wir nun an, der Herr Ministerpräsident würde den
Rang eines Königs erhalten. Wäre es in einer konstitutionellen
Monarchie möglich, ... dem König die Verwaltung des Staates
zu übertragen? ...Das könnte und würde doch niemand guthei-
ßen. In einer konstitutionellen Monarchie kann doch der König
nicht gleichzeitig Ministerpräsident sein. Das würde Absolutismus und Despotie bedeuten. Wir lehnen die Kajarenkönige ab,
weil sie die Freiheit mißachtet haben, weil sie Reaktionäre waren... In der konstitutionellen Monarchie ist der Regierungschef wichtig und nicht der Monarch... Jetzt soll der Ministerpräsident auch König werden und sich in alle Angelegenheiten
des Staates einmischen... König, Ministerpräsident und Oberbefehlshaber der Armee! Nein, niemals würde ich dem zustimmen... sollte Reza Khan aber als König keine Verantwortung
übernehmen, dann würden wir mit seiner Wahl zum Monarchen
einen fähigen Mann unbrauchbar machen...»[7]

Mossadeghs Argumente und auch seine Warnungen waren
einleuchtend. Dennoch wurde sein Widerspruch nicht akzeptiert. Er mußte seine mutige Rede mit jahrelanger Verbannung
bezahlen.

Am 13. Dezember 1925 bestieg Reza Khan Pahlawi den
Thron. Eine neue Ära, die Ära der Pahlawi-Dynastie, nahm da-

mit ihren Anfang. Erst 1979 wurde sie durch die Islamische Republik beendet.

Ruhollah weilte noch immer in Ghom, an der Seite seines Lehrers Scheich Abdol Karim, dessen Position mit der Thronbesteigung Reza Khans nun stabiler geworden zu sein schien. Und obwohl ihm die Position seines Meisters eine günstige Gelegenheit dazu bot, kümmerte er sich kaum um staatliche Angelegenheiten. Politik schien ihn nicht sonderlich zu interessieren, auch wenn seine Beobachtungen in Arak und die Ereignisse in Ghom ihn, den ahnungslosen jungen «Sucher» aus Chomein, die Verlockungen der Macht und den Genuß von privilegierten Stellungen hatten erahnen lassen. Aber, wenn schon Rang und Namen, dann wollte er sie als Geistlicher, als Schriftgelehrter erreichen. Daher widmete er sich mit großem Eifer seinem Studium. Er las, schrieb und rang um neue Erkenntnisse. Aber auch hier war sein Weg ungewöhnlich. Während sich die *talaba* (Sucher) im allgemeinen nach der ersten Phase des Studiums mit *feghk*, d. h. juristischen Fragen, beschäftigten, die auf Bestimmungen des Korans und den religiösen Überlieferungen basierten, setzte sich Ruhollah mit religionsphilosophischen Problemen auseinander, vor allem, offenbar inspiriert durch Hafiz, beschäftigte ihn die Mystik. Gerade dieser Zweig der Theologie war seit der Zeit Mohammad Bagher Majlesis, eines berühmten Schriftgelehrten der Safawiden-Zeit und dessen Abrechnung mit dieser religiösen Richtung, stark in Verruf gekommen. Die meisten Mullahs, die sich mit Mystik beschäftigten, taten es heimlich. Ruhollah hatte große Mühe, seinen späteren Meister, Mirza Mohammad Ali Schahabadi, zu überreden, ihn in Mystik und Philosophie zu unterrichten. Erst lange nachdem er das Vertrauen des Gelehrten gewonnen hatte, gab Schahabadi seiner Bitte nach. Fast sechs Jahre lang ging er, sein einziger Schüler, nahezu täglich zu ihm und ließ sich in philosophische und mystische Probleme einweihen. Diese Besuche blieben in der theologischen Hochschule von Ghom, die inzwischen von ein paar hundert *talabas* besucht und bewohnt wurde, nicht verborgen, sie gaben Anlaß zu vielen Gerüchten. Er sei kein gottergebener Gläubiger, hege Zweifel am Schöpfer, stelle die Anweisungen des Korans in Frage, wurde hinter Ruhollahs Rücken geflüstert. Sein Verhalten nährte diese Gerüchte. Nur selten war er bereit, sich mit den Bewohnern der Schule zu unterhalten, nie machte er Spaß, man hatte ihn nie lachen sehen. Je älter er wurde, desto strenger wurden seine Gesichtszüge, desto größer seine Unnahbarkeit. Niemand, nicht einmal sein Lehrer und Weggefährte Scheich Abdol Karim, hatte persönlichen Kontakt zu ihm, keiner wußte, was in ihm vorging, womit er sich beschäftigte. Man war nur auf Vermutungen angewiesen. Und je mehr er seine Person mit Geheimnissen umgab, desto phantasiereicher wurde in der Gerüchteküche der Hochschule gekocht.

Die Mystik war ein weites Feld. Es gab zahlreiche Richtungen, Hunderte von Derwischen, verstreut im ganzen Land, deren oft puritanische geheimnisvolle Lebensweise von ihren Anhängern bewundert wurde.

Das allgemeine Merkmal der Derwische oder Sufis bestand in der grundsätzlichen Absage an das Diesseits, das sie als nichtig und vergänglich ansahen. Ihr Ziel war die Annäherung an Gott, bis hin zu einer vollständigen Einheit mit ihm. Dies war nur zu erreichen, wenn es dem Suchenden gelänge, jedwede Bindung an diese Welt zu lösen, auf einem langen und windungsreichen Weg die qualvollen Stufen zu überwinden, der Seele, von allem Irdischen gereinigt, freien Lauf zu lassen, damit sie sich zur Einswerdung mit dem Schöpfer erheben kann. Daher haben islamische Gesetze und Vorschriften, die das Verhalten der Menschen im Diesseits regeln sollen, für die Sufis keine Relevanz. Jeder Sufi folgt Gesetzmäßigkeiten, die sich aus der jeweils erreichten Entwicklungsstufe seines Werdegangs ergeben. Oft hat er einen Scheich zum Vorbild, der ihm die Richtung weist, den Weg zu Gott muß er allein finden, er muß ihn fühlen. Nie strebt ein Sufi nach weltlicher Macht, politische, gesellschaftliche Fragen sind für ihn ohne Belang.

In religiösen Kreisen, besonders bei den Fundamentalisten, die sich streng an Gesetze und Vorschriften hielten, wurden die Sufis verachtet. Dennoch beschritt Ruhollah diesen Weg. Noch nie hatte er sich von Meinungen und dem Gerede anderer beeindrucken lassen. Er wußte, was er suchte und verfolgte mit erbitterter Entschlossenheit sein Ziel, gleichgültig, wie andere darauf reagierten.

Mittlerweile unterrichtete er auch selbst. Sein Unterricht wurde – trotz der Gerüchte um seine Person – gut besucht. Viele wollten erfahren, was dieser Sonderling für Ansichten und Gedanken hatte. Auch seine Art, Meinungen und Thesen darzustellen, seine klare und gebildete Sprache und der Ton seiner Stimme schlugen viele Zuhörer in Bann. Nur wenige wagten, ihn zu kritisieren, denn was er vortrug, war so scharf durchdacht und durch eine in sich stimmige Logik untermauert, daß die Studenten kaum eine Lücke zu finden vermochten, mit der sie ihrem Lehrer eine Falle stellen konnten.

Schon mit siebenundzwanzig Jahren konnte Ruhollah seine Ansichten der Öffentlichkeit schriftlich vorlegen. In einem Buch unter dem Titel «Mesbah al hedayeh» (das leitende Licht) beschreibt der Sucher Chomeini seinen Weg der Läuterung und die Stufen seiner inneren Reise zu den ewigen Wahrheiten und zu seinem Schöpfer. Auf der Höhe seiner Erkenntnis angelangt, wollte er mit dieser Schrift nicht jedem Beliebigen, sondern nur den Eingeweihten die Geheimnisse göttlicher Erhabenheit offenbaren. Er warnt den Leser vor dieser Reise. Man solle sich nie ohne «einen Führer» und Meister auf diese «Wanderung» begeben. Um die absolute Wahrheit oder Gott zu erkennen, sei ein «Wegweiser» unentbehrlich, andernfalls würde man das Gegenteil erreichen, auf Irrwegen landen und in furchtbarem Zweifel enden. «Oh, mein geistlicher Freund», schrieb er «hüte dich, diese Geheimnisse, die ich dir mitteile, zu verraten... Diese innere Religiosität ist eine Ehrerweisung des Schöpfers, die vor Fremden geheimgehalten werden muß, denn ihr Verstand reicht nicht aus, um dies zu begreifen. Hüte dich, diese Seiten zu lesen, bevor du bei ehrwürdigen Meistern die notwendigen Begriffe gelernt und verstanden hast. Andernfalls wirst du großen Schaden erleiden und in einem Meer des Zweifels untergehen.»[8]

Aber er hatte zu dieser Zeit nicht mehr nur die Vereinigung

mit dem Schöpfer im Sinn. Auch das Weltliche, Alltägliche schien ihn zu beschäftigen. Er spürte den Wunsch nach der Vereinigung mit einer Frau, nach der Gründung einer Familie.

Selbst in der heiligen Stadt Ghom hatten alleinstehende Männer Gelegenheit, sich in verborgene Freudenhäuser zu begeben. Doch der Eintritt in solche Häuser ziemte sich für einen Mullah nicht. Aber auch hierfür bietet der Islam eine Lösung, wovon besonders die Mullahs häufig Gebrauch machen. Er erlaubt die Zeitehe. Jeder Mann kann nach islamischer Gesetzgebung mit einer beliebigen Anzahl von Frauen Zeitehen schließen, für eine Stunde bis zu 99 Jahren. Während der Zeit der Ehe muß er für den Unterhalt der Frau sorgen. Das ist Prostitution auf islamisch. Viele Männer schließen Ehen für eine Stunde, sie zahlen der Frau ein Handgeld für ihren «Unterhalt» und können, ohne in Verruf zu geraten, die Frau benutzen.

Ruhollah ging es aber nicht allein um die Befriedigung seiner sexuellen Wünsche, er wollte heiraten. Wäre er nicht ein Waisenkind gewesen, dann hätten seine Eltern längst für ihn eine Braut ausgesucht. Die Mutter hätte herumgeforscht, hätte eine standesgemäße Familie mit einer heiratsfähigen Tochter gesucht und sich erkundigt, ob die Tochter zu haben sei. Sie wäre dann mit einer oder zwei anderen Frauen *Khasegari* (Braut werben) gegangen, hätte dabei genaue Erkundigungen über die Verhältnisse der Familie eingezogen und sich vor allem die Tochter nach allen Gesichtspunkten angeschaut. Bei einer zweiten Begegnung hätten sie dann den Sohn mitgenommen. Die Braut wäre, verhüllt in einen Schleier, für einen Moment hereingekommen, um Tee oder Obst zu servieren, und hätte dabei kurz dem künftigen Bräutigam in die Augen geblickt. Schließlich hätten sich die Väter beider Familien getroffen und sich über finanzielle Angelegenheiten, Mitgift, Aussteuer, Kosten der Hochzeit, unterhalten und den Zeitpunkt des Hochzeitsfestes vereinbart. Erst am Hochzeitsabend hätte sich das Brautpaar sehen können. Für beide soll es eine große und, wie alle hoffen, schöne Überraschung sein.

Aber Ruhollah hatte keine Eltern. Reich war er auch nicht.

Was er anzubieten hatte, war eine gesicherte Zukunft. Mullahs, gleichgültig wie qualifiziert sie sind und wie viele Anhänger sie haben, brauchen im Iran nicht zu hungern.

Da er nun keine Freunde hatte, suchte er einen Bekannten, einen wohlwollenden Vermittler. Das war nicht sonderlich schwer. Eine Ehe in die Wege zu leiten ist eine dankbare Aufgabe. Die Iraner, vor allem Iranerinnen, übernehmen diese Aufgabe mit besonderem Vergnügen. Ruhollah stieß bei seiner Suche auf einen würdigen Herrn namens Lavasani und trug ihm seinen Wunsch vor. Lavasani empfahl ihm die Tochter des Geistlichen Saghafi, der als Ayatollah in Teheran residierte. In der Tat war dies eine gute Partie für den jungen Mullah. Als Schwiegersohn eines Ayatollah eröffneten sich ihm neue Möglichkeiten, und er würde neue Beziehungen knüpfen können. Ohne Beziehungen ist im Iran nirgends, auch nicht innerhalb der Geistlichkeit mit ihrer demokratisch gestalteten «Unordnung», eine Karriere möglich. Lavasani leitete die ersten Schritte ein, traf eine Verabredung und stattete, begleitet von Ruhollah, Ayatollah Saghafi einen Besuch ab. Ruhollahs Erscheinung verfehlte ihre Wirkung auf den Ayatollah nicht. Und als er zu reden begann und über sein Studium und seine Erkenntnisse berichtete, merkte der Schriftgelehrte, daß es sich bei dem jungen Mann um eine ungewöhnliche Persönlichkeit handelte. Dennoch wollte er nicht sogleich sein Ja-Wort geben. Er bat um Bedenkzeit, wahrscheinlich um sich bei Ruhollahs Lehrer, Scheich Abdol Karim, über ihn zu erkundigen. Nach einigen Tagen willigte der Vater ein. Batul, die Tochter, hatte von all dem keine Ahnung, sie hatte ihren künftigen Bräutigam nie zuvor zu Gesicht bekommen. Und auch Ruhollah hatte sie bis zum Hochzeitstag nicht sehen dürfen. Trotzdem führten die beiden, soweit Außenstehende das beurteilen können, eine glückliche Ehe, aus der fünf Kinder, drei Töchter und zwei Söhne, hervorgingen. Batul – bis auf eine kurze Zeit immer an der Seite ihres Mannes – blieb in seinem Schatten verborgen. Selbst als das Schicksal sie zur First Lady des Landes machte, trat sie nicht in Erscheinung.

Die verlorene Würde des Islam

1936 starb Scheich Abdol Karim, Ruhollahs Lehrer. Die ersten
Enttäuschungen über den neuen König Reza Schah, auf den er
seine Hoffnungen gesetzt hatte, hatte er noch miterlebt. Kaum
hatte der General den Pfauenthron bestiegen, da ergriff er Maßnahmen, die nicht nur für seine Widersacher, sondern auch für
die meisten, die ihm eben noch zur absoluten Herrschaft verholfen hatten, verheerende, ja vernichtende Folgen hatten. Nicht
nur Kommunisten, Sozialisten und liberale Konstitutionalisten,
sondern gerade auch die mit ihm verbündete Geistlichkeit wurden durch den neuen Potentaten im Zuge der Säkularisierungs-
und Modernisierungsmaßnahmen erbarmungslos liquidiert.

Reza Schah versuchte mit Hilfe eines rasch aufgebauten Poli-
zeistaates die gesamte Macht bei sich zu konzentrieren. Ein
verbohrter Nationalismus, verbunden mit einem verbissenen
Streben nach Fortschritt und Modernisierung um jeden Preis,
verleiteten den innerhalb weniger Jahre vom einfachen Rekruten
zum König aufgestiegenen Analphabeten zum Aufbau einer gut
organisierten Gewaltherrschaft, wie sie bis dahin in der iranischen Geschichte unbekannt gewesen war. Seine Vorstellungen
und Ziele orientierten sich an dem Vorbild europäischer Staaten.
Reza Khan sympathisierte mit Hitler, war bestrebt, dieselbe
Disziplin, Ordnung und blinde Unterwürfigkeit auch im Iran
einzuführen. Fortschritt bedeutete für ihn Verwestlichung. Er
ließ Straßen, Häfen, Eisenbahnen und Flughäfen bauen und
brachte es fertig, dem allgemeinen Chaos und der Unsicherheit
ein Ende zu setzen. Er ordnete das Führen eines Nachnamens
und eines Personalausweises an, ließ ein neues Gesetzbuch nach
französischem Vorbild schreiben und reorganisierte den Verwal-
tungsapparat, vor allem die Armee, die Polizei und den Geheimdienst. Jeder, der sich seinem Diktat widersetzte, wurde ins Gefängnis geworfen oder gleich getötet.

Anfangs jubelten ihm viele noch zu – so auch die Geistlichkeit –, bis der Terror auch sie traf. Denn Modernisierung schloß

für den Schah auch einen Feldzug gegen die Religion, gegen die islamischen Riten und Bräuche ein. Er verbot den Frauen, Schleier zu tragen und den Männern ihre Nationaltracht. Auch die Mullahs mußten sich fürchten, mit Turban und Umhang in der Öffentlichkeit aufzutreten. Er reduzierte die religiösen Feiertage und übertrug viele juristische und notarielle Aufgaben, die bis dahin von den Mullahs wahrgenommen worden waren, dem Staat.

Sadrolaschraf, der damalige Justizminister Reza Schahs, der selbst Geistlicher war und die Kleidung der Mullahs trug, hat später in seinen Memoiren beschrieben, wie Reza Khan die europäische Kleiderordnung durchsetzte: «Nach Rückkehr von einer Reise in die Türkei äußerte sich der Schah sehr lobend über die Fortschritte, die dieses Land bei der Abschaffung islamischer Kleidung erzielt hatte. Eines Tages, im Monat Mai 1935, berief er das Kabinett und sagte bei der Sitzung: ‹Wir müssen sowohl in unserem Aussehen als auch unseren Sitten und Gebräuchen westlich werden. Der erste Schritt dazu ist die Abschaffung der Nationaltracht und das Tragen von europäischen Hüten. Bei der morgigen Feier des Parlaments werden Sie alle europäische Anzüge und Hüte tragen. Wenn Sie den Raum betreten, müssen Sie, wie die Europäer es zu tun pflegen, Ihre Hüte abnehmen. Wir müssen natürlich auch bald damit beginnen, den Frauen den Schleier zu verbieten. Das wird für die Bevölkerung schwer sein. Daher müssen wir selbst den Anfang machen. Zu diesem Zweck werden wir einmal in der Woche ein Fest veranstalten, bei dem Sie und Ihre Staatssekretäre gemeinsam mit Ihren Frauen in europäischer Kleidung erscheinen werden.› Dem Kultusminister erteilte er den Befehl, an sämtlichen Mädchenschulen den Eintritt für Lehrerinnen und Schülerinnen, die Schleier tragen, zu verbieten. Wer sich weigere, solle sofort entlassen werden. An allen Ministerien sollten nur Frauen angestellt werden, die bereit seien, europäische Kleidung zu tragen. Derselbe Befehl wurde an die Provinzgouverneure weitergeleitet...»[1]

Bald wurden auf den Straßen den Frauen die Schleier vom Kopf gerissen. Viele Frauen fühlten sich ohne Schleier wie nackt und zogen es daher vor, ihre Wohnung nicht zu verlassen. In der Verordnung, die das Tragen europäischer Kleidung für jeden Mann und jede Frau zur Pflicht machte, wurde nur noch den höhergestellten Schriftgelehrten, den *mojtaheds*, ein Zugeständnis gemacht. Ihnen wurde erlaubt, ihr geistliches Gewand weiterhin zu tragen. Viele Mullahs, die diesen Rang nicht erreicht hatten, bemühten sich – oft gegen größere Bestechungssummen – um eine offizielle Bestätigung, daß sie *mojtahed* seien und Turban und Umhang tragen dürften. Doch die Polizisten auf den Straßen richteten sich nur selten danach. Unter dem Gelächter der Passanten zwangen sie die Mullahs, ihre Kleidung abzulegen und rasierten ihnen sogar die Bärte ab. Diese Erniedrigung durch die Pahlawi-Diktatur hat die schiitische Geistlichkeit bis heute nicht verwinden können.

«Auch ich», schreibt Sadrolaschraf, «wurde gezwungen, im Justizministerium ein Fest zu veranstalten. Selbstverständlich mußte ich dabei europäische Kleidung tragen. Meine Frau weigerte sich, ohne Schleier unter den Gästen zu erscheinen. Sie wollte sich sogar von mir scheiden lassen. Schließlich willigte sie aber ein. Zusammen mit meinen Töchtern nahm sie an dem Fest teil. Aber gleich danach wurde sie krank, verließ nie mehr das Haus, bis nach einem Jahr ihre Leiche zum Friedhof getragen wurde.»[2]

«Der Schah», berichtet Sadrolaschraf weiter, «wußte natürlich, daß die Geistlichkeit seine Maßnahmen verurteilte. Deshalb hatte er der Polizei befohlen, so hart wie möglich gegen die Mullahs vorzugehen und jeden Vorwand zu benutzen, um sie zu demütigen. Er ließ einflußreiche Persönlichkeiten in den Gefängnissen foltern und töten. Der bekannte Schriftgelehrte und Parlamentarier Modares wurde durch Erwürgen in seiner Zelle umgebracht.»[3]

Am härtesten traten die Polizisten in den beiden heiligen Städten Ghom und Maschad gegen die Mullahs auf. Ruhollahs Lehrer, Scheich Abdol Karim, der anfangs Reza Schahs Karriere unterstützt hatte, schloß sich resigniert in sein Haus ein und ließ sich bis zu seinem Tode nicht mehr in der Öffentlichkeit sehen.

In Maschad hatte eine größere Menge von Gläubigen es gewagt, gegen die antiislamischen Maßnahmen der Regierung zu protestieren, ein willkommener Anlaß für die Polizei, gründlich mit den Mullahs abzurechnen. Um sich in Sicherheit zu bringen, flüchteten diese in die Moschee, aus der niemand, nicht einmal die größten Verbrecher, gewaltsam herausgeholt werden durften. Aber die Polizisten und Soldaten Reza Khans fühlten sich an diese Tradition nicht gebunden. Die Moschee wurde gestürmt. Hunderte wurden erschossen. Die Verletzten wurden in ein Massengrab geworfen und mit Erde zugedeckt. Die ganze Aktion fand unter der Führung des General Matbui statt, des Oberbefehlshabers der Streitkräfte in der Provinz Chorasan. Nach der Machtübernahme der Mullahs im Jahre 1979 wurde er durch ein islamisches Revolutionsgericht zum Tode verurteilt und hingerichtet.

Die unglaubliche Nachricht von diesem Massaker schlug ein wie ein Blitz. Spätestens jetzt wurde es jedem klar, daß der Schah es ernst meinte und bei seinem Feldzug gegen die islamische Tradition vor nichts zurückschreckte. Angst breitete sich aus. Niemand wagte mehr zu protestieren, jeder versuchte zu überleben.

Die Hoffnungen auf Freiheit und Demokratie, die die konstitutionelle Bewegung erweckt hatte, waren dahin. Eine Schreckensherrschaft hatte sich etabliert, Widerstand schien sinnlos. Erst die Alliierten, die während des Zweiten Weltkriegs das Land besetzt hatten, zwangen den Schah – wegen seiner Sympathie für Hitler – zur Abdankung. 1941 wurde er auf die südafrikanische Insel Mauritius verbannt.

Für Ruhollah Musawi Chomeini – auch er mußte nach der neuen Verordnung einen Nachnamen tragen – waren diese Ereignisse wie ein Alptraum. Die Angriffe gegen die islamische Geistlichkeit erschütterten ihn so heftig, daß er in tiefe Resignation verfiel. Monatelang verließ er das Haus nicht mehr. Mit jedem Tag steigerte sich seine Wut. Als einige Monate später sein Lehrer starb, hielt er das Leben im Iran nicht mehr aus. Er fühlte sich wie in der Hölle, umgeben von großen und kleinen Teufeln, von Gotteslästerern und Ungläubigen, die ihn ständig verfolgten und zu

Sünden und Untaten verleiten wollten. Flammen von Rache, Haß und Wut loderten in seiner Brust. Doch er war zur Untätigkeit verdammt. Keiner unter den Mullahs und Großayatollahs wagte den Mund aufzumachen und Widerstand zu leisten, auch er nicht. Man müsse den ersten Sturm vorbeirauschen lassen, dachte er. Irgendwann werde die Zeit der Rache kommen. Jetzt gelte es, Ruhe zu bewahren, nicht aufzufallen, die Gefahren zu überstehen. Das Beste sei eine Reise ins Ausland. Ein plausibler Vorwand würde sich schon finden lassen. Jeder Gläubige, und dies traf für einen Geistlichen erst recht zu, mußte nach islamischer Vorschrift, sobald er es sich finanziell leisten konnte, zumindest einmal in seinem Leben Mekka besuchen. Dort, in einem von Gebirgsfelsen überragten Tal der Landschaft Hijas, steht das Gotteshaus, der wichtigste Wallfahrtsort der gläubigen Muslims. Jedes Jahr pilgern Hunderttausende dorthin, um die große Moschee mit dem Heiligtum Kaaba, umgeben von einer aus Marmor und Goldmosaiken gebauten Säulenhalle, zu besuchen, ihre Sünden zu beichten und gereinigt wieder zurückzukehren.

Chomeini spürte, daß er dringend einer solchen Reinigung seiner Seele bedurfte, die durch die jüngsten Ereignisse verwirrt war und keine Ruhe finden konnte. Voller Groll und Haß machte er sich auf den Weg. In Mekka begab er sich sogleich in die Moschee, erblickte den großen schwarzen Stein, den geographischen und religiösen Mittelpunkt der islamischen Welt, in dessen Richtung jeder Gläubige bei seinem täglichen Gebet stehen muß, gleichgültig, in welchem Land und welcher Weltgegend er sich befindet.

Über ein Jahr dauerte seine Reise.[4] Er hoffte, daß sich während seiner Abwesenheit die Dinge im Land zum Besseren wenden würden, stellte aber nach seiner Rückkehr mit Entsetzen fest, daß sie eher schlimmer geworden waren. Nicht nur die Regierung, sondern auch ein großer Teil der Bevölkerung hatte inzwischen jeden Respekt vor den Mullahs verloren. Viele Geistliche hatten aus Furcht vor staatlichen Repressionen nicht nur ihr Gewand, sondern auch ihren Beruf an den Nagel gehängt. Sie hatten sich eine andere Arbeit gesucht und versuchten ihre Vergangenheit zu verheimlichen. Andere lebten völlig zurückgezogen in ihrer Gebetsstube und waren bemüht, nicht aufzufallen, denn auf der Straße wurden die Mullahs oft von Passanten beschimpft. Chomeini beklagte sich später, daß niemand bereit gewesen sei, in seinem Auto einen Mullah mitzunehmen. «Einmal saß ich im Omnibus» erzählte er, «da ging unterwegs das Benzin aus. Der Fahrer fluchte und schob die Schuld auf die Mullahs.»[5]

All dies empfand Chomeini als Schmach für sich und seine Kollegen. Er sehnte sich nach jener Ruhe und Erhabenheit, die er in Chomein und Arak empfunden hatte. Verbittert mußte er feststellen, daß es damit endgültig zu Ende war. Sein Bild vom Menschen und der Welt war durch die politischen Ereignisse völlig verändert worden. Er war über die Gläubigen und seine geistlichen Kollegen zutiefst enttäuscht – wie leicht hatten sie sich einschüchtern lassen, wie schnell hatten sie kapituliert, ihren Glauben aufgegeben und ihrem Schöpfer den Rücken gekehrt.

Um bestimmte Ziele durchsetzen und Entwicklungen voranzutreiben oder aufhalten zu können, waren offensichtlich entschlossene und starke Persönlichkeiten vonnöten, die allerdings – das glaubte er auch aus der Geschichte des Islam herauslesen zu können – mit dem Besitz von politischer Macht ausgestattet sein mußten. Die Prophetennachfolger Ali und Hossein waren gescheitert, weil sie nicht mächtig genug waren. Diese Einsichten veränderten sein Verhältnis zur politischen Wirklichkeit. Auch ein Geistlicher, sagte er sich, könne den Willen Gottes ohne politische Macht nicht verwirklichen. Er stellte deshalb seine theologischen Studien vorerst zurück und begann, sich mit politischen Fragen auseinanderzusetzen, schrieb im Stillen, unbemerkt von der Außenwelt, seine Gedanken nieder, verfaßte Traktate, zu deren Verbreitung er vorerst keine Gelegenheit hatte und beschloß, alles zu tun, um die verlorene Würde des Islam und die Position der Geistlichkeit wiederherzustellen.

Er erinnerte sich an seinen ersten Lehrer Araki und dessen hingerichteten Freund, Scheich Fazlollah Nuri. Jetzt erst ging ihm ihre Bedeutung auf. Ihre Prophezeiungen und Warnungen hatten sich bestätigt. Hätten damals die Mullahs im Zuge der konstitutionellen Revolution zusammengehalten, Kompromisse vermieden und hätten sie dem Gerede von der Reformierung des Islam, seiner Anpassung an die Ansprüche einer modernen Gesellschaft Einhalt geboten, wäre es nie so weit gekommen, dachte er. Wie recht hatte doch Scheich Fazlollah Nuri gehabt, als er dem Islam eine große Niederlage voraussagte, von der er sich Jahrzehnte lang nicht erholen werde. Die Geistlichkeit war jetzt so gut wie ruiniert. Chomeini wußte, ohne die ursprüngliche Geschlossenheit, ohne Rückbesinnung auf den Koran, ohne die uneingeschränkte Verteidigung der schiitischen Tradition, konnte es keine Rettung geben. Scheich Fazlollah wurde ihm zum Vorbild.

Welch eine Genugtuung muß es für Chomeini gewesen sein, als Reza Khan, dieser mit scheinbar grenzenloser Macht ausgestattete Diktator, auf so erbärmliche Weise zur Abdankung gezwungen und aus dem Land gejagt wurde. Gottes Gerechtigkeit hatte gesiegt, der Satan eine Niederlage erlitten.

Mohammad Mossadegh, der Volkstribun

Doch Reza Schahs Herrschaft hatte Spuren hinterlassen, die so leicht nicht zu verwischen waren. Der mit Gewalt durchgepeitschte Prozeß der Verwestlichung, die Entmachtung der Geistlichkeit, die allgemeine Verachtung der Religion und ihrer moralischen Vorschriften hatten das Verhalten der Menschen, ihre Wünsche und Bedürfnisse stark verändert. Als der Zweite Weltkrieg ausbrach, erklärte der Iran – wie schon während des Ersten Weltkriegs – seine Neutralität. Die Alliierten wollten jedoch auf dieses strategisch wichtige Land mit seinen reichen Ölvorkommen nicht verzichten. Vor allem nach dem japanischen Sieg über Indonesien war das iranische Öl als Energievorrat unentbehrlich geworden. Am 25. August 1941 wurde der Iran unter dem Vorwand, deutsche Agententätigkeit zu bekämpfen, von britischen und sowjetischen Truppen besetzt. Die transiranische Eisenbahn, die vom Süden des Landes bis an die russische Grenze in den Norden führte, und die wichtigsten Fernstraßen wurden gesperrt, um sie für den Transport amerikanischer und britischer Waffen in die Sowjetunion zu benutzen.

Auch in Churchills Kriegserinnerungen ist von der strategischen Bedeutung Irans die Rede. Er spricht von dem Vorhaben Englands, Vereinbarungen mit der Sowjetunion hinsichtlich der Besetzung des Irans zu treffen und die iranische Regierung im Falle einer Weigerung durch eine andere zu ersetzen, was dann am 17. September 1941 auch geschah. Die Nachfolge Reza Schahs trat sein Sohn Mohammad Reza Pahlawi an, der erst durch die Revolution von 1979 gestürzt werden sollte.

Selbstverständlich war die Anwesenheit der Alliierten im Iran dem Islam und damit Chomeinis Zielen nicht förderlich. Sie stärkte im Gegenteil mehr den europäischen Einfluß und laizistische Gedanken. Chomeini erinnerte sich später mit Entsetzen, aber auch mit Spott an diese Zeit: «Damals», sagte er bei einer Rede in Najaf, «sollte in Teheran ein Treffen der Regierungschefs stattfinden. Stalin war zu der Zeit Chef der Sowjetunion, der Mann, dessen Ideen man heute noch propagiert. Auch Fotos von ihm werden überall verbreitet, obwohl er inzwischen längst seinen Ruf eingebüßt hat... Dieser Stalin, den seine Anhänger als ‹Genosse› bezeichnen, hatte in seinem Flugzeug auch eine Kuh mitgebracht. Die Kuh, deren Milch er zu Hause trank! Er wollte nicht die Milch unserer Kühe trinken... gleichzeitig habe ich bei einer Reise nach Maschad russische Soldaten betteln sehen. Wir saßen im Omnibus, sie kamen an die Fenster, streckten die Hand aus, und wenn man ihnen eine Zigarette gab, waren sie so glücklich, daß sie zu pfeifen begannen...»[1]

Doch trotz alliierter Besetzung konnten die Mullahs nach der Flucht Reza Khans und der Auflösung seiner despotischen Herrschaft wieder aufatmen. Vorsichtig kamen sie aus ihren Verstecken hervor, wagten sich wieder mit langem Bart, Turban und

Umhang auf die Straße, sammelten sich in den Moscheen und hielten vor Gläubigen mahnende Predigten.

Gegen Ende des Kriegs war der Iran wirtschaftlich ein bankrottes Land. Es fehlte an einfachsten Konsumgütern, die Lebensmittel waren – soweit vorhanden – rationiert, und es herrschte Inflation. Auf den Konferenzen zu Jalta und Teheran hatten sich die Alliierten bereit erklärt, den Wiederaufbau des Landes zu unterstützen. Doch diese Hilfen blieben allzu lange aus.

Als sich das Ende des Kriegs abzeichnete, mangelte es von englischer Seite nicht an Hinweisen auf die Unantastbarkeit der iranischen Souveränität. Der britische Außenminister Anthony Eden äußerte, der Iran habe zwar den Alliierten für die Dauer des Kriegs einige Privilegien einräumen müssen, alle Mächte seien jedoch nach wie vor verpflichtet, die iranische Souveränität zu respektieren, Großbritannien habe sich in seinen bisherigen Beziehungen zum Iran immer von diesem Grundsatz leiten lassen. Jede Abweichung hiervon werde zu Rivalitäten zwischen den Großmächten führen. Er schlage daher vor, von jeder Einmischung in die inneren Angelegenheiten Irans abzusehen.[2]

Die Adressaten, an die sich dieser überaus fürsorgliche Appell richtete, waren unschwer auszumachen: Die Anwesenheit amerikanischer und vor allem sowjetischer Truppen ließ England um seine Vorherrschaft im Iran bangen – nicht zu Unrecht, wie sich herausstellen sollte, denn die beiden Großmächte zeigten sich interessiert, mit dem Iran ähnliche Ölverträge abzuschließen wie die Engländer.

Nach Kriegsende zogen die USA und England ihre Truppen wie vereinbart zurück, die Sowjetunion jedoch hielt den Norden des Landes besetzt. In Azerbaijan versuchte die von der Sowjetunion unterstützte «Fergheh Demokrat» (Demokratische Partei), eine selbständige Republik zu gründen. Zu Beginn des Jahres 1946 reichte der Iran beim Weltsicherheitsrat zweimal eine Beschwerde gegen die Sowjetunion ein. Der sowjetische Delegierte kündigte schließlich den Abzug der russischen Truppen an. Gleichzeitig übte seine Regierung aber Druck auf den

Iran aus, eine sowjetisch-iranische Ölgesellschaft zur Erschließung der Ölquellen im Norden zu gründen. Die iranische Regierung stimmte zu, die russischen Truppen verließen das Land – das iranische Parlament aber lehnte den Abschluß des Vertrages ab. Die Spannungen mit der Sowjetunion und deren Untergrundtätigkeit im Norden des Landes ließen daraufhin nicht nach und riefen die USA auf den Plan, die sich von nun an immer stärker im Iran engagierten.

In diesen ersten Nachkriegsjahren erlebte die iranische Öffentlichkeit eine kurze Atempause zwischen zwei Diktaturen. Tageszeitungen und Wochenschriften verschiedener politischer Richtungen erschienen, die Diskussion politischer Fragen beschränkte sich nicht mehr nur auf private Zirkel, sie erregte auch das Interesse weiter Kreise der städtischen Öffentlichkeit. Es entstanden zahlreiche politische Parteien, freie Gewerkschaften und Verbände. Selbst das Parlament verwandelte sich wieder in einen Ort der freien Meinungsäußerung. Auf den Straßen waren Demonstrationen und Kundgebungen ein alltägliches Bild.

Mohammad Reza Schah war in jenen Jahren zu unerfahren, besaß noch nicht die erforderliche finanzielle und militärische Rückendeckung, um das Heft fest in die Hand zu nehmen. Im Mittelpunkt der öffentlichen Aufmerksamkeit stand eine andere Figur, die in den nächsten Jahren an der Spitze einer Volksbewegung Geschichte machen sollte: Mohammad Mossadegh. 1882 in Teheran geboren, hatte sich Mossadegh bereits in seiner Jugend politisch engagiert. Obwohl er selbst aus dem Königshaus der Kajaren stammte, schloß er sich der konstitutionellen Bewegung gegen den Absolutismus des Hofes an. Nachdem Mohammad Ali Schah im Jahre 1908 das neugegründete Parlament von seinen Soldaten beschießen ließ und damit der bürgerlich-nationalen Bewegung ein vorläufiges Ende setzte, begab sich Mossadegh zur Fortsetzung seines Jurastudiums nach Frankreich. Hier und später in der Schweiz, wo er 1913 über das Erbrecht im Islam promovierte, setzte er sich intensiv mit dem europäischen Liberalismus und freiheitlich-demokratischen Ideen auseinander. Zurückgekehrt in den Iran, hoffte er, dieselben

Ideen und Zielsetzungen verwirklichen zu können. Er übernahm verschiedene staatliche Ämter, darunter das Justiz- und auch das Außenministerium. Doch die Diktatur Reza Schahs unterbrach Mossadeghs politisches Wirken für lange Jahre. Als einer der entschiedensten Gegner der neuen Diktatur wurde er auf sein Landgut Ahmad Abad verbannt. Erst die Besetzung Irans durch Alliierte und die Abdankung Reza Schahs ermöglichten ihm, die politische Bühne noch einmal zu betreten.

Mossadeghs unermüdlicher Kampf gegen jede Form von Diktatur und vor allem für die Unabhängigkeit des Landes, gegen die britische Vorherrschaft, fand in der Bevölkerung eine breite Unterstützung. Er wurde als Abgeordneter ins Parlament gewählt.

Im Mittelpunkt des öffentlichen Interesses stand der Streit um den Vertrag mit Großbritannien, ein Vertrag, der seit 1901 – trotz häufiger Veränderungen – Produktion und Export des iranischen Öls den Engländern unterstellte. Durch diesen Vertrag war es England gelungen, den Iran jahrzehntelang unter Kontrolle zu halten und enorme Profite aus ihm herauszuholen. 1950 konnte England allein aus der Erdölproduktion einen Gewinn von rund 200 Millionen Pfund Sterling erzielen, während der Iran im selben Jahr für den Export des eigenen Öls ganze 16 Millionen Pfund erhielt. Die Absurdität dieser Gewinnverteilung wird um so deutlicher, wenn man bedenkt, daß die Bevölkerung desselben Landes um das tägliche Brot und seine Regierung im Ausland um Kredite betteln mußte, in größeren Teilen des Landes eine unbeschreibliche Armut herrschte, ja selbst im Süden der Hauptstadt Menschen in unterirdischen Höhlen und überfüllten Lehmhütten lebten, die Kaninchenställen glichen.

Das Bekanntwerden dieser Mißverhältnisse in der breiten Öffentlichkeit, nicht zuletzt durch Mossadeghs Reden im Parlament, steigerte von Tag zu Tag die Empörung über England. Das koloniale Verhältnis, die enorme Ausbeutung wurde dabei nicht nur als wirtschaftliche Benachteiligung empfunden, sondern noch mehr als eine nationale Demütigung. So gewann die

Bewegung zur Nationalisierung der Ölindustrie den Stellenwert eines Volksaufstands zur Erlangung nationaler Unabhängigkeit. Mossadegh führte diese Bewegung, er wurde bald zu einem Volkstribun.

Ruhollahs Geheimnisse

In dieser Atmosphäre erschien Chomeinis Buch *Kaschf al-asrar* (Entdeckung der Geheimnisse). Es war einige Jahre zuvor geschrieben worden, konnte jedoch erst jetzt veröffentlicht werden. Der äußere Anlaß dazu war eine Schmähschrift gegen den Islam und die Geistlichkeit, die während der Herrschaft Reza Schahs in Umlauf gebracht worden war. Urheber dieser Schrift war der abtrünnige Mullah Ghomi. Er polemisierte in seiner 36seitigen Broschüre mit dem Titel *Asrar-e hezar saleh* (Tausendjährige Geheimnisse) scharf gegen Dogmen und Aberglauben im Schiismus und bezeichnete diese als überholt und rückschrittlich.

Chomeinis Polemik gegen diese Schrift, die sich über 334 Seiten hinzieht, formuliert auch die neugewonnenen Ansichten des Autors über gesellschaftspolitische Fragen, die seine Wandlung vom islamischen Mystiker zum schiitischen Fundamentalisten sichtbar machen; und schon hier wird jenes Gedankengerüst aufgestellt, das fast vierzig Jahre später in der Islamischen Republik Gestalt gewinnen sollte.

Zunächst rechnet Chomeini mit der Regierung des Reza Schah ab: «Eine Regierung, die einige tausend unschuldige Menschen in der heiligen Moschee mit Gewehren und Bajonetten durchlöchern läßt, (...) die Recht und Gesetz mißachtet, eine Gruppe von Menschenfressern, genannt Polizisten, in Stadt und Dorf gegen unschuldige islamische Frauen aufhetzt, mit Bajonetten ihren Schleier herunterreißen und ihre Kinder töten läßt, bedeutet Gotteslästerung. (...) Für uns ist die Diktatur Reza Khans ein einziges Verbrechen. Diejenigen, die dieser Regierung Achtung erweisen, sind ehrlos. (...) Alle Zeitungen, die die Handlungen dieser Regierung bejahen, sollten auf öffentlichen Plätzen verbrannt werden (...), damit diese Schreiberlinge endlich begreifen, welche Aufgaben sie zu erfüllen haben. ...Diese Diktatur hat uns alles geraubt, vor allem die Achtung vor dem Glauben, der einzigen Instanz, in deren Schatten Ehre und Moral geschützt werden und gedeihen können... All die großen und kleinen Verbrecher, diese Lustmolche, Betrüger und Gauner, müssen ausgerottet werden. Sonst werden wir noch furchtbarere Zeiten erleben, gegen die der heutige Zustand paradiesisch erscheint.»[1]

Nach dieser Abrechnung mit der Diktatur Reza Schahs legt er seine Ansichten zu dem historischen Streit über das Verhältnis von Staat und Religion dar:

«Die einzige Staatsform, die die Vernunft bejaht, ist der Gottesstaat. Der Schöpfer hat bestimmt, daß man ihm, dem Propheten und dem Herrscher gehorcht. Wer ist nun mit diesem ‹Herrscher› gemeint? Manche sind der Ansicht, daß damit die Könige gemeint sind. Gott habe die Menschen verpflichtet, Herrschern und Königen zu gehorchen, sagen sie... Wie kann aber der Schöpfer, der seinen Propheten, mit Tausenden von Bestimmungen ausgerüstet, auf die Erde sandte, um Gerechtigkeit walten zu lassen, den Gläubigen befehlen, beispielsweise einem Atatürk zu folgen, von dem alle wissen, welche Verbrechen er begangen hat, oder einem Pahlawi Gehorsam zu leisten, dessen Vergehen gegen Gott und den Koran ein ganzes Buch ausfüllen würden, wenn man sie aufschreiben wollte...»[2]

Diese Annahme sei völlig widersinnig und unvernünftig, schreibt Chomeini. «Ein Prophet, der sogar über den Stuhlgang, den Beischlaf oder das Stillen eines Neugeborenen göttliche Bestimmungen und himmlische Befehle erteilt» habe, könne nicht «bedenkenlos das Erbe des Glaubens einer Handvoll Verbrecher und Verirrten» übergeben.[3]

Nur die Geistlichkeit sei dazu befugt, bis zur Wiederkehr des verborgenen Imam Mahdi, die Ziele der Religion zu bestimmen und sie durchzusetzen.

Da Chomeini wußte, wie umstritten diese Gedanken im islamischen Schiismus waren – denn seit dem Verschwinden des 12. Imam haben die Schriftgelehrten die Übernahme der Macht durch die Geistlichkeit stets abgelehnt –, unterläßt er es in seiner Schrift, offen die Herrschaft der Mullahs zu fordern. Er begnügt sich mit der Forderung nach einer Oberaufsicht der Geistlichkeit über die Legislative: «Wir sagen nicht, daß die Regierung den Schriftgelehrten übergeben werden soll. Wir wollen, daß das Land nach islamischen Gesetzen regiert wird, und dies ist ohne eine Oberaufsicht der Geistlichkeit nicht möglich.»[4]

Die gesetzgebende Gewalt liegt – Chomeini zufolge – einzig und allein bei Gott. «Die Menschen», schreibt er, «sind hab- und lustgierig, egoistisch, sie begehen Irrtümer. Deshalb sind sie nicht fähig, Gesetze zu erlassen, die die Interessen der Allgemeinheit wahrnehmen... Für uns ist Gott selbst der einzige Gesetzgeber, seine Gesetze können nicht durch menschliche Hirngespinste ersetzt werden. Daher hat niemand das Recht, Gesetze zu erlassen, außer Gott... Unsere Gesetze sind die des Islam. Gott hat sie für uns bestimmt. Sie gelten für alle Menschen und alle Zeiten. Sie betreffen das Leben der Menschen schon in der Zeit, bevor sie als Samen die Gebärmutter erreichen, bis zu der Zeit, in der sie nach ihrem Tod im Grab liegen. Wenn wir also sagen, daß die Geistlichkeit die Gesetze kontrollieren soll, dann meinen wir damit nicht, der König, die Minister, die Offiziere bis hin zu den Straßenreinigern sollten Geistliche sein. Wir sagen: genauso wie eine konstituierende Versammlung, die sich aus den Bürgern eines Landes zusammensetzt, eine Regierung ernennen, den König abwählen und einen neuen König an dessen Stelle setzen kann, und genauso wie ein Parlament, das sich aus obskuren Gestalten bildet, einem Land europäische oder auch selbsterfundene Gesetze aufzwingen kann... genauso ist es möglich, daß sich eine konstituierende Versammlung aus frommen Schriftgelehrten zusammensetzt, Schriftgelehrte, die Gottes Bestimmungen kennen, gerecht sind, keinerlei Machtgelüste verspüren, nichts im Sinn haben, als die Interessen der Bevölkerung wahrzunehmen und den Willen Gottes zu verwirklichen, kein Unrecht begehen, Leben und Eigentum der Bürger schützen und einen gerechten Herrscher wählen, der Gottes Gesetze nicht mißachtet. Was spricht dagegen, daß das Parlament, so wie auch das Gesetz es vorschreibt, durch fromme Schriftgelehrte gebildet oder ihrer Kontrolle unterstellt wird?»[5]

Chomeini ist zu diesem Zeitpunkt in seinen Ansichten längst nicht so radikal, wie wir ihn später erleben werden. Entweder hatte er seine Gedanken noch nicht konsequent zu Ende gedacht, oder das religiöse Lager war noch zu zersplittert und geschwächt, um für die Geistlichkeit kompromißlos jenen Status einzufordern, den er später beanspruchen sollte. Jedenfalls zeigt er sich in dieser Schrift zu Kompromissen mit der weltlichen Macht bereit. «Die Geistlichkeit», schreibt er, «hat sich bisher niemals gegen die Staatsordnung... geäußert, selbst dann nicht, wenn Gesetze erlassen wurden, die unseren religiösen Bestimmungen widersprachen, oder Regierungen gewählt wurden, die Unrecht begingen. Das werden wir auch in Zukunft unterlassen. Denn selbst diese verrottete Staatsordnung ist besser als keine... Solange keine bessere Staatsordnung möglich ist, wird die Geistlichkeit die bestehende akzeptieren und achten... Wenn sie einmal gegen einen König opponiert, dann richtet sich die Opposition gegen die Person des Herrschers... und keineswegs gegen die Monarchie. Wir haben nie die Monarchie abgelehnt. Im Gegenteil: es gibt zahlreiche Schriftgelehrte, die Königen zur Seite gestanden und sie unterstützt haben... Die Geschichte ist Zeuge der Zusammenarbeit der Geistlichkeit mit den Herrschern...»[6]

Jahre später wird Chomeini genau das Gegenteil behaupten und die Abschaffung der Monarchie und Gründung einer islamischen Republik fordern. Hier zeigt er sich hingegen bereit, vieles, was ihm innerhalb des Systems als Unrecht erscheint, zu erdulden, das rechtswidrige Parlament, seine Gesetze und Wahlen. «Selbst dieser Brei wird von der Geistlichkeit nicht abgelehnt», schreibt er. Was er fordert, ist die Kontrolle durch die religiösen Instanzen. «In einem islamischen Land müssen die Schriftgelehrten die Legislative und Exekutive kontrollieren.»[7]

Chomeini wehrt sich auch gegen Maßnahmen, die der religiösen Tradition und Moral widersprechen, er verurteilt das Verbot islamischer Kleidung: «Der Zylinderhut ist eine Schande, die fremde Mächte uns aufgesetzt haben, er befleckt unsere nationale Unabhängigkeit...» Er fordert die Auflösung der gemischten Schulen, in denen «junge Mädchen mit geilen jungen Männern zusammengebracht werden». Diese Schulen seien nach islamischer Moral eine Sünde. Auch die Spirituosengeschäfte und Vergnügungszentren sollten abgeschafft werden, denn «sie zerstören die Gehirne unserer Jugend, Denken und Gesundheit, Mut und Moral der Massen». Selbst die Musik solle aus dem Lehrplan der Schulen gestrichen werden. Sie fördere «Geilheit und Unmoral», vernichte «das Ehrgefühl».[8] Er fordert die strikte Einhaltung islamischer Gesetze. Jede Abweichung davon, wie beispielsweise die Zulassung von Frauen als Richterin und Anwältin, sei sündhaft. «Die Rechtsprechung» müsse «durch Männer erfolgen». «Frauen» seien «nach islamischen Gesetzen dazu nicht befugt».[9]

Chomeini bejaht sogar die Zusammenarbeit mit einer Diktatur, vorausgesetzt, sie sei der Geistlichkeit nützlich. «Wir sagen», schreibt er unverblümt, «selbst die zerstörerische Form der Diktatur, in der einer auftritt und dem Verderben Einhalt gebietet, wäre durchaus im Interesse des Landes und der Bevölkerung. Dies wäre nicht nur gut, sondern sogar oft notwendig.»[10]

Der Islam ist Politik

In dem politischen Chaos der Nachkriegsjahre fand Chomeinis Schrift in der breiten Bevölkerung kaum Beachtung. Anders in religiösen Kreisen. Hier wurden die Ideen und Vorstellungen des nun über vierzigjährigen Schriftgelehrten, besonders von den jüngeren Mullahs, mit großer Aufmerksamkeit gelesen.

Nach all den Schmähungen, die die Geistlichkeit unter Reza Schah hatte hinnehmen müssen, wurde diese radikale Stellungnahme eines geistlichen Würdenträgers mit Wohlwollen und Genugtuung registriert. Seine Ideen erinnerten die Alten an die Vorstellungen Scheich Fazlollah Nuris, die nun nach Jahrzehnten wieder zum Vorschein kamen. Damals, sagten viele, habe man die Bedeutung jenes religiösen Verfechters nicht erkannt. Die führenden religiösen Persönlichkeiten, wie Ayatollah Behbahani und Ayatollah Tabatabai, hätten sich von verwestlichten Politikern und intellektuellen Erneuerern verführen lassen. Diesen Fehler dürfe man jetzt nicht noch einmal machen. In einer Zeit, in der die Weichen für die Zukunft gestellt werden, müßten die Mullahs ihre Ideen und Ziele mit ganzer Kraft durchsetzen. Und dazu müsse man Schriftgelehrte wie Chomeini unterstützen.

Auf Chomeini selbst wirkte die positive Reaktion der Mullahs sehr ermunternd. Ihm war klar, daß er ohne eine breite Unterstützung der Geistlichkeit, ohne die Hilfe und aktive Zusammenarbeit, vor allem der jüngeren Theologiestudenten, nichts würde ausrichten können. Daher versuchte er durch Vorlesungen, Seminare und Diskussionen neue Kontakte herzustellen, die Zahl seiner Anhänger zu erhöhen, seinen Einfluß unter den Schriftgelehrten zu vergrößern.

Natürlich konnte er, auf Grund seines Alters, noch lange nicht mit den etablierten grauen Eminenzen der Geistlichkeit konkurrieren, die Millionen Gläubigen als «religiöse Instanz» und Vorbild dienten. Allein in der heiligen Stadt Ghom residierten einige Großayatollahs wie Mohammad Taghi Chonsari, Sadruddin Sadr und Mohammad Hojjat, drei erfahrene Schriftgelehrte, deren Ruf weit über die Landesgrenzen hinausreichte. Insbesondere Ayatollah Hojjat verfügte in der schiitischen Welt über erheblichen Einfluß. Viele Gläubige folgten seinen Anweisungen, leisteten ihm ihre finanziellen Pflichtabgaben, wodurch er die Zahl seiner Anhänger auch unter den Theologiestudenten kontinuierlich vergrößern konnte.

Nach dem Tod Scheich Abdol Karims, Chomeinis Lehrer und

Vertrautem, hatte noch keiner der Ayatollahs dessen Position einnehmen können, aber die Großayatollahs waren so bedeutend, daß sie für Chomeini und ihm gleichrangige Mullahs unüberwindbare Hindernisse auf ihrem Weg nach oben darstellten. Chomeini trachtete deshalb danach, sie in Verruf zu bringen. «Ayatollah Hojjat übt in Ghom eine Diktatur aus», flüsterte er hinter den Moscheemauern einigen Vertrauten zu. Man müsse in der Feyzieh-Schule und dem *howzeh eimiyeh* (dem wissenschaftlichen Zentrum) wieder Ordnung schaffen, so wie sie unter dem ruhmreichen Scheich Abdol Karim dort bestanden habe. Die drei Großayatollahs in Ghom seien dazu nicht fähig. Die Stadt habe deshalb auch längst ihre Rolle als Zentrum des Schiismus eingebüßt. Daher sei es unbedingt notwendig, einen neuen Ayatollah als *marja-e taghlid* zu suchen.

Er präparierte einige seiner besten Schüler wie Montazeri, der später, nach der Machtübernahme Chomeinis, zu seinem designierten Nachfolger ernannt werden sollte, und schickte sie in die Vorlesung von Hojjat. Dieser sollte schonungslos kritisiert, dessen Autorität vor seinen Schülern zerstört werden.

Chomeinis Agitationsarbeit trug bald Früchte. Zahlreiche Anhänger Hojjats kehrten ihrem Vorbild den Rücken. Den beiden anderen Ayatollahs erging es ähnlich. Und je mehr ihr Einfluß abnahm, desto lauter wurde der Ruf nach einer neuen Instanz, nach einer Persönlichkeit, einer Integrationsfigur, die imstande sei, das verlorene Ansehen Ghoms wiederherzustellen. Natürlich hätte Chomeini gerne selbst diese Rolle übernommen. Doch dazu war er noch zu jung. Das Alter spielt unter den Schriftgelehrten eine wichtige Rolle. Einer, der als religiöses Vorbild wirken will, darf nicht jünger als sechzig Jahre sein, er muß über genügend Erfahrung verfügen, zahlreiche Veröffentlichungen vorweisen, muß berühmt sein, nach Möglichkeit auch einen langen weißen Bart haben.

Damals war Chomeini gerade erst um die Vierzig. Unter seinen Kollegen galt er als ein begabter Mann, dem manche eine große Zukunft prophezeiten, aber noch fehlten ihm Erfahrungen und Würde des Alters. Wollte er dennoch an Einfluß gewinnen und entscheidend wirken, dann wäre dies nur als Drahtzieher hinter einer ihm wohlgesonnenen Figur möglich. Chomeinis Kandidat hierfür war Mohammad Hossein Borujerdi, ein kranker alter Schriftgelehrter aus der Stadt Borujerd. Borujerdi brachte genau jene Voraussetzungen mit, die Chomeini für das Gelingen seiner Pläne benötigte. Als Großayatollah genoß er unter den Schriftgelehrten einen guten Ruf, nicht nur in Ghom und Maschad, auch in Najaf wurde ihm große Achtung gezollt. Von Politik hatte er wenig Ahnung, er wollte sich in alltägliche Auseinandersetzungen nicht einmischen. Aber selbst in diesem Bereich wurde seine Integrität nicht angezweifelt, hatte er doch gegen die antiislamischen Maßnahmen des Reza Schah protestiert. «Ich werde mich niemals dieser Mißachtung der Gesetze beugen», hatte er erklärt. Daß er dennoch über Jahre geschwiegen und sich in die Kleinstadt Borujerd zurückgezogen hatte, konnte in seinem kränklichen Zustand begründet sein, vielleicht auch in seiner Enttäuschung über die Gläubigen. Er war nicht autoritär, auch nicht machtgierig. Er überließ gern anderen die Entscheidung. Gerade diese Eigenschaften veranlaßten Chomeini, ihn als Kandidaten zum *marja-e taghlid* vorzuschlagen.

In Teheran wurden diese Vorgänge mit besonderer Aufmerksamkeit beobachtet. Daß die Rivalitäten unter den Mullahs die Bildung eines religiösen Machtzentrums verhinderten, kam dem Hof, mit dem jungen unerfahrenen Schah an der Spitze, sehr gelegen. Denn es wäre durchaus denkbar, daß die Geistlichkeit, nach der Abdankung Reza Schahs, die Gläubigen wieder mobilisieren und mehr Macht im Staat beanspruchen würde. Andererseits könnte sich eine geschwächte und zerstrittene Geistlichkeit aber auch als Nachteil für den Hof erweisen. Nicht selten hatte in der iranischen Geschichte der Klerus als Stütze des Hofs gewirkt und mit ihm gegen demokratische und radikale Bestrebungen paktiert. Gerade nach der Abschaffung der Diktatur, in einer Zeit, in der dem König die Machtinstrumente zur Kontrolle radikaler Kräfte fehlten und Nationalisten, Demokraten und nicht zuletzt Kommunisten an Anhängern sichtbar gewannen, wäre eine vereinheitlichte und starke Geistlichkeit als Gleichgewicht und wirksames Hindernis gegen sozialistische und kommunistische Bestrebungen äußerst nützlich, vorausgesetzt, die Führer der Gläubigen würden nicht gegen den Hof vorgehen. Daher machten sich die Hofleute ebenfalls auf die Suche nach einer Führungsperson unter den Mullahs, die diesen Vorstellungen entspräche, und der Zufall wollte, daß sie dabei auf denselben, in Borujerd weilenden Ayatollah stießen, den bereits Chomeini für seine Ziele auserkoren hatte.

Gleichzeitig bemühte sich der junge Schah um die Gunst der Geistlichkeit, strebte nach Wiedergutmachung und Versöhnung. In vielen seiner Reden versprach er, die Fehler der Vergangenheit nicht zu wiederholen. Er sei ein frommer Mann, habe Visionen gehabt, der Prophet und seine Nachfolger seien ihm oft im Traum erschienen und hätten ihm Beistand bei der Erfüllung seiner schweren Pflichten versprochen. Er sei bestrebt, der Geistlichkeit zur Wiederherstellung ihrer Würde zu verhelfen.

Unabhängig voneinander machten sich Chomeini und die Männer des Schah auf den Weg nach Borujerd und fanden dort einen gebrochenen, von zahlreichen Leiden geplagten Geistlichen. Ohne die Absicht ihres Besuchs zu bekunden, schlugen ihm die Gesandten des Hofs vor, sich nach Teheran in ein Krankenhaus zu begeben. Dort gäbe es die besten Ärzte, der Ayatollah solle sich von ihnen gründlich kurieren lassen. Zögernd, und etwas verwundert über die unerwartete Anteilnahme, willigte Borujerdi ein.

Zu den ersten Besuchern des frischoperierten Patienten zählte kein Geringerer als Seine Majestät der Schah. In Begleitung hoher Offiziere, Staatsbeamten, natürlich auch einer großen Schar von Journalisten, begab sich der Monarch ins Krankenhaus, wünschte dem religiösen Würdenträger baldige Genesung und ein langes Leben. Ein historischer Augenblick, der seitens der Presse als Versöhnung zwischen dem Hof und dem Klerus bejubelt und hochgepriesen wurde. Selbstverständlich bedeutete der Besuch des Schahs auch für Borujerdi eine persönliche Aufwertung. Über Nacht wurde er ein berühmter Mann, dessen Bild und Lebenslauf auf der ersten Seite der Zeitungen erschien, in deren Kommentaren er als bedeutender Schriftgelehrter gewürdigt wurde. Und als am darauffolgenden Tag auch Chomeini mit einer Schar Mullahs aus Ghom dem Ayatollah einen Besuch abstattete, konnte kaum jemand daran zweifeln, daß dieser in der Hierarchie der schiitischen Geistlichkeit die Spitze der Pyramide erklimmen werde.

Borujerdi selbst zögerte noch. Körperlich fühlte er sich zu derartigen Höhenflügen nicht mehr fähig, auch charakterlich widerstrebten ihm derlei Ambitionen, selbst wenn ihn soviel Ehrerbietung nicht unberührt ließ. Doch Chomeini und seine Begleiter konnten seine Bedenken rasch ausräumen. Sie versprachen, ihm jede Last abzunehmen und ihm ständig als Berater zur Verfügung zu stehen.

Borujerdi war gleich nach der ersten Begegnung von Chomeini beeindruckt. Er bewunderte sein Wissen und sein entschlossenes Eintreten für den Islam und ließ sich schließlich überreden, nach seiner Entlassung aus dem Krankenhaus mit seiner Familie nach Ghom zu ziehen. Chomeini wurde sein wichtigster Berater. Seine Aufgabe bestand darin, die Theologie-Schulen neu zu organisieren, neue Richtlinien auszuarbeiten und mit Vertretern der Regierung und des Hofes Verhandlungen zu führen, wobei er sich als ein äußerst harter und entschlossener Partner erwies. Einmal traf er dabei auch mit dem Schah zusammen. Dem Kaiser, der gewohnt war, daß ihm Menschen voller Ehrfurcht und Unterwürfigkeit gegenübertreten, gefiel der Mullah aus Ghom ganz und gar nicht. Chomeini überraschte, ja, provozierte ihn durch sein schroffes Auftreten, seine scharf und knapp formulierten Sätze, die auf ein ausgeprägtes Selbstbewußtsein hindeuteten. Die Blicke aus seinem strengen Gesicht verrieten Haß- und Rachegefühle. Dies war vermutlich das einzige Treffen zwischen den beiden, deren spätere Feindschaft die iranische Geschichte mitprägen sollte.

Im Gegensatz zu Chomeini war Borujerdi, auch in seiner neuen Position, nicht gewillt, sich politisch zu engagieren. Er wollte Ruhe und Frieden, versuchte anstehenden Problemen aus dem Weg zu gehen oder sie durch vermittelnde Verhandlungen zu lösen. «Die Geistlichkeit sollte sich aus der Politik heraushalten», sagte er oft zu Chomeini und anderen Glaubensbrüdern. Er verwies dabei auf das Schicksal jener Großayatollahs, die sich im Zuge der konstitutionellen Revolution vorgewagt und dabei von Politikern und den Massen überrumpelt worden waren. Auf seine Veranlassung hin versammelten sich etwa zweitausend Mullahs an der Feyzieh-Schule in Ghom zu einer Demonstration und verurteilten jede Einmischung der Geistlichkeit in politische Angelegenheiten.

Seit der Wiederbelebung dieser Schule durch Scheich Abdol Karim sei die Geistlichkeit in Ghom «unbefleckt» geblieben und habe sich aus politischen Streitigkeiten herausgehalten, stand in einer Flugschrift. Die theologischen Schulen in Ghom und anderswo hätten die Pflicht, sich mit religiösen Fragen auseinanderzusetzen. Jeder, der sich mit Politik befasse, sei nicht würdig, «das Gewand der Geistlichkeit» zu tragen und müsse daher aus dem Bund ausgeschlossen werden. Eine ähnliche Stellungnahme Borujerdis wurde auf dieser Versammlung verlesen.[1]

Chomeini widersprach dem Ayatollah nicht. Nur einmal, als Borujerdi in Anwesenheit einiger hoher Würdenträger seine Mahnungen – wiederum mit dem Hinweis auf die historischen Ereignisse – wiederholte, verlor er die Beherrschung und rief: «Der Islam ist Politik. Ohne Einmischung in die Politik lassen sich die Vorschriften des Korans nicht durchsetzen. Wenn wir uns nicht einmischen, werden sich Sünde und Unmoral überall verbreiten, und es wird sich genau dieselbe Situation wiederholen, die wir jahrelang unter Reza Schah erleben mußten. Der Fehler der Großayatollahs während der konstitutionellen Revolution und danach war nicht etwa ihre Einmischung in die Politik, er bestand darin, daß sie nicht versucht haben, die Macht zu übernehmen und statt des europäischen Parlamentarismus einen islamischen Staat aufzubauen. Wir brauchen die Macht, auch die politische Macht. Ohne sie sind wir verloren.»[2]

Die Heftigkeit und Entschlossenheit, mit der er seine Worte hervorstieß, erschreckten seine Zuhörer. Noch nie hatte er Borujerdi in dieser Eindeutigkeit widersprochen. Oft schon hatten

Chomeinis Rivalen ihn vor den hinterlistigen Absichten des nun einflußreichen Geistlichen gewarnt, doch Borujerdi hatte sich bisher kaum davon beeinflussen lassen. Er kannte die Intrigen und Machtkämpfe unter den Mullahs, wußte, daß sie Chomeini um seine Position beneideten und gern seinen Platz einnehmen würden. Er selbst aber wollte auf die Mitarbeit dieses Mannes nicht verzichten. Doch nachdem er jetzt selbst so eindeutige Worte aus dessen Munde vernommen hatte, mußte er sich eingestehen, daß er sich geirrt hatte. Er hatte Chomeini verkannt, ihm sein Vertrauen geschenkt, ohne zu wissen, was dieser im Sinn hatte und hinter seinem Rücken und unter Mißbrauch seiner Autorität trieb. Chomeini wurde ihm lästig, ja, er begann sogar, ihn ein wenig zu fürchten. Vor allem zu einer Zeit, in der die politische Lage im Land so unüberschaubar war, Intriganten und Demagogen am Werk waren, konnte jemand wie Chomeini seinem Ruf sehr schaden.

In den nächsten Wochen beobachtete er Chomeini genau und ließ Informationen über ihn einholen, die seine Befürchtungen bestätigten. Alles deutete darauf hin, daß Chomeini weiterhin von den in seinem Buch *kaschf al-asrar* beschriebenen Zielen träumte. Borujerdi war aufgebracht. Diese Hinterhältigkeit hatte er ihm nie zugetraut. Eines Tages ließ er ihn rufen und teilte ihm mit, er werde in Zukunft auf seine Mitarbeit verzichten, ihn auch nicht mehr empfangen. Chomeini erwiderte kein Wort. «Gott schütze Sie», sagte er und verließ das Zimmer. Die beiden Männer haben sich nie mehr gesehen. Nicht einmal an der Beerdigung von Borujerdi, die einige Jahre später stattfand, nahm Chomeini teil.

Borujerdi hatte zahlreiche Anhänger, aber auch viele Gegner, die seinen Opportunismus, seine Ängstlichkeit und Nachgiebigkeit, vor allem seine Offenheit für Modernisierungen scharf kritisierten. Am deutlichsten wurde diese Kritik durch die Gruppe *Fedayin Islam* (Opferbereite für den Islam) vorgebracht, einen Geheimbund radikaler Mullahs, dessen Ideen bei den unteren Schichten der städtischen Bevölkerung großen Anklang gefunden hatten. Der Bund focht für die uneingeschränkte Durchsetzung islamischer Gesetze und die Schaffung eines islamischen Staates. Diese Ziele propagierte er nicht nur, sondern versuchte sie auch durch politische Attentate durchzusetzen. Die *Fedayin Islam* hatten es geschafft, innerhalb kurzer Zeit bekannt zu werden. Jeder, besonders Politiker und aufgeklärte Intellektuelle, fürchtete sie. Das erste Opfer war Kasrawi, Historiker und Autor zahlreicher Bücher, in denen er sich kritisch mit der Geschichte und den Ideen des islamischen Schiismus auseinandersetzte. Kasrawi wurde 1946 ermordet. Auch einige hohe Staatsbeamte, darunter zwei Ministerpräsidenten, Parlamentsabgeordnete, Minister, Journalisten und Schriftsteller wurden während dieser Zeit und in den Jahren danach durch die *Fedayin Islam* getötet.

Angeführt wurde die Gruppe durch einen gewissen Seyed Mojtaba Mirlohi, genannt Nawab Safawi, ein äußerst autoritär und herrschsüchtig veranlagter Mann, der mit erbarmungsloser Brutalität Freunde und Anhänger zu blinder Unterwerfung zwang. 1924 wurde er als Sohn eines Geistlichen geboren, hatte nach der Grundschule eine von Deutschen eingerichtete technische Schule besucht, war mit siebzehn Jahren als *talaba* (Sucher) zum Studium der Theologie nach Najaf gezogen. Ende 1945 kehrte er nach Teheran zurück, angeblich mit der Absicht, Kasrawi zu ermorden.

Nawab war alles verhaßt, was modern und westlich war, sein Ideal war eine islamische Gesellschaft, ähnlich wie sie zu Zeiten des Propheten Mohammed existiert hatte. Das Programm der *Fedayin Islam* wurde 1950, unter dem Titel *rahnemaye hagayegh* (Wegweiser der Wahrheit), veröffentlicht. Darin heißt es u. a.: «Der Iran ist ein islamisches Land. Hier müssen alle islamischen Gesetze zur Geltung kommen... Auch islamische Strafgesetze müssen endlich angewendet werden. Einem Dieb muß die Hand abgehackt werden, er darf nicht in Erholungsheimen und Stätten der Geilheit, die man Gefängnis nennt, untergebracht werden. Wenn ein Dieb sein Verbrechen wiederholt, muß er beim vierten Mal getötet werden. Wird dieses Gesetz angewendet, wird es bald keine Diebe mehr geben.»[3]

«Sexuelle Vergehen müssen durch Auspeitschen auf öffentlichen Plätzen und bei Wiederholung durch Erschießen bestraft werden... Alle Körperteile einer Frau erwecken sexuelle Begierde... Die Sinneslust wird erweckt, wenn Frauen und Männer sich auf den Straßen, im Basar, in den Ämtern, Fabriken, an den Schulen und auf öffentlichen Plätzen begegnen, sie wird Tag und Nacht in bedrohlichem Ausmaß hervorgerufen. Diese ständige Aktivierung der Lust lähmt die Gesellschaft, schwächt die Kraft der Männer.»

«Die geeignetste Arbeit für Frauen ist die Führung des Haushalts. Sie müssen Kinder gebären und sie erziehen. Gibt es etwa eine edlere Aufgabe als diese? Sollte es Frauen geben, die keine häuslichen Pflichten haben und eine andere Arbeit leisten wollen, dann müssen gesondert Fabriken und Ämter für Frauen gegründet werden, in denen Frauen, ohne mit Männern anzubändeln, frei arbeiten können... Alle Spirituosenfabriken und -geschäfte müssen vollständig vernichtet werden, Kinos, Theater und Unterhaltungsliteratur für immer vom Erdboden verschwinden. Die unzüchtige Musik lähmt Nerven, Gehirn und Charakter der Menschen... Musiker und Komponisten auf der ganzen Welt sehen schwach wie die Frauen aus, sie haben eine zierliche Gestalt, schwache Nerven und eine schwache Seele. Sie sind ängstlich und gleichen jenen schwachen Frauen, die keine nützlichen Menschen hervorbringen können. Statt dieser unzüchtigen und schädlichen Musik sollte man das Rezitieren des Korans einführen. Das bewegt den Geist und bereichert die Seele...»[4]

Das Programm der *Fedayin Islam* enthielt neben diesen eine Fülle von ähnlichen fundamentalistischen, frauenfeindlichen und menschenverachtenden Forderungen, die später fast wörtlich von Chomeini übernommen und nach der Gründung der Islamischen Republik durchgesetzt werden sollten. Der Versuch der *Fedayin Islam*, Chomeini für ihre Sache zu gewinnen, scheiterte. Er lehnte ab.

Im Gegensatz zu Chomeini war ein anderer Politiker, auch ein Geistlicher, durchaus bereit, sich die Aktivitäten der *Fedayin Islam* zunutze zu machen: Ayatollah Kaschani, eine obskure und undurchsichtige Gestalt, der sich weit mehr der politischen Agitation als dem frommen Gottesdienst widmete. 1882 in Teheran geboren, reiste er mit sechzehn Jahren in Begleitung seines Vaters nach Mekka, blieb anschließend zur theologischen Ausbildung im Irak, wo er sich während des Ersten Weltkrieges an dem Widerstand der schiitischen Geistlichkeit gegen die britische Vorherrschaft beteiligte. Sein Vater, ebenfalls Mullah, mußte diesen Kampf mit seinem Leben bezahlen. Von diesem Zeitpunkt an wurde Kaschani zum erbitterten Feind Großbritanniens. Im Februar 1921 flüchtete er zurück in den Iran, ergriff Partei für Reza Khan und wurde als Abgeordneter in jene konstituierende Versammlung gewählt, die Reza Khan die Eroberung des Pfauenthrons ermöglichte. Während des Zweiten Weltkrieges sympathisierte er mit den Deutschen. Die Besetzung des Iran durch die Alliierten zwang ihn in den Untergrund. Er wurde bald entdeckt und in Haft genommen, 1945 jedoch wieder freigelassen. Die Stadt Ghom bereitete ihm einen stürmischen Empfang. Alle namhaften Ayatollahs kamen zu seiner Begrüßung. Nach Teheran zurückgekehrt, wurde er wegen einer kritischen Rede gegen die Einschränkung der Pressefreiheit abermals verhaftet und im Juni 1947 wieder entlassen. In dieser Zeit begann seine Zusammenarbeit mit den *Fedayin Islam.*

Was Kaschani mit dieser Gruppe verband, waren keineswegs ihre Ideen und Ziele, er strebte nicht die Gründung eines islamischen Staates an, sondern forderte die strikte Einhaltung der bestehenden Verfassung. Dennoch schien ihm eine Zusammenarbeit mit ihnen nützlich, weil er durch sie die politische Atmosphäre zu seinen Gunsten verändern und seine Gegner ausschalten zu können glaubte. Ein mißlungenes Attentat auf den Schah, im Februar 1949, führte zu Kaschanis Verbannung in den Libanon. Aber selbst diese, unter beleidigenden Umständen erfolgte Willkürmaßnahme konnte seine politischen Ambitionen und Aktivitäten nicht bändigen.

Während seiner Verbannung erzielte die Bewegung zur Nationalisierung der Ölindustrie unter der Führung des Parlamentsabgeordneten Mossadegh große Fortschritte. Die Neuwahlen Anfang 1950 bedeuteten nicht nur für Mossadegh und seine Anhänger einen großen Sieg, auch Kaschani wurde in Abwesenheit gewählt. Seine triumphale Rückkehr wurde tagelang in Teheran gefeiert. Die Umarmung, die bereits am Flughafen zwischen ihm und Mossadegh stattfand, kennzeichnete eine neue Ära, die Wiederaufnahme des Bündnisses zwischen der Geistlichkeit, bürgerlichen Demokraten und aufgeklärten Intellektuellen. Diese, für die iranische Geschichte so bedeutende Koalition, die seinerzeit an dem Widerstand islamischer Fundamentalisten und der Diktatur Reza Schahs zerbrochen war, wurde mit dem Einzug Kaschanis ins Parlament neu belebt. Kaschani erklärte offiziell, daß er nun mit Mossadegh und seiner Nationalen Front zusammenarbeiten wolle.

Die wichtigste Aufgabe des neugewählten Parlaments war das Gesetz zur Nationalisierung der Ölindustrie, das im März 1951 unter dem Jubel der Bevölkerung verabschiedet wurde. Am 30. April 1951 wurde Mossadegh mit großer Mehrheit vom Parlament zum Premierminister gewählt.

Englands Reaktion auf diesen Parlamentsbeschluß war heftig und vielseitig: In mehreren Protestnoten bezichtigte die britische Regierung den Iran des Vertragsbruchs, sie erwirkte eine einstweilige Verfügung beim Internationalen Gerichtshof in Den Haag und bereitete einen militärischen Gegenschlag vor. 4000 britische Fallschirmjäger wurden innerhalb von zehn Tagen in voller Kampfausrüstung in das östliche Mittelmeer verlegt, der Achttausend-Tonnen-Kreuzer «Mauritius» in die Nähe von Abadan beordert, vier britische Fregatten tauchten in iranischen Gewässern auf. Es war die größte Konzentration von Marinestreitkräften seit dem Ende des Zweiten Weltkriegs.

Iran reagierte mit Gegenprotesten, lehnte die einstweilige Verfügung und die Zuständigkeit des Haager Gerichts ab. Mossadegh selbst erklärte in Den Haag den iranischen Standpunkt: Endlich habe der Iran die Gründe für sein Unglück erkannt, sagte er. «Wir werden die Wurzeln des Verderbens vernichten. Die bitteren Erfahrungen der Vergangenheit haben uns gelehrt, jeder Einmischung von außen Widerstand zu leisten. Daher

werden die Drohungen Englands, die Entsendung von Fall-
schirmjägern und Kriegsschiffen in die iranischen Gewässer, der
Boykott der iranischen Wirtschaft und andere feindliche Attak-
ken, uns nicht davon abbringen, unseren Willen durchzusetzen... Die britische Ölgesellschaft war zu einem Staat in unserem Staat geworden. Durch ein Netz von Agenten hat sie das
ganze Land zu kontrollieren versucht... Jahrzehntelang hat sich
Großbritannien auf Kosten des iranischen Volkes bereichert.
Wir werden diesen Zustand nicht mehr dulden. Die Ära der britischen Herrschaft im Iran ist endgültig zu Ende...»[5]

Das Gericht bestätigte den iranischen Standpunkt, daß die
Verstaatlichung der iranischen Ölindustrie eine nationale Angelegenheit sei und erklärte sich für unzuständig. Doch die Briten
gaben den Kampf gegen den Iran nicht auf. Im Gegenteil: durch
Verschärfung der Boykottmaßnahmen, Intrigen im In- und
Ausland bereiteten sie den Sturz Mossadeghs vor. Dabei erhielten sie die Unterstützung der USA, die schon seit geraumer Zeit
den Wunsch hegten, im Iran Fuß zu fassen.

Gestern zitterte die Erde

Kaschanis Bündnis mit Mossadegh beeinträchtigte seine Beziehung zu den *Fedayin Islam*. Dem Geheimbund mißfiel, daß sich
dieser religiöse Würdenträger, trotz seiner beachtlichen Macht-
position, so wenig für die Verwirklichung islamischer Zielsetzungen einsetzte. In einem Schreiben teilten sie ihm ihre Kritik mit
und fragten, warum er sich nicht für die Einhaltung islamischer
Gesetzgebung, das Verbot der Spirituosengeschäfte, Wiederein-
führung islamischer Kleidungsvorschriften und das Verbot der
Beschäftigung von Frauen in öffentlichen Ämtern einsetze. Die
Antwort Kaschanis war abweisend und beleidigend: «Ihr Analphabeten, ihr Ahnungslosen», schrieb er zurück. «Zunächst
müssen wir das Problem der Ölindustrie lösen und erst danach

81

können wir uns über religiöse Prinzipien Gedanken machen.» Einige Tage später äußerte er sich sogar öffentlich über sie: «Entweder werden diese Leute von den britischen Kolonialisten gelenkt, oder sie sind ahnungslos»[1], sagte er. Das Zerwürfnis zwischen Kaschani und der Geheimgruppe war die Konsequenz. Kaschanis Vermutung, die *Fedayin Islam* erhielten ihre Anweisungen aus London, wurde dadurch untermauert, daß die Gruppe auch die Ermordung Mossadeghs plante und am 2. Februar 1952 ein mißlungenes Attentat auf dessen Außenminister verübte.

Auch das Bündnis zwischen Kaschani und Mossadegh währte nicht lange. Der Konflikt, der schließlich zum Bruch führte, begann am 21. Juli 1952 damit, daß Mossadegh die Kontrolle über das Kriegsministerium verlangte, das dem Schah unterstand. Der Schah lehnte ab. Mossadegh reichte daraufhin sein Rücktrittsgesuch ein, das vom Schah sofort und mit heimlicher Freude angenommen wurde. Mit der Regierungsbildung wurde der Altpolitiker Ghawam al Saltaneh beauftragt. Es kam zu Unruhen und Massendemonstrationen, Kaschani stellte sich auf die Seite Mossadeghs, der Schah sah sich nach drei Tagen gezwungen, seinen Entschluß zu revidieren und Mossadegh wieder das Amt des Ministerpräsidenten zu übertragen. Nun verlangte Kaschani Gegenleistungen. Mossadegh sollte bei der Neubildung des Kabinetts seine Wünsche und Vorschläge berücksichtigen. Dazu war dieser nicht bereit. Kaschani wurde zwar am 2. August 1952 zum Parlamentspräsidenten gewählt, aber selbst diese Vertrauensgeste konnte den Ayatollah nicht mehr mit dem Ministerpräsidenten versöhnen. Unter dem Vorwand, der anwachsenden Gefahr des Kommunismus Einhalt gebieten zu müssen, kündigte Kaschani das Bündnis mit Mossadegh auf und schlug sich auf die Seite des Hofes. Wie weit er nun bei dem im August 1953 durch den vom CIA organisierten Putsch gegen Mossadegh die Hand mit im Spiel hatte, ist nicht auszumachen.[2] Fest steht jedenfalls, daß er in den Putschplan eingeweiht war und ihn befürwortete.

Chomeini befand sich zu dieser Zeit in einer schwierigen Lage. Zurückgestoßen von Ayatollah Borujerdi, versuchte er sich Kaschani anzunähern, dessen politisches Engagement ihn faszinierte. Andererseits bemängelte auch er, daß dieser sich zu wenig um die Belange des Islam kümmerte. Am liebsten hätte Chomeini alle drei Strömungen vereint gesehen: Borujerdis Bemühungen um die Wiederherstellung der Würde der Geistlichkeit, das Ringen Kaschanis um die Eroberung der Macht und die Radikalität, mit der sich die *Fedayin Islam* für die Verwirklichung religiöser Vorstellungen einsetzten. Er versuchte, Kaschani für diese Strategie zu gewinnen, besuchte ihn oft, trug ihm seine Bedenken vor, schrieb ihm einen Brief. Die Bewegung sei zu laizistisch orientiert, legte er in diesem Brief dar, es fehle die religiöse Komponente, die doch alles andere übertragen solle. «Ich forderte ihn auf», erzählte Chomeini später, «das Schwergewicht auf religiöse Aspekte zu legen und seine Kräfte nicht für weltliche Fragen zu verausgaben. Kaschanis Fehler bestand darin, daß er dem Erdöl mehr Bedeutung beimaß als dem Islam.»[3]

Doch Chomeinis Mahnungen und Ratschläge wurden von Kaschani nicht ernst genommen. Dieser Vollblutpolitiker wurde zwar Ayatollah genannt, trug auch das Gewand der Geistlichkeit, aber islamische Zielsetzungen, Märtyrerideologie der Schiiten, Keuschheit der Frauen und sexuelle Enthaltsamkeit interessierten ihn kaum. Wie die meisten Politiker kämpfte auch er um die Macht. Solange das Bündnis mit Mossadegh seinen Zielen dienlich war, setzte er die Koalition fort, als dies nicht mehr möglich schien, lief er zur Gegenseite über, zum Schah, dem Hof, den Generälen. Der Klerus folgte ihm.

Als sich im Februar 1953 das Gerücht verbreitete, der Schah beabsichtige, von Mossadegh gezwungen, ins Ausland zu fliehen, schickte Kaschani dem Monarchen ein Telegramm mit der Bitte, «in dieser Krisensituation das Land nicht zu verlassen».[4] Um dieser Aufforderung Nachdruck zu verleihen, organisierte er sogar eine Massendemonstration, die von Ayatollah Behbahani, dem ranghöchsten Geistlichen in Teheran und Vertrauten Borujerdis, unterstützt wurde, ein Zeichen dafür, daß der Klerus sich zu einem Frontenwechsel entschlossen hatte. Die Demonstration fand am 28. Februar 1953 statt. Eine etwa zehntausendköpfige Menge, darunter auch zahlreiche Mullahs, zog zum Palast des Schahs. «Hoch lebe der Schah», riefen die Demonstranten und forderten ihn auf zu bleiben. Danach liefen sie zu Mossadeghs Haus und verlangten seinen Rücktritt. Unter dem Kommando des berühmten Messerstechers Schaban Bimoch (Schaban der Hirnlose) wurde das Haus gestürmt und geplündert. Mossadegh flüchtete ins Parlament. Während dieser Monate wurde Chomeini oft im Hause Kaschanis gesehen. Dieser pflegte häufig Kollegen einzuladen, um mit ihnen die Lage zu besprechen. Auch am 1. August 1953, als die Anhänger Mossadeghs eine Gegendemonstration veranstalteten und, «Tod oder Mossadegh» rufend, Kaschanis Haus mit Steinen bewarfen, befand sich Chomeini unter den Gästen.

Am 19. August 1953 wurde dann erfolgreich gegen Mossadegh geputscht. Kurz vorher floh der Schah über Bagdad nach Rom, eine Vorsichtsmaßnahme für den Fall, daß der Plan scheiterte.

Sicher ist, daß die Mullahs an dem Putsch gegen Mossadegh beteiligt waren. Ayatollah Behbahani verteilte an diesem Tag Gelder an den Pöbel – oft waren es echte Dollarscheine, die vermutlich aus Zeitmangel nicht mehr hatten umgetauscht werden können – und organisierte bekannte Halbstarke wie Schaban Bimoch und Tayeb. Als der letztere zehn Jahre später, bei der von Chomeini initiierten Revolte gegen den Schah, erneut in Erscheinung trat, wurde er verhaftet und hingerichtet.

Auch die *Fedayin Islam* waren an den Putsch beteiligt. Einen Tag danach veröffentlichten sie ein Flugblatt, in dem es hieß: «Gestern zitterte die Erde Teherans unter den männlichen Schritten der Militärs und gläubigen Muslims. Unter den vernichtenden Schlägen unserer islamischen Brüder mußte Mossadegh, dieser blutrünstige Greis, zurücktreten. Sein Außenminister Fatemi, der schon einmal unseren Kugeln entkommen war, wurde in Stücke gerissen. Wir mußten diese Schandflecke mit Blut beseitigen. Die Soldaten des heiligen Krieges haben, marschierend in den ersten Reihen der antiausländischen Front, ihre revolutionäre Aufgabe und ihre heilige Pflicht erfüllt. Die Soldaten lechzen nach Blut. Das Feuer der Wut und Rache unseres islamischen Volkes kann nur mit dem Blut der Volksfeinde und der Agenten des Kommunismus gelöscht werden.»[5]

Auch Ayatollah Kaschani begrüßte öffentlich den Putsch. Er ging dabei sogar noch weiter und verlangte die Hinrichtung Mossadeghs. «Nach heiligen islamischen Gesetzen», erklärte er, «muß derjenige, der als Führer sein Land verrät, mit dem Tode bestraft werden.»[6]

Unklar ist, wo sich Chomeini am 19. August befand. Daß er den Putsch befürwortet hat, bestätigte er später nach seiner Machtübernahme. Während einer Rede bezeichnete er das Ereignis als eine «Ohrfeige, die Mossadegh empfing, weil er gegen die Mullahs vorgegangen war. An diesem Tag», erzählte Chomeini weiter, «war ich in Teheran, im Hause eines Schriftgelehrten. Ich hörte, daß man einem Hund eine Brille aufgesetzt, ihn als Ayatollah bezeichnet und durch die Straßen geführt hatte. Da habe ich dem Schriftgelehrten gesagt, er (Mossadegh) werde dafür seine Quittung erhalten. Wäre er geblieben, er hätte dem Islam eine Ohrfeige erteilt.»[7]

Die Putschisten hatten vielseitige Kontakte zu den Mullahs. Drei Tage nach ihrem Erfolg stattete ihr Anführer, General Zahedi, der zuvor vom Schah zum Ministerpräsidenten ernannt worden war, Ayatollah Kaschani einen Besuch ab. Der Führer der *Fedayin Islam*, Nawab Safawi, der noch im Gefängnis saß, wurde vorzeitig entlassen.

Selbstverständlich waren der Hof sowie die neue Regierung bemüht, auch zu dem Oberhirten der Schiiten, Ayatollah Borujerdi, gute Beziehungen herzustellen, zumal dieser stets darauf bedacht war, sich nicht in politische Auseinandersetzungen hineinziehen zu lassen.

Kaschani und die *Fedayin Islam* hatten zwar den Putsch gegen Mossadegh unterstützt, verfolgten aber eigene politische Ziele. Schon Ende Dezember 1953 erfolgte Kaschanis erster Protest gegen die Putschisten. Er verurteilte die Wiederaufnahme diplomatischer Beziehungen zu Großbritannien, die im Zuge der Nationalisierung der Erdölindustrie abgebrochen worden waren. «Dieser Tag wird als ein Tag der Trauer in die iranische Geschichte eingehen», sagte er bei einer Pressekonferenz. In den nächsten Monaten verschärfte sich seine Kritik an der Regierung noch. Der Abschluß eines neuen Ölvertrags mit einem internationalen Konsortium (USA, Großbritannien, Niederlande) im Oktober 1954, wodurch alle Bemühungen der Regierung Mossadegh zunichte gemacht wurden, rief den heftigen öffentlichen Protest des Religionsführers hervor. Es kam zum endgültigen Bruch. Der Schah, aus dem Exil zurückgekehrt und wieder im Besitz seiner bisherigen Macht, suchte nach einem günstigen Vorwand, um diesen einflußreichen Störenfried aus dem Weg zu schaffen. Den Vorwand dazu lieferten die *Fedayin Islam*. Auch sie waren bald wegen ihrer radikalen religiösen Forderungen mit der neuen Regierung in Konflikt geraten und gingen zunächst in die Opposition und schließlich wieder in den Untergrund. Als sie im November 1955 ein Attentat auf den damaligen Hofminister, Ala, verübten, wurden ihre Führer verhaftet. Kaschani wurde gleich mit ins Gefängnis geworfen.

Alle erwarteten daraufhin den Protest der Geistlichkeit. Doch Borujerdi zog es vor, zu schweigen... Erst als zahlreiche Geistliche ihn bedrängten, bemühte er sich um die Freilassung Kaschanis. Für die *Fedayin Islam* rührte er keinen Finger, auch dann nicht, als ihre verhafteten Führer von einem Militärgericht zum Tode verurteilt und hingerichtet wurden.

Borujerdi hatte diese fundamentalistischen Terroristen von Anfang an nicht leiden können. Und auch sie hatten ihn nie als religiöse Instanz anerkannt, sondern ihm Untreue gegenüber dem Islam vorgeworfen. «Du bist weniger treu als ein Hund», schrieben sie. Daraufhin ließ Borujerdi die Mitglieder der *Fedayin Islam* in Ghom verprügeln und verbot ihnen den Zutritt zur theologischen Schule.

Kaschani wurde nach der Intervention Borujerdis aus der Haft entlassen. Sein hohes Alter ließ weitere politische Aktivitäten nicht mehr zu. 1962 starb er in Teheran.

Mit Mossadeghs Sturz hatte die kurze demokratische Phase in

der iranischen Geschichte ein jähes Ende gefunden. Der Hof, unterstützt von den USA, Großbritannien und der inneren Reaktion, hatte sich gegen die demokratischen Kräfte durchgesetzt, eine neue Diktatur bahnte sich an.

Mossadegh war die herausragende Gestalt jener politisch-gesellschaftlichen Strömung, die mit der konstitutionellen Revolution von 1906 ihren Anfang genommen, durch die Diktatur Reza Khans zurückgedrängt und in der Bewegung gegen die britische Vorherrschaft ihren Höhepunkt erreicht hatte. Obwohl der Schah und nach ihm Chomeini versucht haben, Mossadeghs Namen aus der iranischen Geschichte zu löschen, gilt er immer noch als nationaler Held, ein Symbol für Freiheit und Unabhängigkeit. Seine Mitarbeiter, organisiert in der Nationalen Front, die in dem Volksaufstand von 1978–79 noch einmal die Chance erhielten, Mossadeghs Weg fortzusetzen, kapitulierten, wie wir noch sehen werden, vor der Macht Chomeinis und der Mullahs.

Schon Monate vor dem Putsch, als die Trennung zwischen Kaschani und Mossadegh vollzogen war und sich ein Ende der Regierung Mossadegh abzeichnete, witterte Chomeini Morgenluft, seine Ideen von der Islamisierung des Staates zu verwirklichen. Er mobilisierte einige bekannte Mullahs und schickte eine Abordnung zu Ayatollah Borujerdi. «Sie sehen, daß der Schah zum Regieren unfähig ist», hatte deren Sprecher gesagt. «Auch Mossadegh befindet sich in einer schwachen Position. Sollten wir nun nicht die Gelegenheit wahrnehmen und einen islamischen Staat gründen?»

«Wir, die Geistlichkeit, sollen einen islamischen Staat bilden?» fragte Borujerdi verwundert nach. «Ja, warum denn nicht?» gab der Sprecher zurück. «Glauben Sie nicht, daß wir dazu fähig wären?»

«Wir wären hundertmal größere Verbrecher als die, die jetzt an der Macht sind», sagte Borujerdi. «Verschwindet und schlagt euch diese Ideen aus dem Kopf.» [3]

Borujerdi merkte wohl, wer hinter dieser Abordnung stand. Auch die Kontakte, die Chomeini zu Kaschani und den *Fedayin Islam* geknüpft hatte, waren dem alten Mann nicht verborgen geblieben. Er mußte gegen diesen, ihm immer gefährlicher erscheinenden Mann Maßnahmen ergreifen, die bedrohliche Zunahme seines Einflusses in Ghom unterbinden. Er verbot ihm die Lehrtätigkeit an der theologischen Schule, ein sehr weitgehender Schritt gegen einen Schriftgelehrten. Chomeini mußte sich beugen. So blieb er bis zu Borujerdis Tod der theologischen Schule fern. Der Haß Borujerdis auf Chomeini muß so stark gewesen sein, daß er ihn, wenn er in Anwesenheit anderer von ihm sprach, statt Ruhollah (Seele Gottes) Ruhe Scheitan (Seele des Teufels) nannte.

Chomeini verbarg seinen Haß. Während dieser Zeit fühlte er sich recht niedergeschlagen. Seine Absicht, mit Borujerdis Hilfe seine Pläne zu verwirklichen, war gescheitert. Er bereute zutiefst, die Einberufung Borujerdis zum *marja-e taghlid* mitinitiiert zu haben, und gestand sich ein, daß sein erster politischer Anlauf gescheitert war.

Nach langen Überlegungen kam er zu der Einsicht, daß es für ihn nur einen einzigen Ausweg gab: sich aus allem zurückzuziehen, die Politik aufzugeben, sich seinen theologischen Studien zu widmen, ein ruhiges Leben zu führen. Er mußte wieder ein Sucher werden.

Mit seinen Forschungen über die islamische Mystik hatte er zwar schon beachtliche Ergebnisse erzielt, aber längst nicht jene Stufen erreicht, die die großen Sucher erklommen hatten. Ihm stellten sich noch viele Fragen, Rätsel, die das menschliche Sein und die Schöpfung umgaben. Warum sollte er nicht seine geistige Wanderung fortsetzen, die ewige Einheit mit Gott und Natur anstreben, in der die Seele schon im Diesseits die Unsterblichkeit spürt. Inzwischen hatte er das fünfzigste Lebensjahr erreicht. Lange durfte er nicht mehr zögern. Das Schwanken zwischen Religion und Politik und die damit verbundene ständige Unruhe drohte, ihm die Zukunft zu verbauen.

Diese Gedanken führten ihn zu dem Entschluß, seine Laufbahn als Sucher und Forscher fortzusetzen und sich auf theologische Fragen zu konzentrieren. Er zog sich zurück. In der Öffentlichkeit war er ohnehin nie in Erscheinung getreten. Kaum jemand kannte ihn. Anders in religiösen Kreisen. Seine Studien über die Mystik, die enge Zusammenarbeit mit Borujerdi, der Bruch mit ihm, seine spätere Verbindung zu den *Fedayin Islam* und Kaschani hatten dazu geführt, daß man seinem Werdegang große Aufmerksamkeit schenkte. Nun waren alle, besonders seine Kollegen und Studenten in Ghom über seinen plötzlichen Rückzug erstaunt. Man rätselte und fragte sich, was er wohl im Sinn habe. Nur wenigen gewährte er Zugang zu seinem Haus – wie die meisten Geistlichen seines Alters wohnte er schon lange nicht mehr in der theologischen Schule. Nach seiner Heirat war er mit seiner Frau in ein bescheidenes Haus gezogen. Auch später, als seine Kinder geboren waren, führte die Familie ein sehr eingeschränktes, ja fast puritanisches Leben. Diese Lebensweise hat Chomeini nie geändert.

Die seltenen Besuche, die Chomeini empfing, meist seine ergebenen Anhänger, schwiegen ebenfalls über die Umstände seines Lebens und das, was er dachte und sagte. Möglicherweise hatten nicht einmal sie Einblick in seine Überlegungen und wußten nicht, ob er sich während dieser Jahre der selbstgewählten Isolation tatsächlich auf seine Studien konzentrierte oder ob sein Verhalten nur ein taktischer Rückzug war, ein Warten auf die nächste Gelegenheit.

Nachbarn und Kollegen bekamen ihn nur auf dem Weg zur Moschee und zurück zu sehen. Wenn Bekannte ihm dabei begegneten und ihn begrüßten, erhielten sie selten eine Antwort. Den Kopf nach unten gesenkt, schaute er fortwährend auf die Erde, Passanten, Geschäfte, spielende Kinder, Verkehrsmittel, Häuser, Blumen, Gärten interessierten ihn nicht. Seine Gesichtszüge waren noch strenger, sein Blick schärfer, sein Gang selbstbewußter geworden. Oft blieb, wer ihn sah, stehen und schaute ihm nach. Alle spürten eine große Ehrfurcht vor ihm, selbst die, die ihn nicht leiden konnten. Auch in der Moschee unterhielt er sich mit niemandem, er ging hinein, betete und kehrte wieder zurück in sein Haus, in seine Studierstube, wo ihn niemand stören durfte.

Der Kaiser von Amerikas Gnaden

Mit dem Sturz Mossadeghs und der Rückkehr des Schahs erhielten die USA die Vorherrschaft über die iranische Politik und Wirtschaft. Zuvor hatte jahrzehntelang Großbritannien den Iran wie eine Kolonie beherrscht und durch die Anglo-Iranian Oil Company, ein Staat im iranischen Staat, die Politik des Landes entscheidend mitbestimmt. Der Massenaufstand gegen die britische Vorherrschaft unter Mossadegh hatte diesem Zustand ein Ende bereitet. Der Sturz Mossadeghs eröffnete den Vereinigten Staaten eine vierzigprozentige Beteiligung an der Ausbeutung des iranischen Öls und die Möglichkeit, das Land mit amerikanischen Krediten, Militär- und Geheimdienstberatern und nicht zuletzt des «american way of life» zu prägen und abhängig zu machen. Seit Mitte der fünfziger Jahre durfte im Iran nichts geschehen, was den Interessen der USA widersprach. Der von Amerikas Gnaden zurückgekehrte Schah war bereit, sich für die Verwirklichung dieser Ziele einzusetzen.

Der Nachfolger Mossadeghs im Amt des Premierministers, General Zahedi, erhielt zwar von den Vereinigten Staaten umgehend jede gewünschte Unterstützung, dennoch war er nicht der Mann, auf den sie fortan ihre Iran-Politik zu gründen gedachten. Nicht daß an seiner Zuverlässigkeit irgendein Zweifel bestanden hätte – als Militärangehöriger stand er in einem devoten Verhältnis zur Krone und war als Politiker der äußersten Rechten über jeden Verdacht erhaben. Ihm fehlte aber nicht nur die Zustimmung des Volkes, er war auch als Persönlichkeit zu schwach und unprofiliert, als daß man ihn von oben, das heißt von Washington aus, mit Autorität und einem Image hätte ausstatten können. Es lag näher, auf die Institution des Kaisers zurückzugreifen, der mit der ganzen Legitimation gottgewollten Herrschertums und jahrhundertealter Tradition ohnehin den ersten Platz in der Hierarchie der iranischen Gesellschaft einnahm und den Bürgern seines Landes keinerlei Rechenschaft über seine Entscheidungen schuldig war. Zum anderen war er Oberbefehlshaber der

Armee, und Soldaten und Offizieren ist von alters her eine blinde Königstreue eingeimpft worden.

Es war den Amerikanern klar, daß der Schah trotz dieser Vorzüge die innere Stabilität seines Landes im Sinne ihrer Politik nur würde garantieren können, wenn sie ihm von Anfang an massive finanzielle und militärische Unterstützung gewährten. Bereits am 5. September 1953 trafen die ersten 45 Millionen US-Dollar im Iran ein, ein paar Monate später weitere 15,5 Millionen, und für das Finanzjahr 1954 erhielt der Iran insgesamt 127,3 Millionen Dollar. Wie der US-Außenminister Dulles offiziell bekanntgab, wurden dem Iran diese Hilfen gewährt «in Anbetracht der günstigen politischen Entwicklungen dort».[1]

Der amerikanische Journalist Walter Lippmann schrieb unter dem Titel: «Unser iranisches Problem» über das Engagement der USA im Iran: «Es ist kein Geheimnis, daß wir dort eine 900 Mann (Offiziere und Soldaten) starke Militärmission zur Ausbildung der Streitkräfte unterhalten... Die Hauptstütze des Regimes ist die Armee. Nur sie kann das Regime aufrechterhalten. Und nur sie ist in der Lage, es zu stürzen... Im Iran ist unsere Militärhilfe nicht nach außen gerichtet, sondern nach innen. Sie ist nicht strategisch und taktisch, sondern politisch, innenpolitisch... Daß wir Irans Militär aufbauen müssen, um eine russische Invasion zu verhindern, ist Nonsens und symbolisches Gerede, dazu bestimmt, unserer Bitte an den Kongreß, Geld für die Unterstützung des Schah zu bewilligen, Nachdruck zu verleihen... Der Hauptgrund, weshalb wir Iran unterstützen, ist nicht seine Bedeutung in einem eventuellen Weltkrieg, sondern liegt darin, die mit uns befreundete Regierung des Schahs aufrechtzuerhalten.»[2]

Mit Hilfe der reorganisierten Geheimpolizei wurden nach dem Sturz Mossadeghs erbarmungslos Säuberungsaktionen durchgeführt. Zahlreiche Tageszeitungen und Zeitschriften wurden verboten, Druckereien geschlossen, Bücher beschlagnahmt, jeder zum Druck oder öffentlichen Vortrag vorgesehene Satz einer strengen Zensur unterzogen, kritische Journalisten verfolgt. Einer der bekanntesten Redakteure des Iran, Karimpur Schirazi, wurde unter der Beschuldigung, «Mossadegh unterstützt und die öffentliche Meinung gegen Seine Majestät gestimmt zu haben», verhaftet und in seiner Gefängniszelle verbrannt.

Die Mitglieder der Regierung Mossadegh und der Nationalen Front wurden vor Gericht gestellt, Tausende ihrer Anhänger in die Gefängnisse geworfen. Mossadegh selbst wurde der Prozeß gemacht. Man verurteilte ihn zu drei Jahren Einzelhaft und verschärftem lebenslänglichen Hausarrest. Sein Außenminister Hossein Fatemi wurde nach seiner Gefangennahme von berufsmäßigen Messerstechern überfallen, schwer verletzt vor Gericht gestellt und bald darauf hingerichtet. Dem früheren Justizminister wurden die Augen ausgerissen und so schwere Verletzungen zugefügt, daß er im Gefängnis starb. Hunderte von Kommunisten wurden ermordet.

Trotz dieses massiven Terrors und trotz der finanziellen, militärischen und auch politischen Unterstützung durch die USA ging die Stabilisierung des neuen Regimes nur zögernd voran. Die Ära Mossadegh wirkte noch lange nach. Über Jahre hinweg war die iranische Öffentlichkeit, vor allem die Bevölkerung in den Städten, nicht gewillt, die große historische Niederlage hinzunehmen und die Hoffnungen auf Freiheit und Unabhängigkeit gegen eine erneute Diktatur einzutauschen. Die Unzufriedenheit kam in zahlreichen Streiks der Arbeiter und Angestellten und auch in Studentendemonstrationen zum Ausdruck. Hinzu kam die schlechte ökonomische Situation, die nicht nur auf die massive Ausbeutung durch ausländisches Kapital, sondern auch auf Mißwirtschaft und Korruption zurückzuführen war. Deshalb setzte sich Ende der fünfziger Jahre auch in den USA allmählich die Einsicht durch, daß der Iran ohne Reformen, vor allem ohne eine durchgreifende Landreform, nicht zu stabilisieren war. Aber als schließlich unter dem Druck der Amerikaner die ersten Versuche zur Durchführung einer Reform gewagt wurden, scheiterten sie an dem Widerstand der Großgrundbesitzer und der Mullahs.

Als 1960 ein entsprechender Beschluß zur Landreform der

Regierung bekannt wurde, glaubte selbst Ayatollah Borujerdi, der sich bis dahin dem Hof und der Regierung gegenüber immer loyal verhalten hatte, nun doch einschreiten zu müssen. In einem Brief an Ayatollah Behbahani, seinem Vertrauten in Teheran, äußerte er seinen Unmut über die Absichten der Regierung und bat ihn, dies bei den zuständigen Stellen vorzutragen. Behbahani sprach mit dem Parlamentspräsidenten Hekmat und machte ihn darauf aufmerksam, daß das Privateigentum, also auch das an Grund und Boden, gemäß islamischer Gesetze unantastbar sei. Die Intervention Borujerdis kam einigen Parlamentsabgeordneten sehr gelegen, waren doch viele von ihnen selbst Großgrundbesitzer und mußten um ihr Eigentum bangen. Sie nahmen Borujerdis Protest zum Anlaß, die Regierungsvorlage zur Bodenreform mit zahlreichen Änderungsvorschlägen so auszuhöhlen, daß am Ende von dem ursprünglichen Plan fast nichts mehr übrig blieb.

Die Landreform gehörte zu einer Reihe von Modernisierungsmaßnahmen, die die USA dem Schah auferlegt hatten. Langfristig führte dieser Druck, dem sich die Regierung auch in Anbetracht der innenpolitischen Entwicklung beugte, dazu, daß das Bündnis zwischen Hof und Klerus, das unter Mossadegh begonnen hatte und bis Ende der fünfziger Jahre andauerte, zerbrach. Der endgültige Bruch wurde durch den Tod Borujerdis im März 1961 herbeigeführt.

Borujerdis Tod hinterließ eine Lücke. Zwar gab es in der heiligen Stadt Ghom einige einflußreiche Ayatollahs, wie Schariatmadari, Golpayegani und Maraschi Najafi, die die Nachfolge Borujerdis als Oberhaupt der Geistlichkeit hätten antreten können. Aber ihre Bekanntheit reichte nur wenig über Ghom hinaus. Hinzu kam, daß ihre Autorität in religiösen Kreisen fast als gleichwertig galt, so daß keiner von ihnen das Amt hätte übernehmen können, ohne Neid, Zorn, Intrigen und Opposition der anderen hervorzurufen.

Bei der Suche nach einem geeigneten Nachfolger stießen viele auch auf den Namen Chomeini. Haj Agha Ruhollah – den Titel erhält jeder Gläubige, der als Pilger Mekka besucht hat – lebte sehr zurückgezogen, aber gerade diese Zurückgezogenheit, das bescheidene und puritanische Leben, das er führte, erweckte Neugier. Seine Integrität stand nicht in Frage. Er trachtete nicht nach Reichtum und feudalem Leben. Seine fachlichen Kenntnisse und die Ehrfurcht, die ihm besonders von den jungen Mullahs entgegengebracht wurde, waren deutliche Vorzüge, die für seine Wahl sprachen. Sicher, man hatte wenig Zugang zu ihm, er war unnahbar und verschlossen. Kaum jemand wußte, was er im Sinn hatte. Auch eine besondere Liebe und Zuneigung zu den Gläubigen konnte man bei ihm nicht feststellen. Ihm schienen jene menschlichen Eigenschaften zu fehlen, ohne die ein Geistlicher keine Nähe zu seinen Gläubigen findet. Wie hätte er sonst in den letzten Jahren in nahezu vollständiger Isolation leben können? Aber die Wohlmeinenden deuteten die Isolation, in der er in den letzten Jahren gelebt hatte, als Zeichen seiner Frömmigkeit. Bedenklich war natürlich, daß er von Borujerdi verstoßen worden war. Einige erinnerten sich, daß der Großayatollah ihn «Seele des Teufels» genannt hatte. Doch auch hier wurden Argumente vorgebracht, die zugunsten Chomeinis sprachen. Denn manchen fiel es wieder ein, daß Chomeini Borujerdis Opportunismus, sein allzu loyales Verhalten dem Hof und der Regierung gegenüber kritisiert hatte und deshalb von ihm verstoßen worden war.

Die Nationale Front, die im Zuge der Reformversuche wieder öffentlich aufzutreten wagte und nun ebenfalls auf der Suche nach einem ihr gewogenen einflußreichen religiösen Führer war, schickte ebenfalls eine Abordnung zu Chomeini. Sie fand ihn in einem kahlen Zimmer, zwischen Stapeln von Büchern, auf einer Matratze sitzend, vertieft in Gedanken, überrascht über den auswärtigen Besuch, selbstbewußt und über alles Irdische erhaben. Die Besucher wunderten sich über sein abweisendes, ja, verächtliches Verhalten. Bei anderen Ayatollahs, die sie zuvor in derselben Absicht besucht hatten, waren sie äußerst freundlich empfangen, reichlich bewirtet worden. Hier bekamen sie nicht einmal ein Glas Tee, was der im Lande üblichen Gastfreundschaft auffallend widersprach. Sie fragten ihn nach seinen Schriften, baten um ein Exemplar. «Sie können es in den Buchhandlungen kaufen», sagte er. Er war auch nicht bereit, sich inhaltlich darüber zu äußern, sich auf eine Diskussion einzulassen. Als die Gäste schließlich auf den eigentlichen Zweck ihres Besuchs zu sprechen kamen und ihn fragten, wen er für die Nachfolge Borujerdis vorschlagen würde, sagte er: «Es gibt in Ghom genügend geistliche Würdenträger. Ghom sollte weiterhin als Zentrum des schiitischen Glaubens wirken.» Was er damit andeuten wollte, war den Besuchern klar. Man sollte nicht versuchen, einen Ayatollah aus Najaf für dieses Amt zu wählen. Auf die Frage, wen er unter den in Ghom ansässigen Würdenträgern für den geeignetsten halte, antwortete Chomeini: «Das können einzig und allein die Massen der Gläubigen entscheiden.»[3] Auch andere Besucher, die in diesen Monaten Chomeini aufsuchten, berichteten von seiner abweisenden Haltung. Aber gerade dieses Verhalten machte ihn seinen Gästen interessant.

Die häufigen Besuche blieben nicht ohne Wirkung auf Chomeini. Die Gelegenheit, abermals nach der Macht zu greifen, war günstig. Diesmal konnte er sogar auf Mittelsmänner wie Borujerdi und Kaschani verzichten. Er wurde inzwischen mit Ayatollah angeredet, sein Alter, jetzt fast sechzig, entsprach durchaus diesem Rang. Seinen Rivalen gegenüber fühlte er sich überlegen, zumindest ebenbürtig. Warum sollte er also nicht wieder aktiv werden? Nach langem Zögern entschloß er sich zu handeln und seine Chance noch einmal wahrzunehmen.

Nach Borujerdis Tod schenkten der Schah und die Regierung in Teheran den Ayatollahs in Ghom kaum noch Beachtung. Man wußte, daß keiner von ihnen die notwendige Popularität besaß, um tatsächlich für oder gegen die politische Entwicklung in der Hauptstadt wirken zu können. Dies spürten auch die Geistlichen in Ghom, und es reizte die Ayatollahs, sich der Regierung gegenüber wieder zu behaupten. Die neuen Reformpläne, im Volksmund als «amerikanische Reformen» bekannt, boten dazu eine günstige Gelegenheit.

Der Druck der USA auf den Iran, soziale und ökonomische Maßnahmen zur Modernisierung des Landes zu ergreifen, nahm, nachdem John F. Kennedy Präsident geworden war, noch zu. In Teheran übernahm im Mai 1961 Ali Amini, als Zögling der USA bekannt, die Regierungsgeschäfte. Er trat als «Retter der Nation» auf, kündigte die Lösung ökonomischer Probleme, vor allem eine «tiefgreifende» Landreform an. Der Iran brauche keine Schwerindustrie, sagte er vor Vertretern der Landwirtschaft; wichtig sei jetzt die Landwirtschaft.

Der Schah fühlte sich durch Aminis selbstbewußtes Auftreten und die Unterstützung, die dieser aus Washington erhielt, hintergangen. Wenn schon Reformen, dann wollte er selbst sie durchführen. Im März 1962 fuhr er nach Washington und überzeugte den Präsidenten, daß nicht Amini, sondern er der richtige Mann der Zukunft sei. Er wolle, versicherte er auch in Anwesenheit der Presse, als bedeutender Reformer in die iranische Geschichte eingehen. Seine Amerikareise war ein großer Erfolg. Seine Rückkehr aus den USA wurde zu einem vom Militär und Geheimdienst organisierten Volksfest. Triumphbögen, mit Blumen und farbigen Glühbirnen geschmückt, waren auf dem Weg vom Flughafen zum Königspalast aufgestellt, fahnenschwenkende Schulkinder und Schaulustige auf beiden Seiten der Straße umjubelten den nun als «Volkskaiser» titulierten Heimkehrer. Auf den Plakaten zeigte er sich jetzt nicht mehr in der mit Orden besäten Galauniform des Oberbefehlshabers der Armee, sondern in Zivil, mit einer brennenden Fackel in der Hand, gleichsam aus den Wolken zu den armen Bauern herabsteigend. Von der Propaganda als «Führer der Revolution von oben» gefeiert, verkündete er, die Zeit der Armut und der Rückständigkeit sei endgültig vorbei; er würde dem Land großes Glück bescheren. Premierminister Amini wurde abgesetzt, Alam, ein willenloser, ergebener Diener Seiner Majestät, wurde mit der Regierungsbildung beauftragt. Das Volk, überrascht von dem verwandelten Kaiser, nahm eine abwartende Haltung ein. Der Kaiser selbst, offensichtlich verwundert über die eigene Courage, brauchte noch etwa ein Jahr Zeit, um seine Versprechungen in die Tat umzusetzen.

Inzwischen versuchte Premierminister Alam, ein wenig unbeholfen, die hohen Erwartungen der Bevölkerung durch halbherzige Zugeständnisse zu befriedigen. Seine Regierung beschloß, bei den Wahlen zu den Stadt- und Provinzräten auch Frauen das Wahlrecht zu gewähren. Auf die Mullahs in Ghom wirkte dieser Beschluß als Provokation. Chomeini vernahm darin den Ruf des Schöpfers, endlich wieder die politische Bühne zu betreten.

Er schlug seinen Konkurrenten, den Ayatollahs in Ghom, ein Treffen vor. «Borujerdi ist tot, Ghom aber lebt», sagte er auf der gemeinsamen Sitzung. «Wir dürfen uns diese Provokation nicht gefallen lassen. Wir müssen der Regierung deutlich machen, daß wir mächtig genug sind, um antiislamische Maßnahmen und Gesetze zu verhindern. Wenn Sie nicht handeln wollen, werde ich es allein tun!»[4]

Selbstverständlich ahnten die Ayatollahs Chomeinis Absichten. Ein Alleingang von ihm gegen die Regierung würde ihn innerhalb kürzester Zeit populär machen. Zwar war der Gegenstand des Protestes kaum dazu geeignet, die Unterstützung aller Gruppen der Bevölkerung zu gewinnen. Teile der städtischen Bürger, vor allem die Frauen, begrüßten das Vorhaben der Regierung, während die große Schar der Gläubigen, die Landbevölkerung, die traditionell orientierten Familien, die Konservativen und Fundamentalisten und vor allem die Geistlichkeit dagegen waren. Auf keinen Fall durfte man also Chomeini das Feld überlassen, schon gar nicht jetzt, wo es um die Nachfolge Borujerdis ging. So kam man in der Sitzung überein, dem Schah Telegramme zu senden, mit der Bitte, die Regierung zur Rücknahme des Beschlusses über die Vergabe des Wahlrechts an Frauen zu beauftragen. Chomeinis Telegramm hatte folgenden Wortlaut:

«An Seine Majestät, den ehrwürdigen Kaiser! Wie aus den Berichten der Presse hervorgeht, hat die Regierung die Absicht, bei den Wahlen zu den Stadt- und Provinzräten auch Frauen das Wahlrecht zu gewähren. Diese Tatsache versetzt die islamischen Schriftgelehrten und Gläubigen in große Sorge. Seiner Majestät ist wohl bekannt, daß die Achtung vor islamischer Gesetzgebung den Interessen unseres Landes dienlich ist und zu allgemeiner Beruhigung beitragen würde. Daher bitten wir Sie, der Regierung zu befehlen, Maßnahmen, die gegen den Islam, die offizielle Religion unseres Landes, gerichtet sind, aus Ihrem Programm zu streichen. Ruhollah Musawi Chomeini.»[5]

Auch Schariatmadari und Golpayegani sandten Telegramme mit ähnlichem Wortlaut an den Schah. Dem Kaiser schien es in dieser zugespitzten Situation nicht angebracht, den Bruch mit der Geistlichkeit auch noch zu riskieren. In einem Antwortschreiben an die Ayatollahs teilte er ihnen mit, daß er sich bisher mehr als andere um die islamischen Grundsätze bemüht habe und dies auch in Zukunft zu tun gedenke. Er habe die Bitten der geistlichen Würdenträger an die Regierung weitergeleitet.

Die versöhnliche Antwort des Schahs ermunterte Chomeini zu einer scharf formulierten Stellungnahme an Premierminister Alam. Die Beschlüsse der Regierung müßten innerhalb kürzester Zeit revidiert und in Zukunft Bestimmungen, die mit den islamischen Gesetzen unvereinbar seien, strikt vermieden werden. Ferner legte er Alam nahe, nach Ghom zu kommen, um etwaige Mißverständnisse aus dem Weg zu räumen. Diese Aufforderung sollte andeuten, daß auch nach dem Tode Borujerdis die Regierung ihre Entscheidungen mit den Ayatollahs abzustimmen habe.

Chomeinis Telegramm an den Premierminister blieb ohne Antwort. Auch die Presse nahm keinerlei Notiz von den Initiativen und dem Protest der Mullahs.

Chomeini aber blieb hartnäckig. In einem zweiten Telegramm an den Schah schrieb er: «Im Interesse unseres islamischen Volkes möchte ich Seine Majestät darauf aufmerksam machen, daß Personen, die durch Lobhudelei und Unterwürfigkeit in Ihrem Namen Maßnahmen gegen unseren Glauben durchsetzen und dadurch das Grundgesetz, die Nation und die Monarchie in Mißkredit bringen, Ihr Vertrauen nicht verdienen.»[6]

Wen Chomeini mit dieser freundlichen Empfehlung an den Schah im Auge hatte, war jedem klar. Weder dem Schah noch Alam schien die Verschärfung des Konflikts mit den Mullahs ratsam. Die Regierung zog schließlich ihren Beschluß zurück und teilte dies auch den Ayatollahs mit. Die hohen Schriftgelehrten in Ghom, Maraschi Najafi und Golpayegani, waren mit diesem Erfolg zufrieden, Chomeini aber nicht. Er und auch sein Kollege Schariatmadari beharrten auf öffentlicher Bekanntgabe. Alam sollte die Rücknahme des Beschlusses der Presse mitteilen. Demonstrativ zerrissen Chomeinis Anhänger auf den Straßen Flugblätter, in denen Golpayegani und Maraschi Najafi das Ende des Konflikts mit der Regierung bekanntgaben.

Da die Unruhen in Ghom zu eskalieren drohten, gab Alam auch dieses Mal nach und erfüllte den Wunsch Chomeinis und Schariatmadaris. So hatten die Mullahs durch die Beharrlichkeit und Hartnäckigkeit Chomeinis gesiegt. Ihm lieferte dieser Sieg die Bestätigung dessen, was er schon seit Jahren zu wissen glaubte: Der Islam mit seinen Millionen Gläubigen stellt eine unerschöpfliche Quelle an Kraft dar, die jede Regierung, jeden Staatsmann, selbst den Kaiser zu Zugeständnissen zwingen und – wenn es sein muß – auch zu Fall bringen kann. Man muß nur diese Kraft entfesseln.

Der Protest der Mullahs gegen das Frauenwahlrecht war von keiner der politischen Parteien und Gruppen unterstützt worden mit Ausnahme der *Nehzate Azadi* (Freiheitsbewegung), einer islamisch orientierten bürgerlich-demokratischen Gruppe mit dem ehemaligen Mossadegh-Mitarbeiter Mehdi Bazargan an der Spitze. Bazargan sollte nach der Revolution der erste von Chomeini ernannte Ministerpräsident werden.

Der Sieg der Ayatollahs über die Regierung Alam war nicht das Ende, sondern erst der Auftakt zu einem unversöhnlichen Konflikt zwischen der Hauptstadt Teheran und der heiligen Stadt Ghom, zwischen Chomeini und dem Schah, ein Konflikt, der letztlich mit einer erbärmlichen Niederlage des Schahs und einem triumphalen Sieg Chomeinis enden sollte. Doch Anfang der sechziger Jahre war es längst noch nicht soweit. Es bedurfte einer ganzen Reihe von Ereignissen, Entwicklungen, Bündnissen, ja, auch viel List und Tücke, Demagogie und Taktik, bis Chomeini und die Mullahs ihr blutiges Himmelreich auf iranischer Erde errichten konnten.

Durch diesen Erfolg, den Chomeini gegen den Kaiser und die

Regierung hatte verbuchen können, nahm die Zahl seiner Anhänger in Ghom sprunghaft zu. In religiösen Kreisen und unter der Bevölkerung in Ghom hatte seine Unbeugsamkeit große Hoffnungen geweckt. Endlich hatte es mal einer gewagt, den Putschisten die Stirn zu bieten. Der Gegenstand des Protestes spielte dabei nur eine untergeordnete Rolle. Viele waren mit Chomeini einig, daß der Widerstand gegen die sich abzeichnende Diktatur fortgesetzt werden mußte. Der erste Erfolg, leicht errungen, verleitete aber auch viele zu Illusionen. Man übersah, daß die Gegenseite nicht untätig blieb und daß der eigentliche Gegner nicht der willenlose Alam und seine ohnmächtige Regierung war, sondern der Hof mit dem Schah an der Spitze, der entschlossen war, mit allen Mitteln seine absolute Herrschaft zu etablieren.

Die Weiße Revolution
und die schwarze Reaktion

Seit der Rückreise des Kaisers aus den Vereinigten Staaten und der Ankündigung seiner Reformen war viel Zeit verstrichen, Veränderungen hatte es bisher jedoch kaum gegeben. Aus Washington wurde weiterhin Druck ausgeübt. Und auch in Anbetracht der politischen Lage des Landes mußte der Schah endlich handeln. Eine gutorganisierte Propagandakampagne wurde gestartet. Sie verkündete die «Weiße Revolution», eine friedliche, unblutige und von oben gesteuerte Umwälzung der ökonomischen und sozialen Verhältnisse. In Form eines Sechs-Punkte-Programms wurde der Plan des «großzügigen» Landesvaters dem Volk zur Entscheidung vorgelegt. Dieses Programm, dessen Kernpunkt eine halbherzige Bodenreform bildete, erhielt bei dem Referendum die berühmten 98 Prozent aller abgegebenen Stimmen und trat zu Beginn des Jahres 1963 in Kraft.

Auf seiten der Mullahs wurde scharfer Protest laut. Chomeini mahnte den Schah: «Majestät sind von falschen Beratern irregeführt worden.» In einem Flugblatt warnte er vor «Gefahren, die von Ungläubigen ausgehen» und «den Islam bedrohen... Die Schriftgelehrten werden daran gehindert, für den Islam und seine Gesetze zu werben», schrieb er. «Wir werden wie Sklaven im Mittelalter behandelt. Gott weiß, daß ich dieses schmähliche Leben nicht fortsetzen möchte... Ich wünschte, die Polizisten würden mich verhaften, mich daran hindern, meine religiösen Pflichten zu erfüllen.» [1]

Der Schah spürte den massiven Widerstand des Klerus. Er erkannte die Gefahr, die darin lag, weil er wußte, daß ein Protest der Mullahs sehr rasch unter Millionen Gläubigen Anklang finden könnte. Bei dem ersten Konflikt hatte er nachgegeben, ein weiteres Nachgeben wäre nicht ratsam. Seine einzige Chance bestand darin, früh genug zum Angriff überzugehen, die Mullahs in die Schranken zu weisen. Er fühlte sich dazu stark genug. Seine Armee war inzwischen, dank der Waffenlieferungen aus den USA und Großbritannien, gut ausgerüstet, sein Geheimdienst und die Polizei waren bestens organisiert, die Unterstützung des Auslands war ihm sicher, er konnte und mußte zuschlagen.

Zwei Tage vor der Volksabstimmung hielt er eine niederschmetternde Rede gegen die Mullahs, und zwar, um Stärke zu demonstrieren, nicht in Teheran, sondern in Ghom, in der Nachbarschaft der Ayatollahs.

«Niemand kann behaupten, Gott näher zu stehen als ich», sagte er. «Es gibt immer Leute, deren Starrsinn durch nichts zu bewegen ist. Diese versuchen, uns Steine in den Weg zu legen... Die schwarze Reaktion ist unfähig, die einfachsten Gedanken zu begreifen. Bereits seit tausend Jahren ist das Denken dieser Leute erstarrt. Sie glauben, das Leben bestehe lediglich darin, durch Unterdrückung oder Schmarotzerdasein Hab und Gut zu erlangen, sich die Bäuche vollzustopfen und sich schlafen zu legen... Aber ich sage euch, die Zeit des Schmarotzertums ist endgültig vorbei. Durch das Sechs-Punkte-Programm ist jeder, gleichgültig welcher sozialen Schicht er angehört, aufgerufen, sein Schicksal selbst in die Hand zu nehmen... Die Maßnahmen, die wir eingeleitet haben, sind, wenn nicht fortschrittlicher als die in anderen Ländern der Welt, zumindest ihnen ebenbürtig. Wer leistet aber diesem Programm Widerstand? Es ist die schwarze Reaktion, Leute, die nicht denken können und listige Absichten haben...

Die roten Zerstörer sind viel offener und mir deshalb auch viel weniger verhaßt. Sie gestehen offen ein, daß sie unser Land fremden Mächten ausliefern wollen. List und Lüge sind bei ihnen nicht vorhanden. Aber diejenigen, die von Vaterlandsliebe sprechen, in Wirklichkeit aber unserem Volk in den Rücken fallen, sind weitaus gefährlicher. Ich meine die schwarzen Reaktionäre... Sie reden von Vaterlandsliebe, sind aber dagegen, daß unser Land sich entwickelt. Diese Schmarotzer haben nur ihren eigenen Vorteil im Sinn...»[2]

Das war eine deutliche Kampfansage, eine bewußte Provokation, daran konnte niemand zweifeln. Selten hatte ein Staatsmann es gewagt, so beleidigend über die Mullahs zu reden. Der Schah erlaubte sich diesen Angriff, nicht allein weil er sich auf die Stärke seines Regimes verlassen konnte, er war auch über die Rivalitäten unter den Mullahs unterrichtet und wußte, daß sie sich nicht zu einem gemeinsamen Gegenangriff entschließen konnten. Ferner war es schwer vorstellbar, daß der Protest der Mullahs gegen die Reformen bei anderen politischen Parteien einen positiven Widerhall finden würde.

Die Opposition war ohnehin so gut wie ausgeschaltet. Die moskautreue Tudehpartei war nach Erschießung zahlreicher ihrer militanten Mitglieder und Flucht ihres Zentralkomitees nach Moskau und Leipzig nahezu liquidiert. Der Rest der Mitglieder saß entweder im Gefängnis oder hatte den Kampf aufgegeben und sich ins Privatleben zurückgezogen. Die Mitglieder der Nationalen Front, Mossadeghs Anhänger, befanden sich teilweise ebenfalls in Haft, der größte Teil stand noch unter dem Schock der ersten Jahre nach dem Putsch und übte sich in Mäßigung und Leisetreterei. Einige von ihnen wagten einen zaghaften Protest gegen die «Weiße Revolution». «Reformen ja, Diktatur nein», schrieben sie in einem Flugblatt, womit sie zwischen den Mullahs und dem Schah Position bezogen. Ihre studentischen Anhänger an der Teheraner Universität gingen noch einen Schritt weiter, sie brachten immerhin eine Demonstration gegen das Referendum auf die Beine, aber diese wurde kaum beachtet.

Die Attacke des Schahs rief bei den Mullahs, die auf derart massive Angriffe nicht vorbereitet waren, zunächst eine unbeholfene, eher passive Reaktion hervor. Sie versuchten die Beleidigungen mit einer Aufforderung an die Bevölkerung zu beantworten; alle Familien sollten an den Neujahrsfesttagen Trauerfeiern abhalten. Der Jahresbeginn, der nach iranischem Kalender mit dem Frühlingsanfang zusammenfällt, das Noruzfest, wird eine ganze Woche gefeiert. Dieses Fest hat eine lange Tradition, die bis in die vorislamische Zeit zurückreicht. Wie die Natur, pflegen auch die Menschen – soweit sie es sich leisten können – sich neu einzukleiden. Süßigkeiten und Obst werden in den Wohnungen aufgetischt, die Räume mit Blumen und Pflanzen geschmückt, Familien, Verwandte und Freunde besuchen sich, Geschenke werden ausgetauscht, Kindern gibt man neue Geldscheine und Münzen. Alle freuen sich das ganze Jahr über auf dieses Fest. Im Gegensatz zu den islamischen Feiertagen, die traurige Ereignisse und den Tod religiöser Märtyrer in Erinnerung rufen sollen, lädt Noruz (neuer Tag) zu Freude und Glück ein. Wegen eines Angriffs des Schahs gegen die Mullahs auf dieses Fest zu verzichten, Freude mit Trauer zu tauschen, schien vielen unangemessen. Hinzu kam noch, daß die Mullahs im Iran ohnehin nicht sehr beliebt waren – jedenfalls nicht unter der städtischen Bevölkerung. Man betrachtete sie als Schmarotzer, als Leute, die nicht arbeiten und auf Kosten anderer leben. Die Redensart «mollahchor» (vom Mullah weggefressen) bedeutet soviel wie übers Ohr gehauen werden. Die Mullahs galten auch als scheinheilig. Man sagt z. B., daß sie in ihren Predigten den Genuß von Alkohol verbieten, selbst aber ihren Samowar statt mit Wasser mit Wodka füllen oder Whisky in die Teekanne gießen. So wurde ihre Forderung, das Noruzfest in eine Trauerfeier zu verwandeln, nur von wenigen befolgt. Auch der Schah und seine Berater wußten die Wirkung der Anweisungen, die von Ghom ausgingen, richtig einzuschätzen. Daher wagte der Schah einen weiteren Schritt, diesesmal wesentlich einschneidender. Am 2. Feiertag des Noruzfestes befahl er seinen Soldaten, die theologische Schule in Ghom, die Feyzieh, zu stürmen und jeden Mullah zu verprügeln, der ihnen über den Weg lief. Die Militärs führten den Befehl gründlich aus. Die Verfolgung der Mullahs, die zu fliehen versuchten und dabei ihren Turban und Umhang verloren, schien den Soldaten Spaß zu machen. Viel Blut floß an diesem Tag in der Feyzieh-Schule; gebrochene Schädel, Arme, Beine, Nasen und schließlich der Tod des Theologiestudenten Seyed Junes Rudbari waren das traurige Ergebnis dieses Manövers.

Die Ayatollahs waren schockiert. Dieses ungeheure Verbrechen dürfe nicht ohne Vergeltung bleiben, erklärten sie. Für Chomeini war dies die Stunde der Bewährung. Von Verhandlungen mit den Ayatollahs und gemeinsamen Aktivitäten mit ihnen hielt er nicht viel. Er wußte, daß sie furchtsam waren und zur Mäßigung raten würden. Er erinnerte sich an den Sturm auf die Goharschad-Moschee in Maschad zu Zeiten Reza Schahs, zog es vor, allein zu handeln, und veröffentlichte zunächst eine scharfe Protesterklärung. «Mit der Parole der Königsliebe werden unsere religiösen Heiligtümer beleidigt», schrieb er. «Königsliebe bedeutet Plünderei, Schädigung des Islam, Mißachtung der Rechte der Gläubigen, Verachtung unserer Gesetze, Schmähung des Korans, Ausrottung der Geistlichkeit und Vernichtung der heiligen Botschaft. Die Grundsätze des Islam befinden sich in Gefahr, unser Glauben befindet sich in Gefahr, die Wahrheit muß ausgesprochen werden. Wer jetzt schweigt, sündigt gegen Gott. Die Soldaten des Schahs können mir mit ihren Bajonetten ins Herz stechen, aber das Unrecht, die Verbrechen des Schah, werde ich niemals hinnehmen.»[3]

Auch der gemäßigtere Ayatollah Schariatmadari sah sich aufgefordert, zu den Vorfällen in der Feyzieh Stellung zu nehmen: «Ich werde mich bis zum letzten Blutstropfen und den letzten

Atemzügen zur Wehr setzen. Wie könnte ich in dieser Situation schweigen»[4], erklärte er.

Die Proteste ließen den Schah unberührt. Ja, er ging noch weiter. Auf seine Empfehlung beschloß die Regierung den Einzug der Mullahs zum militärischen Pflichtdienst, den sie bis dahin nicht zu leisten brauchten. Nach diesem Beschluß wurden junge Mullahs, die von der Militärpolizei auf den Straßen angetroffen wurden, festgenommen, direkt in die Kaserne geschleppt und in Uniformen gesteckt.

Chomeinis Haß gegen den Schah steigerte sich von Tag zu Tag. Er wußte, daß es mit Protestschreiben allein nicht mehr getan war. Es mußte etwas geschehen. Der islamische Trauermonat Moharram kam ihm da sehr gelegen. Am 9. (tasua) und 10. (aschura) dieses Monats waren Imam Hossein, der dritte Nachfolger des Propheten Mohammed, und seine zweiundsiebzig gläubigen Krieger im Jahre 680 n. Chr. in der Schlacht bei Karbala auf grauenhafte und brutale Weise ermordet worden. Dieses Martyrium bildet den eigentlichen Ausgangspunkt der schiitischen Märtyrerideologie, den Schmerzenskult, der im Schiismus seit dieser Zeit gepflegt wird. Hosseins Märtyrertod ist ein Symbol für die Opferbereitschaft gegen Ungerechtigkeit und Tyrannei, die selbstlose Hingabe für den Glauben, gleichzeitig der sichere Zugang zum Paradies. Dieses Opfergangs wird jedes Jahr überall im Iran gedacht. Auf Trauerprozessionen, in den Moscheen, auf öffentlichen Plätzen hört man die Klagerufe der Teilnehmer, die, einem bestimmten Rhythmus folgend, sich mit beiden Händen auf die Brust und auf den Kopf schlagen, dabei weinen und Schreie ausstoßen. Manche benutzen sogar Ketten oder andere Instrumente und schlagen sich blutig, bis sie bewußtlos zu Boden fallen.

Der Trauermonat ist der wichtigste Monat für die Geistlichkeit. Sie beherrscht die Seelen der in Ekstase geratenen Massen von Gläubigen, die zu Opfertaten, ja, oft sogar zum Märtyrertod bereit sind.

Chomeini leitete die Vorbereitungen zum Trauermonat, organisierte seine Schüler und Anhänger, schickte sie in alle Landesteile, vor allem in die Hauptstadt. Der Schah sollte die gebührende Antwort auf seine Dreistigkeit erhalten.

Am 10. Moharram (Juni 1963), dem Aschura-Tag, kam es in Teheran zu einer großen Protestdemonstration, angeführt von demselben Tayeb, der bei dem Putsch von 1953 gegen Mossadegh die Halbstarken und Lumpen zugunsten des Schah mobilisiert hatte. Die Demonstranten riefen: «Chomeini, Chomeini, Gott schütze dich Chomeini, das Volk verlierst du nie.»

Auch in Ghom war eine große Demonstration vorbereitet worden. Sie sollte am Nachmittag desselben Tages beginnen. Am Vormittag hielt sich Chomeini im Hause Ayatollah Schariatmadaris auf. Dort suchte ihn ein hoher Offizier auf und überbrachte ihm eine Botschaft des Schahs. «Majestät lassen Ihnen bestellen», sagte er, «wenn Sie heute bei der Kundgebung in der Feyzieh-Schule auftreten, werden die Militärkommandos die Schule in Schutt und Asche legen.» – «Bestellen Sie Seiner Majestät», sagte Chomeini in einem strengen und selbstbewußten Ton, «wir werden seine Soldaten gebührend empfangen.»[5]

Einige Stunden später begab er sich in einem offenen Wagen in die Feyzieh-Schule. Auf seinem Weg waren Zehntausende von Gläubigen versammelt. «Chomeini, Chomeini, Gott schütze dich, Chomeini», riefen sie, und er winkte ihnen zu, ohne sie dabei anzuschauen. Seine Blicke richteten sich zum Himmel, als ob er seinen Schöpfer um etwas bitten wollte. Über Nacht war er zum Idol geworden, zu einem Märtyrer, bereit, sein Leben zu opfern, im Kampf gegen die Tyrannei zu sterben. Die Iraner lieben und bewundern solche Bereitschaft. Seit dem Opfertod des Iman Hossein, vor mehr als 1300 Jahren, werden solche Gefühle und Emotionen kultiviert. Alle Entbehrungen, Unterdrückungen, Schmähungen, die sie im Laufe ihrer Geschichte in ihrem Alltagsleben erdulden müssen, werden durch Trauer, Opferbereitschaft und Hingabe an Gott ausgeglichen. Dabei verschmelzen die Individuen zu einer Gemeinschaft, die einen gemeinsamen Weg beschreitet, einen Leidensweg in die ewige Glückseligkeit, ins Paradies, in der Trauer zu Glück und die Klagerufe zu Liebeserklärungen an den Schöpfer werden.

Die Menge sah nun in Chomeini das Symbol des Widerstandes. Man wußte, welche Gefahren ihn bedrohten. Sein Antlitz verriet keinerlei Angst, im Gegenteil, man spürte seine Entschlossenheit, seinen eisernen Willen. Die Zuschauer bewunderten ihn.

Chomeini betrat die Feyzieh-Schule, ging aber nicht zur Kanzel, sondern stellte sich auf die Stufen des Durchgangs zur Moschee. Die Anwesenden, es waren mehrere tausend, erhoben sich zum Zeichen der Ehrerbietung. Die vollständige Stille steigerte die herrschende Spannung. Der Ayatollah streckte beide Hände zum Himmel, flüsterte einen Vers aus dem Koran und begann schließlich zu sprechen: «Heute ist Aschura-Tag», sagte er. «Manchmal, wenn ich an diesen historischen Tag denke, fällt es mir schwer, zu begreifen, warum Yazid, der Sohn des Moavieh, so vandalisch und unmenschlich gegen schutzlose Frauen und unschuldige Kinder vorgegangen ist, war er doch nur mit Imam Hossein verfeindet. Was hatten Kinder und Frauen damit zu tun, was hatte der sechsmonatige Sohn Imam Hosseins verbrochen, daß er ermordet wurde?

Die Antwort auf diese Frage ist nicht schwer. Bei diesem Krieg ging es nicht um Personen, es ging um eine Idee, die zerstört und entwurzelt werden sollte.

Dieselbe Frage muß man heute in unserem Land stellen. Die despotische Herrschaft ist mit der Geistlichkeit verfeindet. Was hat das aber mit dem Koran zu tun, den sie in der Feyzieh-Schule zerrissen haben? Was suchten die Soldaten in dieser Schule? Was hatte der achtzehnjährige Seyed Junes Rudbari denn verbrochen, daß sie ihn umgebracht haben? Die Antwort ist dieselbe. Es geht um die Substanz des Islam, sie soll zerstört werden.

Herr Schah, Seine Majestät, armseliger, erbärmlicher Schah! Ich rate dir, laß ab von diesen Untaten. Betrete nicht den Weg deines Vaters!

Die Älteren, ja schon die Vierzig- und Dreißigjährigen erinnern sich, daß unser Land während des Zweiten Weltkriegs von drei fremden Ländern besetzt war. Man befürchtete, alles zu verlieren. Jeder fühlte sich bedrohlichen Mächten ausgeliefert. Aber Gott weiß, daß die Menschen in diesem Land dennoch aufatmeten und glücklich waren, weil Reza Khan Pahlawi verschwinden mußte.

Herr Schah, ich wünsche nun nicht, daß du das gleiche Schicksal erleidest... Höre meinen Rat... Du bist nun 45 Jahre alt. Denke ein wenig nach, denke an deine Zukunft. Vergiß nicht, was mit deinem Vater geschah!

Du nennst den Islam und die Geistlichkeit ‹schwarze Reaktion›... und du selbst machst eine ‹Weiße Revolution›. Was ist das für eine Revolution? Was veranlaßt dich dazu, das Volk zu belügen? Heute, habe ich gehört, sind Prediger und Schriftgelehrte ermahnt worden, sie sollen nicht gegen den Schah und gegen Israel reden, sollen nicht sagen, der Islam befinde sich in Gefahr. Unser ganzer Gegensatz besteht aber gerade in diesen drei Punkten... Was verbindet den Schah mit Israel? Ist er ein Israeli, ist er ein Jude?

Herr Schah, soll ich öffentlich erklären, daß du ein Ungläubiger bist, damit man dich aus dem Lande jagt? ... Sei gewiß, wenn sich eines Tages das Blatt wendet, werden alle, die heute an deiner Seite stehen, dich verlassen. Das sind nicht deine Freunde, sie sind die Freunde des Dollars.

Wahrlich, unser Land, der Islam befindet sich in größter Gefahr. Ich bin zutiefst besorgt. Diese unhaltbaren Zustände, die Regierung, der Herrscher, sind unerträglich. Gott möge sich unserer erbarmen.»[6]

Diese Rede war die schärfste und provokativste, die je in der iranischen Geschichte gegen einen herrschenden Potentaten gehalten wurde. Noch nie hatte es jemand gewagt, sich so direkt, so unverblümt, so aggressiv öffentlich gegen den Schah zu äußern. Etwas Unvorstellbares war geschehen. Innerhalb weniger Stunden erfuhr das ganze Land die unglaubliche Nachricht. «Was ist das für ein mutiger Mann?» fragten viele, die den Namen Chomeini zum erstenmal hörten. Gerade zu einer Zeit, in der der Schah seine Diktatur endgültig stabilisiert hatte, kaum einer die leiseste Kritik wagte, hatte dieser unbekannte Ayatollah aus Ghom es gewagt, den Schah «erbärmlich» zu nennen und ihm mit der Verbannung zu drohen.

Den Ayatollahs in Ghom paßte Chomeinis harte Rede ganz und gar nicht. Nicht nur, daß sie um ihr eigenes Leben, ihre Autorität und ihr Ansehen fürchten mußten, sie hatten auch den Kampf um die höchste Position in der Hierarchie der Geistlichkeit gegen Chomeini verloren. Denn mit einem Schlag wurde er zum populärsten Mann im Land. Tausende der jungen Mullahs und Massen von Gläubigen betrachteten ihn nun als Vorbild. Durch ihn gewannen sie den Mut, ihr Schweigen zu beenden und Widerstand gegen die Tyrannei zu leisten.

Besonders Teheran und Ghom erlebten eine unruhige Nacht. Überall waren Rufe des Protestes und Bekundungen zur Unterstützung Chomeinis zu vernehmen. Niemand konnte voraussehen, was am nächsten Tag geschehen werde. Natürlich konnte der Schah diese Provokation nicht hinnehmen. Die Frage war nur, wie er reagieren werde. Auf eine Antwort brauchte man nicht lange zu warten. Schon in den frühen Abendstunden nahm die Polizei zahlreiche Demonstranten fest, darunter auch viele Mullahs. An allen wichtigen Plätzen der Hauptstadt wurden Militärkräfte stationiert. Auch in Ghom nahmen die «Ordnungskräfte» wichtige Straßen und Gebäude unter Kontrolle. Um Mitternacht trafen zusätzliche Militärfahrzeuge, beladen mit gut ausgebildeten Sondereinheiten, in Ghom ein und belagerten die Außenbezirke der Stadt. Nachts um drei Uhr bewegte sich eine Militärkolonne auf Chomeinis Haus zu. Die Straße, in der er wohnte, wurde auf beiden Seiten abgesperrt. Die ganze Operation mußte so still wie möglich durchgeführt werden, keiner sollte etwas davon merken. Chomeinis Haus wurde umstellt, etwa fünfzig Soldaten kletterten auf das Dach, sprangen von dort aus in den Hof, drangen in das Haus ein und durchsuchten die Zimmer. Frauen, Kinder und Männer, Chomeinis Verwandte und Bekannte, wurden geweckt, er selbst war nicht zu finden. Die Soldaten wurden unsicher und drohten den Anwesenden mit ihren Gewehren; sie wollten wissen, wo sich Chomeini befindet. Aber keiner war bereit, ihnen Auskunft zu erteilen. Sie wußten offenbar nicht, daß er seit geraumer Zeit die Nächte im gegenüberstehenden Haus verbrachte, das sein Sohn Mustafa mit seiner Familie bewohnte.

Dort war der Ayatollah gerade zum Morgengebet aufgestanden, das gemäß der Vorschrift vor dem Sonnenaufgang geleistet werden muß, hatte den Lärm gehört und seinen Sohn gerufen. «Mustafa, steh auf, ich glaube, sie sind da.»

Mustafa erschrak, sah, daß sein Vater dabei war, sich anzuziehen. Er öffnete das Fenster. Die ganze Straße und das Haus seiner Eltern waren von Soldaten besetzt. Auch Chomeini blickte aus dem Fenster, ein Entkommen war nicht möglich. Um die Wut und Ungeduld der Soldaten nicht noch mehr zu verstärken, beschloß er, sich zu stellen. Die Haustür öffnete sich, der Ayatollah trat heraus, er rief: «Ruhollah Chomeini bin ich, laßt meine Familie in Frieden.» Schnell wurde er von mehreren Soldaten umringt, in ein Auto gezerrt, drei Soldaten und ein Offizier stiegen zu ihm ein, der Wagen raste davon. Mustafa wollte sich noch zur Rettung seines Vaters vom Dach herunterstürzen. Zu spät. Er konnte nur noch schreien und klagen. «Chomeini ist verhaftet», rief er, so laut er konnte. Durch den Lärm erwachten die Nachbarn, sie liefen auf die Straße. Aber der Wagen mit Chomeini war längst fort und fuhr mit hoher Geschwindigkeit in Richtung Teheran. Unterwegs, erzählte Chomeini später, habe er den Offizier gebeten, einen Augenblick lang anzuhalten, er wolle noch sein Morgengebet verrichten. Aber seine Bitte sei abgelehnt worden. «Die bewaffneten Männer hatten Angst vor mir», spottete er, «denn weit und breit war sonst kein Mensch zu sehen.»[7]

Zunächst wurde der Ayatollah in ein Untersuchungsgefängnis gebracht. Am nächsten Morgen hatte sich die Nachricht von seiner Verhaftung überall herumgesprochen. Schon in den frühen Morgenstunden setzten sich in Teheran, Ghom und Maschad Demonstrationszüge in Bewegung. «Nieder mit dem Schah», riefen die Demonstranten und setzten Kinos, Bars und Spirituosengeschäfte in Brand. Außer jüngeren Mullahs waren an diesen Demonstrationen Slumbewohner, Basarhändler, Straßenverkäufer beteiligt. Auch eine große Anzahl Messerstecher, Halbstarker und Herumstreicher marschierte mit. Alle hatten sichtbar großen Spaß an den Plünderungen. Neu in Teheran war auch die Beteiligung einer beachtlichen Zahl von Bauern aus dem nahe der Hauptstadt gelegenen Städtchen Varamin. Viele Demonstranten hatten sich zum Zeichen ihrer Bereitschaft, als Märtyrer zu sterben, Totenhemden angezogen. «Nieder mit dem Schah, es lebe Chomeini», wurde gerufen. Die Regierung rief den Ausnahmezustand aus, verhängte die Ausgangssperre und setzte das Militär gegen die Demonstranten ein. Ministerpräsident Alam drohte, jeden «Unruhestifter» vor Gericht zu stellen. «Das kann die Todesstrafe bedeuten», fügte er hinzu. Bis zum Abend wurde der Aufstand niedergeschlagen. Allein in Teheran soll es viertausend Tote gegeben haben.

Mit dem Beginn der Ausgangssperre um acht Uhr abends kehrte in der Hauptstadt wieder Ruhe ein. Teheran, vor allem der südliche Teil, sah wie ein verlassenes Schlachtfeld aus. Polizei und Militär hatten viel Mühe, die noch auf den Straßen liegenden Verletzten und Toten wegzutragen. Am nächsten Tag gab es noch weitere Demonstrationen, die ebenfalls gewaltsam aufgelöst wurden. Die Revolte wurde unter der Leitung von Anhängern Chomeinis angeführt. Die Nationale Front verweigerte die Teilnahme, die Tudehpartei bezeichnete die Aufständischen sogar als Reaktionäre.

Chomeinis Verhaftung brachte für den Schah keineswegs den erwünschten Erfolg, für den Ayatollah dagegen war sie ein Geschenk des Himmels. Bis vor kurzem hätte er nicht im Traum daran gedacht, daß in nahezu allen größeren Städten «Tod dem Schah, es lebe Chomeini» gerufen wird, seine Bilder auf Demonstrationen getragen werden, Millionen ihn als unumstrittenen Führer der Schiiten betrachten. Die Rede gegen den Schah und seine Verhaftung hatten über Nacht die Zahl seiner Anhänger um ein Vielfaches erhöht. Auch in Ghom war er unter den Ayatollahs als Sieger hervorgegangen. Wohl oder übel waren diese nun verpflichtet, ihrem Kollegen Beistand zu leisten und seine Freilassung zu fordern. Ayatollah Schariatmadari begab sich nach Rey, zur Grabstätte des heiligen Abdolazim, wohin einst Scheich Fazlollah Nuri geflüchtet war. Er forderte alle islamischen Würdenträger auf, dorthin zu kommen, um gemeinsam die Freilassung Chomeinis zu erzwingen. Viele folgten seiner Aufforderung, sie kamen aus Ghom, Maschad, Tabriz, Schiraz und selbstverständlich auch aus Teheran. Die Mullahs wußten, daß eine Verurteilung oder gar Hinrichtung Chomeinis – sollten sie dazu schweigen – verheerende Folgen für sie haben würde. Chomeini würde über Jahre hinweg als Held und Märtyrer gefeiert werden, und sie würden das Vertrauen der Gläubigen für lange Zeit verloren haben. Sie hatten also gar keine andere Wahl, als sich mit ihm zu solidarisieren. Doch damit ihre Solidarität die Popularität Chomeinis nicht auch noch steigerte, durfte seine Freilassung nicht durch den Druck der Massen, durch Demonstrationen oder gar die Aufforderung zum heiligen Krieg erfolgen, sie mußte vielmehr von oben und durch Verhandlungen erreicht werden. Sie schickten also eine Abordnung zum Schah, ein Geistlicher aus Choramabad namens Kamalwand bat den Kaiser um Schonung für Chomeini. Der Monarch begriff, warum die Mullahs gekommen waren. «Nein, töten werden wir ihn nicht», sagte er. «Seien Sie beruhigt, wir werden keinen Märtyrer aus ihm machen. Wir werden ihn mit Dreck beschmieren.» [8]

Im Gefängnis durfte Chomeini keine Besuche empfangen, nur einer gesellte sich des öfteren zu ihm: der Chef des Geheimdienstes, General Pakravan. Er war neugierig, wollte den wundersamen Schriftgelehrten aus Ghom kennenlernen und ihn auch überreden, sich aus der Politik herauszuhalten.

Der Schah sei davon überzeugt, sagte er bei einem seiner Besuche, daß die Geistlichkeit nur religiöse Ziele im Sinn habe. Er wisse, daß sie keineswegs gegen die Monarchie vorgehen wolle. Dennoch sei Seine Majestät von Chomeinis Rede betroffen gewesen. Der Ayatollah müsse gestehen, daß er sich dabei zu weit vorgewagt habe. Nirgends in der Welt, weder in Monarchien noch in den Republiken, in demokratischen oder diktatorischen Staatsformen werde es erlaubt, das Staatsoberhaupt in dieser Weise zu beleidigen.

«Es ist schon möglich, daß ich zu harte Worte gewählt habe», sagte Chomeini. «Meine Absicht war jedoch lediglich, Ratschläge zu geben.»

«Auch ich möchte, mit Ihrer Erlaubnis, Ihnen einen guten Rat geben», erwiderte der General. «Politik ist ein schmutziges Geschäft. Sie sind ein frommer Mann. Sie sollten die Reinheit Ihres Glaubens nicht durch die Einmischung in die Politik beflecken.»

«Offenbar haben Sie ein anderes Verständnis von Politik als ich», sagte Chomeini. «In jene Angelegenheiten, die Sie meinen, haben wir uns noch nie einzumischen versucht.» [9]

Der Schah hatte zwar den Mullahs versichert, daß er Chomeini nicht hinrichten lassen werde, aber selbst ein längerer Aufenthalt im Gefängnis könnte sein Ansehen bei den Gläubigen erheblich aufwerten, vermuteten die Ayatollahs. Er mußte also so schnell wie möglich freikommen!

Um dies zu erreichen, gab es nur einen Weg. Bekannte Ayatollahs mußten öffentlich erklären, daß sie Chomeini als *marja-e taghlid*, als «Quelle der Nachahmung» anerkennen. Denn ein Ayatollah in dieser Position genießt volle Immunität, er kann nicht in Haft gehalten werden. Zu diesem Schritt bedurfte es einiger Selbstüberwindung, mancher der Ayatollahs hätte gern selbst diese Position eingenommen. Noch vor wenigen Wochen wäre niemand zu einer solchen Erklärung bereit gewesen. Jetzt war es das kleinere Übel. Manche Ayatollahs wie Golpayegani und Chonsari weigerten sich weiterhin. So war man gezwungen, sich mit den Unterschriften von Schariatmadari, Milani und Aschtiani zu begnügen. Sie erklärten, als «Instanz der Nachahmung» genieße Chomeini uneingeschränkte Immunität und müsse unverzüglich freigelassen werden.

Dem Schah und seinen Beratern kam diese Erklärung nicht ungelegen. Auch ihnen war nicht entgangen, daß Chomeinis Aufenthalt im Gefängnis die Sympathie für ihn unter der Bevölkerung eher erhöhte. Der Schah fühlte sich sicher genug, ihn freizulassen. Hinzu kam, daß Mansur, der bald die Nachfolge des Premierministers Alam antreten sollte, sich um Annäherung und Versöhnung mit der Geistlichkeit bemühte. Mit einem inhaftierten Chomeini wäre dies kaum möglich gewesen. Er wurde freigelassen.

Chomeinis Entlassung wurde offiziell nicht bekanntgegeben, weil man Siegesfeiern vermeiden wollte. So lief dann auch alles ruhig ab. Nur der Wind sauste mit der Geschwindigkeit von 160 km pro Stunde durch Stadt und Land. Dächer wurden von den Häusern gerissen, Strommasten fielen zu Boden, zwei Flugzeuge stürzten ab, die Radaranlagen des Teheraner Flughafens wurden zerstört. Überall hörte man Fensterscheiben klirren und zerbrechen, Passanten liefen verängstigt auf den Straßen herum. Drei Menschen kamen bei diesem Sturm ums Leben, zahlreiche erlitten Verletzungen. Chomeinis Anhänger deuteten dies später als ein Zeichen Gottes.

Chomeini sollte zunächst in Teheran unter Aufsicht bleiben. Der Geheimdienst SAVAK veröffentlichte einige Tage später eine kurze Zeitungsnotiz über die Freilassung von Chomeini und zwei weiteren Mullahs, die mit ihm verhaftet worden waren:

«Laut offizieller Bekanntgabe der Organisation für Information und Sicherheit (SAVAK) wurde mit den drei Herren, Chomeini, Ghomi und Mahalati, vereinbart, daß die Genannten sich nicht mehr in politische Angelegenheiten einmischen. Mit Vertrauen auf diese Vereinbarung und darauf, daß diese Herren in Zukunft die Interessen und Sicherheit unseres Landes nicht gefährden werden, ist ihre Übersiedlung in private Unterkünfte beschlossen worden.» [10]

Es dauerte einige Monate, bis Chomeini nach Ghom zurückkehren durfte. Die Stadt bereitete dem Heimkehrer einen herzlichen Empfang. Drei Tage und Nächte wurde die Rückkehr des «lebenden Märtyrers» gefeiert.

Chomeini war glücklich. Endlich hatte er jene Position erreicht, von der er geträumt hatte. Die Frage war nun, wie es weitergehen sollte. Mit dem Erreichten konnte und durfte er sich nicht zufriedengeben. Er war jetzt der große Held, seine Anhänger wollten weitere Taten sehen.

Mit der Freilassung Chomeinis wollte das Regime den Anschein erwecken, die Konflikte zwischen Teheran und Ghom seien endgültig bereinigt und die «Weiße Revolution» könne jetzt mit Unterstützung und Einverständnis der Geistlichkeit fortgesetzt werden. Die halbamtliche Tageszeitung *Ettelaat* schrieb in ihrer Ausgabe vom 8. April 1964: «Es ist zu begrüßen, daß nun auch die Geistlichkeit sich der Gesamtheit der Bevölkerung angeschlossen hat und die Revolution des Schahs tatkräftig unterstützt.»

Die Erklärung des SAVAK lieferte den Anlaß zu Gerüchten, die behaupteten, Chomeini habe seine Freilassung durch das Versprechen erkauft, sich nicht mehr in die Politik einzumischen. Zurück in Ghom, nahm Chomeini den Leitartikel der Tageszeitung *Ettelaat* sofort zum Anlaß, um jeden Zweifel über seine Gegnerschaft zum Regime auszuräumen:

«*Ettelaat* behauptet, mit der Geistlichkeit sei ein Einverständnis erzielt worden und wir würden in Zukunft die ‹Weiße Revolution› des Schahs unterstützen. Ich möchte hier eindeutig erklären, daß diese ‹Revolution› weder mit der Geistlichkeit noch mit dem iranischen Volk etwas zu tun hat... So kommt ihr nicht weiter. Selbst wenn ihr mich zusammenschlagen würdet, würde ich nicht nachgeben. Ihr habt mit der Parole: ‹Chomeini ist ein Verräter› die Wände Teherans beschmiert. Jetzt müßt ihr gestehen, daß dies ein Fehler war... Als ich im Gefängnis saß, kam einer, dessen Namen ich jetzt nicht erwähnen möchte, und sagte, Politik sei ein schmutziges Geschäft, ich solle mich darin nicht einmischen. Damals war die Situation nicht günstig, ich wollte mich auf eine Diskussion mit ihm nicht einlassen. Doch nun kann ich die Antwort geben. Der Islam ist Politik... Ich gehöre nicht zu den Mullahs, die nur herumsitzen und mit ihrem Rosenkranz spielen. Ich bin auch nicht der Papst, der nur sonntags religiöse Zeremonien veranstaltet. Selbstverständlich werde ich mich überall einmischen...»[11]

Nein, schweigen wollte er nicht, gerade jetzt nicht, wo er allmählich die Früchte seiner Arbeit ernten konnte. Zum Glück lieferte ihm das Regime genügend Gelegenheit dazu. Die Regierung plante, die theologischen Schulen dem Kultusministerium anzugliedern, religiöse Stiftungen, wozu auch Grund und Boden gehörten, sollten der staatlichen Kontrolle unterzogen werden. Zu einem endgültigen Bruch sollte es im Oktober 1964 kommen. Das Parlament beschloß, Angehörigen des amerikanischen Militärs im Iran juristische Immunität zu gewähren.

Das war endlich ein Thema, für das man auch in der Bevölkerung großes Interesse voraussetzen konnte. Im Iran gibt es einen ausgeprägten Nationalismus, der mindestens eine ebenso große Rolle spielt wie der Islam. Wann immer es in der Geschichte um die nationale Unabhängigkeit ging, war die Bevölkerung bereit – auch unter großen Opfern –, sich zu engagieren. Entsprechend wurde jede ausländische Macht und jede einheimische Regierung, die die nationale Unabhängigkeit mißachtete, gehaßt und bekämpft, so auch die USA, die ja spätestens nach dem Putsch gegen Mossadegh im Iran Fuß gefaßt hatten und das Land wie eine Kolonie behandelten. Für die iranische Bevölkerung war es also nicht einsichtig, weshalb ausgerechnet die Amerikaner im Iran Immunität genießen sollten, gerade amerikanische Militärs, die sich Iranern wie Herren gegenüber Sklaven verhielten. Der iranische Staat zahlte ihnen hohe Gehälter, sie bewohnten die schönsten Häuser und behandelten die Einheimischen wie Menschen zweiter Klasse. Es war also nicht schwer, Emotionen gegen die Amerikaner bei der Bevölkerung zu wecken. Chomeini kündigte in Ghom eine Rede an. Jeder wußte, worum es ging, jeder ahnte, daß er dabei kein Blatt vor den Mund nehmen würde. Der Geheimdienst des Schahs versuchte, seinen Auftritt zu verhindern, drohte ihm mit abermaliger Verhaftung, aber er ließ sich nicht einschüchtern.

Schon Stunden zuvor hatten sich Zehntausende in Ghom versammelt.

Die Spannung steigerte sich von Minute zu Minute. Überall waren Lautsprecher installiert. Schließlich erschien der Ersehnte. Seine strengen Gesichtszüge, die buschigen Augenbrauen, die zusammengepreßten Lippen und vor allem sein stechender Blick verrieten einen ungeheuren Zorn. Mit entschlossenen Schritten trat er auf die Kanzel und begann zu sprechen:

«Ich bin nicht in der Lage, meine innere Qual in Worte zu fassen», sagte er mit zitternder Stimme. «Mein Herz blutet. Die schändliche Nachricht hat mir den Schlaf geraubt. Ich bin erschüttert, und frage mich, wann der ersehnte Tod mich von diesen Qualen befreien wird.» Die Versammelten begannen zu weinen, Frauen stießen Klagerufe aus. «Gott schütze dich, Chomeini», rief die Menge.

«... Diese Regierung hat uns verkauft, sie hat unser Land verkauft und diesen Verrat auch noch gefeiert», setzte er seine Rede fort. «Die Leute haben auf den Straßen getanzt und ihre Häuser geschmückt, anstatt überall schwarze Fahnen herauszuhängen. Denn für uns ist dieser Verrat eine Schande, der Tod. Das Parlament hat beschlossen, amerikanischen Militärberatern, ihren Familien und zivilen Mitarbeitern Immunität zu gewähren. Sie sollen in Zukunft vor Verfolgungen verschont bleiben, gleichgültig welches Verbrechen sie begehen... Wenn also ein amerikanischer Dienstbote, mitten im Basr, einen Ayatollah niederschießt und ihn anschließend mit Tritten verstümmelt, darf die iranische Polizei ihn nicht daran hindern, auch iranische Gerichte dürfen ihn nicht verurteilen.

Ein Iraner wird minder bewertet als ein amerikanischer Hund. Denn wenn einer von uns einen amerikanischen Hund überfährt, wird er dafür bestraft. Wenn aber der Koch eines amerikanischen Generals den Schah überfährt, kann ihn niemand bestrafen... Ich warne euch! Euch Militärs warne ich, euch Politiker, Kaufleute. Oh, ihr geistlichen Würdenträger, ihr erhabenen Schriftgelehrten, ihr Theologiestudenten in Najaf, Ghom, Teheran, Tabriz, ich warne euch vor den Gefahren! ... Sollen wir, weil wir ein schwaches Land sind, unter den Stiefeln der Amerikaner zermalmt werden? ... Die Geistlichkeit wird dieser Regierung ins Gesicht schlagen, sie wird diesem Parlament ins Gesicht schlagen und die Abgeordneten aus dem Land jagen. Sie wird nicht zulassen, daß ein amerikanischer Lakai (gemeint ist der Schah – d. A.) diese Untaten begeht. Sie wird ihn hinauswerfen...

Das Immunitätsgesetz hat für uns keine Gültigkeit. Dieses

Parlament ist nicht unser Parlament, diese Regierung nicht unsere Regierung. Sie alle sind Landesverräter.»[12]

Kein Zweifel, diese Rede war von historischer Bedeutung. Chomeini hatte den Schah, das Parlament und die Regierung öffentlich des Landesverrats bezichtigt, ihnen den unversöhnlichen Kampf angesagt und die Massen aufgefordert, sich aktiv an diesem Kampf zu beteiligen. Ein solcher «Befehl», ausgesprochen von einer *marja-e taghlid*, hat in der islamischen Welt großes Gewicht. Genaugenommen kann und darf sich ihm kein Gläubiger widersetzen. Es war eine Aufforderung zum Widerstand, zum Massenaufstand, zum Heiligen Krieg. Die Anwesenden jubelten Chomeini zu. Doch niemand konnte einschätzen, wie groß ihre Kampfbereitschaft war, wie weit sie es wagen würden, einem bis an die Zähne bewaffneten Regime Widerstand zu leisten. Die Studenten der theologischen Hochschulen, die Intellektuellen und die Jugendlichen an den Schulen und Universitäten waren von Chomeinis radikalem Auftritt begeistert. Er hatte ihnen aus der Seele gesprochen, ihrem Haß gegen das Regime Ausdruck verliehen. Doch sie stellten eine kleine Minderheit dar. Andere Teile der Bevölkerung, allen voran die religiösen Würdenträger und die Großayatollahs, hielten Chomeinis Aufforderung zum Heiligen Krieg für Wahnsinn. «Er will sich nur wichtig machen und den Helden spielen, ohne zu bedenken, daß er uns alle ans Messer liefert», sagte ein hoher Geistlicher zu seinen Kollegen.

Für das Regime gab es nach dieser Rede nur eine einzige Möglichkeit: dieser dreiste Mullah mußte um jeden Preis zum Schweigen gebracht werden. Töten konnte man ihn nicht, er wäre zu einem Märtyrer geworden. Eine abermalige Verhaftung hätte vermutlich zu größeren Unruhen im Lande geführt. Er mußte ins Ausland verbannt werden, je rascher, desto besser.

Noch in der Nacht wurde Chomeinis Haus von Militärkommandos gestürmt. Er selbst hielt sich im hinteren Teil des Hauses auf. Als er die Schritte und den Lärm der Soldaten hörte, zog er sich rasch an und verließ durch den hinteren Eingang das Haus. Doch das Gebäude und die umliegenden Straßen waren von Mi-

litärs umstellt. Er wurde entdeckt, festgenommen, ins Auto gezerrt und weggefahren, nach Teheran, direkt zum Flughafen.
Noch vor Sonnenaufgang verließ eine Militärmaschine die Stadt
in Richtung Türkei, an Bord zwei Offiziere, eine Stewardess und
Ayatollah Ruhollah Chomeini, die höchste Instanz der Schiiten
im Iran. Es war der 4. November 1964.

Kurz nach dem Start teilte einer der Offiziere ihm mit, daß er
laut Beschluß der Regierung zur Verbannung verurteilt worden
sei, und er händigte ihm seinen Paß aus. Die Stewardess fragte
ihn, ob er eine Tasse Tee wünsche. Chomeini schaute sie nicht
an, fragte den Offizier, ob sie islamischen Glaubens sei. Als die
Frage bejaht wurde, willigte er ein, sich von ihr Tee servieren zu
lassen.

Die große Schmach

Chomeinis Verbannung wurde am nächsten Tag mit einer kleinen Pressemeldung bekanntgegeben: «Auf Grund glaubwürdi-
ger Informationen und ausreichender Beweise wurden die Aktivitäten des Herrn Chomeini als schädlich für die Interessen und
Sicherheit des Landes eingestuft. Er wurde am 4. November
1964 ins Ausland verbannt.» [1]

Die Reaktionen in der Bevölkerung auf diese Maßnahme fielen nicht heftig aus, wie das Regime befürchtet hatte: Pflichttele-
gramme und Protesterklärungen seitens der Geistlichkeit, kleinere Demonstrationen in Teheran, Ghom und Maschad und
Kundgebungen an einigen Moscheen und Theologieschulen. Im
Grunde atmeten die meisten auf, gleichgültig, ob sie auf seiten
des Regimes oder der Opposition standen. Chomeinis Auftritt
war zu radikal, sein Griff nach der Macht zu voreilig gewesen.
Für einen Volksaufstand war die Zeit längst noch nicht reif, die
Massen zum Widerstand noch nicht bereit.

Der Ayatollah hatte sich verrechnet. Abermals geriet er in eine quälende Einsamkeit, diesmal in einem fremden Land. Als er nach wenigen Tagen auch noch erfuhr, daß seine Verbannung nicht die von ihm erhofften Proteste ausgelöst hatte und das ihm widerfahrene Unrecht durch allgemeines Schweigen hingenommen wurde, überfiel ihn tiefe Enttäuschung, eine Resignation, von der er sich erst nach Jahren erholen sollte. Für einen Volkstribun ist Verbannung die schwerste Strafe, schlimmer als Gefängnis, vielleicht schlimmer als der Tod. Der Verbannte ist zur Untätigkeit verdammt, nach einigen Wochen und Monaten verschwindet er aus der Erinnerung seiner Anhänger. Aus der Ferne muß er zuschauen, wie das Gerüst, das er durch jahrelange Arbeit mühsam aufgebaut hat, auf einen Schlag einstürzt und sich in nichts auflöst.

Chomeinis erster Aufenthaltsort war Ankara. Er wurde zunächst in einem Hotel und später in einer Privatwohnung untergebracht. Je ohnmächtiger er sich fühlte, desto stärker stiegen Rachegefühle in ihm auf. Was sollte mit ihm geschehen, wie lange mußte er dieses Leben in der Fremde aushalten? Noch vor wenigen Tagen hatten ihm Zehntausende in Ghom zugejubelt, «Tod oder Chomeini» hatten sie gerufen und «Nieder mit dem Schah». Und jetzt? Wo waren sie, die angeblich zu jedem Opfer bereit waren und ihm gegenüber geschworen hatten, das Ziel, dem Islam und der Geistlichkeit zur Macht zu verhelfen, niemals aufzugeben? Waren die Massen so unzuverlässig, so untreu? Auch ihnen gegenüber kam Haß und Verachtung in ihm auf. Du mußt ihre Seele beherrschen, für sie denken und handeln, ihnen Befehle erteilen, ihre Vergehen bestrafen und sie loben, wenn sie dir blindlings folgen, erst dann sind sie lenkbar und bereit, dir alles zu geben, dachte er.

Als erstes schickte er ein Telegramm an seinen ältesten Sohn Mustafa, in dem er ihm seinen Aufenthaltsort mitteilte. Es gehe ihm gut, schrieb er ohne nähere Erläuterung. Sein erster Brief aus Ankara, ebenfalls an Mustafa adressiert, zeugte von großer Sehnsucht nach seiner Familie. Vor allem schien er sehr um seine

Frau besorgt. «Kümmern Sie sich um Ihre Mutter», bat er den Sohn. «Sie braucht Hilfe und Unterstützung. Sie soll sich um mich keine Sorgen machen. Tun Sie alles, damit sie sich wohl fühlt.»[2]

Die weiteren Briefe waren Zeugnisse der Hoffnungslosigkeit und Depression. Der Zweiundsechzigjährige glaubte an seinen baldigen Tod. Der Haushalt und die gesamte Einrichtung, schrieb er in einem dieser Briefe, der wie ein Testament klang, sollen in den Besitz der Mutter, die Bibliothek in den des ältesten Sohnes übergehen. Nach seinem Tod solle man zehn Jahre fasten und drei Jahre Gebete für ihn kaufen. (Das geschieht durch Zahlungen an Mullahs, die für den Toten beten und fasten.) Er verlangte nach Büchern, vorwiegend Gebetsbüchern. In anderen Briefen äußerte er Wünsche nach Pistazien oder speziellen Süßigkeiten der Heimat, nach seiner Nagelschere und der Schere zum Haareschneiden.

Finanziell brauchte er sich keine Sorgen zu machen. Was ihn bedrückte, waren die Einsamkeit und die Ungewißheit über seine Zukunft. Es dauerte einige Wochen, bis er den ersten Besuch bekam. Ein gewisser Khonsari, Abgesandter der Geistlichkeit, suchte ihn mit Genehmigung der iranischen Regierung auf. Sie trafen sich in Istanbul.

Für den Verbannten war der Besuch eines alten Bekannten eine große Freude, so groß, daß er sich zum erstenmal nach seiner Ankunft, freiwillig ohne Turban und mit einem normalen Anzug bekleidet, auf die Straße begab. Khonsari und Chomeini besuchten Moscheen und andere historische Bauten und bewunderten die ehemalige Hauptstadt des Osmanischen Reiches, das das christliche Byzanz besiegt hatte, und über Jahrhunderte von weltlichen und geistlichen Kalifen regiert worden war.

Der Gast aus Teheran blieb mehrere Tage. An Gesprächsstoff fehlte es nicht. Chomeini erkundigte sich nach seiner Familie, seinen Schülern und Anhängern und nach den Reaktionen der Geistlichkeit nach seiner Verbannung. Khonsari wollte den ohnehin gebrochenen Mann nicht noch mehr enttäuschen, versuchte das Schweigen und Fehlen von Protesten mit rationalen

Argumenten zu begründen. Sie kamen auf die Verbannung zu sprechen. Er sei sehr überrascht gewesen, sagte Chomeini. Er hätte nie gedacht, daß der Schah so weit gehen würde.

Der Kaiser sei jetzt entschlossen, erwiderte Khonsari, mit aller Kraft seine «Weiße Revolution» durchzupeitschen. Daher sei jeder Protest im Augenblick sinnlos.

Chomeini überhörte nicht die Kritik, die in diesen Worten lag. Er wußte, daß viele Ayatollahs in Ghom, Teheran und Maschad diese teilten. «Vielleicht hätte man vorsichtiger handeln sollen», sagte er. Dieses Geständnis ließ Khonsari aufhorchen. Er wollte wissen, ob Chomeini tatsächlich seine Tat bereute. «Vielleicht gibt es einen Ausweg», sagte er. «Die Ayatollahs könnten den Schah um Begnadigung bitten. Voraussetzung für Ihre Rückkehr wäre allerdings, daß Sie sich vollständig aus der Politik zurückziehen, und sich nur noch ihren religiösen Aufgaben widmen. Wären Sie dazu bereit?»

Chomeinis Augen leuchteten auf. Khonsaris Worte weckten zum erstenmal wieder Hoffnungen in ihm. Doch die Antwort fiel ihm nicht leicht. Minutenlang zögerte und schwieg er. Schließlich sagte er mit leiser Stimme: «Ja, ich wäre dazu bereit.» Khonsari war sichtlich überrascht. Er hatte den Ayatollah anders erlebt. Chomeini spürte die Reaktion seines Gastes, und fügte erklärend hinzu: «Ich bin der Politik überdrüssig und möchte mich nicht mehr mit Angelegenheiten beschäftigen, die zu nichts führen.»

«Kann ich den Ayatollahs dieses Versprechen mitteilen und sie auffordern, den Schah um Begnadigung zu bitten?» bohrte Khonsari noch einmal nach.

«Ja, und ich bin bereit, jede Vereinbarung zu akzeptieren», antwortete Chomeini.[3]

Der Gast reiste ab. Chomeini zählte die Tage und wartete voller Spannung auf eine Nachricht. Ganz wohl allerdings war ihm dabei nicht. Wie sollte er sein Nachgeben denen erklären, die seinen Anweisungen gefolgt waren und jetzt in den Kerkern saßen? Auch sein ältester Sohn war inzwischen verhaftet worden. «Das schadet nichts», hatte er gesagt, als man ihm diese

Nachricht mitgeteilt hatte. «Gefängnisse stählen den Willen zum Kampf.» Wie sollte er ihm jetzt gegenübertreten?

Jeder Tag kam ihm vor wie eine Ewigkeit. Endlich kam die Antwort, eine niederschmetternde Nachricht. Der Schah hatte das Gnadengesuch abgelehnt! Wie furchtbar, wie erniedrigend! Er kam sich vor wie ein Hund, der die Füße seines Herrn leckt und mit Tritten verstoßen wird. Die Erniedrigung war doppelt und dreifach, vor dem Schah, den Ayatollahs, seinen Anhängern, der ganzen Welt. Er fluchte, kochte vor Wut, war voller Haß. «Dieser Satan», rief er laut. «Er ist noch schlimmer, als ich dachte. Jetzt ist alles verloren, meine Ehre, mein Ruf, meine Heimat.» Er hatte nur noch einen Wunsch: zu sterben, um diese ungeheure Schmach nicht länger ertragen zu müssen.

Gleich zu Beginn seiner Verbannung hatten seine Frau und seine Söhne die Absicht geäußert, ihn in der Türkei zu besuchen. Er hatte ihnen verboten, den Iran zu verlassen. Jetzt verbannte das Regime seinen ältesten Sohn Mustafa, der zuvor inhaftiert worden war, ebenfalls in die Türkei. Chomeini liebte diesen Sohn. Unter den Kindern glich er am meisten dem Vater. Er hatte zwar nicht die schlanke Figur des Vaters. Mit seinen breiten Schultern, dem runden Gesicht, den etwas verschwommenen und ausdruckslosen Augen, seinem beleibten Körper hinterließ er bei Beobachtern, die ihn nicht kannten, den Eindruck, er sei plump und phlegmatisch. Aber sein Aussehen täuschte. Tatsächlich hatte er vom Vater die Klugheit, schnelles Entscheidungsvermögen und taktisches Denken geerbt. Es gab aber auch Eigenschaften, die ihn vom Vater unterschieden. Im Gegensatz zu diesem war er ein unterhaltsamer, gewandter, pfiffiger Mensch. Er hatte viele Freunde und Bekannte. Selten war sein Haus ohne Gäste.

Zwischen Vater und Sohn bestand nicht nur das traditionell autoritäre Verhältnis. Dem Sohn galt der Vater als Lehrer und Vorbild. Er liebte ihn, wie Gläubige ihren Heiligen lieben, war ihm blindlings ergeben und sah es als seine Lebensaufgabe und -pflicht an, dem Vater zu dienen. Bis zu dessen Verbannung hatte er ihm immer zur Seite gestanden und seine Weisungen befolgt. Wenn es für Chomeini überhaupt einen Vertrauten gegeben hat, dann war dies sein Sohn Mustafa.

Trotzdem konnte Chomeini sich über die Ankunft seines Sohnes in der Türkei nicht freuen. Denn er spürte genau, daß diese Verbannung ein weiterer Racheakt des Schahs war.

Auch Mustafa bemühte sich um baldige Rückkehr. Einige Wochen nach seiner Ankunft wandte er sich an den türkischen Sicherheitsdienst mit der Bitte, seine Rückkehr in den Iran zu ermöglichen. Dieses Gesuch wurde an den iranischen Geheimdienst weitergeleitet. Die Antwort war positiv, aber mit Bedingungen verknüpft. Mustafa sollte schriftlich erklären, daß er sich in keine politischen Angelegenheiten einmischen, sich keiner politischen Gruppe oder Partei anschließen, mit keiner oppositionellen Gruppe oder Person Umgang pflegen und schließlich seinen Wohnort im Iran gemäß den Anweisungen des Geheimdienstes wählen werde. Mustafa war mit allem einverstanden, schrieb die Erklärungen, legte sie der zuständigen Behörde vor. Dennoch wurde ihm aus unerklärlichem Grunde die Einreiseerlaubnis nicht erteilt.

Als diese Erklärung der Öffentlichkeit bekannt wurde, umgaben Schande und Schmach Vater und Sohn. Später versuchten ihre Anhänger, das Nachgeben als eine kluge Taktik hinzustellen. «Was wiegt eine Erklärung, die jeder als unglaubwürdig ansehen würde, gegen die Bedeutung, die die Anwesenheit Chomeinis oder seines Sohnes im Iran hätte.» [4]

Daß Chomeini, dieser Gottesmann – wenn nötig – die Unwahrheit sagen und falsche Versprechungen geben kann, wird uns später noch zur Genüge demonstriert werden. Ob aber sein Handeln in der Verbannung aus taktischen Überlegungen heraus erfolgte oder ihn Resignation, Alter, das Gefühl des Scheiterns und der Niederlage dazu veranlaßt hatten, weiß vermutlich nur er selbst.

Vater und Sohn mußten noch einige Monate lang in der Türkei bleiben. Sie empfingen des öfteren Besuche aus der Heimat, darunter auch Abgesandte von Golpayegani und Schariatmadari. Von Rückkehr sprachen sie jetzt kaum, sie begnügten sich nur

124

noch mit der Bitte, das Exilland wechseln und in den Irak reisen zu dürfen. Es dauerte fast ein Jahr, bis ihnen dieser Wunsch erfüllt wurde. Vor allem für den Vater bedeutete dies eine große Erleichterung. Im Irak hatte er die Möglichkeit, wenn nicht politisch, so doch als Schriftgelehrter und Prediger wirksam zu sein. Die Mehrheit der irakischen Bevölkerung sind Schiiten. Dort liegen die heiligen Städte Karbala, wo der große islamische Märtyrer Imam Hossein begraben ist, und Najaf, die Grabstätte des Prophetennachfolgers Ali, in der weltbekannte Schriftgelehrte des schiitischen Glaubens residieren. Viele iranische Theologiestudenten kamen damals jährlich nach Najaf. Der Irak beherbergte auch hunderttausend Iraner, die sich als Händler, Arbeiter oder auch Fachleute dort angesiedelt hatten. Schließlich gab es im Irak zahlreiche politische Aktivisten aus dem Iran, die in das Nachbarland geflüchtet waren, um von dort aus gegen das Regime agieren zu können. Der Personenverkehr zwischen beiden Ländern war rege. Schon allein die Schar der Pilger, die jährlich nach Karbala kamen, war beachtlich. All dies waren für den Ayatollah positive Aspekte und Möglichkeiten, endlich aus der erzwungenen Isolation in der Fremde herauszukommen.

Anfang September 1965 landeten Vater und Sohn in Bagdad. Am Flughafen wollte Chomeini nicht ins Taxi steigen, man müsse zuerst den Preis herunterhandeln, meinte er und begann, mit dem Fahrer zu diskutieren. «Lassen Sie uns hier schnell wegkommen, bevor wir in die Fänge der Sicherheitspolizei geraten», drängte Mustafa. Aber Chomeini blieb unnachgiebig, bis er den Preis tatsächlich um die Hälfte heruntergehandelt hatte.

Sie hatten beschlossen, sich in Najaf niederzulassen. Doch zuvor fuhren sie nach Karbala. Es war das zweite Mal, daß Chomeini die heilige Stadt besuchte. Das erste Mal war er vor der despotischen Herrschaft Reza Schahs geflüchtet und mit großen Hoffnungen und Plänen in den Iran zurückgekehrt. Jetzt war er ein alter Mann, vertrieben, verschmäht, gebrochen, resigniert. In Karbala wurde er von einer kleinen Gruppe von

Iranern empfangen. Diese hatten ihn noch als Symbol des Widerstandes in Erinnerung und empfingen ihn daher mit radikalen politischen Parolen. «Nieder mit der Diktatur, es lebe der Führer der Muslims, Ayatollah Chomeini», stand auf einem Transparent. Aber der Neuankömmling mahnte, sie sollten Ruhe bewahren und die Regierung des Gastlandes nicht provozieren!

Der Bericht iranischer Geheimagenten an die Zentrale in Teheran bestätigte, daß Chomeini sich im Exil verändert hatte und «friedlich» geworden war. Es heißt dort: «Seit 48 Stunden hält sich Chomeini in Karbala auf. Offensichtlich ist er bemüht, unter seinen Anhängern Ruhe und Ordnung herzustellen und soweit wie möglich jede kritische Äußerung zu vermeiden...»[5]

Wider Erwarten wurde Chomeini in Najaf von den dort ansässigen Großayatollahs äußerst kühl empfangen. Man versuchte, seine Ankunft möglichst weitgehend herunterzuspielen. Die beiden mächtigsten Ayatollahs, Hakim und Khoi, waren älter als er und verfügten über großen Einfluß und eine enorme Zahl von Anhängern, nicht nur im Irak, auch im Iran. Selbst in Ghom und Maschad hatte ihr Wort ein größeres Gewicht als das Chomeinis. Zwar statteten sie dem Brauch gemäß ihrem Kollegen einen Besuch ab, der Besuch war aber auffallend kurz. Dabei wurden die Umstände, die zu Chomeinis Verbannung geführt hatten, mit keinem Wort erwähnt.

Es fiel Chomeini nicht leicht, sich in Najaf einzuleben. Überall spürte er unterschwellig Feindschaft und Mißgunst. Er habe Ghom in Unruhe versetzt, jetzt wolle er dasselbe Theater in Najaf aufführen, munkelte man. Diese und ähnliche Gerüchte, vor allem aber die abweisende Haltung der großen Schriftgelehrten, betrübten ihn. Auch finanziell ging es ihm nicht gut. Ein Ayatollah ohne Geld aber war für die Theologiestudenten, die von Stipendien leben mußten, nicht interessant. Und Chomeini konnte in seiner finanziellen Lage kaum Stipendien vergeben. So verbrachte er die ersten Jahre in Najaf in nahezu völliger Zurückgezogenheit, in einer Gebetsstube, im hinteren Teil eines kleinen Hauses. Er hatte viel Zeit, um über sein vergangenes Leben, seine Fehler, seinen gegenwärtigen Zustand nachzudenken.

Zum erstenmal fand er auch Zeit und Lust, Romane zu lesen. Sein zweiter Sohn, Ahmad, der später in den Irak gereist war, berichtet, daß sein Vater Spaß hatte, literarische Schriften zu lesen. Zwei Werke habe er mit Sicherheit zu Ende gelesen: Victor Hugos *«Die Elenden»* und einen zu der Zeit sehr populär gewordenen Roman des iranischen Schriftstellers Afghani, *«Schohare ahuchanom»* (Der Ehemann von Ahuchanom).[6] Andere Bücher lagen stapelweise herum, aus denen er abwechselnd kurze Auszüge las. Oft nahm er ein Buch in die Hand, blätterte darin, blickte auf die Buchstaben, las aber nicht. Seine Gedanken wanderten über die irakische Grenze nach Ghom, Teheran, Arak, Chomein, in die Stadt seiner Geburt, in die anliegende Wüste, wo er die schönsten Tage seines Lebens verbracht hatte.

Er las auch Zeitungen in persischer Sprache, die von oppositionellen Iranern im Ausland veröffentlicht wurden. Dem Redakteur einer dieser Zeitungen, der ihn besuchte, empfahl er, größere Buchstaben zu wählen, da ihm jedesmal beim Lesen die Augen weh täten.

Aus der Politik hielt er sich während dieser Zeit völlig heraus. In einem Bericht des iranischen Geheimdienstes vom Februar 1966 heißt es: «Die Nachforschungen zeigen, daß Chomeini sich in letzter Zeit nicht mehr mit Politik beschäftigt, er widmet sich der theologischen Lehre und Forschung.»[7]

Selbst als im März 1967 eine Regierungsvorlage über den «Schutz der Familie» im iranischen Parlament eingebracht wurde, nach der auch Frauen das Scheidungsrecht und Sorgerecht für Kinder gewährt werden sollte, war Chomeini zu keiner Stellungnahme bereit. Nicht einmal, als Montazeri, einer seiner treuesten Schüler, den er nach der Revolution zu seinem designierten Nachfolger wählen ließ, nach Najaf reiste, um ihn zu einer Verurteilung dieses Gesetzes zu bewegen.

Nach einigen Jahren hatte er sich in Najaf eingelebt, seine Familie war mittlerweile zu ihm gezogen, er hielt Vorlesungen, bekam öfter Besuch, konnte eine kleine Zahl von Studenten unterstützen. Dennoch war es ihm nicht gelungen, seine tiefe Niedergeschlagenheit zu überwinden. Ein fröhlicher Mensch war er nie gewesen, aber die Hoffnungslosigkeit der vergangenen Jahre hatte seine Strenge und Unnahbarkeit so verstärkt, daß man in seiner Nähe eine auffallende Kälte spürte.

Er fühlte sich dem Sterben nahe. In einem Antwortschreiben an den iranischen Dichter Azarm, der eine Hymne auf ihn gedichtet hatte, schrieb er: «Ich bin jetzt sehr alt, verbringe die letzten Tage meines Lebens. Trotzdem habe ich dem Islam und den Gläubigen keine brauchbaren Dienste leisten können... Ich hoffe, daß die Jugend, die Qualen und Schwäche des Alters nicht zu erdulden braucht, die Völker aus ihrem Schlaf weckt..., daß ein mutiger Mann oder mutige, ehrenhafte Männer diesen schändlichen Zeiten ein Ende setzen...»[8]

Er fühlte, daß seine Kräfte erschöpft waren. Zwar hatten sich seine Lebensverhältnisse gebessert, nicht aber die feindselige Stimmung, die ihm aus den Kreisen der Schriftgelehrten entgegenschlug.

«Ich weiß nicht, was ich verbrochen habe», sagte er zu einem seiner Schüler. «Für mich ist es eine Strafe, daß ich meinen Lebensabend in Najaf verbringen muß. Bei jedem Schritt stoße ich auf die Mißgunst dieser Mullahs. Wenn ich das Baath-Regime kritisiere, erheben sich sofort ihre Stimmen gegen mich. ‹Er will Najaf zugrunde richten›, sagen sie. Schweige ich, dann heißt es, ich würde mit der irakischen Regierung kollaborieren. Wenn ich die Führer der Baath-Partei ermahne und ihnen Ratschläge erteile, dann sagen sie: ‹Wie kommt es, daß er dem Schah den Tod wünschte, mit den Baathisten aber Versöhnung sucht.› Selbst wenn ich Schritte unternehme, die jedem einzelnen von ihnen helfen, hören diese Herren nicht auf, gegen mich zu intrigieren... Ich fühle mich immer noch fremd hier. Najaf hat mich allein gelassen.» – «Große Männer waren immer einsam», erwiderte der Schüler. «Und gerade deshalb sind sie zu Niederlagen und Untergang verdammt», antwortete Chomeini.[9]

Der Konflikt zwischen Iran und Irak, der 1969 begann und Ende 1971 einen ersten Höhepunkt erreichte, brachte Chomeini in eine noch schwierigere Lage. Die irakische Regierung zwang viele Iraner zur Ausreise. Dieser Vergeltungsakt gegen das

Schahregime konnte von keinem Iraner, auch nicht von Oppositionellen gutgeheißen werden. Ayatollah Hakim verurteilte diese Maßnahme und fuhr nach Bagdad, um dort seine Proteste durch einen Sitzstreik zu demonstrieren. Die irakische Regierung und Presse warfen ihm Kollaboration mit dem Feind vor. Er wurde beleidigt und schikaniert.

Chomeini verhielt sich zunächst abwartend. Schließlich raffte er sich zu einem milden Telegramm an den irakischen Staatspräsidenten auf. Es sei nicht «im Interesse der irakischen Regierung, andere Völker zu beleidigen und damit Anlaß zu Gegenpropaganda zu geben». Worte, die selbst in iranischen Regierungskreisen Verwunderung auslösten. «Wie kommt es, daß das Schicksal unserer Landsleute diesen Greis in Najaf völlig unberührt läßt», fragte ein Abgeordneter im iranischen Parlament. «Er ist kein Iraner, er ist ein Inder», rief ein anderer. Diese Äußerungen, die Chomeini zutiefst gekränkt haben müssen, kosteten beide Abgeordnete das Leben, nach seiner Machtübernahme wurden sie hingerichtet.

Die Kritik an seinem Verhalten veranlaßte Chomeini zwar, seine Solidarität mit den Ausgewiesenen anzukündigen: «Ich werde morgen den irakischen Behörden meinen Paß schicken und eine Ausreisegenehmigung beantragen» [10], aber es blieb bei der Androhung. Der Paß wurde nicht abgeschickt, und Chomeini hielt sich weitere sieben Jahre im Irak auf. Er wollte es mit den Irakern nicht verderben. Die irakischen Feindseligkeiten vermochten seinen Haß auf den Schah vielleicht ein wenig zu stillen. Den Führern der Baathpartei gegenüber war er nicht feindlich eingestellt. Es ist auch bekannt, daß er zu den Regierenden in Bagdad regelmäßige Kontakte pflegte. Als er deswegen kritisiert und darauf hingewiesen wurde, daß das Regime dem Schahregime in seinen despotischen Handlungen keineswegs nachstehe, sagte er: «Hier sind wir Fremde und haben keinerlei Kontakt zur Bevölkerung. Es kann uns daher vorläufig nicht gelingen, eine Widerstandsbewegung gegen das irakische Regime zu initiieren, ein Abbruch der Kontakte zu der Regierung wäre keineswegs nützlich.» [11]

Jeden Feind seines Feindes, jeden, der gegen das Schahregime etwas unternahm, sah er wenn nicht als Freund, so doch wenigstens als Weggefährten an. Man solle die Leute ruhig gewähren lassen, gleichgültig aus welchen Motiven und Positionen heraus sie den Schah bekämpften. Nicht einmal gegenüber Teymur Bachtiar machte er eine Ausnahme. Dieser General, der nach dem Putsch von 1953 das Amt des Gouverneurs von Teheran leitete und später zum Chef des neugegründeten Geheimdienstes SAVAK ernannt wurde, gehörte zu den kaltblütigsten Killern, die die iranische Geschichte bis dahin erlebt hatte. Seit 1968 lebte dieser unter den Iranern verhaßte Mann im Irak. Meinungsverschiedenheiten mit dem Schah und Gerüchte über einen von ihm entworfenen Putschplan gegen den Kaiser hatten zu seiner Entlassung geführt. Um einer Strafe zu entgehen, war er ins Ausland geflüchtet. Vom Irak aus versuchte er nun tatsächlich alle Kräfte gegen den Schah zu mobilisieren: die irakische Regierung, iranische Opposition, die Mullahs, Kaufleute, Militärs. Bachtiar hatte gute Kontakte zu Ayatollah Musa Sadr, der später Führer der Schiiten im Libanon wurde, und auch zu dem Mullah Musa Esfahani. Über diese beiden gelang es ihm, Verbindungen zu Chomeinis Sohn und später zum Vater herzustellen. Ob daraus eine kontinuierliche Zusammenarbeit zwischen den beiden Schahfeinden resultierte, weiß man nicht. Fest steht nur, daß es wenigstens einmal zu einer persönlichen Begegnung zwischen beiden kam und daß Bachtiar dem Ayatollah gelegentlich Gefälligkeiten erwies. So wurde zum Beispiel die Sendung «Bewegung der Geistlichkeit» in das Programm des Senders aufgenommen, den die irakische Regierung Bachtiar zur Verfügung gestellt hatte. Leiter und Sprecher dieser Sendung war Chomeinis Schüler Doai, der nach der Revolution zum iranischen Botschafter in Bagdad ernannt wurde. Ein anderes Mal bat Chomeini den General um Fürsprache für seinen Bekannten Seyed Hassan Schirazi, der von einem irakischen Revolutionsgericht zum Tode verurteilt worden war. Bachtiar entsprach der Bitte, intervenierte bei den zuständigen Behörden, Schirazi wurde freigelassen.

Selbstverständlich erweckten diese Kontakte in den Kreisen der iranischen Opposition großes Mißfallen und Widerspruch. Wie konnte ein geistlicher Würdenträger mit diesem Schlächter zusammenarbeiten, der an der Inhaftierung, Folterung und Erschießung von Hunderten von politischen Gefangenen die Schuld trug. So baten Vertreter der Konföderation Iranischer Studenten im Ausland (CIS/NU) bei einem Besuch in Najaf den Ayatollah um eine Erklärung. «Lassen Sie Bachtiar in Ruhe. Er arbeitet auf seine Weise», wehrte er verärgert ab. Als die Studentenvertreter nicht locker ließen und meinten, man könne einen General mit dieser Vergangenheit nicht zu der Opposition rechnen, sagte er: «Was ich gesagt habe, betrifft Ihre eigene Sicherheit. Bachtiar besitzt hier erheblichen Einfluß und große Macht.» [12] Auch über die moskautreue iranische Tudehpartei, die damals im Irak mit Bachtiar zusammenarbeitete, wollte sich der Ayatollah nicht negativ äußern. «Was kümmert Sie die Tudehpartei», sagte er zu einem Oppositionsvertreter. General Bachtiar wurde 1970 durch einen iranischen Agenten ermordet.

Zu dieser Zeit begann Chomeini seine Vorlesung über den islamischen Staat. Vor einer kleinen Zahl von Studenten entwikkelte er Gedanken und Vorstellungen zu einer Staatsordnung, in der die schiitische Geistlichkeit bestimmend sein sollte. Es wird wahrscheinlich immer ein Rätsel bleiben, weshalb er gerade in dieser für ihn so hoffnungslosen Situation ein politisch so brisantes Thema wählte.

Die Vorlesungsreihe wurde bald unter dem Titel *Hokumat-e eslami* (Islamischer Staat) als Buch veröffentlicht. Die darin geäußerten Hauptgedanken sind die gleichen, die wir schon aus seiner ersten Schrift *Kaschf al asrar* (Entdeckung der Geheimnisse) kennen. Der islamische Staat, das ist ein Gottesstaat, die Herrschaft des Herrn über die Menschen. Diese Herrschaft wird zunächst von dem Propheten und dann von seinen Nachfolgern, den Imamen, ausgeübt. Die Ordnung dieses Staates, seine Gesetze und Bestimmungen sind im Koran für alle Zeiten festgelegt. Die jeweiligen Herrscher sind nur Ausführende dieser Gesetze. Nach dem Verschwinden des zwölften Imams, wird bis zu seinem Wiederauftauchen, die Herrschaft auf die *«Faghies»*, die Schriftgelehrten, übertragen. Diese Position steht ihnen zu, weil sie als einzige unter den Gläubigen die Gesetze kennen, sie zu interpretieren und auch gerecht anzuwenden wissen. Chomeinis Schrift, *Hokumat-e eslami* unterscheidet sich von *Kaschf al asrar* lediglich darin, daß er hier eine rein theologische Sprache verwendet, seine Thesen durch Koranzitate und Überlieferungen belegt und inhaltlich wesentlich direkter und offener den Anspruch auf die Macht erhebt. Er geht auch noch einen Schritt weiter und lehnt die monarchistische Staatsordnung ab. Auch dem Volke verwehrt er das Recht, selbst über sein Schicksal zu entscheiden. Besonders in dieser These finden Chomeinis Erfahrungen und seine große Enttäuschung über die Volksmassen ihren Niederschlag. «Die Menschen sind unmündig», schreibt er, «daher ist heute und auch für die Zukunft immer die Existenz eines ‹Befehlsgebers› notwendig, dessen Aufgabe darin besteht, Sachwalter des Islam zu sein. Es wäre unlogisch, wenn Gott, der Allwissende, die Menschen, d.h. seine Geschöpfe, ohne einen solchen Führer und Sachwalter lassen würde, denn er weiß, daß sie eine solche Instanz brauchen...»[13]

Allerdings gäbe es manche Mullahs, denen der iranische Geheimdienst den Turban auf den Kopf gesetzt habe. Die Gemeinschaft der Gläubigen und ihre Führer müsse schleunigst von diesen Elementen gesäubert werden. «Ich sage nicht, man solle sie schlagen oder töten», schreibt er. «Es genügt, wenn man ihnen den Turban wieder vom Kopf reißt.»[14]

Chomeinis Islamischer Staat ist die absolute Herrschaft der Geistlichkeit oder vielmehr eines Auserwählten über das gemeine Volk nach dem Prinzip, wie es im Verhältnis zwischen Hirten und Schafen besteht. Das Verhalten eines jeden Menschen ist in dieser Theorie von seiner Geburt bis nach seinem Tod im Koran bereits geregelt. Es gibt kein Ausscheren, keine Freiheiten, keine Alleingänge, Art und Ausmaß der Strafen wie Auspeitschen, Abhacken von Händen, Töten durch Steinigungen oder andere Methoden, sind bereits im Koran oder in den Überlieferungen festgelegt.

Chomeinis Buch, Ausdruck des islamischen Fundamentalismus, erreichte nur einen kleinen Kreis von Lesern, es fand keine große Beachtung. Selbst seine Anhänger hielten es nicht für notwendig, diese, aus der Mottenkiste der islamischen Tradition hervorgeholten Gedanken, die längst verworfenen Vorstellungen und Thesen, die Scheich Fazlollah und später die *Fedayin Islam* formuliert hatten, im einzelnen zu studieren oder gar zu propagieren und an die Öffentlichkeit zu bringen. Im Gegenteil, Ayatollah Beheschti, der nach der islamischen Revolution als mächtigster Mann der Republik angesehen wurde, urteilte: «Das Buch ist eine Schande.» Im gleichen Sinne äußerten sich der spätere Staatspräsident Banisadr und der Außenminister Ghotbzadeh.

Als Jahre später das Buch neu aufgelegt wurde, verzichtete man auf die Namensnennung des Autors. Währens seines Aufenthalts in Paris – wir werden darauf ausführlich zu sprechen kommen – hat der Ayatollah selbst dieses Werk mit keiner Silbe erwähnt, sogar die darin enthaltenen Gedanken wurden verschwiegen.

Es wäre schlau gewesen, hätte der Schah, als Anfang 1978 der Name Chomeini wieder auftauchte und seine Popularität von Tag zu Tag stieg, dieses Buch in Millionenauflage drucken oder zumindest Passagen daraus im Rundfunk und der Presse zitieren lassen. Es hätte sicherlich viele aufgeschreckt. Chomeinis Schrift gehörte, solange der Schah herrschte, zu den verbotenen Büchern.

Der Sprung in die Große Zivilisation

Seit der Verbannung Chomeinis peitschte der Schah seine «Weiße Revolution» durch. Gleichzeitig nahm die Militarisierung und Unterdrückung mit der Erweiterung der Kontroll- und Sicherheitsorgane zu. Ziel dieser «Revolution» war die Modernisierung des Iran. Eine halbherzige Bodenreform sollte ausländischem Kapital Zugang zur iranischen Landwirtschaft verschaffen, traditionelle Großgrundbesitzer in Landkapitalisten und Industrieunternehmer verwandeln, neue Absatzmärkte für ausländische Waren eröffnen. Unter dieser Bodenreform hatten die ärmsten Bauern am meisten zu leiden. Die Bildung großer Plantagen und landwirtschaftlicher Produktionseinheiten, die Mechanisierung von Agrarbetrieben und die unbezwingbare Konkurrenz, die sich durch die Einfuhr von Saatgut und Düngemitteln für die Kleingrundbesitzer ergeben hatte, führte zum Ruin Hunderttausender von Pächtern, Anteilbauern und Kleingrundbesitzern. Für diejenigen, die nicht als Landarbeiter beschäftigt werden konnten, gab es keinen anderen Ausweg als die Flucht in die Stadt, in der Hoffnung auf eine Arbeit in der Fabrik, in den staatlichen oder privaten Dienstleistungsbetrieben, in der Armee, bei der Polizei. Doch in den Städten fehlte es an Arbeitsplätzen, so daß die meisten Landflüchtigen sich am Rande der Städte niederlassen mußten. Dort in den Slums fristeten sie unter unbeschreiblich miserablen Existenzbedingungen ihr Dasein. Es waren diese verarmten und gedemütigten Menschen, die später in der Revolution Chomeinis wichtigste Basis bilden sollten.

Zufrieden mit den Ergebnissen seiner Reform, hatte der Schah, der «König der Könige», der sich jetzt auch «Licht der Arier» nannte, seinem Volk den Sprung in die «Große Zivilisation» angekündigt, die er noch in diesem Jahrhundert zu vollenden versprach. Er setzte nun auf einen Pseudonationalismus, auf eine iranische Tradition, deren Fortsetzung, so erklärte er, geblendet von der europäischen und vor allem der amerikanischen Zivilisation und Konsumgesellschaft, den Iran Schweden und den Vereinigten Staaten von Amerika gleichstellen sollte. Die Geister der alten Könige wie Darius, Kyros und Xerxes wurden heraufbeschworen, und der Kaiser von Amerikas Gnaden präsentierte sich als deren Nachfolger. In Persepolis, wo hohe Gäste aus aller Herren Länder zum zweitausendfünfhundertjährigen Bestehen des iranischen Kaiserreichs geladen waren, kniete er mit dem goldenen Schwert in der Hand am Grabe des Kyros und rief aus: «Ruhe sanft, denn wir sind wach und wachsam!»

Die prächtige Uniform des Kaisers und die Gewänder der Kaiserin waren in den Pariser Modehäusern angefertigt und Speisen, Getränke, ja sogar Blumen und Geschmeide aus Westeuropa und Amerika eingeflogen worden. Es waren Gelder aus dem Ölgeschäft, die dem Kaiser erlaubten, seine Gäste majestätisch zu bewirten. Während ein großer Teil der iranischen Bevölkerung am Hungertuch nagte, die Menschen in Sistan und Belutschistan sich von Stroh und Dattelkernen ernährten, Hunderttausende in den Slums ein menschenunwürdiges Leben führten, herrschte in Persepolis Jubel und Freude. Aus Presse, Fernsehen, Rundfunk erfuhr das Volk, wie sich der Kaiser auf dem Pfauenthron den modernen Iran vorstellte. Auch das internationale Festival, das ab und an in der Stadt Schiraz mit großem finanziellem Aufwand veranstaltet wurde, spiegelte die kulturellen Vorstellungen des Kaiserpaars wider. Exotische Träume von 1001 Nacht, vom Großwesir und Scheherazade, vom Orient und dem Orientalischen wurden in Form von Theateraufführungen, abstrakten Gemälden, Skulpturen und elektronischer Musik durch westliche und verwestlichte Künstler vorgeführt. Eine Theatergruppe vergaß religiöse Moral und landesübliche Verhaltensformen und trat nackt auf. Man stelle sich Scheich Fazlollah Nuri oder Ayatollah Ruhollah Chomeini bei diesem Spektakel vor!

Doch es gab genügend andere Beobachter, die merkten, daß das Schahspiel in Persepolis und Schiraz mit iranischer Geschichte und Kultur, mit den Nöten, Wünschen und Träumen der Bevölkerung nichts zu tun hatte. Die Massen durften als Statisten am Rande der Straßen Fahnen schwingen, während die hohen Damen und Herren hinter den kugelsicheren bläulichen Scheiben amerikanischer Straßenkreuzer winkend vorbeifuhren. Diese Feste symbolisierten das Wesen und die Vorstellungen des kaiserlichen Hofes und der oberen Zehntausend, die in Geld schwammen. Fabrikanten, Heroinschmuggler, Firmendirektoren, hohe Offiziere und Staatsbeamte hatten sich die Beute geteilt. Eine gut ausgerüstete Armee und ein wachsamer Geheimdienst sorgten dabei für Ruhe und Ordnung. Die Clique, die da über 40 Millionen Menschen herrschte, war – entgegen ihrem eigenen Anspruch – der kulturloseste Haufen, den die iranische Geschichte erlebt hatte. Sie hatte keine Substanz. Über Nacht vom Grundbesitzer oder Bazarhändler zum Großkapitalisten geworden, benahmen sie sich wie Bauern, die zum erstenmal eine Großstadt besuchen. Sie waren dekadent, unproduktiv und verschwendungssüchtig. Abhängig vom westlichen Ausland, suchten sie dort ihre Vorbilder. Je westlicher die Orientierung, desto höher das Prestige des einzelnen. Wer nicht wußte, welche Filme am Wochenende in Paris, London und New York liefen, wo sich die exklusiven Restaurants befanden und sich dort nicht ab und zu sehen ließ, der hatte keinen Platz in der iranischen High-Society. Im Iran produzierte Kleider und Schuhe galten in diesen Kreisen als provinziell und iranische Bräuche und Umgangsformen als primitiv.

Zwei Welten waren inzwischen entstanden, die sich in allen Bereichen des Konsums, des gesellschaftlichen Umgangs, ja selbst der Sprache voneinander unterschieden. Auf manchen Abendgesellschaften wurde kaum noch Persisch gesprochen, man zog es vor, sich in englischer oder französischer Sprache zu unterhalten. Die Konversation war mit so vielen Fremdwörtern durchsetzt, daß sie für einen Durchschnitts-Iraner nicht zu verstehen war. Sogar manche Kinder der Neureichen trugen keine persischen Namen: Jack und John, Ann und Frank hießen sie, Namen, die ein iranischer Straßenreiniger, Fabrikarbeiter oder Lebensmittelhändler nie richtig auszusprechen lernte. Sie besuchten englische, amerikanische, französische oder deutsche Schulen, lernten Persisch als erste oder zweite Fremdsprache. Verließen sie ihre goldverzierte, glänzende, saubere und reichgeschmückte Welt, waren sie Fremde im eigenen Land. Die Hauptstadt Teheran bot ein anschauliches Bild dieser beiden Welten. Der Norden bestand aus Luxushäusern importierter Baustile, großen Gärten und Parks, breiten, von Bäumen begrenzten Straßen, der Süden aus veralteten, dem Zusammenbruch nahen Häusern, Lehmhütten, Wohnlöchern und Slums.

Das unter der Bezeichnung «Große Zivilisation» den Massen vorgesetzte Bild wies in seinen aufdringlichen, oberflächlichen und verführerischen Farben nicht auf die eigene, sondern auf eine importierte Kultur hin. Die Physiognomie dieser Kultur tauchte nicht nur hinter den großen Schaufensterscheiben der Luxusgeschäfte auf, sie grinste nicht nur von den Reklametafeln herunter, geisterte nicht nur als Sheriff und Mannequin über Leinwand und Mattscheibe oder als Strip-Star durch die Morgenstunden dämmrig-feudaler Enklaven der Geldaristokratie, sondern sie lag wie eine giftige Dunstglocke über diesem Land und drang wie ein tödlicher Tumor in das Bewußtsein der Massen ein, die in dieser Scheinwelt ihre eigene Wirklichkeit allmählich nicht mehr entdecken konnten. Die «Große Zivilisation» war das schreiende Plakat, das diesen Massen zur Identifikation vorgesetzt wurde. Ein neuer Mensch sollte geboren werden: der abendländische Orientale, ein Reihenprodukt aus der Retorte importierter Kulturen.

Daß eine solche gewaltsame Modernisierung an der Identität der eigenen Kultur nagte, sie gar vollständig zu zerstören drohte, war eine unabwendbare Konsequenz dieser rapiden Veränderung, die nichts anderes als Selbstaufgabe und totale Entfremdung hervorbringen konnte.

Der landflüchtige Bauer, der als ruinierter Landwirt sein Dorf verließ und vielleicht das Glück hatte, in der Stadt eine Arbeit zu finden und sich so ein Einkommen zu sichern,

137

schämte sich in der Stadt seiner provinziellen Kleider. Er kleidete sich städtisch, d. h. europäisch, ging zum Friseur, durfte sich beim Schuhputzer ein bißchen als Herr fühlen. Dieses Gehabe wurde Ausdruck dessen, was in seinem Bewußtsein vor sich ging. Er amüsierte sich in Kinos und Freudenhäusern und erinnerte sich schließlich an sein Dorf nur noch mit ironischem Mitleid für die Daheimgebliebenen. Auch er wollte europäisch sein. Da er aber zu europäischem Geist und Lebensverständnis keinen Zugang finden konnte – nicht einmal einen «falschen» wie die europäisch erzogene Oberschicht –, dokumentierte er seinen Sinneswandel durch die Ablehnung seiner eigenen geistigen und religiösen Herkunft, die bis dahin sein Leben geleitet hatte. Darin kam ihm das Bild der neuen Wirklichkeit hilfreich entgegen, vermochte ihm allerdings nichts Gleichwertiges zu geben. Statt dessen lieferte sie Surrogate. Diese rissen ihn buchstäblich aus dem Boden, in dem er wurzelte. Er schwebte im leeren Raum, wollte sich an den Bildern festhalten, sie aber lieferten ihm keine Zufriedenheit, kein Selbstbewußtsein, keine Identität.

Das Problem der Verwestlichung, der Verlust der Tradition und der Identität zugunsten einer kaum greifbaren Scheinwelt, der kulturelle Schwebezustand, wurde im Iran bereits Ende der fünfziger Jahre in Kreisen der Intellektuellen problematisiert. Ausgelöst wurde die Diskussion durch das Buch *Gharbzadegi* («Verwestlichung») des Schriftstellers Al Ahmad, eine polemische Auseinandersetzung mit der importierten Pseudokultur. Während bisher, im Zuge der konstitutionellen Revolution von 1906 als auch in der Ära Mossadeghs, der Islam und die religiöse Tradition als Hemmschuh für den Fortschritt angesehen wurden, forderte Al Ahmad eine Rückbesinnung auf islamische Werte. Er ging dabei sogar soweit, daß er den am Galgen hängenden Körper des Scheich Fazlollah mit einer Flagge verglich, die «nach zweihundertjähriger Auseinandersetzung als Siegeszeichen der Verwestlichung mitten in unserem Land gehißt wurde».[1]

Der große Beifall, den dieses Buch erhielt, deutete auf erste

Anzeichen dafür, daß die Besinnung auf den Islam der von «Verwestlichung» bedrohten Nation ihre Identität wiedergewinnen helfen sollte. Diese Versuche zur Überwindung der tiefen Kulturkrise blieben vorerst auf einen kleinen Teil der Intellektuellen begrenzt, gegen die offizielle Kulturpolitik konnten sie sich nicht durchsetzen.

Das kulturelle Vakuum, das das ganze Land, besonders aber die traditionell und religiös orientierten Massen erfaßt hatte, wurde noch verschärft durch die für größere Teile der Bevölkerung unerträgliche ökonomische und soziale Entwicklung. Planloses Vorgehen in der Wirtschaft, die immer offener ans Tageslicht tretende Korruption bei Ministerien und staatlichen Ämtern, die Willkür der politischen Macht und das Fehlen bürgerlicher Freiheiten führten schließlich zu entscheidenden ökonomischen, sozialen und politischen Krisen, die das baldige Aufeinanderprallen sich fremd gegenüberstehender Welten ankündigten: hier ein vergoldetes und nach Parfüm riechendes Zerrbild europäisch-amerikanischer Zivilisation, repräsentiert durch den Schah und seine «Große Zivilisation», dort eine schlummernde, der Tradition, den Dogmen und dem Aberglauben verhaftete Religion, symbolisiert in Chomeini und seinem islamischen Staat. Hier eine nach Reformen und politischem Mitspracherecht strebende, bürgerlich-national orientierte Mittelschicht, vertreten durch die Erben Mossadeghs und seine Nationale Front, dort die mit sozialistischen Utopien und Dogmen ausgerüsteten Intellektuellen und Jugendlichen, versammelt in linken Gruppen aller Schattierungen. Hier die radikalen, bewaffneten Untergrundorganisationen, die den unversöhnlichen Kampf der Klassen und eine Revolutionierung der Verhältnisse forderten, dort die Gemäßigten, die Versöhnung und Frieden predigten. Und überall die politisch desorientierten Massen, die die Abschaffung der Diktatur, der Mißwirtschaft, der sozialen Misere verlangten und nach kultureller und nationaler Identität suchten. Die iranische Revolution ist ein Aufeinanderprallen und ein Kräftespiel zwischen diesen gesellschaftlich-politischen Strömungen.

Der Rückgriff auf den Islam erfolgte aber nicht nur durch die Fundamentalisten. Aufgeklärte Intellektuelle versuchten, ihn als Waffe gegen die Diktatur und gegen die Verwestlichung einzusetzen. Sie stellten die kämpferische Seite des Schiismus heraus, versuchten die religiösen Dogmen aufzulösen und den Glauben an die Erfordernisse der Zeit anzupassen. Ihnen ist zuzuschreiben, daß der Islam in den siebziger Jahren als eine Ideologie der Befreiung aufgefaßt und allmählich unter den Massen politischen Einfluß gewinnen konnte.

Chomeini konnte die Führung der Revolution letztendlich deshalb übernehmen, weil die Linke von Zersplitterungen und Spaltungen heimgesucht wurde, die Bürgerlichen verängstigt, konzept- und mutlos waren. Er hingegen trat am radikalsten gegen die bestehenden Zustände auf, versprach wirtschaftlichen Wohlstand, politisches Mitspracherecht, Freiheit und Unabhängigkeit sowie nationale und kulturelle Identität.

Die Renaissance des Islam

Die Friedhofsruhe, die im Iran dank einer gutfunktionierenden Gewaltherrschaft herrschte, wurde zum erstenmal im Februar 1971 durch die Kugeln von einem Dutzend bewaffneter Männer in Siahkal, einem Dorf in der nördlichen Provinz Gilan, gestört. Es waren Mitglieder der neugegründeten Guerilla-Organisation Volksfedayin, einer marxistisch orientierten Gruppe, die sich die Befreiung des Landes durch den bewaffneten Kampf zum Ziel gesetzt hatten und in Siahkal, wo sie zwei inhaftierte Mitglieder vermuteten, eine Gendarmeriestation angriffen, drei Gendarmen töteten, Waffen und Munition nahmen und in die Berge flüchteten, ohne ihre Freunde gefunden zu haben. Die Volksfedayin, zum großen Teil Intellektuelle, waren Kommunisten, die in ihrer Kritik gegen den versöhnlerischen Kurs der Tudehpartei, inspiriert durch die Guerilla-Bewegung Lateinamerikas, die chinesische Kulturrevolution und den vietnamesischen Befreiungskampf, auch im Iran die Lösung der ökonomischen und sozialen Probleme in einer Revolution und in dem bewaffneten Aufstand der Massen sahen.

Dieser Angriff war der Auftakt zu einem Kampf, der bis in die Tage der Revolution und danach im wesentlichen von den beiden Guerilla-Organisationen Volksfedayin und den islamisch orientierten Volksmojahedin geführt wurde. Die letzten bewaffneten Aktionen lagen schon sechs Jahre zurück. Im Januar 1965 war der damalige Ministerpräsident Mansur von einer Untergrundorganisation, die sich als «Vereinigte Islamische Gruppen» bezeichnete, erschossen worden. Ihre Mitglieder waren bald nach dem Attentat festgenommen, einige von ihnen hingerichtet worden.[1] Eine zweite bewaffnete Aktion, ein Attentat auf den Schah, das im April 1965 von der Palastwache verübt wurde, verfehlte ihr Ziel. Im gleichen Jahr verhaftete das Regime Mitglieder einer Gruppe, die sich «Partei Islamischer Nationen» nannte und durch den bewaffneten Kampf einen islamischen Staat errichten wollte.

Der Guerilla-Kampf, der 1971 aufgenommen wurde, führte zu einer Reihe von Attentaten auf iranische Politiker und amerikanische Militärberater und zu Anschlägen auf militärische und geheimdienstliche Einrichtungen. Die politische Bedeutung dieses Kampfes lag weniger in den Folgen der Attentate und Anschläge, die für das bis an die Zähne bewaffnete Regime keine Gefahr darstellten, sie lag vielmehr in ihrer psychologischen Auswirkung. Er zeigte zumindest, daß die absolute Macht des Regimes nicht hinreichte, um die gesamte Bevölkerung vollständig unter Kontrolle zu haben. Er zeigte, daß es doch Möglichkeiten des Widerstandes gab. Diese Tatsache motivierte viele, vor allem Intellektuelle und Jugendliche, zur Teilnahme am Befreiungskampf. Die Guerilla-Bewegung schuf Helden und Märtyrer, die den politischen Aktivisten und auch passiven Oppositionellen eine neue Moral und ein neues politisches Selbstbewußtsein verliehen. Je mehr politische Gefangene vor Militärgerichte gestellt wurden, je brutaler man die Inhaftierten foltern ließ und je mehr Häftlinge zum Tode verurteilt und hingerichtet wurden, desto stärker wuchs nicht die Angst, sondern der Wille zum Widerstand und der Haß gegen das Regime und den Schah. Es ist unglaublich, wie die Nation diese Helden und Märtyrer verehrte. Jeder Widerstand, jeder noch so sanfte Widerspruch erhielt allgemeinen Beifall. Daß die Verteidigungsreden von Angeklagten und Verurteilten, die Berichte über Folterungen und Erschießungen der Bevölkerung bekannt wurden, dafür sorgte in erster Linie die Opposition im Ausland, besonders die Konföderation Iranischer Studenten (CIS / NU). Die aus den Gefängnissen ins Ausland herausgeschmuggelten Dokumente wurden, kleingedruckt und in großer Auflage, ins Land zurückgebracht, verteilt oder durch Sender verbreitet, die sich im Ausland befanden. Durch Hungerstreiks, Demonstrationen, Kundgebungen und Botschaftsbesetzungen wurde die Weltöffentlichkeit über die Vorgänge im Iran informiert. Zahlreiche Parteien, Gewerkschaften, politische Gruppen, Persönlichkeiten des öffentlichen Lebens und Menschenrechtsorganisationen wurden zur Unterstützung der Opposition mobilisiert. Ohne Zweifel haben diese Aktivitäten bei der Vorbereitung des Volksaufstandes und dem Sturz des Schahregimes eine wichtige Rolle gespielt. Das Regime, das auf die Unterstützung ausländischer Regierungen, der Parteien und der Presse angewiesen war, verlor allmählich das Ansehen, das es sich durch seine breitangelegte und kostspielige Propagandaarbeit im Ausland geschaffen hatte. Dies wäre aber nicht möglich gewesen ohne den andauernden Widerstand in den iranischen Gefängnissen, deren Insassen in den Augen der Unzufriedenen und Verarmten Vorkämpfer der Freiheit und Gerechtigkeit waren.

Gefängnisse waren auch ein Ort der politischen Schulung. Viele Jugendliche wurden erst durch den Aufenthalt im Gefängnis politisiert. Die Bildung zahlreicher Gruppierungen, politischer Bündnisse und Spaltungen, Ausarbeitung von Thesen und Theorien, politischer Taktiken und Strategien vollzog sich in erster Linie nicht draußen, sondern in den Zuchthäusern. Je sorgfältiger man die Geschichte Irans der siebziger Jahre studiert, desto mehr wird man auf die bedeutende Rolle aufmerksam, die politische Gefangene gespielt haben. Es ist kein Zufall, daß die am lautesten vorgetragene Forderung der Aufständischen in den Jahren 1978–79 die nach der Freilassung der Gefangenen war. Es gehört zu den traurigsten Kapiteln jüngster iranischer Geschichte, daß zahlreiche dieser politischen Gefangenen, die zehn, fünfzehn, ja manche sogar über zwanzig Jahre im Gefängnis verbracht und schlimmste Folterungen erlitten haben, wie der Dichter und Theaterregisseur Said Soltanpur oder der Politiker und Jurist Schokrollah Paknejad, durch die Mullahs hingerichtet wurden.

Die beiden Gruppen Volksfedayin und Volksmojahedin, verfügten als Guerilla-Organisationen über keine große Mitgliederzahl. Erst mit dem Beginn des allgemeinen Volksaufstandes und im Zuge der bewaffneten Auseinandersetzungen, kurz vor dem endgültigen Sieg der Revolution, haben diese beiden Organisationen einen unerwarteten lawinenartigen Zulauf erhalten.

Während die Gründungsmitglieder der Volksfedayin hauptsächlich aus der Tudehpartei, zu einem geringen Teil auch aus Mossadeghs Nationalfront hervorgegangen waren, entstammen die Gründer der Volksmojahedin der *Nehzate Azadi* (Freiheitsbewegung), einer Gruppe um Mehdi Bazargan und Ayatollah Taleghani. Bazargan fühlte sich dem Islam verbunden und hatte seine religiös-politischen Ideen in einigen Büchern publiziert. Er war der Überzeugung, daß eine Entwicklung im Iran nur mit Hilfe eines aufgeklärten Islam zu erreichen sei. Taleghani zählte unter den Mullahs zu den fortschrittlichsten und aufgeklärtesten. Im Gegensatz zu vielen seiner geistlichen Kollegen hatte er Mossadegh bis zu dessen Sturz unterstützt. Er saß lange Jahre mit kurzen Unterbrechungen im Gefängnis und wurde erst während der Revolution freigelassen. Taleghani und Bazargan wollten gemeinsam mit einigen Vertretern des Basars und der bürgerlichen Intelligenz einen Konsens zwischen reformiertem Islam und bürgerlich-demokratischen Vorstellungen finden. Von den Mojahedin unterschied sie die Ablehnung von Gewalt. Nicht durch bewaffnete Gruppen und bewaffneten Massenaufstand, sondern durch ständige Liberalisierung sollten mehr Freiheit, mehr Gerechtigkeit erreicht werden.

Der Streit dieser Frage führte zum Austritt einiger jüngerer Mitglieder, die ähnlich wie die Volksfedayin die Anwendung von Gewalt und revolutionäre Militanz für unverzichtbar hielten. Sie wollten nicht nur Ungerechtigkeit und Tyrannei, sondern das gesamte System des Kapitalismus bekämpfen und die *jameh tohidi*, die Einheitsgesellschaft oder in der Sprache der Linken: die klassenlose Gesellschaft, anstreben. Der Islam sei die Ideologie der Entrechteten und Ausgebeuteten, die einzig richtige Konsequenz aus den islamischen Grundsätzen sei die Revolution, eine Revolution, die alle sozialen, ökonomischen und kulturellen Unterschiede aufheben müsse. Diese marxistisch beeinflußte Gesellschaftsinterpretation führte dazu, daß sich die Mojahedin auch gegen den größten Teil der Geistlichkeit wandten. Gerade diese Schicht habe – aus Eigeninteresse – die revolutionären Ideen des Islam pervertiert und die Religion zum Opium für das Volk gemacht. Die Mojahedin forderten deshalb eine Religion ohne die Geistlichkeit.

Ähnliche Gedanken wie die Mojahedin vertrat auch Ali Schariati. Dieser Autor zahlreicher Bücher forderte die gläubigen Muslims auf, gegen den «Welt-Imperialismus, internationalen Zionismus, Kolonialismus, Ausbeutung, Unterdrückung, Ungleichheit der Klassen, Kartelle, internationale Konzerne, Rassismus, Kulturimperialismus und die blinde Ausbeutung durch den Westen» zu kämpfen.[2] Schariati, der in den siebziger Jahren am religiösen Zentrum «Hosseinieh Erschad» in Teheran Vorlesungen hielt, wurde mit einem Schlag zum Idol Zehntausender Gläubiger, Intellektueller und Jugendlicher. Er wurde als ein großer Reformator geehrt, der endlich aus den Tiefen der iranischen Tradition und Kultur heraus eigene, mit der iranischen Wirklichkeit zu vereinbarende Thesen zur Befreiung des Landes entwickelte.

In der Tat unterschieden sich Schariatis religiöse Ansichten, die er in Anlehnung an den Prophetennachfolger Ali als «Alavi-

Schiismus» bezeichnete, erheblich von den Auffassungen der konservativen Geistlichkeit. Gott sei gerecht und die Welt gründe sich auf Gerechtigkeit, daher müsse die Gesellschaft darauf basieren, meinte er. Den Konservativen – er nennt sie «Safaviden-Schiisten» – warf er vor, unter dem Vorwand der Abwesenheit des verborgenen Imam «Nutzlosigkeit allen Handelns» zu predigen. Das sei «willige Verantwortungslosigkeit», diene der Passivität, zerstöre den menschlichen Willen. Die Menschen seien durchaus in der Lage, über ihr eigenes Schicksal, ihr religiöses, geistiges und soziales Leben selbst zu entscheiden. «Safaviden-Schiismus» bedeute «geistige, moralische, theoretische Unterwerfung unter die herrschenden Bedingungen, Rechtfertigung der Unterdrückung, Korruption, Furcht vor Reformen, Verdammung aller Bewegungen im voraus».

Dagegen strebe der Alavi-Schiismus nach «geistigen, moralischen, theoretischen Reformen, nach Revolution und Veränderung». Er glaube an den «Sturz der Tyrannei, den Sieg der Gerechtigkeit, an die Weltrevolution der unterdrückten Klassen».

Schariati rief die Gläubigen auf, dem blinden Gehorsam gegenüber der Geistlichkeit eine Absage zu erteilen, deren Befehle nicht unbedacht und ohne Überzeugung zu akzeptieren.[3]

«Der Schiismus besitzt ein einziges Prinzip, dem alle seine Grundsätze entstammen, und das ist die Verweigerung», schrieb er. «Meiner Meinung nach ist die Entstehung des Schiismus aus dem Islam auf das einzige Wort ‹Nein› zurückzuführen.»[4] Der Klerus habe diesen Ursprung längst verlassen und vergessen. Die Aussagen der Schriftgelehrten, ihre Veröffentlichungen enthielten nichts außer der Wiederholung verstaubter, veralteter Ansichten. «Die These vom ‹Islam ohne Klerus› hat sich durchgesetzt», erklärte er. «Das hat dazu geführt, daß der Schiismus den engen mittelalterlichen Rahmen gesprengt hat, in dem das Denken erstarrte, die Weltanschauung dem Aberglauben verhaftet war und die Intellektuellen der Religion mit Skepsis und Feindseligkeit gegenüberstanden. Dieser, nun von den Verirrungen, den modernden Nischen der Moscheen, Ritualen und Todeskult befreite Islam kann endlich die Bühne des Lebens, der Bewegung und der Neuschöpfung betreten.»[5] «Der Ausgangspunkt meiner Gedanken ist die Religion», betonte er. «Aber ich insistiere auf den reformierten Islam, auf einer bewußten Revision, die auf einer Renaissance des Islam basiert.»[6]

Seine Version des Islam glaubten viele akzeptieren zu können, selbst jene, die islamischen Gruppierungen skeptisch oder ablehnend gegenüberstanden. Seine Schriften wurden aufmerksam gelesen und weitergereicht. Schariatis Leben fand ein vorzeitiges Ende. Im Juni 1977 erlitt er einen Herzinfarkt in einem Londoner Hotel. Viele vermuteten einen Anschlag durch den SAVAK, einige spekulierten, der noch in Najaf weilende Ayatollah Chomeini habe seinen Tod veranlaßt.

Die ärztliche Obduktion schließt jeden Zweifel an einem Herzinfarkt aus, aber ein Motiv dazu hätte der Ayatollah durchaus gehabt. Schariati wäre auch nach der Revolution einer der wenigen gewesen, der – angesichts der Unterstützung, die die Gläubigen ihm gewährten – dem Fundamentalisten Chomeini die Macht hätte streitig machen können.

Chomeini mochte Schariati nicht, den er für einen intellektuellen Weltverbesserer hielt, der den Islam seiner Tradition berauben und durch Reformen der modernen Welt anpassen wollte. Er mochte ihn auch nicht, weil dieser genau wie die Mojahedin die große Schar der Mullahs ablehnte, die er als Traditionalisten, Fundamentalisten und Schmarotzer betrachtete. Doch Schariatis Popularität ließ die öffentliche Äußerung solcher Gedanken nicht ratsam erscheinen, wenigstens nicht während dieser Zeit. Als Schariati im Juni 1977 starb, konnte sich Chomeini – trotz des Drängens seiner treuesten Anhänger – nicht einmal zu einer Würdigung des Verstorbenen durchringen. Chomeini konnte nicht lieben, aber stark hassen. Schließlich gab er doch nach, ließ ein Schreiben veröffentlichen, in dem er sich bei allen bedankte, die ihm im Zusammenhang mit dem «Verlust des Dr. Schariati» ein Beileidstelegramm geschickt hatten. Kein Wort über Schariati selbst, auch kein Bedauern über den Verlust.[7]

Aus denselben Gründen, die ihn zur Ablehnung Schariatis veranlaßten, lehnte er auch die Volksmojahedin ab. Aber auch ihnen gegenüber hielt er sich – aus taktischen Gründen – mit öffentlichen Äußerungen lange Zeit zurück. 1977 warnte er Besuchern gegenüber: «Sagen Sie nicht, sie wollen einen Islam ohne die Geistlichkeit! Vielleicht glauben die Intellektuellen, auf sie verzichten zu können. Doch das Volk, die Massen wollen sie haben. Die Geistlichkeit verfügt über einen großen Einfluß, selbst der einfachste Mullah in einem kleinen Dorf. Wer keinen Einfluß hat, sind die Intellektuellen. Sie sind eine kleine Minderheit.»[8] Dann polemisierte er allmählich deutlicher gegen Schariati und die Volksmojahedin.

«Es gibt Leute, die schreiben kluge Aufsätze, sind gläubig, aufrecht und aktiv. Aber sie behaupten, islamische Gesetze dienten der gesellschaftlichen Gerechtigkeit, der Aufhebung der Klassengegensätze. Ihrer Ansicht nach soll die Menschheit gleichgemacht werden. Das würde doch nichts anderes bedeuten, als die menschliche Welt der Tierwelt gleichzusetzen... Sie sagen, der Islam wolle Gleichheit der Menschen, das heißt Menschen, die keiner Klasse angehören und den gleichen Lebensunterhalt bekommen. Das würde bedeuten, daß der Islam Tiere züchten will, aber keine Menschen.»[9]

Die Ereignisse der siebziger Jahre kamen dem Ayatollah zu Hilfe. Nicht nur der Tod Schariatis, sondern eine folgenschwere Spaltung der Volksmojahedin im Jahre 1975 ermöglichten seinen Aufstieg zum unbestrittenen Führer der islamischen Bewegung und später der Revolution. Anlaß der Spaltung der Volksmojahedin war deren sogenannte «ideologische Revolution», mit der der Marxismus zur leitenden Ideologie der Organisation erhoben und der Islam als kleinbürgerlich verworfen wurde.

In den Gefängnissen und auch draußen führte diese Spaltung zu erheblichen Auseinandersetzungen. Die Linke jubelte, weil sie darin einen Sieg ihrer eigenen Ideologie zu verzeichnen glaubte, noch mehr aber jubelten die Fundamentalisten. Denn sie, die den reformerischen Kurs der Mojahedin kritisiert und manche ihrer Äußerungen als Gotteslästerung bezeichnet hatten, standen nun mit erhobenem Zeigefinger, den Haß auf kommunistische Atheisten schürend, und forderten die Gläubigen auf, ihre Einheit durch solche ideologischen Irrwege und anti-islamischen Erneuerungen nicht gefährden zu lassen. Tausende von Sympathisanten, die bisher die Volksmojahedin materiell und politisch unterstützt hatten, liefen enttäuscht ins Lager der Fundamentalisten über.

Chomeini rieb sich die Hände. Die Volksmojahedin und Schariati hatten den Boden für ihn bereitet. In den Gefängnissen, in den Moscheen, den Theologieschulen, im Basar und in Kreisen der Gelehrten tauchte sein Name wieder auf. Die iranischen Besucher in Najaf wurden immer zahlreicher: seine alten Schüler, Geistliche, die jetzt zunehmend die Bedeutung des Verbannten spürten und dem Ayatollah rechtzeitig Ehre und Freundschaft erweisen wollten, Gläubige, die sich an seine mutigen Auftritte erinnerten. Auch aus dem Ausland bekam der Ayatollah häufig Besuch, vorwiegend aus Europa und den USA. Da kam Banisadr, ein seit langem in Paris ansässiger Mossadeghanhänger, der sich als Sohn eines Ayatollahs intensiv mit dem Islam auseinandergesetzt hatte und, wie Schariati, für eine moderne Interpretation kämpfte; Yazdi aus den USA, ein inzwischen eingebürgerter Amerikaner, der eine islamische Studentengruppe leitete und sich zu Bazargans Gruppe «Freiheitsbewegung» zählte; Ghotbzadeh, eine etwas obskure Gestalt, die sich gerne mit Geheimnissen umgab, Pässe verschiedener Länder mit verschiedenen Namen in der Tasche hatte, immer zwischen den nahöstlichen Ländern, Frankreich und den USA unterwegs war. Es kamen auch Männer mit Geld, großzügige Spender, vor allem aus dem Kreis der Basaris, die im Beisein des Ayatollah ihre religiösen Pflichten ausübten und Spendenabgaben leisten wollten. Die hohen Spenden ermöglichten dem Ayatollah nun auch, an zahlreiche Studenten Stipendien zu vergeben. Im Gegensatz zu früher, wo er nur wenigen Studenten eine geringe Unterstützung gewähren konnte, zahlte er jetzt jedem monatlich tausend Tuman, ein einmalig hohes Stipendium. Alle Besucher bestätigten dem Ayatollah, daß seine Zeit wieder gekommen sei.

Nach all diesen Jahren der Einsamkeit und Resignation genoß Chomeini diese Wende des Schicksals. Sein Haß gegen den

Schah war nicht milder geworden. Im Gegenteil: Je mehr der Schah seinen Marsch in die «Große Zivilisation» beschleunigte, je mehr der Prozeß der Verwestlichung und Amerikanisierung sich ausweitete, breitere Schichten, Jugendliche, Intellektuelle und Angehörige der Mittelschicht in seinen Bann zog, desto stärker wurde sein Zorn gegen dieses «Werkzeug des Satans».

Diejenigen von Chomeinis Besuchern in Najaf, die in politischer Absicht kamen, sahen in ihm nicht den Führer der Revolution, der er später werden sollte. Was sie von ihm wollten, war lediglich politische Unterstützung. Als geistlicher Würdenträger, als religiöse Instanz sollte auch er zur Unterstützung des Widerstandes gegen das Schahregime beitragen, mehr nicht. Die Vorstellung, er könnte die Rolle eines Volkstribuns ausüben, wäre den wenigsten in den Sinn gekommen, ihm selbst vermutlich auch nicht. Erst als die Bewegung im Iran selbst begonnen und einen gewissen Höhepunkt erreicht hatte, eine Bewegung, die mit Chomeini, dem Islam oder der schiitischen Geistlichkeit, auch nicht direkt mit der Guerillabewegung etwas zu tun hatte – erst da wurde der Ayatollah aktiv.

Feuer unterm Pfauenthron

Eingeleitet wurden die Proteste durch ein Schreiben des verbotenen iranischen Schriftstellerverbandes an den damaligen Ministerpräsidenten Howeida. In diesem, von vierzig namhaften Schriftstellern unterzeichneten Offenen Brief wurde gefordert, das Verbot des Verbandes und die Zensur der Presse, Literatur und Kunst aufzuheben und die Freiheit der Meinungsäußerung und das Versammlungsrecht zu garantieren. Das Ungewöhnliche an diesem Brief, der das Datum des 13.Juni 1977 trug, waren nicht die Forderungen, sondern der scharfe Ton, mit dem die

Kultur- und Pressepolitik der Regierung angeprangert wurde. Diese Töne waren neu in einem Land, in dem der Polizeistaat seit Jahren schon für Friedhofsruhe sorgte.

Manche politischen Beobachter führten diesen mutigen Schritt auf die neue amerikanische Politik unter Präsident Carter zurück. Carter hatte schon bei seinen Wahlreden die Verteidigung der Menschenrechte zu den Hauptzielen seiner künftigen Regierung erklärt und dabei besonders auf die Verhältnisse im Iran hingewiesen.

So versuchte der Schah Anfang 1977 durch einige demonstrative Gesten seinen Kritikern im Ausland den Wind aus den Segeln zu nehmen. Eine Delegation des Internationalen Roten Kreuzes erhielt die Erlaubnis, iranische Gefängnisse zu besuchen. Kritik – sofern sie vorsichtig geäußert – wurde in der Presse zugelassen, und die Spitzenpolitiker waren gehalten, ihren autoritären Ton zu mildern.

Der Schah empfand die Kritik, die in der Auslandspresse an seiner Politik – besonders in bezug auf Menschenrechte – laut wurde, als störend, aber sein Selbstbewußtsein und auch seine Zuversicht hinsichtlich des Wohlwollens ausländischer Regierungen seinem Regime gegenüber sah er nicht im geringsten in Frage gestellt. In Ost und West war er stets ein gern gesehener Gast und wurde als Partner und Herrscher eines der wichtigsten Entwicklungsländer hoch geachtet.

Als Gendarm am Persischen Golf und Herr über reiche Ölquellen fühlte er sich sicher und keineswegs bedroht.

Dem Protestbrief des Schriftstellerverbandes folgte schon eine Woche später ein Schreiben der Führer der Nationalen Front. Es war an den Schah gerichtet mit der Forderung, die seit Jahren außer Kraft gesetzte Verfassung wiederherzustellen und entsprechend dieser Verfassung als König den Staat nicht zu regieren, sondern nur noch zu repräsentieren. Drei Wochen später erschien ein Offener Brief von 65 bekannten Rechtsanwälten an den Ministerpräsidenten, in dem die Unabhängigkeit der Justiz gefordert wurde.

Ministerpräsident Howeida reagierte auf diese Forderungen

mit einer Rede im «Klub der nationalen Fernseh- und Rundfunkanstalten», die zeigte, daß die Angriffe fruchteten: «Wir wollen alle in einem Land leben, in dem die Freiheit des Wortes gewährleistet ist... Die Regierung ist keineswegs gewillt, die Federn in eine bestimmte Richtung zu lenken.»[1]

Nun fühlten sich auch andere ermutigt, ihre Stimme zu erheben und neben der Mißachtung der Menschenrechte auch die Wirtschafts- und Sozialpolitik der Regierung einer immer schärferen Kritik zu unterziehen. Und zum erstenmal hörte man am 6. August 1977 bei einer großen Demonstration der Basarhändler die Parole «Nieder mit dem Schahregime».

Die Basare bilden in den iranischen Städten den Lebensnerv der traditionellen Wirtschaft. Proteste der Händler sind von den Regierungen stets als eine ernste Warnung verstanden worden. Daß Ministerpräsident Howeida nach vierzehnjähriger Amtszeit abgesetzt wurde, zeigte, daß der Schah die Proteste ernst genommen und sogleich darauf reagiert hatte – ein deutliches Zeichen der Schwäche.

Warum gerade die Basaris sich so deutlich der Opposition angeschlossen hatten, war auf den ersten Blick nicht ersichtlich. Man hätte sich eher eine Massendemonstration der Slumbewohner, verarmten Bauern und Bewohner entlegener Gebiete vorstellen können, die fast alles entbehren mußten, was ein Mensch zur Erhaltung seiner Existenz benötigt, oder eine Revolte der Arbeiter und Handwerker der traditionellen Industrien, die durch Modernisierungen oder Einfuhr billiger Waren aus dem Ausland arbeitslos geworden waren. Die Basaris befanden sich ökonomisch keineswegs in einer schlechten Lage. Im Gegenteil: Dank der hohen Einnahmen durch das Öl hatte sich nicht nur der Handel mit dem Ausland, sondern auch der Binnenmarkt erheblich ausgeweitet, was nicht nur den Basaris, sondern der gesamten Mittelschicht zugute kam. Diese Mittelschicht stellte sich nun gegen die Übermacht des Schahs, nicht weil es ihr ökonomisch schlechter, sondern weil es ihr besser ging. Gestärkt in ihrem Selbstbewußtsein, forderte sie politisches Mitspracherecht.

Das Schahregime hatte es versäumt, die Verbesserung der ökonomischen Lage der Mittelschicht und eines Teils der Arbeiterklasse durch politische Reformen zu ergänzen. Immer noch herrschte ein totalitäres Regime mit staatlichen Willkürmaßnahmen. Mit Ausnahme der kaiserlichen Familie konnte niemand im Iran sein Kapital vor Übergriffen des Staates schützen. Dieses Fehlen politischer Rechte für jene ökonomischen Kräfte, die sich auf dem Markt durchaus behaupten konnten, stellte einen Widerspruch dar, der immer eklatanter wurde und nach Auflösung drängte.

Die Allmacht des Staates bekam jeder zu spüren, gleich welcher Schicht er angehörte oder wo und für wen er arbeitete. Selbst in den entlegensten Dörfern waren die Landbewohner der Willkür der Gendarmen und Polizisten ausgeliefert. Die Zentralregierung mit dem Schah als absolutem Potentaten war nicht bereit, die vielfältigen Aufgaben an die Bevölkerung zu delegieren. Nicht nur Militär und Polizei, auch Richter, Lehrer, ja selbst die Straßenreiniger empfingen ihre Befehle aus der Hauptstadt. Sie konnten auch jederzeit in andere Landesteile versetzt werden. So kam es zum Beispiel nicht selten vor, daß ein Lehrer aus Teheran in Kurdistan oder Azarbaijan Schüler unterrichten sollte, deren Muttersprache er gar nicht verstand. Auch Richter und Staatsanwälte mußten sich oft mit Hilfe eines Dolmetschers mit Angeklagten und Zeugen verständigen.

Die Forderung nach Dezentralisierung und Demokratisierung des Staates wurde von nahezu allen Bevölkerungsgruppen erhoben. Die einheimischen Unternehmer befanden sich in einer harten Konkurrenz zu staatlichen und ausländischen Investoren; die iranischen Nationalitäten (Kurden, Araber, Azarbaijanis, Turkmenen, Belutschen) forderten politische Autonomie. Arbeiter strebten nach Gründung freier Gewerkschaften, Bauern nach selbständigen Gemeinden und Interessenvertretungen. Studenten, Professoren, Schüler und Lehrer verlangten Freiheit der Lehre und Forschung. Schriftsteller, Künstler, Verleger, Journalisten wünschten die Aufhebung der Zensur. Selbst höhere Staatsbeamte, Minister und Staatssekretäre hatten es allmählich satt, unselbständige und gehorsame Ausführende der Befehle Seiner Majestät zu sein.

Die «Große Zivilisation» des Kaisers drohte das kulturelle Selbstbewußtsein und die nationale Identität völlig zu zerstören. Anstelle eines kulturellen Austausches, der sicherlich zur Bereicherung und Belebung der eigenen Kultur beigetragen hätte, wurde hier eine blinde und oberflächliche Nachahmung betrieben. Etwa 90 Prozent der damals im Iran erscheinenden Bücher waren Übersetzungen. Selbst Sachbücher über persische Sprache und Literatur stammten vorwiegend aus den Federn ausländischer Autoren. An den iranischen Universitäten und Hochschulen erhielten nur diejenigen eine Dozentur oder Professur, die eine in ausländischen Zeitschriften und Verlagen gedruckte Arbeit vorweisen konnten. In den Instituten, größeren Fabriken, Ministerien und natürlich in der Armee und bei der Polizei saßen ausländische Berater, die auch finanziell besser gestellt waren als ihre iranischen Kollegen.

In Anbetracht dieser Umstände lag es nahe, daß die Bewegung, die schließlich zum Sturz des Schahs führen sollte, unter der Parole «Freiheit und Unabhängigkeit» ihren Anfang nahm. Ihr ging es um die eigene nationale Identität, eine fundamentale Islamisierung oder gar ein islamischer Staat war damit zunächst nicht gemeint.

Der neue, vom Schah ernannte Ministerpräsident, der bisherige Finanzminister Amuzgar, war zwar ein fähiger Technokrat, aber er begriff nicht, daß eine neue historische Entwicklung begonnen hatte, die mit kleineren Zugeständnissen nicht mehr aufzuhalten war. Schon wenige Tage nach seiner Machtübernahme verstärkten sich die Proteste und Streiks.

Am 10. Oktober 1977 hatte der iranische Schriftstellerverband zu einer Reihe von Dichterlesungen eingeladen, für die das Teheraner Goethe-Institut den Raum zur Verfügung gestellt hatte. Die Nachricht verbreitete sich schnell, und als die Lesungen am ersten Abend begannen, waren zur Überraschung aller Beteiligten über 10000 Menschen im und vor dem Goethe-Institut versammelt. Die Institutsräume reichten für eine solche Menge natürlich nicht aus. Lautsprecher mußten nach draußen installiert werden. Tausende standen auf den umliegenden Straßen und hörten bei strömendem Regen den Dichtern und Schriftstellern zu. Nahezu die Werke sämtlicher Autoren, die lasen, waren offiziell verboten. Was sie vortrugen, war eine einzige Anklage gegen das Regime. Dennoch griffen die «Ordnungskräfte» nicht ein.

Was war geschehen? Hatte der Schah endlich begriffen, daß die Lockerung der politischen Verhältnisse keinen Aufschub mehr duldete? Oder stand er unter internationalem Druck?

Deutlich war jedenfalls geworden, daß das uneingeschränkte Wohlwollen der US-Politiker, auf das sich der Schah bisher hatte verlassen können, inzwischen brüchig geworden war. Bei einer Debatte über die Vergabe von Waffen an den Iran im amerikanischen Kongreß im Juli 1977 wurde die Politik des iranischen Potentaten scharf angegriffen und der Schah als «wilder und erbarmungsloser Diktator» bezeichnet.

Diese ungewohnten Mißtöne aus den USA waren für den Schah vermutlich alarmierender als die Rufe der Demonstranten im eigenen Land. Als langjähriger Verbündeter und Freund der USA überraschten und beunruhigten ihn diese scharfen Worte. Im November 1977 reiste er nach Washington, eine Reise, die für die iranische Auslandsopposition Anlaß zu Protestveranstaltungen und Kundgebungen war. In ganz Europa, in Amerika, sogar in Indien und Japan gingen Iraner auf die Straße und forderten den Sturz des Schahregimes. In Washington, wo einige Zehntausend Demonstranten vor dem Weißen Haus versammelt waren, fand ein Ereignis statt, das die ganze Welt, besonders die iranische Bevölkerung erheitert hat. Kaiser und Kaiserin standen neben dem Präsidenten und seiner Gattin, alle vier mit weißen Taschentüchern in der Hand, mit denen sie ihre Tränen abwischten. Die Polizei hatte Tränengas gegen die Demonstranten eingesetzt. Der Wind kam diesen zu Hilfe, blies das Gas in die Gegenrichtung, den hohen Gästen und Gastgebern direkt ins Gesicht. Der Schah, der gerade am Rednerpult stand, bekam einen Hustenanfall und konnte nicht mehr weitersprechen. Lautes Gelächter brach unter den Demonstranten aus, sie klatschten und jubelten, die ganze Begrüßungszeremonie mußte abgebrochen werden. So eine peinliche Situation hatte das Weiße Haus noch nie erlebt. Bilder von dieser Szene gingen um die ganze Welt, sie wurden sogar im iranischen Fernsehen gezeigt. Tausende gingen am gleichen Abend in Teheran auf die Straße und riefen: «Der Schah weint, das Volk lacht».

Angeschlagen kehrte der König der Könige, «Licht der Arier», nach Teheran zurück. Hier wollte er wieder auftrumpfen: Er ließ seine Soldaten und Fallschirmjäger auf demonstrierende Schüler und Studenten los. Die Studenten reagierten mit einem Generalstreik an Universitäten und Fachhochschulen. Viele Dozenten und Professoren kündigten ihren Dienst auf. Der Schah ordnete die Schließung der Universitäten an. In den folgenden Wochen verschärften sich die Unruhen und breiteten sich immer weiter aus. Schüler, auf die man schlecht schießen konnte, schon deshalb nicht, weil eigene Kinder mitmarschierten, Lehrer, Basaris, untere Staatsangestellte, Arbeiter und auch Slumbewohner schlossen sich nach und nach der Bewegung an. Aber noch war der Ausgang dieser Auseinandersetzungen längst nicht entschieden.

Alle Welt war davon überzeugt, daß der Schah die Zügel fest in der Hand hielt und mit seiner 400 000 Mann starken Armee – wenn es tatsächlich ernst werden sollte – die Situation ohne weiteres würde meistern können. Oppositionelle Politiker im Inland, wie die Vertreter der Nationalen Front, wagten zu diesem Zeitpunkt nicht, die Abdankung des Schahs oder gar die Abschaffung der Monarchie zu fordern. Von Demonstrationen abgesehen, auf denen gelegentlich «Tod dem Schah» gerufen wurde, beschränkte man sich auf gemäßigte Forderungen wie Einhaltung der Verfassung, Achtung der Menschenrechte, Gewährung demokratischer Freiheiten. Im November 1977 wurde die Gründung des «Komitees zur Verteidigung der Demokratie und Menschenrechte» bekanntgegeben, dem namhafte Politiker der Opposition wie der Vorsitzende der «Freiheitsbewegung» Bazargan und der Vorsitzende der Nationalen Front, Sanjabi, neben bekannten Schriftstellern und anderen Persönlichkeiten des öffentlichen Lebens angehörten.

Von der Linken, besonders der im Ausland, die dahinter «Machenschaften des Imperialismus» witterte, wurden diese Politiker als «Lakaien der USA» bezeichnet, die aus Washington den Auftrag erhalten hätten, durch Propagierung einer bürgerlichen Scheindemokratie radikalere Lösungen zu verhindern.

Präsident Carter hingegen sah sich offenbar genötigt, die Eindrücke, die die peinlichen Ereignisse vor dem Weißen Haus hinterlassen hatten, zu verwischen und dem leicht angeschlagenen Kaiser den Rücken zu stärken. Auf einem Flug über Europa und Indien unterbrach der Präsident seine Reise am 31. Dezember in Teheran für 24 Stunden und verbrachte die Silvesternacht auf einem prunkvollen Empfang, den der kaiserliche Hof ihm und seiner Gattin bereitet hatte. Offenbar berauscht von dem Glanz der Festlichkeiten, begeistert von der orientalischen Gastfreundschaft und vielleicht auch beschwipst von dem vorzüglichen französischen Champagner, erhob Carter in der Stunde Null des Jahres 1978 sein Glas und sprach gewichtige Sätze aus, die nicht nur die Anwesenden, sondern auch alle Kenner der iranischen Szene in Erstaunen versetzten.

«Wir befinden uns auf einer schönen und ruhigen Insel inmitten eines stürmischen Ozeans. Es ist ein Segen Gottes und ein großes Glück, daß wir den Jahresbeginn mit Menschen verbringen dürfen, zu denen wir ein tiefes Vertrauen haben und mit denen wir gemeinsam die Verantwortung für die Gegenwart und Zukunft tragen... Unsere Freundschaft ist unersetzbar. Mein Dank gilt in erster Linie dem Schah-in-schah, der mir als Neuling großzügig seine Unterstützung gewährt hat. Wir kennen in der ganzen Welt kein Land, das uns so nahesteht und keinen Führer, dem wir solch ein tiefes Gefühl der Dankbarkeit und Freundschaft entgegenbringen!»[2]

Am nächsten Tag reiste der Präsident ab und ließ den Schah mit seinem Volk allein.

Der Tod des Sohnes

Chomeini saß derweil in Najaf und beobachtete die Situation mit Genugtuung, aber auch mit Skepsis. Daß der Pfauenthron ins Wanken geraten war, und dem Schah zusehends die Kontrolle aus der Hand glitt, war eine Entwicklung, die er begrüßte. Doch die Alternative, die sich da allmählich zu formieren begann, gefiel ihm ganz und gar nicht. Was bisher im Iran geschehen war und was nun von der Opposition gefordert wurde, lief auf eine bürgerliche Demokratie nach europäischem Vorbild hinaus. Er aber wollte den Gottesstaat unter der Führung der Geistlichkeit. Dennoch hüllte sich der Ayatollah mehr oder minder in Schweigen. Umgeben von einem kleinen Stab von jüngeren radikalen Mullahs und sonstigen Gläubigen, die im nahöstlichen Gewirr zwischen zahlreichen palästinensischen, syrischen, irakischen und libyschen Gruppierungen um die Erhaltung eines festen und geachteten Standorts für den Ayatollah bemüht waren, die iranische Besucher aus dem In- und Ausland empfingen und die Spenden der Gläubigen verwalteten, lebte er immer noch ziemlich zurückgezogen und führte ein höchst bescheidenes Leben.

In seinem Haus gab es ein- bis zweimal in der Woche Fleisch. «Wie können wir jeden Tag Fleisch essen, während Millionen hungern müssen», sagte er und ließ sich meist Brot, Käse und Gemüse servieren. Auch in der Einrichtung seines Haushaltes durfte es nichts Überflüssiges geben. Für sein Zimmer begnügte er sich mit einem Sisalteppich, ein paar Matratzen und einigen Büchern, die aufeinandergestapelt auf dem Boden lagen. Die Wände waren weiß gestrichen und kahl. Kein einziger Gegenstand sollte die puritanische Frömmigkeit des Bewohners ablenken und diesseitige Lebensfreude hervorrufen.

Der kleine Stab Chomeinis wurde von seinem Sohn geleitet. Er war die einzige Verbindung des Vaters mit der Außenwelt. Mustafa hatte inzwischen in der gesamten arabischen Welt ein Verbindungsnetz von Kontaktleuten aufgebaut, die in erster

Linie die Aufgabe hatten, politische und religiöse Gruppierungen von der Bedeutung seines Vaters zu überzeugen. Hierbei wurde der Ayatollah nicht als möglicher Führer einer politischen Bewegung, sondern als hoher geistlicher Würdenträger gepriesen, sein puritanisches Leben, seine Ehrlichkeit und Standhaftigkeit, vor allem seine Frömmigkeit. Besucher in Najaf, die die Vorgänge im Hause des Ayatollah von außen betrachteten, gewannen den Eindruck, daß selbst die sporadischen politischen Äußerungen des Ayatollah, die sich in Erklärungen und Stellungnahmen oder Antworten auf die Fragen seiner Studenten erschöpften, auf Drängen und Initiative des Sohnes zurückzuführen waren. Der Ayatollah selbst, inzwischen über siebzig Jahre alt, schien kaum mehr Lust zum politischen Engagement zu verspüren. Daher wurden alle Vereinbarungen mit dem Sohn getroffen.[1]

Mustafa selbst sorgte nicht nur für das Image des Vaters und für die Erledigung von dessen alltäglichen Geschäften, sondern auch für sein eigenes Wohl. Im Gegensatz zum Vater aß er mit größter Lust und in so außergewöhnlichen Mengen, daß er von Jahr zu Jahr dickleibiger wurde. Sein herausragender Bauch, die ungewöhnlich dicken Schenkel, der Hals, der inzwischen Gesicht und Kinn in derselben Breite mit den Schultern verband und die mit viel Fett durchsetzten Backen hatten zu einer völligen Deformation seiner Figur geführt. Seine Erscheinung entlockte jedem Beobachter, der ihn zum erstenmal sah, unweigerlich ein Lächeln des Spottes und des Erstaunens. Die reichliche Nahrung bereitete ihm nicht nur viel Genuß, sie gefährdete auch seine Gesundheit. Und so kam es, daß er am Morgen des 23. Oktober 1977 tot in seiner Wohnung aufgefunden wurde. Ein Herzinfarkt hatte seinem Leben ein Ende gesetzt.

Jeder erwartete, daß der Tod des Sohnes, seines einzigen Vertrauten, der alle Fäden, die zu Chomeinis Haus führten, in der Hand hielt, den Vater schwer treffen würde. Um ihn nicht mit der Nachricht zu schockieren, setzte sich der kleine Stab mit dem zweiten Sohn Ahmad zusammen und beschloß, dem Ayatollah die furchtbare Botschaft schonend und nur stückweise zu vermitteln. Als der Stab sich im Beisein Chomeinis zusammensetzte, begann Ahmad zu sprechen:

«Mustafa ist plötzlich erkrankt», sagte er. Und schon konnte er den nächsten Satz, den er sich eingeprägt hatte, nicht aussprechen. Er brach in Tränen aus.

«Ist er schon tot?» fragte Chomeini. Und als Ahmads Weinen noch heftiger wurde und die anderen zu weinen begannen, sagte der Vater:

«Wir sind alle vergänglich. Gott hat ihn uns gegeben und jetzt wieder genommen. Da gibt es überhaupt keinen Grund zum Weinen.»

Dann stand er auf und befahl:

«So, jetzt an die Arbeit, meine Herren!»[2]

Ganz anders wurde die Kunde von Mustafas Tod im Iran aufgenommen. Namhafte Geistliche, Politiker der Opposition, Künstler und Schriftsteller veranstalteten in allen größeren Städten des Landes Trauerfeiern. Die Traueranzeigen sprachen vom «plötzlichen und unerwarteten Tod des Mustafa Chomeini». Jeder wußte, was damit gemeint war. Man sprach es auch offen aus. Als Rache gegen Ayatollah Chomeini habe der Schah seinen Sohn ermorden lassen. Und schon wurde Mustafa zum Märtyrer. Seine Bilder, unterschrieben mit dem Satz «Im heiligen Krieg gegen die Tyrannei und für den Islam gefallen», wurden auf Trauerkundgebungen und Demonstrationen getragen. Es gab kaum jemanden, der wußte, daß er nicht einem Attentat, sondern seiner Freßsucht zum Opfer gefallen war.

Den politischen Absichten Chomeinis kam dieser Tod gelegen. Mißgünstige Gegner des Ayatollah unterstellten später, er selbst habe seinen Sohn umbringen lassen, um größere Popularität zu erlangen. Wie auch immer, Chomeini spürte, daß seine Zeit abermals gekommen war. Er griff zur Feder und schrieb Dankesschreiben an die iranische Bevölkerung, an die geistlichen Würdenträger, an Intellektuelle, Studenten und Schüler im In- und Ausland.

Der unerwartete Tod seines Sohnes sei im Vergleich zu der

Vielzahl von Verbrechen, die täglich im Iran geschehen würden, kaum erwähnenswert, er wisse sehr wohl, daß diese Trauerfeiern und Demonstrationen nicht einer Person, sondern einer Idee und dem Kampf gegen Unrecht und Tyrannei gegolten haben, schrieb er. «Es war eine wahre Volksbefragung und ein klares Votum der Massen gegen die tyrannische Herrschaft, die ihre Macht nur mit Hilfe von Bajonetten und der Unterstützung des Auslands dem Volk aufzwingen kann», betonte er. Man dürfe sich nicht durch List und die kleinen Zugeständnisse verführen lassen, die nur dazu dienten, den Schah reinzuwaschen. Die Quelle allen Übels sei der Schah selbst. Solange dieses Übel nicht beseitigt werde, sei eine Befreiung ausgeschlossen. Das gemarterte iranische Volk werde sich niemals mit der Monarchie und der Pahlawi-Dynastie versöhnen und auch nur für einen einzigen Tag freiwillig ihre Herrschaft dulden. «Iraner sind Muslims, sie wünschen nichts anderes als den Islam.»[3]

Der Ayatollah wußte sehr wohl, daß spätestens jetzt die Weichen gestellt wurden und die Bewegung ihre islamische Führung erhalten mußte.

«Laßt nicht zu», schrieb er, «daß diejenigen, die bisher dem Islam nicht gedient haben, sich in eure Reihen drängen. Das sind die Opportunisten, die jetzt von Freiheit und Vaterlandsliebe reden, die Minister und Abgeordnete werden wollen und später dieselben Verbrechen begehen werden wie ihre Vorfahren. Wo waren alle diese Herren, als das islamische Volk sich gegen die ‹Weiße Revolution› des Schah erhob?» Und an den «Bund islamischer Vereinigungen in Europa» schrieb er: «Euer oberstes Ziel muß der Islam und seine Bestimmungen sein. Ohne einen gerechten islamischen Staat werden wir unsere Ziele niemals erreichen können. Wisset, daß die Propaganda des Weltkommunismus genauso wie der internationale Imperialismus auf Ausbeutung verarmter Massen ausgerichtet ist.»[4]

Man spürte es deutlich. Der Chomeini aus Ghom war wieder auferstanden. Seine Botschaft aus Najaf war klar und deutlich: Der Schah sollte gehen, bürgerliche Politiker dürften nicht an die Macht gelangen, nur ein islamischer Staat könnte das Land retten. Diese Botschaft traf im Iran ein, wurde weit verbreitet, sie wurde aber von vielen nicht ernst genommen. Chomeini sei lange nicht im Lande gewesen und kenne die Realitäten nicht, sagten viele, darunter auch zahlreiche Vertreter der Geistlichkeit.

Panzer und Blumen

Auch der Schah las die Botschaft, fühlte den Haß, der daraus sprach und holte zum Gegenschlag aus. Gestärkt durch die Freundschaft des amerikanischen Präsidenten erteilte er seinem Informationsminister den Befehl, durch eine Propagandakampagne den verbannten Ayatollah in der Öffentlichkeit zu denunzieren. Am 7. Januar 1978 erschien in der großen Tageszeitung *Ettelaat* ein Schmähartikel gegen Chomeini. Aus wessen Feder die ungeheuer beleidigenden Worte stammten, ist bis heute nicht klar. Lange Zeit glaubte man, der Informationsminister Darjusch Homayun selbst habe den Artikel verfaßt. Inzwischen hat er die Autorenschaft abgestritten und behauptet, der Artikel sei ihm vom kaiserlichen Hof übergeben worden, mit dem Auftrag, ihn in der Zeitung drucken zu lassen.[1] Wie auch immer, hätten der Autor oder die Initiatoren des Artikels erahnen können, was er für Folgen haben würde, sie hätten ihn nie erscheinen lassen.

Der Artikel, unterzeichnet mit dem Pseudonym Ahmad Raschidi Motlagh, trug den Titel «Iran und schwarzer und roter Kolonialismus». Es habe, heißt es dort, Versuche gegeben, die Bodenreform und die «Weiße Revolution» des Schahs zu verhindern. «Rote und schwarze Kolonialisten» hätten die Gefährdung ihrer Interessen befürchtet und bemühten sich, die Pläne des Kaisers zu vereiteln. Man habe auch die Geistlichkeit für die konterrevolutionären Aktivitäten gewinnen wollen, sei aber auf Ablehnung gestoßen. Dennoch sei es wichtig gewesen, einen

161

Geistlichen als Aushängeschild zu benutzen. Daher habe man sich auf die Suche begeben, nach einem «Draufgänger, einem prinzipienlosen Lakaien kolonialer Machtzentren, einem Karrieristen, den sie für ihre Zwecke einspannen konnten». «Es war nicht schwer, einen solchen Mann zu finden», fährt der Artikel fort. «Sie fanden ihn, fanden einen Mann mit undurchsichtiger Vergangenheit. Er gehörte den reaktionärsten und fundamentalistischsten Schichten an. Da er trotz fremder Unterstützung über keinerlei Einfluß verfügte, lauerte er schon lange auf eine Gelegenheit, um sich auf politische Abenteuer zu begeben und dadurch bekannt zu werden. Ruhollah Chomeini war die geeignetste Figur, die die schwarze und rote Reaktion finden konnte. Die schändlichen Ereignisse von 1963 gehen auf seine Rechnung... (und) sein Name (ist) durch die schändlichen Ereignisse von 1963 in Erinnerung geblieben. Damals versuchte er, die Pläne des roten und schwarzen Kolonialismus durchzusetzen, er revoltierte gegen die Verteilung des Bodens, gegen die Freiheit von Frauen, Nationalisierung der Wälder und opferte dabei unschuldige Menschen.

...Einige Wochen vor der Revolte wurde in Teheran bekannt, daß ein arabischer Abenteurer namens Mohammad Tofigh Algheisi mit einem Bargeld von zehn Millionen Rial im Koffer verhaftet wurde. Das Geld sollte gewissen Personen übergeben werden...

Glücklicherweise hat die iranische Revolution gesiegt. Der Widerstand der Großgrundbesitzer und Elemente der Tudehpartei wurde gebrochen und der Weg für den Fortschritt und die Verwirklichung sozialer Gerechtigkeit geebnet. In der iranischen Geschichte werden aber die Ereignisse von 1963 als eine schmerzliche Erinnerung bleiben. Millionen Gläubige werden nicht vergessen, wie die Feinde des Landes sich einigten, wenn ihre Interessen es verlangen, selbst dann, wenn sie sich im Gewand der Geistlichkeit befinden.»[2]

Unmittelbar nach der Veröffentlichung des Artikels gingen in der heiligen Stadt Ghom Zehntausende auf die Straße und forderten das Regime auf, die Demütigungen, die sie als einen massiven

Angriff auf die Geistlichkeit und den Islam deuteten, zurückzunehmen. Das Regime, auf diese massive Reaktion nicht vorbereitet, reagierte blind und zeigte die eiserne Faust. Soldaten und Polizisten schossen erbarmungslos in die Menge der Demonstranten. Über die Zahl der Toten gibt es unterschiedliche Aussagen. Der Schah sprach von sieben, die Opposition von 200 Opfern.

Das Ereignis von Ghom gab der gesamten Bewegung nicht nur einen erheblichen Aufschwung, sondern auch eine entscheidende Wende. Nach islamischem Brauch wird nach sieben bzw. vierzig Tagen der Toten gedacht. Gemäß diesem Brauch war nun nach den Erschießungen von Ghom der künftige Zeitplan der Demonstrationen festgelegt. Genau vierzig Tage nach den Vorfällen fanden in vielen Städten Massendemonstrationen statt, die machtvollste und größte in Tabriz, der Hauptstadt der Provinz Azarbaijan. Hier konnte man zum erstenmal von einem regelrechten Volksaufstand sprechen. Rund 50 000 Menschen befanden sich zwei Tage lang auf den Straßen. Der Basar und sämtliche Geschäfte waren geschlossen. Die Demonstranten setzten zahlreiche Häuser, Regierungsgebäude und vor allem Büros der Rastakhis-Partei in Brand.

Die Rastakhis-Partei (Partei der allgemeinen Erhebung) war die einzige zugelassene und vom Schah gegründete Partei im Iran.

Die Massendemonstrationen von Tabriz und Ghom setzten viele, auch viele Politiker der Opposition, in Erstaunen. Kaum jemand hatte an diese in den Massen schlummernde Vitalität geglaubt. Es war der Islam, der Schiismus, der sie trug, der von Reza Pahlawi und seinem Sohn geschmäht und unterdrückt worden war und der jetzt, getragen von fanatischen Gläubigen, wieder vehement zum Vorschein kam. Innerhalb weniger Wochen waren alle im Lande lebenden über einhunderttausend Mullahs mobilisiert und als politische Agitatoren eingesetzt. Sie waren in jeder Stadt, in jedem Dorf. Sie genossen als Schriftgelehrte und Seelsorger das Vertrauen der Bevölkerung. Jeder von ihnen verwandelte sich in einen Parteifunktionär. Die Moscheen wurden in Parteizentralen und Versammlungsorte umfunktioniert, Millionen Gläubige als Parteigänger aktiviert. Bewaffnet mit islamischer Ideologie und Tradition, bereit zum Märtyrertod, betraten sie den Kriegsschauplatz, hielten die nackte Brust den Kugeln der Soldaten entgegen, sicher, daß ihr Tod sie ins Paradies, in die ewige Glückseligkeit bringen würde.

Für Chomeini war der Schmähartikel ein Geschenk des Himmels. Dennoch war es ihm klar, daß es schwer werden würde, sich an die Spitze der Macht zu setzen. Da war nicht nur der Schah, der noch fest im Sattel saß und keinen Gedanken an Rücktritt verschwendete, ihm standen auch die gemäßigten laizistischen Kräfte und die Linke mit der großen Schar ihrer Anhänger im Wege.

Die gemäßigten Laizisten zehrten noch immer von der Popularität Mossadeghs, der im März 1968 in der Verbannung auf seinem Landsitz Ahmadabad in der Nähe von Teheran gestorben war. Über all die Jahre hinweg waren die politischen Führer dieser Strömung, die meist der Regierung Mossadeghs angehört hatten, mehr oder weniger untätig geblieben. Jetzt, wo die Zügel etwas gelockert wurden, krochen sie allmählich aus ihren Verstecken. Mit aller Vorsicht verlangten sie die Einhaltung der Verfassung. Der Schah sollte die Teilung der Macht akzeptieren, sich mit seinen in der Verfassung vorgesehenen repräsentativen Aufgaben begnügen und die Einschränkungen der demokratischen Freiheiten aufheben. Im Gegensatz zu Chomeini hatten diese Politiker, die meist der Nationalen Front angehörten, ihre Chance nicht erkannt. Sie hätten den von Mossadegh eröffneten und durch den Putsch von 1953 unterbrochenen Weg fortsetzen können. Das Erstarken der Mittelschicht hätte diese Entwicklung begünstigt, da sie als Trägerin einer bürgerlichen Demokratie hätte fungieren können. Obwohl sie es bei allgemeinen Forderungen beließen, genossen sie große Sympathien in der Bevölkerung. Man versuchte, sie nach vorn zu treiben, ihnen mehr Mut zu machen, sie zu radikaleren Forderungen zu bewegen und ihnen mehr Selbstbewußtsein zu verleihen. Sie aber fürchteten sich. Schauten nach rechts, schauten nach links, nach Osten und

Westen, wollten wissen, wie die USA sich zu einer Veränderung stellten und wie die Sowjets reagierten, schauten herablassend nach unten zu den Massen und ängstlich nach oben zum Pfauenthron und blieben letztendlich untätig, bis schließlich Chomeinis Radikalität ihnen das Genick brechen sollte.

Im Gegensatz zu ihnen trat die Linke radikal auf. Aber auch sie hatte keine Konzepte, zumindest keine, die konkrete und durchführbare Lösungen für die bestehenden Probleme hätten bieten können. Ihre Pläne zur Durchführung einer sozialistischen oder neudemokratischen Revolution waren mit den Programmen entsprechender Bruderorganisationen in anderen Ländern austauschbar. Man brauchte nur den Namen des Landes zu ändern und statt Iran zum Beispiel Chile oder Pakistan zu setzen. Hiermit fanden sie zwar unter den Intellektuellen und der Jugend Zustimmung, die breiten Massen aber, die Bevölkerung auf dem Land, die Händler im Basar und die etablierte Mittelschicht, sie alle wollten von den Kommunisten nichts wissen.

Die dritte Kraft, die Chomeini bei seinem Streben nach Macht Kopfzerbrechen bereitete, war die Geistlichkeit, weniger die jüngeren Mullahs, sondern jene Großayatollahs wie Schariatmadari, Ghomi, Golpayegani, Maraschi Najafi u. a. Chomeinis Fähigkeiten als Schriftgelehrter wurden von der schiitischen Obrigkeit – anders als von den Jungen – keineswegs so hoch eingeschätzt.

Die schärfste Waffe, die Chomeini im Kampf nicht nur gegen das Schahregime, auch gegen seine genannten Konkurrenten einsetzen konnte, waren die Massen. Chomeini sollte sich als ihr eigentlicher Meister erweisen, der sie aufzupeitschen und mit den entsprechenden Parolen zu hysterisieren verstand. Gestärkt durch die Demonstrationen von Ghom und Tabriz, begann er flammende radikale Reden zu halten, die gedruckt oder auf Tonband in großer Auflage im ganzen Land unter das Volk gebracht wurden. Überall, in den kleinsten Dörfern, in den Slums, den Armenvierteln, den Kneipen, Teestuben und in den Moscheen sah man Frauen, Männer und Kinder um ein Tonbandgerät sitzen, den Worten des Heiligen aus Najaf lauschend. Er sprach ihnen aus der Seele, sagte, was sie hören wollten, beklagte die Ungerechtigkeit, die Armut, die Demütigungen, schürte den Haß gegen die Obrigkeit, die Reichen, vor allem den Schah. Er versprach ihnen den Himmel auf Erden. Es gäbe keinen Grund, daß eine Minderheit im Reichtum schwelge, während die Mehrheit der Bevölkerung jede Nacht mit knurrendem Magen in einer Lehmhütte oder in einem Loch auf nacktem Boden verbringen müsse. Sie vernahmen seine Worte, sie begriffen, was er sagte. Seine Logik war plausibel, seine Sprache einfach. Der Schriftgelehrte, der kaum unter dem Volk gewesen war, die größte Zeit seines Lebens in der Einsamkeit und in seiner Gebetsstube verbracht hatte, paßte innerhalb von wenigen Wochen seine Sprechweise der einfachen Umgangssprache an. Er wußte, daß es weder auf korrekte Grammatik noch auf eine gehobene Formulierung ankam, um von den Massen verstanden zu werden. Im Gegenteil: Der gebildete Mullah und Autor mehrerer Bücher, der sogar poetische Versuche unternommen hatte, genierte sich nicht, plötzlich fehlerhaft zu sprechen. Einzelne, aneinandergereihte Satzbrocken, durchsetzt mit suggestiven und assoziativen Vokabeln sollten ihn den zum überwiegenden Teil des Lesens und Schreibens unkundigen Massen näherbringen. Für diesen reaktionären Ayatollah, der alles Moderne und alle industriellen Errungenschaften zutiefst verachtete, der nicht einmal bereit war, einen Telefonhörer in die Hand zu nehmen und Fernsehen für gläubige Muslims verboten hatte, wurden Tonbandgerät und Kassette zum unentbehrlichen Begleiter auf der Stufenleiter zur Macht. Das ganze Land wurde mit Tonbändern überschüttet. Die Regierung war machtlos dagegen. So lehrte Chomeini die Massen, wie sie denken und handeln sollten.

«Ich verkünde dem ehrwürdigen iranischen Volk, daß das Schahregime seine letzten Atemzüge tut», sagte er. «Der Schah, dieser Verbrecher, der aus Angst den Massenmord angeordnet hat, ist in Wahrheit bereits abgesetzt. Das Volk will ihn nicht mehr haben.»[3]

Im Inland nahmen die Demonstrationen immer schärfere Formen an. Sie wurden begleitet von Streiks der Arbeiter, Briefträger, Postbeamten und einem Hungerstreik der politischen Gefangenen in den Gefängnissen von Teheran. Das Regime versuchte immer noch, Katz und Maus mit der Bewegung zu spielen. Mal schlug das Militär zu und schoß auf Demonstranten, die Polizei nahm – selbst unter den Mullahs – Verhaftungen vor, mal gaben die Politiker sich demokratisch, zeigten Verständnis und guten Willen, ließen Gefangene frei. In einer Rede – es war Anfang August – kündigte der Schah für das Jahr 1979 «hundertprozentig freie Wahlen» an. Am 15. August wurden 711 politische Gefangene entlassen.

Aber für derlei Zugeständnisse und Versprechungen war es längst zu spät. Sie erzielten das Gegenteil der beabsichtigten Wirkung. Sie wurden nur noch als Zeichen der Schwäche aufgefaßt.

Zwei Wochen nach der Rede des Schahs wurde ein furchtbares Ereignis gemeldet. In der Stadt Abadan am Persischen Golf war ein vollbesetztes Kino in Brand gesteckt worden. Die Türen waren von außen verschlossen. Bis die Feuerwehr die Insassen herausholen und das Feuer löschen konnte, waren 477 Besucher verbrannt. Für die Opposition gab es keinen Zweifel, daß das Verbrechen ein teuflisches Werk des Regimes war. Man traute dem Geheimdienst SAVAK durchaus einen solch verbrecherischen Plan zu. Erst nach der Revolution haben Untersuchungen die Vermutungen bestätigt, daß dieser grausame und brutale Mord von Anhängern Chomeinis geplant und ausgeführt worden war.[4] Damals wäre es niemandem außer der Regierung in den Sinn gekommen, den Mullahs diese unglaubliche Kaltblütigkeit zuzutrauen. Heute, nach den Erfahrungen der letzten Jahre, wird diese Zuweisung niemanden mehr überraschen.

Das Regime war offenbar gewillt, den politischen Freiraum, der inzwischen ohnehin schon entstanden war, noch zu erweitern. Die Pressezensur wurde gelockert, Kritiker durften ungestraft schärfere Töne anschlagen. Sogar staatliche Rundfunk- und Fernsehanstalten hielten sich mit kritischen Urteilen nicht mehr zurück. Aber je mehr Zugeständnisse das Regime machte, desto radikaler wurde die Bewegung, so daß sich auch unter den Politikern und manchen Ayatollahs allmählich eine gewisse Furcht vor der Zukunft breitzumachen begann. Sie bemühten sich um Vermittlung, mahnten zur Mäßigung. Ende August kam General Moghaddam, der Chef des Geheimdienstes, mit der Forderung des Ayatollah Schariatmadari zum Schah, einen Regierungswechsel vorzunehmen. Ministerpräsident Amuzgar mußte zurücktreten und Senatspräsident Scharif Emani wurde zu seinem Nachfolger ernannt.[5]

Ayatollah Schariatmadari war nicht der einzige, der den Schah zu Reformen und der Opposition zur Mäßigung riet, um noch unblutige Lösungen möglich zu machen. Auch die anderen Großayatollahs und zahlreiche Politiker der Mittelschicht rieten zur «Vernunft». Nur ein einziger schürte immer weiter das Feuer und lehnte jeden Kompromiß ab: Ayatollah Ruhollah Chomeini. Er wußte, daß er die Mehrheit des Volkes hinter sich hatte. In einer Botschaft an seine Anhänger gab er genaue Anweisungen, wie der Kampf fortgesetzt und die gesamte Bewegung unter die Flagge des Islam gestellt werden sollte. Er bezeichnete den Volksaufstand als «hundertprozentig islamisch». Er sei von der Geistlichkeit vorbereitet worden und werde auch von ihr geführt. Selbst die Anhänger des Ayatollah waren erstaunt, als sie vernahmen, daß er, der seit fast fünfzehn Jahren in Najaf saß, für eine Bewegung, die ohne ihn zustande gekommen war, einen absoluten Führungsanspruch stellte.

Chomeinis Verhältnis zur Macht – das wird sich in den späteren Jahren noch deutlicher bestätigen – war ungebrochen. Entschlossen, erbarmungslos, ohne jegliche moralische Skrupel fegte er alles hinweg, was sich ihm in den Weg stellte.

«Niemand darf sich in die Führung der Bewegung, die einzig und allein der Geistlichkeit unterstellt ist, einmischen», schrieb er. «Alle diejenigen, die jetzt aus Eigennutz aktiv geworden sind und die Erhebung der islamischen Gläubigen mit ihrer Anwesenheit und Einmischung besudeln, haben nur eine

nicht aus der Ruhe bringen. Panzer, die auf manchen Plätzen standen, waren mit Blumen überhäuft. In einer solchen Stimmung der Brüderlichkeit und Solidarität hätte es sicherlich kein Soldat gewagt, von seiner Waffe Gebrauch zu machen.

All die Zugeständnisse, die Öffnung des politischen Freiraums, das Versprechen, im nächsten Jahr freie Wahlen abzuhalten, hatten keineswegs zur Beruhigung der Aufständischen geführt. Der Pfauenthron geriet durch solche machtvollen Demonstrationen immer mehr ins Wanken.

In einem Gespräch mit dem amerikanischen Botschafter Sullivan sprach der Schah Vermutungen aus, wer zu den Drahtziehern dieser Aufstände gehöre: «Was hier geschieht, geht über die Möglichkeiten und Fähigkeiten des KGB hinaus», sagte er. «Ich vermute, daß auch der Intelligent Service und der CIA die Hand mit im Spiel haben.» Sullivan berichtet, daß der Schah vor allem über die Rolle des CIA besorgt war. «Was habe ich denn den USA getan, daß der CIA es nun für nötig hält, gegen mich zu agieren und die USA mich nicht mehr unterstützen wollen?» fragte er den Botschafter. «Er schien völlig verunsichert, sprach wie jemand, dem ein furchtbares Unrecht geschehen und der von seinen engsten Freunden verraten worden war.»[7]

Nicht nur der Schah, auch die Regierung hegte diesen Verdacht. Keiner wollte glauben, daß sich die Bevölkerung aus eigenem Antrieb erhoben hatte. Und gerade die Vermutung, daß die Bewegung von ausländischen Geheimdiensten, vor allem vom CIA initiiert worden war, lähmte den Willen der Regierenden. Das Regime schien völlig unfähig, eine klare Strategie zu entwerfen und durchzusetzen. Diese Unentschiedenheit machte die Regierung bei der Bevölkerung völlig unglaubwürdig, weder die Drohungen noch die Versöhnungsangebote wurden ernst genommen.

Die Ernennung Scharif Emanis zum Ministerpräsidenten war eine Fehlentscheidung gewesen, wie der Schah selbst später in seinen Memoiren bemerkte. In den Augen der Bevölkerung war er ein enger Vertrauter des Hofes und einer der korruptesten Politiker, die in der Umgebung des Schahs zu finden waren. Als Senatspräsident und zeitweiliger Verwalter der Pahlawi-Stiftung, einer Einrichtung, die als die Hauptquelle der Korruption angesehen wurde, konnte er in dieser Situation, in der selbst die gemäßigten Kräfte tiefgreifende Veränderungen erwarteten, keine integre Alternative verkörpern. Zwar bezeichnete er seine Regierung als «Regierung der nationalen Versöhnung», versprach Achtung der religiösen Grundsätze, ließ Spielcasinos und Nachtlokale schließen und führte die islamische Zeitrechnung wieder ein. Aber diese Zuckerstückchen konnten den immer radikaleren Oppositionellen das Leben nicht mehr versüßen und sie zur Versöhnung umstimmen, am wenigsten den Ayatollah in Najaf.

«Sollen wir uns versöhnen und das verflossene Blut der Gläubigen verachten?» konterte er. «Sollen wir uns diesem brutalen und verbrecherischen Pahlawi-Regime beugen? Kein Geistlicher wird eine solche Erniedrigung dulden. Auch die Politiker werden diese Schandtat niemals begehen.» [8]

Wenn Zuckerbrot nicht wirkt, dann muß eben die Peitsche her, sagten sich der Schah und seine Generäle und verhängten über Teheran und elf andere Städte den Ausnahmezustand. Die Verantwortung für Teheran und Umgebung wurde dem Oberbefehlshaber der Streitkräfte, General Oweissi, übertragen. Er war als besonders brutaler Offizier bekannt. Nach seiner Ernennung rechnete jeder mit einem Blutbad.

Das ließ auch nicht lange auf sich warten. Am 8. September, es war ein Freitag, versammelten sich einige tausend Menschen auf dem Teheraner Jaleh-Platz. Oweissi befahl seinen Soldaten zu schießen. Auch Kampfhubschrauber wurden gegen die Demonstranten, unter denen zahlreiche Frauen und Kinder waren, eingesetzt. Über die Zahl der Toten gibt es unterschiedliche Aussagen, es müssen mindestens 300 gewesen sein.

Dieser Tag, als «schwarzer Freitag» bezeichnet, gab den Radikalen noch mehr Auftrieb. Die Gemäßigten versuchten zu retten, was noch zu retten war. Die beiden Ayatollahs Golpayegani und Maraschi Najafi sandten eine Botschaft an Chomeini: «Hören Sie endlich auf, es ist genug Blut geflossen», schrieben sie. Aber Chomeini war nicht zu bändigen. Er rief die Bevölkerung auf, den Widerstand fortzusetzen, vor Brutalitäten nicht zurückzuschrecken. «Hört nicht auf Leute, die den Islam nicht kennen. Der Prophetennachfolger Ali hat in seinem Kampf gegen die Tyrannen keine Opfer gescheut. Auch unser Kampf muß zu Ende geführt werden, gleichgültig, wie viele Opfer wir bringen müssen»[9], schrieb er in seiner Botschaft an das iranische Volk. Und die Massen folgten seinen Anweisungen. Ungeachtet des Ausnahmezustandes wurden die Demonstrationen auch nach dem «schwarzen Freitag» verstärkt fortgesetzt.

US-Botschafter Sullivan riet dem Schah, seine Versöhnungsbemühungen nicht aufzugeben. Auch der stellvertretende amerikanische Außenminister Christopher mahnte den iranischen Botschafter in Washington zur Mäßigung. Der Ausnahmezustand sollte gelockert werden.

Der mächtige Kaiser im Niawaranpalast spürte, daß der Pfauenthron nicht mehr auf festem Boden stand. Der damalige englische Botschafter Anthony Parsons berichtet von einem Treffen mit dem Schah am 16. September: «Es war das erste Mal nach meiner Rückkehr in den Iran, daß ich den Schah wieder privat besuchte. Sein äußerer Zustand erschreckte mich. Er sah so aus, als ob er zusammengeschrumpft wäre. Sein Gesicht war blaß, er fühlte sich offenbar sehr schwach. Seine Bewegungen waren, im Gegensatz zu sonst, langsam und lahm. Man sah ihm an, daß er unter starkem psychischem Druck stand.»[10]

Der Schah fühlte sich von allen allein gelassen. Zwar war er noch von seinen Generälen und Politikern umgeben, aber da er ihnen jahrelang jegliche Selbständigkeit verweigert, jede ihrer eigenständigen Entscheidungen mit Degradierungen und Versetzungen bestraft hatte, konnten sie ihm in dieser Situation keine Ratgeber sein. Er hatte von ihnen immer nur blinden Gehorsam verlangt. Ob Regierungschef, Generalstabschef der Streitkräfte oder Chef des Geheimdienstes, ob Minister, Staatssekretär oder Parlamentsabgeordneter, sie alle hatten nur die Funktion, seine

173

Befehle auszuführen. Jetzt, in der Stunde der Not, mußte er den Preis für seine Alleinherrschaft zahlen.

Er merkte allmählich, wie gefährlich ihm der Ayatollah in Najaf geworden war. Der Geheimdienst informierte ihn täglich über die Stellungnahmen Chomeinis, über die große Wirkung, die er durch seine Botschaften, seine Flugblätter und Tonbänder bei der Bevölkerung erzielte. Gegen ihn vorzugehen war schwierig. Man konnte ihn nicht umbringen lassen, denn das würde ihn zum Märtyrer machen. Man konnte die Verbreitung seiner Tonbänder nicht mehr verhindern: dazu war es bereits zu spät. Man könnte vielleicht noch seine Verbindungen zur Opposition, seine finanziellen Mittel, seine Rede- und Handlungsfreiheit einschränken und ihn so isolieren. Durch seinen Botschafter in Bagdad ließ der Schah der irakischen Regierung seine diesbezüglichen Wünsche mitteilen. Zwischen beiden Ländern war 1975 in Algier vertraglich u. a. festgelegt worden, daß etwaige feindliche Aktivitäten gegen das Nachbarland, die vom eigenen Boden ausgehen, verhindert werden müssen. Die irakische Regierung willigte ein, sandte eine Abordnung nach Najaf und teilte dem Ayatollah mit, daß er in Zukunft seine politischen Aktivitäten einzustellen habe. Auch der Empfang von Besuchern aus dem Iran wurde ihm untersagt. Chomeini protestierte mit scharfen Worten gegen diesen Beschluß und erklärte, daß er ihn nicht akzeptieren würde. Als er einige Tage später ein französisches Fernsehteam zu einem Interview empfing, erschienen Geheimpolizisten vor seinem Haus, verhafteten die Journalisten und teilten ihm mit, daß er im Irak unerwünscht sei und das Land verlassen müsse.

Für Chomeini kam diese Maßnahme überraschend. Wohin sollte er gehen? Er konnte versuchen, in den Iran zurückzukehren. Aber selbst wenn man ihm die Einreiseerlaubnis erteilen würde, wäre eine Rückkehr in den Iran kein kluger Schachzug. Dort könnte man ihn einfach von der Außenwelt isolieren, ohne ihn dafür auch nur einsperren zu müssen. Man müßte nur sein Haus vollständig überwachen und jeden, der ihn besuchen wollte, verhaften lassen.

Er entschloß sich, nach Kuwait zu reisen. In Begleitung einiger seiner Anhänger machte er sich auf den Weg. Doch die Grenzbeamten verweigerten ihm die Einreise. Während er unentschlossen über den nächsten Schritt nachdachte, erschien ganz unerwartet Ebrahim Yazdi. Wie schon erwähnt, lebte Yazdi seit Jahren in den Vereinigten Staaten. Er hatte die amerikanische Staatsbürgerschaft angenommen, zählte sich zu den Anhängern Bazargans und seiner «Freiheitsbewegung» und leitete in den USA eine rechtsgerichtete islamische Studentengruppe. In den Kreisen der Opposition, vorwiegend bei den Linken, wurde die Vermutung geäußert, daß Yazdi für den amerikanischen Geheimdienst CIA tätig sei. Tatsächlich tauchte sein Name in den Dokumenten auf, die nach der Besetzung der amerikanischen Botschaft in Teheran gefunden wurden. Dort wurde er als Verbindungsmann zwischen der amerikanischen Regierung und iranischen Oppositionskreisen erwähnt. Einige Jahre später las man seinen Namen auch im Zusammenhang mit den jüngsten amerikanischen Waffenlieferungen. Yazdi hat allerdings diese Anschuldigungen zurückgewiesen.

Er riet Chomeini, nach Paris zu fliegen. Zunächst schien dem Ayatollah der Gedanke, in einem christlichen Land – dazu in einer Stadt, die als Mittelpunkt der Sünde und des Verderbens gilt – zu leben, absurd. Vermutlich würden ihn seine geistlichen Rivalen des moralischen Verfalls bezichtigen und versuchen, sein Ansehen unter den Gläubigen herabzusetzen. Yazdi bemühte sich, diese Bedenken zu zerstreuen. Er könne ja jederzeit von Paris aus in ein anderes Land fliegen. Paris habe zwar einige Nachteile, biete aber günstige Möglichkeiten, sowohl mit Hilfe der Medien als auch durch die Unterstützung der Auslandsopposition den Kampf gegen den Schah fortzusetzen. Zudem sei der Verkehr zwischen Paris und Teheran unvergleichlich leichter als der zwischen Teheran und Najaf. Chomeini ließ sich überreden. Auch Banisadr und Ghotbzadeh, die in Paris lebten, begrüßten den Entschluß des Ayatollah. Die französische Regierung hatte vorher die iranische Regierung konsultiert. Der Schah stimmte sofort zu. Einen Ayatollah in Paris könnte man viel leichter denunzieren und seine Frömmigkeit in Zweifel ziehen, als in der heiligen Stadt Najaf oder in einem islamischen Land, dachte er.

Ein Ayatollah in Paris

Am 16. Oktober 1978 landete Ayatollah Chomeini in Paris, für viele Iraner und auch für die Weltöffentlichkeit eine große Überraschung. Dieser Mullah, der in seiner stillen Gebetsstube im Exil mit sich und seinem Gott allein so lange Zeit verbracht hatte, dieser grimmige Greis, der den lieben langen Tag Gebete vor sich hinmurmelte, selten Besuch empfing, fast nie das Haus verließ, stand nun mit einem Schlag im grellen Licht der Fernsehkameras, und umgeben von Journalisten aus aller Welt, auf der politischen Bühne und durfte eine Hauptrolle spielen. Nahezu achtzigjährig, fühlte sich der Greis wie neu geboren.

In einer Botschaft an die Gläubigen drückte er sein Bedauern über die Abreise aus dem Irak aus. «Man wollte mich nicht in der heiligen Stadt, am Grabe des Prophetennachfolgers Ali leben lassen», schrieb er.[1] Chomeinis Anhänger im Iran waren über seine Übersiedlung nach Paris nicht glücklich. Sie fürchteten Sympathieverluste bei den konservativen Gläubigen. Chomeinis Schwiegersohn Eschraghi eilte sogleich nach Paris. Er war wütend. Er wußte, daß der Schwiegervater diesen Entschluß nicht selbst gefaßt hatte, vermutete sogar, daß Feinde – der Schah, der CIA oder andere – dahinter stecken könnten. «Es ist zu Ende mit ihm», schrie er im Beisein von Yazdi. Als «religiöse Instanz hat er mit dieser Reise seine Position endgültig verloren». Doch Eschraghi irrte sich. Schon wenige Tage später wurde deutlich, daß der Entschluß, sich in Paris niederzulassen, für Chomeini sehr vorteilhaft war. Nirgends konnte er so leicht und ungehindert seine Botschaften an das iranische Volk und an die Weltöffentlichkeit verkünden.

Vor allem die auf den Iran gerichteten ausländischen Rundfunkstationen, die täglich Programme in persischer Sprache sendeten, sorgten dafür, daß die Anweisungen Chomeinis unmittelbar ins Land gelangten. Unter diesen Sendern, Stimme Amerikas, Radio Israel, Deutsche Welle, Radio Moskau, spielte die BBC die wichtigste Rolle. Sie hatte während des Volksaufstandes im Iran eine größere Hörerzahl als Radio Teheran und spielte faktisch die Rolle des Koordinators zwischen der Auslandsopposition und den Aufständischen im Inland. Zweimal täglich berichtete sie eine Stunde lang über die neuesten Ereignisse und verkündete die Anweisungen Chomeinis an die Bevölkerung. Wie und wo gestreikt oder demonstriert, welche Parolen bei den Demonstrationen gerufen und auf Plakaten getragen werden, wie man bei der Energie- und Lebensmittelknappheit die Versorgung der Bevölkerung gewährleisten soll, all dies wurde über die BBC geregelt. Diese überaus wichtige Funktion, die zu den raschen Erfolgen des Volksaufstandes beitrug, führte viele Beobachter – auch den Schah und die Regierung – zu der Vermutung, London fördere die iranische Revolution und gewähre der Opposition Unterstützung.

Für die Weltöffentlichkeit war der wunderliche Heilige, dessen großer Einfluß im Iran nicht zu übersehen war, ein Medienereignis. Er hatte seine Zelte in Neauphle-le-Château, einem Vorort von Paris, aufgeschlagen. Täglich saß er auf einem Perserteppich unter einem Apfelbaum im Garten seines Hauses, vor ihm Hunderte seiner Jünger kniend. Der ehrwürdige Greis mit langem, weißem Bart, einem schwarzen Turban auf dem Kopf und einem weiten Umhang um die Schultern, schaute mit seinen stechenden, ernsten Augen über die Köpfe der Menge hinweg zum Himmel, verkündete mit ausgestrecktem Arm und Zeigefinger den Willen Gottes. Alles schaute auf seine schmalen Lippen, um die Worte des Gottgesandten zu vernehmen. Wenn er sich erhob und zum Haus schritt, wirkten andere wie

Zwerge neben ihm. Sein Charisma überstrahlte seine Begleiter. Er repräsentierte das Licht, die Weisheit und den Glauben. Er war der große Messias. Aus aller Welt pilgerten Iraner und andere Muslims nach Neauphle-le-Château, um den Verkünder einer neuen Menschheitsepoche von Angesicht zu Angesicht zu sehen, seine Hand küssen zu dürfen, seinen Worten zu lauschen und seine Befehle entgegenzunehmen. Täglich vor Sonnenaufgang, zur Mittagszeit und nach Sonnenuntergang schritt der Ayatollah in den Garten zum Gebet, die Pilger folgten ihm, knieten nieder, die Stirn auf dem Boden, und wiederholten das Gebet, das der ehrwürdige Geistliche vorsprach. «Allah'o akbar, Gott ist mächtig», sagte er. «Die Stunde der Gerechtigkeit des Herrn hat für den Schah geschlagen. Dieser kleine Satan auf dem Pfauenthron hat nur Sünde über unser Land gebracht. Wie ein Blutegel hat er unserer Jugend das Blut ausgesaugt und sich und seine Familie damit gemästet. Für ihn gibt es kein Erbarmen. Er und sein Gefolge werden dem Zorn Gottes nicht mehr entkommen. Ich bin gekommen, um dies vor aller Welt zu verkünden. Wir werden Millionen unschuldige Seelen von diesem Teufel befreien. All die Erniedrigten, Geknechteten, Ausgebeuteten, Hungernden werden endgültig die Freiheit erringen. Unsere geplagten Bauern, die schuftenden Arbeiter, die barfüßigen Slumbewohner, die gefolterten und gedemütigten Gefangenen, die betrogenen Basaris, die unterdrückte Jugend an Schulen und Universitäten, die ethnischen und religiösen Minderheiten werden nach Jahrhunderten das Reich der Freiheit beschreiten. Gehet hin und verkündet vor aller Welt, daß eine neue Zeit angebrochen ist. Und wisset: Wer in diesen Tagen dem Heiligen Krieg gegen die Tyrannei zum Opfer fällt, wird als Märtyrer geheiligt werden. Ihm werden sich die Pforten des Paradieses öffnen, und er wird dort die ewige Glückseligkeit erfahren. Fürchtet euch nicht, leistet Widerstand, der Herr ist mit euch.»[2]

Der Herr war mit ihm. Hatte er doch den Kampf und die Sehnsucht nach der Macht aufgegeben, und jetzt schien alles, wovon er ein Leben lang geträumt hatte, zum Greifen nah. Er genoß diese Position, empfand große Genugtuung, daß nun die ganze Welt auf ihn schaute und sich viele Politiker, Intellektuelle, Unternehmer und Basaris, auch die, die bislang keine Notiz von ihm genommen hatten, sich jetzt bei ihm einfanden, seine Gunst zu erlangen.

Zu den ersten Besuchern gehörte Bazargan, in seiner Begleitung der Sohn des Ayatollah Schariatmadari. Sie hatten in Teheran gemeinsam mit führenden Politikern der Opposition und der Geistlichkeit einen Plan ausgearbeitet, um die politischen Probleme in den Griff zu kriegen. Der Schah sollte ins Ausland reisen und vorerst einem Kronrat, bestehend aus Vertretern der Geistlichkeit und bürgerlichen Demokraten, die Staatsgeschäfte übertragen. Man rechnete damit, daß auch die ausländischen Mächte, vor allem die USA, diesem Plan zustimmen würden und der Schah dadurch gezwungen wäre, ihn zu akzeptieren. Bei einem Treffen mit Chomeini versuchte Bazargan, ihn auf den Kompromißvorschlag einzustimmen. «Es ist genug Blut geflossen», sagte er. Das Volk sei unbewaffnet und stehe einer starken Armee gegenüber, die man nicht zu sehr herausfordern dürfe.

Chomeini zog die Augenbrauen zusammen: «Bei einer einzigen Schlacht unter dem Propheten sind siebzigtausend Gläubige gefallen. Wir haben noch einen langen Weg vor uns. Ohne Opfer werden wir niemals unser Ziel erreichen.» «Ja», mischte sich der Sohn Schariatmadaris ein. «Bei dieser Schlacht waren beide Seiten bewaffnet. Es war Krieg. Wir aber führen keinen Krieg und müssen mit leeren Händen einer bis an die Zähne bewaffneten Armee gegenübertreten.»

Nach diesem Einwand stand Chomeini auf und verließ den Raum. Damit war die Mission gescheitert.

Als die beiden Männer das Haus verlassen hatten, fragte Schariatmadari: «Was haben Sie für einen Eindruck von ihm?»

«Er ist ein Schah mit Turban», sagte Bazargan.[3]

Er war aufgebracht. «Es wird ein furchtbares Massaker geben», sagte er nach seinem Besuch in einem Kreis von Vertrauten. «Der Mann weiß nicht, was er tut. Man muß ihn unbedingt zur Vernunft bringen. Der Ayatollah begreift nicht, in welcher Gefahr wir uns befinden. Der Schah wird zuschlagen und ein Blutbad anrichten. Die Amerikaner werden ihn dabei unterstützen. Sie werden niemals zulassen, daß in Iran Radikale an die Macht kommen. Chomeini überblickt die Lage nicht. Er merkt nicht, daß seine Radikalität nur die Kommunisten stärkt. Wir müssen zu Kompromissen bereit sein, sonst ist alles verloren.» Bazargan und Schariatmadari flogen am nächsten Tag voller Groll nach London.

Unter den Politikern und Geistlichen gab es nur wenige, die Chomeinis radikale Haltung unterstützten. Der wichtigste unter ihnen war Beheschti, ebenfalls ein Ayatollah, der einige Jahre lang die Islamische Gemeinde in Hamburg geleitet hatte. Laut Banisadr soll er vor der Revolution jahrelang Mitarbeiter und Gehaltsempfänger des Geheimdienstes SAVAK gewesen sein! Auch dies gehört zu den Rätseln der iranischen Revolution. Beheschti war der erste Besucher, den Chomeini in Paris empfing. «Sie dürfen auf keinen Fall nachgeben», sagte er. «Lassen Sie sich durch die kompromißlerischen Ratschläge nicht beirren. Die Herrschaft des Schahs ist endgültig zu Ende, und es gibt nur eine einzige Alternative: Das ist der Islam. Alle anderen Strömungen – die Nationale Front, Sozialdemokraten und Linke – sind bedeutungslos. Geben Sie nicht nach, die Macht gehört Ihnen.»

Das war auch Chomeinis Einschätzung. Doch siegesgewiß war er keineswegs, er wußte, daß nur eine uneingeschränkte Kompromißlosigkeit und Radikalität ihm zum Erfolg verhelfen konnte. Beheschtis Worte bestärkten ihn darin. Er versicherte ihm, daß er seine Haltung nicht ändern werde.

In Teheran war man sich einig, daß eine Lösung ohne Chomeinis Beteiligung nicht mehr zu erreichen war. Auch der Schah und sein Geheimdienst waren inzwischen zu demselben Schluß gekommen. So versuchte man von allen Seiten, den starrsinnigen Ayatollah umzustimmen. Daß dabei auch der Geheimdienst SAVAK die Hand mit im Spiel hatte und hinter den Kulissen mitmischte, sollte später durch die Aussagen der Beteiligten bekannt werden.

Sanjabi, der Vorsitzende der Nationalen Front, der auf Einladung der Sozialistischen Internationale nach Kanada reisen wollte, wurde von allen Seiten und am stärksten von Schapur Bachtiar, einem Mitglied der Nationalen Front, der später Ministerpräsident des Schahs werden sollte, gedrängt, auf seinem Weg nach Kanada Chomeini in Paris aufzusuchen. Als Sanjabi Ende Oktober 1978 in Paris eintraf, tauchte zu seinem Empfang auf dem Flughafen ein Mann namens Waghani auf, der ihm erklärte, daß eine Wohnung für ihn bereitstehe und ihn und seine Familie dorthin brachte.

Sanjabi bemerkte bald, daß er in eine Falle des SAVAK geraten war und verließ nach zwei Tagen die Wohnung.[4] Er meldete seinen Besuch bei Chomeini an. Aber der Ayatollah ließ ihm mitteilen, daß er nicht bereit sei, ihn zu empfangen, ehe er sich nicht öffentlich von jeder Kompromißbereitschaft mit dem Schahregime distanziert habe. Sanjabi kapitulierte und verfaßte folgende Erklärung, die nach Absprache mit dem Ayatollah der Presse übergeben wurde:

«1. Durch Mißachtung der Verfassung, Ausübung von Terror und Unterdrückung, Verbreitung der Unzucht und Kapitulation vor fremden Mächten hat das gegenwärtige Regime im Iran jede juristische und religiöse Legitimität verloren.

2. Die national-islamische Bewegung lehnt jede Art der Fortsetzung der illegitimen Monarchie im Iran ab.

3. Die künftige Staatsordnung im Iran wird auf der Basis islamischer Grundsätze, Demokratie und Unabhängigkeit durch eine Volksentscheidung festgelegt werden.»[5]

Nach dieser Erklärung vom 5. November 1978, die einer willenlosen Auslieferung an den Ayatollah in Paris gleichkam, verzichtete Sanjabi auf die geplante Reise nach Kanada. Es bleibt ein Rätsel, warum Sanjabi, dessen Chancen zur Übernahme der Macht in diesen Tagen sehr gestiegen waren – und mit ihm das gesamte Lager der Gemäßigten –, so schnell vor Chomeini die Waffen gestreckt hat.

Trotz dieser Erklärung erhielt Sanjabi merkwürdigerweise während seines Aufenthaltes in Paris aus Teheran eine wichtige

Botschaft. Ein Sonderbotschafter des Schahs suchte ihn auf und teilte ihm mit, daß Seine Majestät ihn für den Posten des Ministerpräsidenten vorgesehen habe. Überrascht über das unerwartete Angebot, aber auch geschmeichelt und die Verlockung der Macht spürend, bat er um Bedenkzeit. Er unternahm einen langen Spaziergang, wog das Für und Wider ab. Ministerpräsident zu werden, war schon immer sein Wunsch gewesen. Aber jetzt, in dieser Situation? Hier Chomeini und im Iran die radikalen Massen! Wie sollte er sich durchsetzen? Er traute sich nicht, er fühlte sich zu schwach für eine solche Aufgabe. Von seinem Spaziergang zurückgekehrt, erklärte er: «Die Bewegung im Iran hat zwei Zentren: die Universität und die Moschee. Beide gehen zu radikal vor. Für das Land ist dies schädlich. Nun könnte man die Universitäten durch Diskussion und Argumente zur Vernunft bringen. Die Radikalität der Moschee ist nur mit Hilfe von Maschinengewehren zu bändigen. Wer aber den Schuß wagt, wird genauso abdanken müssen wie der Schah.» Er lehnte das Angebot ab.[6]

Die Presse und auch die Führer der Nationalen Front deuteten Sanjabis Erklärung bei Chomeini als eine Koalitionsvereinbarung zwischen der Geistlichkeit und den bürgerlichen Demokraten. Die Deutung paßte Chomeini nicht. Niemand sollte sich mit ihm messen und als Partner neben ihm stehen. Er dachte nicht daran, die Macht mit jemandem zu teilen. «Wir haben mit niemandem eine Koalitionsvereinbarung getroffen», erklärte er. «Das ganze Volk geht mit uns, und wir gehen mit dem Volk. Wer unseren Grundsätzen zustimmt, und das sind: Unabhängigkeit, Freiheit und Islamische Republik, die an die Stelle der Monarchie treten wird, kann sich zu unseren Verbündeten und zum iranischen Volk rechnen. Wer gegen diese Grundsätze ist, handelt gegen die Interessen des Islam und der Nation. Zwischen diesen und uns kann es und wird es keine Gemeinsamkeiten geben.»[7]

Die Nachricht von Sanjabis Erklärung erreichte auch Bazargan in London. Er fühlte sich hintergangen, fürchtete, daß er bei der Verteilung von Aufgaben und Positionen leer ausgehen würde und machte sich sofort auf den Weg nach Paris.

Chomeini, der den Besuch der reumütigen und kapitulierenden Politiker, die noch vor kurzem mit ihm um die Macht rivalisiert hatten, sichtlich genoß, zeigte sich großzügig. Er wußte zu gut, daß er diese Männer, vorausgesetzt, daß sie sich seinem Willen fügten, noch brauchen würde. Er belohnte Bazargans Reue mit einem wichtigen Auftrag. Bazargan sollte sogleich nach Teheran reisen und dort gemeinsam mit den vier Geistlichen Motahari, Beheschti, Rafsanjani und Ardebili einen Revolutionsrat bilden und, seinen Anweisungen folgend, den Widerstand leiten. Chomeinis Taktik, die er bis heute meisterhaft anwendet, ist dieselbe, die der Schah fünfundzwanzig Jahre lang erprobt hatte: Niemand sollte zu mächtig werden, gefährliche Personen, die ihm die Macht streitig machen könnten, sollten gegeneinander ausgespielt werden. Dadurch würde seine eigene Person immer unentbehrlich bleiben.

Chomeini hatte zu Bazargan ein größeres Vertrauen als zu Sanjabi. Als Vertreter der Nationalen Front und früherer Mossadegh-Mitarbeiter war Sanjabi ein Laizist. Irgendwann, dessen war sich Chomeini sicher, würde sich Sanjabi seinen Islamisierungsplänen widersetzen. Bazargan hingegen war ein frommer Mann. Er war kein Mullah, aber ein Islamgelehrter, hatte Bücher über religiöse Themen veröffentlicht und war einer Islamisierung der Gesellschaft durchaus nicht abgeneigt. Hinzu kam, daß Bazargans «Freiheitsbewegung» die einzige Gruppe war, die Chomeinis Protest gegen die «Weiße Revolution» des Schah in den sechziger Jahren unterstützt hatte. Von Chomeinis Auftrag an Bazargan wußte kaum jemand, aber der Geheimdienst SAVAK war, offenbar durch einen Mittelsmann, der zum engen Kreis um Ayatollah Chomeini zählte, informiert worden.

Bazargan flog nach Teheran, wo er um Mitternacht ankam und ein Taxi nahm. Die Straßen waren leer, es herrschte Polizeistunde. Da raste plötzlich von hinten ein Auto heran, rammte das Taxi, so daß der Fahrer die Kontrolle verlor, der Wagen geriet ins Schleudern und überschlug sich. Das fremde Auto fuhr unerkannt davon. Bazargan lag einige Minuten lang in dem umgekippten Taxi, bis man ihn herausholte. Er hatte keinen körperlichen Schaden davongetragen, nur ein ständiges Schulterzucken sollte ihn seitdem an diese Warnung des Geheimdienstes erinnern.[8]

Während der Ayatollah in Neauphle-le-Château mit dem Ausbau seiner Macht beschäftigt war, seine Rivalen nacheinander zum Gehorsam zwang, saß der Schah in seinem Prunkschloß Niawaran im Norden von Teheran, am Hang der Elborzgebirge, umgeben von seinen treuen, auch einigen untreuen Hofleuten, verzweifelt in seiner goldverzierten Scheinwelt, deren Glanz hinter den Schloßmauern endete

Nun, Ende Oktober, waren auch die Ölarbeiter in den Streik getreten und hatten damit praktisch die ganze Wirtschaft lahmgelegt. Nicht nur der öffentliche Verkehr, auch die Energieversorgung der Industrie und der privaten Haushalte waren ins Stocken geraten. Selbst das Militär hatte an Bewegungsfreiheit verloren. Es war ein harter Schlag, der die Regierung in eine schwere finanzielle Krise stürzte Denn durch den Streik der Ölarbeiter blieben die Einnahmen aus dem Ölexport aus. Kaum zwei Monate im Amt, war Ministerpräsident Scharif Emani am Ende. Der politische Freiraum hatte nicht den erwünschten Erfolg erzielt. Überall, selbst in Ministerien und Behörden, gab es Streiks. Unruhen beherrschten die Industriegebiete.

Die Herren im Weißen Haus schienen sich über die Zukunft des Iran nicht einig. Bei einer Sitzung des Sicherheitsrates vom 2. November 1978 kam es zu heftigen Auseinandersetzungen zwischen Sicherheitsberater Brzezinski und Außenminister Vance. Es gab sehr unterschiedliche Auffassungen in bezug auf ein Krisenmanagement im Iran. Brzezinski befürwortete die Einsetzung einer Militärregierung. Er ging noch weiter und empfahl für den äußersten Fall einen Militärputsch. Außenminister Vance und mit ihm sein Botschafter Sullivan hingegen vertraten die Ansicht, man solle den Schah aufgeben und aus unterschiedlichen Kräften eine Koalitionsregierung bilden. Und wenn dies nicht möglich sei, müsse man eben Chomeini die Macht überlassen. Schließlich wurde ein Kompromißvorschlag gefunden. Der Botschafter sollte dem Schah übermitteln, daß die amerikanische Regierung jede Entscheidung von ihm, wie sie auch ausfallen sollte, unterstützen würde, selbst dann, wenn er sich zur Bildung einer Militärregierung entschlösse.[9]

Am nächsten Tag rief Brzezinski den Schah an, um ihm persönlich den Beschluß des Sicherheitsrates mitzuteilen. Dabei machte er eine Bemerkung, die den Schah besonders aufhorchen ließ. «Die Lage ist sehr kritisch. Ich glaube, daß eine Politik des ständigen Nachgebens zur Explosion führt», sagte er.[10] Als er den Hörer aufgelegt hatte, fühlte sich der Schah völlig niedergeschmettert. Er hatte gemerkt, daß in Washington keine Einigkeit herrschte. Längst war ihm aufgefallen, daß Botschafter Sullivan andere Ziele verfolgte. Der Botschafter hatte sogar, wie aus den Berichten des Geheimdienstes zu entnehmen war, mit der Opposition Kontakt aufgenommen.

Der Schah hatte recht. Sullivan lehnte jedes harte Vorgehen und den Einsatz des Militärs ab und machte nun Brzezinski für die weitere Entwicklung verantwortlich. In seinem Bericht an die Regierung hatte er die Militarisierung des Konflikts als äußerst schädlich bezeichnet. Einige Tage, nachdem der Schah doch eine Militärregierung einberufen hatte, sandte er am 9. November einen ausführlichen Bericht nach Washington, überschrieben mit den Worten: «Denken an das, was undenkbar erscheint.» In diesem Bericht führt er noch einmal aus, weshalb er die Entscheidung des Schahs für falsch hielt. Nach Sullivans Meinung konnte der Iran nur noch durch eine Koalition zwischen Militär und Geistlichkeit gerettet werden. Die Monarchie sei am Ende, man müsse dem Schah und hohen Militärs vorschlagen, das Land zu verlassen.[11]

Der Bericht fand die volle Zustimmung des Außenministers. Sicherheitsberater Brzezinski hingegen war völlig anderer Meinung. Daher blieb der Bericht des Botschafters ohne Antwort.

Unmittelbar nach der Einberufung der Militärregierung hielt der Schah eine Ansprache, die durch Fernsehen und Rundfunk direkt übertragen wurde und alle Welt in Erstaunen versetzte:

«In den vergangenen zwei Jahren ist das Volk gegen Tyrannei und Korruption aufgestanden. Eine Revolution des iranischen

Volkes kann von mir als Kaiser und Iraner niemals abgelehnt werden...

Nach dem Rücktritt der Regierung habe ich mich, um die Zerstörung des Landes zu vermeiden, die Einheit der Nation zu wahren und Gesetz, Ruhe und Ordnung walten zu lassen, um die Bildung einer Koalitionsregierung bemüht. Erst als sich herausstellte, daß meine Bemühungen nicht zum Ziel führen würden, habe ich eine provisorische Regierung gebildet. Ich bin mir bewußt, daß möglicherweise unter dem Vorsatz, Ruhe und Ordnung wiederherzustellen, die Fehler der Vergangenheit, Unterdrückung und Repression, sich wiederholen können... und abermals die unheilige Koalition zwischen finanzieller und politischer Korruption sich bilden wird... Ich verspreche, daß sich all dies nicht wiederholt... Und ich habe die Botschaft der Revolution vernommen... Ich möchte bei dieser Gelegenheit alle Großayatollahs und die verehrten Schriftgelehrten, die geistigen und religiösen Führer des Landes bitten, als Verteidiger des Islam und des Schiismus, die Bevölkerung zu Ruhe und Ordnung zu veranlassen... und damit den Weg zu wirklich demokratischen Verhältnissen zu ebnen...»[12]

Kaum hatte der Schah diese Rede senden lassen, kam schon die Antwort aus Neauphle-le-Château. «Für diese Versprechungen ist es längst zu spät», äußerte sich Chomeini in einem Interview mit der amerikanischen Fernsehgesellschaft CBS. «Der Schah soll sich keine Mühe geben. Er soll verschwinden und das Volk in Ruhe lassen.»[13] Und in einer Botschaft an die Aufständischen fügte er hinzu: «Ihr dürft dem Schah keine Zeit mehr lassen. Drückt ihm so lange die Gurgel zu, bis er erstickt!»[14]

Der Kaiser war zu diesem Zeitpunkt bereits so schwach, daß er diese schallende Ohrfeige einstecken mußte. Auch die Militärregierung erwies sich – wie er später selbst feststellte – als «zahnloser Löwe». Statt gegen die Aufständischen Härte zu zeigen, wurden hohe Staatsbeamte und Funktionäre des Regimes ins Gefängnis gesteckt, darunter der frühere SAVAK-Chef, General Nassiri, Ex-Ministerpräsident Howeida und einige seiner Minister.

Aber selbst diese weitreichenden Konzessionen vermochten die weitere Entwicklung nicht mehr aufzuhalten. Im Gegenteil. Die Arbeiter der Ölindustrie drehten die Ölhähne vollends zu. In den Ministerien und staatlichen Behörden wurde der Aufruf zum Generalstreik fast hundertprozentig befolgt. Der Streik der Arbeiter und Angestellten der staatlichen Fluggesellschaft brachte den gesamten Luftverkehr zum Erliegen. Viele Banken hatten die Schließung ihrer Zweigstellen im ganzen Land angeordnet, selbst die Zentralbank mußte auf Grund des Streiks ihrer Angestellten ihre Aktivitäten auf ein Mindestmaß reduzieren. Als die Militärregierung wieder die gerade einige Wochen zuvor aufgehobene Zensur der Presse anordnete, traten sämtliche Zeitungen in den Streik, auch Angestellte des Rundfunks und des Fernsehens verweigerten die Mitarbeit. Es wurden nur noch Nachrichten und Musik gesendet, aber täglich zu den Zeiten der Hauptnachrichtensendung des Fernsehens fiel fast im ganzen Land der Strom aus. Das war der Beitrag der Angestellten der Elektrizitätswerke zum Volksaufstand. Die Regierung war machtlos. Mit diesen genau durchdachten und hervorragend organisierten Reaktionen hatte sie nicht gerechnet.

Der Schah schien nun zu noch größeren Kompromissen bereit, und viele Politiker der Opposition, die befürchteten, daß ihnen die Volksbewegung aus der Kontrolle gerate, neigten dazu, ihm entgegenzukommen. Nicht so Chomeini. Offenbar gut informiert über die Vorgänge am Hof, holte er zum letzten Schlag aus. Zu Beginn des islamischen Trauermonats Moharram erklärte er in seiner Botschaft vom 23. November 1978 die Militärregierung für illegal. An die Bevölkerung gerichtet schrieb er: «Das Blut wird über das Schwert siegen. Jagt den Schah aus dem Land, vernichtet die Monarchie. Für uns gibt es nur eine einzige Alternative: die islamische Republik.» [15]

Die Militärregierung unternahm noch einen Versuch, dem Aufstand entgegenzutreten. Sie verbot alle Versammlungen und Trauerprozessionen und ordnete für die Hauptstadt und einige andere Großstädte eine Ausgangssperre an. Ab 21 Uhr durfte niemand mehr ohne Sondergenehmigung die Wohnung verlassen. Tatsächlich blieb es am ersten Tag auch ruhig. Überall an wichtigen Kreuzungen und vor vielen Amtsgebäuden waren Militäreinheiten mit Panzern und Maschinengewehren stationiert. Doch als am Abend die Uhren den Beginn der Sperrstunde anzeigten, stieg nahezu ganz Teheran auf die Dächer und rief «Allah'o akbar», Gott ist mächtig. Der Strom war abgeschaltet. Es herrschte tiefe Dunkelheit in der ganzen Stadt. Die Soldaten waren verzweifelt, ziellos fuhren sie in Fahrzeugen durch die Straßen, ballerten einfach in die Gegend. Aber das Rufen hörte nicht auf. Es dauerte bis tief in die Nacht. Am nächsten Morgen verhielt sich jeder so, als ob nichts geschehen wäre, die Straßen waren wieder ruhig. Abends um neun aber wieder das gleiche Spektakel: Teheran glich einem Geisterhaus. Bald schlossen sich auch andere Städte an. Jeden Abend um 9 Uhr dröhnte durch das ganze Land bis zum Sonnenaufgang «Allah'o akbar». Eine solche psychologische Kriegsführung hatte es bisher noch nicht gegeben: die Streiks, die Demonstrationen, die fanatisierten Massen, zum Märtyrertod entschlossen, die sich ohne Furcht vor die Panzer stellten, die Umarmungen mit den Soldaten und jetzt auch noch dieser nächtliche Spuk!

Je näher der Höhepunkt des Trauermonats, der Todestag des Prophetennachfolgers Imam Hossein heranrückte, desto mehr stieg die Spannung. Viele erwarteten, daß dieser Tag für den weiteren Verlauf der Revolution entscheidend sei. Es galt als sicher, daß sich die Gläubigen die traditionelle Trauerprozession an diesem Tag nicht verbieten lassen würden. Tatsächlich bereitete sich die Opposition auf eine Kraftprobe vor. Das «Komitee zur Verteidigung von Freiheit und Menschenrechten» plante für den 10. Dezember eine Großkundgebung und andere Aktionen, ohne zu bedenken, daß dieser internationale Tag der Menschenrechte mit dem Höhepunkt des Trauermonats zusammenfiel.

Die Mullahs wollten sich an diesen Aktionen nicht beteiligen. Laut Anweisung Chomeinis sollten gerade an diesem Tag die islamischen Kräfte ihre Stärke demonstrieren und ihre Dominanz innerhalb der Opposition deutlich machen. Ayatollah Taleghani, Mitglied der von Bazargan geleiteten «Freiheitsbewegung», der nach langen Jahren erst kürzlich aus dem Gefängnis entlassen worden war, fürchtete die Zersplitterung der Opposition und bemühte sich um Vermittlung. Seine Autorität wurde in beiden Lagern akzeptiert. Er brachte Vertreter beider Gruppen zusammen, es wurde ein gemeinsames Komitee zur Durchführung einer Demonstration und Großkundgebung gebildet. Ungewiß war, wie sich die Militärregierung verhalten würde. Man rechnete mit einigen Hunderttausend, ja sogar mit über einer Million Teilnehmern. Ein Verbot der Demonstration und der Einsatz des Militärs würden verheerende Folgen haben. Ayatollah Schariatmadari und der frühere Ministerpräsident Amini versuchten, den Schah umzustimmen und zur Aufhebung des Versammlungsverbotes zu bewegen. Erst in der Nacht, wenige Stunden vor dem Beginn der Demonstration, teilte Amini dem Vorbereitungskomitee mit, daß der Schah seine Einwilligung zur Durchführung der Demonstration erteilt habe.

Die Demonstration war gigantisch. Die Zahl der Teilnehmer wurde auf über drei Millionen geschätzt. So eine Massenversammlung hatte es in der iranischen Geschichte noch nicht gegeben. Niemand konnte jetzt noch daran zweifeln, daß der Schah endgültig seine Macht verloren hatte. Diese und die am nächsten Tag wiederholte Demonstration ließen aber auch keinen Zweifel mehr offen, daß die breiten Massen nicht den gemäßigten laizistischen Politikern, sondern den Mullahs folgten. Chomeini hatte unbestreitbar und konkurrenzlos die Führung der Revolution übernommen.

Am zweiten Tag, dem Trauertag Aschura, an dem Imam Hossein und seine Anhänger den Märtyrertod starben, wurde auf der Abschlußkundgebung unter Jubel und Zustimmung der Teilnehmer eine siebzehn Punkte umfassende Erklärung verlesen. Dort hieß es unter anderem: «Imam Chomeini ist unser Führer.» Gefordert wurde der Sturz der Monarchie und – zum erstenmal vor den Volksmassen – die Gründung der islamischen Republik.

Die Teilnehmer des bürgerlichen Lagers waren über diese Erklärung verdutzt. Mitglieder des Vorbereitungskomitees waren schockiert. Niemand wußte, wie sie zustande gekommen war.

Wie uns einige von ihnen später versicherten, hätten sie dem Inhalt dieser Erklärung, insbesondere der Forderung nach der Gründung einer islamischen Republik, niemals zugestimmt.[16] Nun war es geschehen, und anstatt sich davon zu distanzieren, fügten sie sich in der Hoffnung, die Mullahs seien nicht in der Lage, das Land zu regieren und müßten früher oder später ihnen die Macht überlassen.

Die Resolution trug deutlich Beheschtis Handschrift und war höchstwahrscheinlich auf Anweisung Chomeinis verfaßt worden.

Chomeini war spätestens zu diesem Zeitpunkt klar, daß er mit seiner Strategie, kompromißlos die Absetzung des Schahs und Abschaffung der Monarchie zu verlangen und dabei auf die Stimmung der Massen zu setzen, Erfolg hatte. Aber es waren nicht nur seine Radikalität und seine Unversöhnlichkeit, die ihm die Zustimmung der Bevölkerung brachten. Auch was er in Paris äußerte und die Versprechen, die er dem Volk während dieser Zeit gab, machten ihn zum alleinigen Führer der Revolution.

Er sagte, Rede- und Meinungsfreiheit gehörten zu den elementarsten Rechten der Menschen. Unter keinem Vorwand dürften diese angetastet und eingeschränkt werden. Jeder Bürger müsse an der Bestimmung seines Schicksals direkt beteiligt werden. Den politischen Parteien und Organisationen versprach er völlige Handlungsfreiheit, fügte allerdings die Einschränkung hinzu: «Mit Ausnahme derjenigen die Verrat üben.» Er kündigte die Auflösung aller staatlichen Organe an, die zur Unterdrückung der Bürger bestimmt waren. Dergleichen würde es niemals mehr im Iran geben. Rundfunk und Fernsehen gehörten ausschließlich dem Volk. Es dürfe keine Kontrolle durch die Regierung geben. Auch die Ausübung jeglicher Zensur lehnte der Ayatollah entschieden ab. In Zukunft werde jeder im Iran schreiben und lesen können, wozu er Lust habe. «Wir werden den Geheimdienst SAVAK und alle sogenannten Sicherheitsorgane auflösen», sagte er. «Die Bevölkerung selbst, die Bürger und eine freigewählte Regierung werden die Sicherheit unseres Landes garantieren.»

Der schiitische Mullah sprach von Freiheit des Glaubens. Selbst Juden, die, wie er sagte, durch Tücke und List des israelischen Geheimdienstes zur Auswanderung veranlaßt worden seien, sollten in ihre Heimat zurückkehren. In allen gesellschaftlichen Bereichen sollten Organe der Selbstverwaltung eingerichtet werden, die Regierung dürfe sich nicht überall einmischen und Kontrolle ausüben. Und der Ayatollah, der fünfzehn Jahre zuvor gegen den Schah rebelliert hatte, weil dieser den Frauen das Wahlrecht einräumen wollte, erklärte jetzt in aller Öffentlichkeit, daß in der künftigen islamischen Republik Frauen sogar die höchsten Regierungsämter übernehmen könnten, ja noch mehr: er versicherte, alle bestehenden Ungleichheiten zwischen Frauen und Männern beseitigen zu wollen. «Wir versichern, daß in unserer künftigen Republik alle Frauen in der Wahl ihres Berufes, ihrem Verhalten und selbstverständlich auch in der Wahl ihrer Kleidung, unter Berücksichtigung gewisser Bestimmungen, völlig frei sein werden.»[17]

Wenn die überwiegende Mehrheit der Iraner Chomeinis Führung akzeptierten, so ist das auch daraus zu erklären, daß sie seine wirklichen Absichten gar nicht kannten. Aber es bleibt die Frage, weshalb auch viele, die mit seinem Denken vertraut waren und seine Schriften gelesen hatten, ihm gefolgt sind. Manche, wie Bazargan oder der spätere Staatspräsident Banisadr, sind zu seinen engsten Mitarbeitern geworden. Wir haben Banisadr gefragt, wie es dazu kommen konnte.

«Zum erstenmal bin ich ihm in Najaf begegnet. Es war bei der Trauerfeier zum Tode meines Vaters. Ich ging hinter dem Sarg. Plötzlich spürte ich ein Leuchten, einen Schein hinter mir. Ich drehte mich um und sah ihn. Chomeinis würdevolle Erscheinung beeindruckte mich zutiefst. Sein Antlitz leuchtete. Die Trauer um den Tod meines Vaters war auf einmal verschwunden. In Chomeini sah ich meinen Vater und empfand eine große Zuneigung zu ihm.»

«Aber Sie kannten doch seine Schriften und Ansichten und wußten, daß sie längst veraltet und reaktionär waren. Wie konnten Sie ihn später als Führer der Revolution akzeptieren?»

«Als er nach Paris kam, habe ich bei den Gesprächen, die wir gleich in den ersten Tagen führten, ziemliche Veränderungen in seinen Äußerungen festgestellt. Was ich auch immer als politische und soziale Forderungen formulierte, fand ausnahmslos seine Zustimmung, und er zeigte sich bereit, diese auch öffentlich als seine eigene Meinung zu verkünden. Es war erstaunlich.»

«Aber Sie wissen doch, daß man Vorstellungen, die man über Jahrzehnte vertreten hat, nicht innerhalb weniger Monate grundlegend verändern kann.»

«Er hat es aber getan», sagte Banisadr. «Ich möchte Ihnen ein Beispiel nennen: Als er einmal bei einer Pressekonferenz in Paris über Frauen und ihre Rechte in der Zukunft sprach, da ging er sogar weit über das hinaus, was wir ihm bei der Vorbereitung als Konzept vorgelegt hatten. Auf die Frage eines Journalisten, welche Ämter Frauen seiner Ansicht nach in Zukunft übernehmen könnten, sagte er: jedes Amt, sogar das Amt des Staatspräsidenten. Selbst sein Sohn Ahmad war über diese Antwort so überrascht, daß er sofort zu uns ins Hinterzimmer kam und uns freudestrahlend mitteilte, daß sein Vater noch fortschrittlicher sei als wir alle zusammen.»[18]

So wie Banisadr waren damals viele von der charismatischen Erscheinung Chomeinis, von seinen Worten und seinen Vorstellungen fasziniert. Endlich, so meinten viele, war einer aufgestanden, der dem Volk die wahre iranische Identität und ihm eine von Repression und Ungerechtigkeit freie Zukunft zu versprechen schien. Inzwischen hatte die Opposition alle Bastionen des Regimes erobert; Wirtschaft und Verwaltung, Presse, Rundfunk, Fernsehen, Schulen und Universitäten waren durch Streiks lahmgelegt. Jetzt galt es nur noch, die Armee zu erobern.

Zwar konnte man die Angehörigen der Armee im allgemeinen nicht als fromme Muslims bezeichnen, hatten sie doch mehr Berührung mit dem Ausland und mit Ausländern als andere Bevölkerungsschichten. Zahlreiche Offiziere wurden in den USA, der Bundesrepublik Deutschland und anderen westeuropäischen Ländern ausgebildet, und in allen Abteilungen der Streitkräfte waren ständig ausländische Berater tätig. Der Tagesablauf und die Atmosphäre in den Kasernen erschwerte die Ausübung religiöser Zeremonien und Pflichten. Das hieß noch lange nicht, daß die meisten Armeeangehörigen nicht religiös eingestellt waren. Hinzu kam, daß sie unter einem enormen psychologischen Druck standen. Für sie war es ein unerträglicher Zustand, daß sie mit Panzern und Maschinengewehren am Straßenrand standen, während ihre Angehörigen und Freunde sich unter den Demonstranten befanden. Zu Hause, im Kreise ihrer Familien und in der Öffentlichkeit, wurden sie ständig aufgefordert, sich der Bewegung anzuschließen und dem Tyrannen, dem Schah, nicht mehr zu dienen.

Chomeini hatte lange gewartet, bis er seine Botschaft an die Angehörigen der Streitkräfte absandte. Erst am 2. November, als sich eine wachsende Unruhe unter den Soldaten und Offizieren breitmachte und deutlich vernehmbar war, rief er sie auf, sich dem allgemeinen Widerstand anzuschließen. Das sei ein religiöser Befehl, und wer sich diesem Befehl widersetze, handele gegen den Willen Gottes.

Es dauerte nicht lange, bis die Botschaft aus Paris Wirkung zeigte. Zwei Soldaten der königlichen Leibgarde stürmten während der Mittagszeit in das Offizierskasino der Lavizan-Kaserne bei Teheran. Mit dem Ruf: «Gott, Koran, Chomeini» schossen sie in die Menge. Es gab 14 Tote und 38 Verletzte. Auch die beiden Soldaten wurden von herbeigeeilten Sicherheitskräften erschossen.

Für den Schah und seine Generäle war das Geschehen in Lavizan ein warnendes Signal. Wie weit konnte man sich noch auf die Soldaten und Offiziere verlassen? War die Armee überhaupt noch einsatzfähig?

Chomeinis ungeheurer Machtzuwachs in einer so kurzen Zeitspanne ließ zahlreiche Gerüchte aufkommen. Der Imam könne Wunder vollbringen, erzählte man sich. Keine Macht könne ihm Widerstand leisten, die Armee nicht, der Schah nicht, nicht die USA. Er verfüge über göttliche Kräfte. Manche vermuteten sogar, er sei der verschwundene zwölfte Imam und sei jetzt – gemäß der überlieferten Prophezeiung der – wieder aufgetaucht, um endlich Gerechtigkeit auf Erden walten zu lassen. Chomeini wurde allmählich zu einem Heiligen erklärt, einem Retter, der alle Wünsche und Bedürfnisse erfüllen würde. Selbst im Vollmond glaubten sie sein Antlitz zu sehen. Je mehr ihre Phantasien sich von der Realität entfernten, desto mehr liebten sie ihn und waren bereit, für ihn den Märtyrertod zu sterben. Bei manchen seiner Reden, die auf Tonband abgespielt wurden, gerieten die Gläubigen gar in Ekstase, sie schrien, weinten und lachten, schlugen sich mit beiden Händen auf den Kopf oder auf die Brust, sprangen und tanzten herum, als ob sie sich ihres Körpers entledigen und ihm ihre Seele schenken wollten. «Du bist meine Seele, Chomeini», riefen sie immer wieder. Endlich hatten sie einen Halt gefunden, die landflüchtigen Bauern und die Slumbewohner. Auch Intellektuelle und Jugendliche, die, in Anlehnung an Schariati und die Volksmojahedin, den Islam als einzigen Weg zur Rettung der Nation sahen, jubelten Chomeini zu. Millionen von Frauen, bisher in ihrer Rolle als Ehefrau oder Mutter eingeengt, hofften nun am öffentlichen Leben teilnehmen und sich selbst verwirklichen zu können. Chomeini hatte ihnen Gleichberechtigung versprochen, und sie glaubten ihm. Immer mehr Frauen wagten sich aus dem Haus, beteiligten sich an politischen Aktivitäten und nahmen an Versammlungen und Demonstrationen teil. Sie fühlten sich am Schicksal der Nation beteiligt und damit als gleichwertig. Dieses Gefühl erfüllte sie mit Stolz. Sie versammelten sich in den Moscheen, planten die nächsten Aktionen, sammelten Gelder und agitierten in den Schulen, den Universitäten, in den Ämtern und auf der Straße.

Auch die Basaris liebten den Heiligen von Neauphle-le-Château, der den Schah zappeln ließ. Viele besuchten ihn in Paris, übergaben ihm ihre Spenden und religiösen Pflichtabgaben. Soviel Geld hatte sich noch nie bei einem Ayatollah angehäuft. Und Chomeini gab die Spenden großzügig aus. Nicht für sich, auch in Paris hatte er seinen Lebensstil nicht verändert. Er lebte in größter Bescheidenheit und verschmähte jeden Luxus. Aber seinen Jüngern im Iran, den desertierten Soldaten, deren Zahl immer größer wurde, den streikenden Arbeitern und Angestellten gewährte er die notwendige finanzielle Hilfe.

Auch unter den Mullahs und Großayatollahs wuchs die Sympathie für Chomeini, teils aus Überzeugung, teils aus Berechnung. Somit hatte Chomeini die erwünschte Position erreicht. Jeder, der nicht zum Gehorsam bereit war – die bürgerlichen Politiker mit eingeschlossen –, wurde isoliert, mißachtet, als «Spalter», «Verräter» und dergleichen verleumdet. Der Ayatollah sprach stets von der Einheit des Wortes. Es sei nicht die Zeit für Diskussionen, jetzt gelte es alle Kräfte zu sammeln, um die Monarchie zu stürzen. Er forderte blindes Vertrauen und uneingeschränkte Gefolgschaft. Und alle fügten sich, Liberale, Linke, Muslims. Kritische und warnende Stimmen gab es kaum, und wenn, dann hörte niemand auf sie. Die Revolution steuerte ihrem Höhepunkt zu. Ende Dezember begann der letzte Akt.

Was tun, Mr. President?

Nachdem die Militärregierung die Streiks und Unruhen nicht hatte eindämmen können, stand der verzweifelte Kaiser abermals vor der Frage, was zu tun sei. Am 13. Dezember bat er den amerikanischen Botschafter zu sich und wollte wissen, ob dieser klare Instruktionen und Ratschläge aus Washington erhalten habe. Sullivan verneinte. Trotz täglicher Nachfrage habe er keine Anweisungen bekommen, beteuerte er. Der Schah war verärgert. Er wisse nicht, was es da noch zu überlegen gäbe und warum nicht endlich gehandelt werde. «Es gibt drei Möglichkeiten», sagte er. «Erstens, wir bemühen uns um die Bildung einer Koalitionsregierung; zweitens, ich trete ab; drittens, das Militär putscht und übernimmt die Macht.»[1] Er wollte endlich wissen, zu welcher dieser Lösungen der amerikanische Präsident neige. Sullivan versprach, diese drei Vorschläge seiner Regierung zu übermitteln. Doch auch dieses Mal blieben sein Bericht und die vom Schah gestellten Fragen unbeantwortet.

Die Kontroverse zwischen Präsidentensicherheitsberater Brzezinski, der eine militärische Lösung vorschlug, und Außenminister Vance, der die Bildung einer Koalitionsregierung empfahl, spitzte sich immer mehr zu. Die Ereignisse im Iran duldeten keinen Aufschub mehr. Am 20. Dezember bat Ministerpräsident Azhari den amerikanischen Botschafter dringend um eine Unterredung. Sullivan wurde in einen kleinen Nebenraum geführt. Was er da zu sehen bekam, war erschütternd. Azhari lag völlig erschöpft auf einem Bett. Er hatte einen Herzinfarkt erlitten und erklärte mit zitternder Stimme, daß er am Ende sei. «Elend sah er aus», schreibt Sullivan, «völlig grau im Gesicht.» – «Ich möchte Ihnen etwas Wichtiges mitteilen», sagte Azhari, «der Schah ist zu einer Entscheidung nicht mehr fähig. Unser Land steht kurz vor dem Ende. Bitte geben Sie diese Information nach Washington weiter.» Sullivan kabelte diese Nachricht sofort nach Washington und schlug eine Koalition zwischen dem Militär und der Opposition vor. Aber auch dieser Hilferuf blieb ohne Echo.[2]

Es war schon erstaunlich, daß die Krise in einem Land, das strategisch für die USA so wichtig war wie der Iran, das Weiße Haus und den Präsidenten nicht zu einer klaren Stellungnahme zu bewegen vermochte. «Es war höchst verwunderlich», schreibt der Schah in seinen Memoiren, «daß Persönlichkeiten oder Abgesandte, die mich aus den Vereinigten Staaten besuchten, mir zur Anwendung von Gewalt rieten, aber wenn ich dem Botschafter der USA die Frage stellte, was die amerikanische Regierung zu tun beabsichtige, die Antwort erhielt: Ich habe keine Instruktionen!»[3]

Dennoch, eine Entscheidung mußte endlich getroffen werden. Der Schah wurde immer ungeduldiger. Er konnte nicht verstehen, weshalb die Amerikaner ihm nicht zu Hilfe kamen. Abermals bat er am 26. Dezember den US-Botschafter um eine Unterredung: «Was verlangt Washington von mir?» fragte er mit weinerlicher Stimme. «Maßnahmen, die zur Wiederherstellung von Ruhe und Ordnung führen», antwortete Sullivan. «Und wenn dazu ein hartes Vorgehen erforderlich wäre?» fragte der Schah prüfend. Sullivan merkte, daß der Schah ihn festnageln wollte. «Ich glaube nicht, daß die amerikanische Regierung bereit wäre, eine solche Verantwortung zu übernehmen», sagte er.

«Die Entscheidung liegt bei Ihnen, Majestät.»[4] Für den Schah war diese Form der Distanzierung äußerst hart. Jahrelang hatten ihm die USA Entscheidungen diktiert, die er oft auch gegen seinen Willen ausgeführt hatte. Und jetzt, wo er und sein Regime am Abgrund standen, ließen sie ihn allein.

Nach diesem Treffen, von dem Sullivan den Außenminister unterrichtete, wollte Vance dem Botschafter endlich klare Anweisungen erteilen. Er formulierte ein Telegramm, in dem er zum Ausdruck brachte, daß die Regierung der Vereinigten Staaten einen Militärputsch strikt ablehne. Der Botschafter solle sofort Verhandlungen mit der Opposition aufnehmen, mit dem Ziel, eine Übergangsregierung unter Beteiligung der Opposition zu bilden, die den Weg für die Abschaffung der Diktatur ebne. «Für uns war es gleichgültig, wie sich das neue Regime nennen würde: konstitutionelle Monarchie oder islamische Republik», schrieb Vance.[5]

Das Telegramm wurde nicht abgeschickt. Brzezinski intervenierte. Man müsse dem Schah den Rücken stärken und ihm die Unterstützung der USA zusichern. Die Anweisung, die Sullivan am 28. Dezember aus Washington erhielt, war deshalb so nichtssagend wie die vorhergehenden. Die USA bevorzugten die Bildung einer Zivilregierung, hieß es darin. Wenn dies aber nicht möglich sei und die Armee Gefahr laufe, auseinanderzufallen, dann gäbe es keine andere Lösung mehr als die Bildung einer starken Militärregierung unter dem Schah.[6]

Vance und Brzezinski lieferten später unterschiedliche Interpretationen dieses Schreibens. Während Brzezinski darin die Aufforderung zu einem Militärputsch sehen wollte, deutete Vance es als Ablehnung einer Gewaltlösung: Es mache klar, daß die USA einer militärischen Lösung nicht zustimmen würden, die nur den Schah und seinen Thron retten würde. Tatsächlich waren beide Interpretationen möglich.

Der Schah wurde des Wartens auf eine klare Stellungnahme aus Washington überdrüssig und bemühte sich um die Bildung einer gemäßigten zivilen Regierung unter Beteiligung oppositioneller Politiker.

Gespräche mit dem Vorsitzenden der Nationalen Front, Sanjabi, und deren Vorstandsmitglied Sadighi zur Übernahme der Regierung führten zu keinem Ergebnis. Beide Männer waren nicht abgeneigt, das Amt des Ministerpräsidenten zu übernehmen. Aber einerseits waren die Bedingungen, die der Schah stellte – der beispielsweise den Oberbefehl der Armee nicht aus der Hand geben wollte –, unakzeptabel, andererseits fürchteten sie, den Zorn des Ayatollah und der radikalisierten Massen auf sich zu ziehen.

Die Revolution hatte längst das ganze Land erfaßt. Die Zeit für Kompromisse war endgültig vorbei. Zu spät war dem Schah die Einsicht gekommen, daß er die Macht teilen mußte, wenn er seine Herrschaft retten wollte.

Ein halbes Jahr oder wenige Monate vorher wären solche Lösungen noch möglich gewesen. Jetzt war das Spiel für den Schah endgültig verloren. Dennoch fand selbst sein letzter Rettungsversuch bei den Führern der Opposition noch breite Zustimmung. Der Schah erklärte sich bereit, vorübergehend – unter dem Vorwand eines längeren Urlaubs – ins Ausland zu reisen. In seiner Abwesenheit sollte ein Kronrat gebildet werden, an dem auch Vertreter der Opposition, neben Militärs und Politikern des Regimes, beteiligt werden sollten. Auch Ayatollah Taleghani fand den Vorschlag akzeptabel, sprach sich aber dafür aus, die Zustimmung Chomeinis einzuholen. Hassan Nazieh, ebenfalls ein früherer Mitarbeiter von Mossadegh und Mitglied von Bazargans «Freiheitsbewegung», wurde Ende Dezember 1978 beauftragt, Chomeini in Paris den Vorschlag vorzutragen. Chomeinis Vertrauter Ghotbzadeh holte ihn in Paris vom Flughafen ab. Ghotbzadeh war begeistert und hielt den Plan für die beste Lösung.

Chomeini ließ sich Zeit, den Abgesandten zu empfangen. Als dieser schließlich vorgelassen wurde, saß der Ayatollah auf einer Matratze, schaute den Besucher nicht an, starrte auf den Boden. Ghotbzadeh und Chomeinis Sohn Ahmad waren ebenfalls anwesend. Nazieh war durch diesen unfreundlichen Empfang eingeschüchtert. Dennoch versuchte er, den Kompromißvorschlag zu schildern und dessen Vorzüge anzupreisen. Der Ayatollah sagte nichts. Er schien aufmerksam zuzuhören. Als Nazieh mit seinem Bericht zu Ende war, entstand zunächst ein gespanntes Schweigen. Die Anwesenden hingen an Chomeinis Lippen. Er stand nach einigen Minuten auf und sagte in einem verärgerten Ton: «Mögen Herr Taleghani und Sanjabi tun, was sie wollen. Ich habe damit nichts zu schaffen. Für mich gibt es nur ein Ziel: der Schah muß weg.» Nach diesen Worten schritt er zur Tür. «Der Imam hat recht», sagte Ghotbzadeh laut, als Chomeini gerade das Zimmer verließ.[7]

Die Führer der Opposition gaben sich mit Naziehs Bericht nicht zufrieden. Jetzt sollte der Schriftgelehrte Motahari, ein enger Vertrauter Chomeinis, mit dem Ayatollah Verbindung aufnehmen und ihn von dem Kompromißvorschlag zu überzeugen versuchen. Aber auch dieses Mal blieb Chomeini hart. «Niemals, niemals werde ich meine Zustimmung dazu geben», sagte er.[8]

In Teheran waren die Todesglocken des Schahregimes nicht zu überhören. Der Chef der Militärregierung versuchte nach seinem Herzinfarkt, vom Krankenlager aus, die Staatsgeschäfte zu lenken. Der Schah weilte immer noch in seinem Prunkpalast, sein Körper zunehmend von Krebs, seine Seele von Mißtrauen zerfressen. Die politische Krise im Land eskalierte. Viele Politiker und Militärs wollten sich noch rechtzeitig aus dem Staub machen. Selbst General Oweissi, Oberbefehlshaber der Streitkräfte und Verantwortlicher für den Ausnahmezustand in der Hauptstadt, täuschte eine Krankheit vor und verließ Hals über Kopf das Land. Viele Unternehmer verschwanden noch kurz vor Toresschluß mit ihrem Guthaben ins Ausland. Ausländische Botschaften ordneten die Evakuierung ihrer Landsleute an. Am

23. Dezember fiel ein hoher amerikanischer Angestellter der iranischen Ölgesellschaft einem Attentat zum Opfer. Am 24. wurde die amerikanische Botschaft von Demonstranten angegriffen, Teile des Gebäudes wurden in Brand gesteckt.

Ökonomisch war das Land ruiniert. Die Krise wurde so belastend, daß die Opposition einen Stimmungswandel unter der Bevölkerung und eine Abnahme der Kampfbereitschaft befürchtete. Ayatollah Taleghani veröffentlichte eine Erklärung, in der er der Bevölkerung mitteilte, die Regierung halte absichtlich die Ölreserven zurück, um gegen die Revolution Stimmung zu machen. Wenige Stunden später erhielt er vom Direktor der Ölgesellschaft einen Anruf, der sich bereit erklärte, im Namen der Regierung mit der Opposition über die Energieversorgung zu verhandeln. Eine von Taleghani zusammengestellte Delegation sollte sich am nächsten Tag mit dem Direktor der Ölgesellschaft treffen. Als die Delegation am Morgen im Hause Taleghanis erschien, um die Verhandlungstaktik abzusprechen, traf sie auf Bazargan, der gerade mit Taleghani aus seinem Arbeitszimmer herauskam. «Es hat sich erledigt, meine Herren», sagte Taleghani. «Wir werden mit der Regierung nicht verhandeln.»

Chomeini hatte den Abend zuvor von Taleghanis Absicht erfahren und wollte nicht dulden, daß ein anderer – am wenigsten ein populärer Geistlicher – eigene Initiativen ergreift. Er hatte Bazargan beauftragt, Taleghani von seinem Vorhaben abzubringen. Statt dessen sollte Bazargan im Auftrag Chomeinis mit den streikenden Ölarbeitern verhandeln.[9] Sie sollten die Ölproduktion teilweise wiederaufnehmen, so weit es für die Inlandsversorgung notwendig war. Die Ölarbeiter stimmten diesem Vorschlag zu. Diese Lösung steigerte Chomeinis Popularität und Autorität bei der Bevölkerung und demonstrierte darüber hinaus vor aller Welt, daß er der einzige war, der die Situation beherrschte und dessen Befehle befolgt wurden.

Der Schah schaute immer noch zu. Aus Washington drängte ihn Brzezinski, doch endlich zu handeln und das Militär gegen die Aufständischen einzusetzen. Auch seine Generäle wurden immer ungeduldiger. Er wußte, daß es um seinen eigenen Kopf ging. Überall auf den Straßen hörte man den Ruf: «Marg bar Schah», «Tod dem Schah». Dieser Satz war zu einem normalen Gruß geworden. Wer sich auf der Straße traf, rief sich zu: «Begu marg bar Schah.» Doch der Kaiser, der fünfundzwanzig Jahre lang keine Gewalt gescheut hatte, um seine Macht zu erhalten, suchte Friede und Freundschaft. Sein Verhalten in diesen Tagen wird immer ein Rätsel bleiben. War seine Krankheit zu weit fortgeschritten? Wollte er kurz vor seinem Tod ein Blutbad vermeiden? Niemand kann genau sagen, was in ihm vorging. Natürlich hatten ihn die rasche Entwicklung der Revolution, das Verhalten der amerikanischen Regierung und sein Mißtrauen gegen die eigenen Vertrauten verunsichert. Statt des vollen Einsatzes des Militärs streckte er immer wieder die Hand zur Freundschaft aus, aber niemand wollte sie ergreifen. Sie war zu sehr mit Blut befleckt.

Endlich fand sich doch einer: Schapur Bachtiar, führendes Mitglied der Nationalen Front. Bachtiar wagte einen mutigen Alleingang. In der Stunde der Not wollte er den Retter der Nation spielen. Ohne Wissen seiner Parteifreunde stimmte er dem Vorschlag des Schah zu und übernahm das Amt des Ministerpräsidenten. Der Schah erklärte sich bereit, vorübergehend das Land zu verlassen. Den Oberbefehl der Armee wollte er dennoch nicht aus der Hand geben. Während seiner Abwesenheit sollte ein Kronrat als oberste Staatsinstanz fungieren.

Am 31. Dezember 1978 wurde Bachtiar offiziell mit der Regierungsbildung beauftragt. Zehn Tage wollte er sich für die Bildung seines Kabinetts Zeit nehmen. Das schien dem Schah viel zu lang. «Die Zeit drängt, beeilen Sie sich», verlangte er von seinem Regierungschef. Für Bachtiar war es nicht leicht, genügend Mitstreiter zu finden. Keiner wollte sich den Zorn Chomeinis und der Bevölkerung zuziehen, keiner war bereit, sich dem Vorwurf des Verrats auszusetzen.

Als Bachtiar dem Schah sein Kabinett vorstellte, hatte er nicht einmal die Hälfte der Ministerposten besetzt. Bei der Kabinettsvorstellung hielt der Schah eine kurze Rede: «Bei meiner letzten Fernsehansprache habe ich Versprechungen gegeben, denen ich mich nach wie vor verpflichtet weiß, und ich werde selbstverständlich versuchen, sie einzulösen. Dazu gehört auch der Versuch, brauchbare Lösungen für unsere politischen Probleme zu finden. Die Einberufung der neuen Regierung ist ein wichtiger Schritt auf diesem Weg. Ich mußte in bezug auf die Unruhen, die es in unserem Land gibt, viel Geduld aufbringen. Jetzt bin ich müde und benötige dringend Ruhe und Erholung...»[10]

Ein wichtiges Ziel der Revolution schien erreicht. Unter welchem Vorwand auch immer, der Schah hatte endlich nachgegeben und sich bereit erklärt, Abschied zu nehmen.

Bachtiars Programm, das er gleich nach der Kabinettsvorstellung bei einer Pressekonferenz verkündete, hörte sich vernünftig an:

«Ich schwöre», sagte er, «daß ich mich um die Verbreitung der islamischen Religion bemühen und gleichzeitig anderen, in unserem Land zugelassenen Religionen die gebührende Achtung erweisen werde...

Ich schwöre, alle politischen Gefangenen, sofern sie tatsächlich aus politischen Gründen inhaftiert worden sind, freizulassen...

Ich schwöre, sämtliche in der Verfassung und internationalen Menschenrechtskonvention verankerten gesellschaftlichen Rechte und Freiheiten so schnell wie möglich zu realisieren...

Ich werde den Ausnahmezustand allmählich aufheben... Ich werde sobald wie möglich dafür sorgen, daß die Presse im Rahmen der Gesetze frei und ohne jegliche Zensur ihre Arbeit wieder aufnehmen kann. Sämtliche politischen Parteien, die gesetzlich nicht verboten sind, können ab sofort ihre Aktivitäten aufnehmen. Auch verbotene Organisationen können, soweit sie nicht unter der Regie ausländischer Mächte stehen, nach einer Untersuchung dieselben Rechte genießen. Gleichzeitig möchte ich in Anbetracht der gefährlichen Lage unseres Landes... darum bitten, auf Aktivitäten, die zur Zerstörung, Tötung oder auch zur Störung des öffentlichen Lebens führen... zu verzichten. Ich bitte den allmächtigen Gott und alle Personen, die mich kennen, mir auf meinem Weg beizustehen. Ich möchte betonen, daß keine Drohungen und Zweifel mich daran hindern können, meinem Volk zu dienen.»

Bachtiar schloß seine Pressekonferenz mit folgendem Vers:
«Ich bin der Sturmvogel, habe nichts als Sturm im Sinn, fliehe nicht vor dem Meer, da ich eine Welle bin.»[11]

Daß der Schah das Land verließ, sah Bachtiar als sein Verdienst an. Er hatte sich geopfert, das unvermeidliche Blutvergießen verhindert und den Schah aus dem Land gejagt. Dennoch: Für die Opposition war er ein Verräter. Er hatte Kompromisse mit dem Schah und seiner Armee geschlossen und sich damit der Revolution in den Weg gestellt.

«Wie weit waren Sie denn damals von Ihrem eigenen Erfolg überzeugt», fragten wir Bachtiar in einem Interview. «Woher nahmen Sie die Zuversicht, sich gegen die Aufständischen, gegen Chomeini und seine Anhänger und auch gegen Ihre eigenen politischen Freunde durchsetzen zu können?»

«Es war ein historischer Augenblick», sagte Bachtiar. «Einer mußte es schließlich wagen. Es war keine Zeit für längere Überlegungen und für die Aufstellung einer Rechnung über Erfolg und Mißerfolg. Ich hatte die Pflicht zu handeln, und ich habe gehandelt.»[12]

Bachtiar wurde von der amerikanischen Regierung bei seinen Bemühungen unterstützt. Präsident Carter hatte in den ersten Januartagen die Regierungschefs von Frankreich, Großbritannien und der Bundesrepublik Deutschland zu einem Gespräch über aktuelle Probleme der Weltpolitik nach Guadeloupe eingeladen. Dabei wurde auch über den Iran gesprochen. Die Regierungschefs schienen sich darin einig, daß man die Person des Schah endgültig aufgeben und nach Kompromissen mit der Opposition suchen müsse.

Das Weiße Haus schien jetzt alle Karten auf Bachtiars Regierung und die Armee zu setzen. Anfang Januar wurde der Stellvertreter des Natooberbefehlshabers, der amerikanische General Huyser, in den Iran gesandt. Damals wurde über diesen Besuch viel spekuliert. Heute wissen wir aus eigenen Angaben des Generals, daß er den Auftrag hatte, für den Zusammenhalt der iranischen Armee zu sorgen, die Militärs zur Unterstützung der Regierung Bachtiar zu bewegen und – falls Bachtiar scheitern sollte – einen Militärputsch zu organisieren.

Aber die Mission Huysers in Teheran hatte noch ein anderes Ziel. Ein Teil der US-Administration, allen voran Sicherheitsberater Brzezinski, traute dem Botschafter Sullivan nicht mehr.[13] Der Auftrag Huysers sollte streng geheim bleiben. Er flog mit einer Transportmaschine und als Angehöriger des Militärpersonals getarnt in den Iran. Sein erstes Gespräch mit Botschafter Sullivan überraschte ihn sehr. Sullivan erklärte ihm, der Schah müsse unverzüglich das Land verlassen, Bachtiar habe gegen die Aufständischen keine Chance, auf die Armee sei kein Verlaß. Man müsse gemeinsam mit der Geistlichkeit eine Lösung finden – das sei die einzige noch verbliebene Chance.[14]

Es war in der Tat eine absurde Situation: Der Botschafter der USA hatte den Schah, die von ihm ernannte Regierung und die Armee längst abgeschrieben und schon seit geraumer Zeit Kontakt zu den Führern der Opposition aufgenommen. Ein Gesandter desselben Landes war mit dem Auftrag eingereist, die Armee und die Regierung Bachtiar zu retten und gegebenenfalls gegen die Verhandlungspartner des Botschafters einen Militärputsch zu organisieren. «Hätte ich damals gewußt, was ich fünf Jahre später aus dem Buch von Gary Sick erfuhr, nämlich, daß Botschafter Sullivan den Plan hatte, mit der Opposition zusammenzuarbeiten und damit schon erfolgreich war – was niemand in Washington bekannt war –, sowie sein Plan, mehr als hundert hochrangige iranische Offiziere zu zwingen, das Land zu verlassen – was meiner Mission, sie zu halten und zu unterstützen, völlig zuwiderlief –, dann wäre mein Entschluß sicherlich anders ausgefallen.»[15]

Mit Huyser in Teheran waren nun beide Fraktionen der amerikanischen Administration im Iran vertreten. Der Botschafter vertrat die Ansichten des Außenministers, Huyser befolgte die Anweisungen von Sicherheitsberater Brzezinski und des Verteidigungsministers. Die Richtlinien, die jeder von ihnen aus

Washington erhielt, standen so sehr miteinander in Widerspruch, daß Sullivan später schrieb: «Manchmal hatte ich den Eindruck, wir sprechen mit zwei verschiedenen Städten und Regierungen.» [16]

Die Gespräche, die Huyser mit der Armee führte, waren nicht ermutigend. Die meisten Generäle erklärten ihm gegenüber, sie würden, falls der Schah ginge, ebenfalls das Land verlassen. Der amerikanische General behandelte die iranischen Befehlshaber wie Schuljungen. Er hielt ihnen lange Vorträge, erinnerte sie an ihre patriotischen Pflichten und appellierte an ihr Gewissen, um sie zum Bleiben zu überreden. Aber die meisten Offiziere handelten nach dem Motto «Gott, Schah, eigene Haut, Vaterland», schreibt Huyser. [17] Sie waren entschlossen, ihre eigene Haut zu retten. Nach tagelangen Verhandlungen, die Huyser mit ihnen in Gesprächen unter vier Augen und in der Gruppe führte, zeigten sie sich bereit, unter bestimmten Bedingungen zu bleiben: Der Schah sollte das Land vorerst nicht verlassen, die USA müßten Druck auf Chomeini ausüben, wenn nötig, ihn «zum Schweigen bringen», und die Sendungen der BBC in persischer Sprache sollten unverzüglich eingestellt werden.

Die Generäle befanden sich in einer ungewohnten Situation. Noch nie in ihrem Leben waren sie gefordert worden, eigene Entscheidungen zu treffen und selbständig Initiativen ergreifen zu müssen. Sie waren gewohnt, die Befehle des Schahs oder seiner amerikanischen Berater entgegenzunehmen und sie auszuführen. Sie hatten nur blinden Gehorsam gelernt. Wie sollten sie jetzt diese komplizierte Situation meistern, wie ohne den Schah auskommen und eine Regierung unterstützen, die sie nicht akzeptierten, oder gar einen Putsch durchführen und die Staatsgeschäfte selbst in die Hand nehmen? Sie suchten eine Zuflucht, einen Ersatz für den Schah, klammerten sich an den amerikanischen General und übertrugen ihm die Verantwortung für alles weitere. Die iranische Generalität erwies sich in diesen Tagen der Entscheidung als Papiertiger. Die 450 000 Mann starke Armee fiel wie ein Kartenhaus zusammen.

Von großer Bedeutung für den Erfolg Chomeinis war, daß manche der Generäle – in Anbetracht eines bevorstehenden Sieges der Mullahs – bereits heimlich mit der Opposition verhandelten. Der Oberbefehlshaber der Streitkräfte, General Gharabaghi, der Chef des Geheimdienstes, General Moghaddam und andere hatten ohne Wissen ihrer Kollegen Geheimkontakte aufgenommen. Das führte zu gegenseitigen Verdächtigungen und zu allgemeinem Mißtrauen, was die Möglichkeit einer gemeinsamen Planung vereitelte.

Noch erstaunlicher war die Rolle, die General Fardust spielte. Fardust, ein Schulfreund des Schah, genoß über Jahre hinweg das volle Vertrauen des Kaisers. Als Chef des kaiserlichen Kontrollamtes – ein Amt, das der Schah über alle Ämter und Ministerien gestellt hatte, um jede Veränderung innerhalb der Verwaltung, Polizei und Armee beobachten und gefährliche oder verdächtige Personen oder Tendenzen ausschalten zu können – wurde Fardust als zweitmächtigster Mann im Iran angesehen. Kein hohes Amt durfte ohne seine Zustimmung besetzt werden. Und gerade dieser Mann sollte sich später, wie General Huyser enthüllt hat, als Mitglied des sowjetischen Geheimdienstes KGB entpuppen. Ob er nun direkt mit Chomeini und seinen Vertrauten in Verbindung stand oder seine Informationen über den KGB nach Paris gelangten, war nicht herauszufinden. Fest steht jedenfalls, daß Chomeini über die geheimsten Vorgänge am Hof, bei der Armee und der Regierung genauestens informiert war und entsprechend seine Anweisungen geben und taktische Schritte einleiten konnte.

Nach der Revolution war Fardust von der Bildfläche verschwunden. Viele fragten sich, was mit dem General geschehen sei. Niemand ahnte, daß er von Chomeini den Auftrag erhalten hatte, den neuen Geheimdienst der islamischen Republik, SAWAMA, zu leiten. Dieses Amt behielt er bis zum Frühjahr 1985. Erst dann wurde er – ohne daß es offiziell bekanntgegeben wurde – als Mitglied des KGB verhaftet.[18] Warum selbst diese Verhaftung stillschweigend erfolgte, blieb unklar, ebenso die Frage, wie weit die Sowjets Chomeini unterstützt und bei der iranischen Revolution mitgemischt haben. Auch dies gehört zu jenen Rätseln der jüngsten iranischen Geschichte, die vielleicht irgendwann einmal aufgedeckt werden.

Das Ende der Pahlawi-Dynastie

Am 10. Januar 1979 erhielt Sullivan aus Washington die Order, den Schah aufzufordern, so schnell wie möglich das Land zu verlassen. Der Schah war nicht überrascht. Schon seit Wochen hatte er gemerkt, daß die Amerikaner ihn loswerden wollten. «Aber wohin soll ich denn gehen?» fragte er Sullivan flehentlich. Als Sullivan ihm die Einreise in die USA in Aussicht stellte, war er überglücklich und vor Dankbarkeit so gerührt, daß seine Augen sich mit Tränen füllten. Er zeigte sich dann auch ganz gefügig und artig, um die Amerikaner ja nicht zu verärgern. Er wußte, daß ohne die Hilfe der USA sein Leben in größter Gefahr war. Er versprach, so rasch wie möglich seine Abreise vorzubereiten.[1]

Beim nächsten Treffen mit Sullivan war auch General Huyser dabei. «Das einzige, was die beiden interessierte», schreibt der Schah, «war das Datum meiner Abreise.» Huyser erinnerte den Schah an das, was dieser ihm gegenüber im Sommer des vorangegangenen Jahres geäußert hatte: «Auch wenn ich bei Präsident Carter in Ungnade gefallen bin, werde ich die Zügel nicht aus der Hand geben.» Diese Bemerkung, in einem Augenblick, in dem die beiden Amerikaner wie zwei Henker neben dem Kaiser standen, wirkte auf ihn wie ein letzter Tritt. «Er wandte sich ab und starrte Botschafter Sullivan an», schreibt Huyser. «Mehrfach kratzte er sich am Hinterkopf und wechselte dann wieder das Thema.» «Majestät», sagte Huyser hartnäckig und zynisch: «Ich habe eine Frage gestellt.» «Eindringlich sah er mich durch seine dicken Augengläser an», schreibt Huyser weiter. «Schließlich antwortete der Schah: ‹Sie verstehen gar nichts.›»[2]

Der Zeitpunkt seiner Abreise wurde festgelegt. Am 16. Januar sollte er endgültig das Land verlassen. Ein ihm vertrauter General, Rabii, Oberbefehlshaber der Luftwaffe, sollte alle diesbezüglichen Vorbereitungen treffen. Später sagte Rabii bei einem Gerichtsverhör, das live vom iranischen Fernsehen übertragen wurde: «General Huyser hat den Schah wie eine tote Maus am Schwanz gepackt und aus dem Land geworfen.»[3]

Die Amerikaner gingen zur Tagesordnung über. Nun waren nur noch drei Gegenspieler auf der politischen Bühne: die Regierung Bachtiar, die Armee und Chomeini – und hinter ihm die überwiegende Mehrheit der iranischen Bevölkerung. Nach langem Zögern entschlossen sich die USA, mit Chomeini zu verhandeln. Über die französische Regierung teilten sie dem Ayatollah mit, daß der Schah in den nächsten Tagen das Land verlassen werde. In einer Botschaft forderten sie den Ayatollah auf, in Paris zu bleiben. Er solle Bachtiar eine Chance geben, sonst bestehe die Gefahr eines Militärputsches. Das war eine klare Drohung. Chomeini ließ sich davon nicht beeindrucken. Schon die Tatsache, daß die USA ihm offiziell die baldige Abreise des Schahs mitteilten, bestätigte ihm, daß seine Macht nun auch im Ausland anerkannt wurde. «Selbst wenn ich Bachtiar unterstützte, würde das iranische Volk seine Regierung nicht akzeptieren», ließ er der US-Regierung mitteilen. Die USA sollten es aufgeben, den Schah und seinen Marionettenpräsidenten Bachtiar zu unterstützen und Pläne für einen Militärputsch zu schmieden. Sollte ein Militärputsch zustande kommen, dann liege die Verantwortung dafür bei den Amerikanern. Außerdem wisse er sehr wohl, daß die Armee sich in einem Zerfallsprozeß befinde und viele Militärs sich im Ernstfall auf seine Seite schlagen würden.[4]

Der Ayatollah fühlte sich sicher. Die gesamte Opposition und Millionen von Menschen hörten auf ihn. Weder die Armee noch die Regierung, noch die Drohungen der USA konnten ihm diese Führungsmacht streitig machen. Er konnte die nächsten Schritte mit Bedacht und ohne Hast vollziehen.

Am 12. Januar gab Chomeini die Bildung eines «Islamischen

Revolutionsrates» bekannt. Der Rat sollte eine provisorische Regierung bilden, die Wahlen zu einer verfassunggebenden Versammlung durchführen und die von dieser Versammlung ausgearbeitete Verfassung dem Volk zur Abstimmung vorlegen.

«Das iranische Volk wünscht nicht nur die Absetzung des Schah und die Abschaffung der Monarchie», erklärte er. «Das Volk wird seinen Kampf bis zur Gründung der Islamischen Republik, der einzigen Garantie für Freiheit, nationale Unabhängigkeit und die Sicherung sozialer Gerechtigkeit, fortsetzen!»[5]

Die Bildung eines Revolutionsrats zu der Zeit, in der der Schah noch im Lande weilte, Bachtiar einige Tage zuvor zum Ministerpräsidenten ernannt worden war, und die Amerikaner das Militär durch General Huyser – dessen Anwesenheit in Teheran inzwischen allgemein bekannt geworden war – auf einen Putsch vorzubereiten schienen, war ein kühner Beschluß. Aber Kühnheit gehört zu Chomeinis Vorzügen: Während alle anderen dafür plädierten, jetzt endlich Kompromisse einzugehen, die Armee nicht mehr zu reizen, sich mit dem Erreichten zufriedenzugeben, blieb der Ayatollah hart. Es bestehe die Möglichkeit, daß der Schah vor seiner Abreise doch noch zum letzten Mittel greife und einen Militärputsch durchführe, schrieb er in einer Botschaft an das iranische Volk. «Aber ich bin sicher, daß die Armee, mit Ausnahme einiger Blutsauger, niemals bereit sein wird, ein solches Verbrechen zu begehen. Die Armee gehört dem Volk, und das Volk gehört der Armee. Die Streiks und Demonstrationen müssen fortgesetzt werden, und falls sich euch jemand in den Weg stellen sollte, habt ihr das Recht, ihn zu töten.»[6]

Einen Militärputsch vor seiner Abreise wagte der Schah nicht mehr. Selbst Brzezinski und Brown, die Huyser bei seiner Mission unterstützten und unter keinen Umständen einen Machtwechsel zugunsten Chomeinis zulassen wollten, rechneten nicht mehr mit ihm. Die Krebskrankheit war weit fortgeschritten. Es half nichts mehr, der mächtige Kaiser von einst war verloren und mußte Abschied nehmen. Es war der Mittag des 16. Januar 1979.

Am Flughafen keine hohen staatlichen und religiösen Würdenträger, keine Militärkapelle, kein roter Teppich, keine «süßen kleinen» Mädchen, die dem Landesvater zum Abschied Blumen reichten. Nur ein paar Generäle, ein paar Journalisten und Ministerpräsident Bachtiar waren anwesend.

Im kaiserlichen Pavillon richtete der Schah seine letzten Worte an die wenigen Anwesenden. Mit Tränen in den Augen sagte er: «Wie ich schon bei der Kabinettsvorstellung sagte, fühle ich mich seit längerer Zeit sehr müde und brauche Erholung... Jetzt ist es soweit. Ich werde Teheran in Richtung Assuan in Ägypten verlassen... Ich hoffe, daß es der Regierung gelingt, die Fehler der Vergangenheit zu revidieren und für die Zukunft stabile Grundlagen zu schaffen. Dazu gehört echter Patriotismus. Unsere Wirtschaft muß wieder in Gang gebracht werden, das normale Leben wieder beginnen und die Zukunft der Bevölkerung gesichert werden.

Dem habe ich nichts hinzuzufügen.»

Einer der anwesenden Journalisten konnte sich die Frage nicht verkneifen: «Wie lange gedenken Majestät im Ausland zu bleiben?» – «Das hängt von meinem gesundheitlichen Zustand ab», antwortete der Monarch. «Im Moment möchte ich das genaue Datum der Rückreise nicht festlegen.»[7]

Dann faßte er seine Frau Farah am rechten Arm und schritt langsam zur Maschine, hinter ihm der dürftige Rest grauer Eminenzen. Vor der Rolltreppe blieb er einige Minuten lang mit dem Rücken zu seinen Begleitern stehen, drehte sich um, holte sein Taschentuch heraus und wischte seine Tränen ab. Mit trauriger und leiser Stimme sagte er zum Generalstabschef: «Können Sie mir eine Handvoll Erde bringen lassen?» Danach reichte er jedem seiner Begleiter die Hand zur letzten Verbeugung mit Handkuß und stieg die Treppe hinauf. Wenige Minuten später sah man die Maschine mit dem kaiserlichen Wappen am Horizont entschwinden. Das war das endgültige Ende der Pahlawi-Dynastie, das Ende einer fünfundzwanzigjährigen Diktatur.

Die Nachricht von der Abreise des Schahs, die erst bekanntgegeben wurde, als Kaiser und Kaiserin längst über alle Berge waren, schlug wie ein Blitz ein. Innerhalb von einer Stunde fand auf den Straßen das größte Volksfest statt, das die iranische Geschichte je erlebt hatte.

Leute umarmten und küßten sich auf der Straße, Autobesitzer schmückten ihre Scheibenwischer mit Blumen. Manche Fahrer hielten mitten auf der Straße an, stiegen auf das Dach ihres Wagens und begannen zu tanzen. Händler schenkten den Passanten Blumen. Vor den Häusern wurden Süßigkeiten ausgeteilt. Trompeten-, Schlagzeug- und Trommelspieler forderten die Passanten zum gemeinsamen Singen und Tanzen auf. Wertvolle Geldscheine mit dem Bild des Schahs wurden demonstrativ verbrannt. Jeder versuchte, irgendwie seiner Freude Ausdruck zu verleihen. Schahstatuen, die auf öffentlichen Plätzen standen, wurden vom Sockel gestürzt. Man sah viele mit einem Kopf, einem Bein, einer Hand des Schahs herumlaufen – Erinnerungsstücke an einen großen Sieg.

Das Volksfest dauerte bis tief in die Nacht. Überall standen Haus- und Wohnungstüren offen, man ging hinein, gratulierte sich gegenseitig. Eßwaren, Süßigkeiten und Getränke wurden angeboten. Es war ein historischer Tag, ein Glückstag, an dem eine ganze Nation teilnahm, auf eine freiere, bessere Zukunft hoffend.

Die Nachricht von der Abreise des Schahs gelangte auch nach Paris. Der Ayatollah befand sich in seinem Zimmer. Einige seiner Vertrauten überbrachten die freudige Botschaft. Keine Regung, kein Zeichen der Freude in seinem Gesicht. Er hörte zu, starrte zur Decke und schwieg. Verdutzt und erstaunt verließen die Boten das Zimmer.

Noch am selben Tag versuchten die USA, mit Chomeini Kontakt aufzunehmen. Der Leiter der politischen Abteilung der US-Botschaft in Paris, Zimmerman, suchte den Chomeini-Vertrauten Yazdi auf und teilte ihm mit, eine frühzeitige Rückkehr des Ayatollah in den Iran könnte zu einer folgenschweren Konfrontation zwischen den Aufständischen und der Armee führen. Chomeini solle entgegen seiner Ankündigung seine Abreise vorläufig verschieben. Yazdi versicherte dem Amerikaner, daß der

Ayatollah keine Auseinandersetzung mit dem Militär wünsche und dementsprechend handeln würde.

Tatsächlich suchte Chomeini keine Konfrontation. Sein Ziel bestand darin, durch innere Zersetzung und Aufforderung zur Desertion die Armee zu schwächen, handlungsunfähig zu machen. Und er hatte Erfolg damit. Huyser schreibt: «Ich muß zugeben, daß Chomeinis neue Strategie zur Abwerbung der Truppen auch mir ein unangenehmes Gefühl in der Magengrube verursachte. Wir mußten rasch etwas unternehmen, oder es konnte passieren, daß wir die Soldaten verlören, ohne zu wissen, wie uns geschah.» [8]

Chomeini empfahl – auf Anregung von Ayatollah Beheschti – auch seinen Anhängern im Iran, mit den Militärs zu verhandeln: «Nehmt Kontakt auf, versucht den Militärs Mut zu machen, versichert ihnen, daß sie es in Zukunft weit besser haben werden als unter dem Schah.» [9]

Der Kronrat, der noch in Anwesenheit des Schah gebildet worden war, wollte nun seinerseits aktiv werden und eine Lösung herbeiführen. Allen Mitgliedern, Generälen, Politikern, auch Ministerpräsident Bachtiar war dabei klar, daß ohne Chomeini keine Lösung mehr denkbar war. Sie beschlossen, den Vorsitzenden des Rates, Tehrani, zur persönlichen Absprache mit Chomeini nach Paris zu entsenden. Kaum in Paris angelangt, ging er jedoch vor der alles vernichtenden Autorität des Ayatollah in die Knie. Chomeini hatte es abgelehnt, ihn zu empfangen. Der Kronrat sei illegal, und daher könne er auch seinen Vorsitzenden nicht anerkennen, sagte er. Tehrani würde nur dann empfangen werden, wenn er zurücktreten und den Kronrat als eine widerrechtliche Einrichtung verurteilen würde. Tehrani folgte. Er veröffentlichte eine entsprechende Erklärung und wurde schließlich als Bittsteller zu dem Imam vorgelassen. Kniend bat er den großen Revolutionsführer und Retter der Menschheit um Vergebung! Damit war das Schicksal des Kronrates besiegelt. Er trat nicht mehr in Erscheinung und löste sich von selbst auf.

Der Eindruck, der Ayatollah verfüge über eine göttliche

Macht, der keiner seiner Widersacher standhalten könne, verstärkte sich dadurch erheblich. Wie wäre es denn sonst zu erklären, daß der Vorsitzende den Kronrat, den er selbst mitgegründet hatte, als illegal bezeichnete, fragten sich viele.

Chomeini erklärte nun auch das Parlament für illegal und forderte die Abgeordneten auf, ihr Mandat niederzulegen und sich seiner Gefolgschaft anzuschließen. Viele folgten seinem Ruf.

Die Regierung Bachtiar stand vor unlösbaren Problemen. Den Ministern und Staatssekretären wurde der Zugang zu ihren Ministerien durch streikende Beamte und Angestellte versperrt. Selbst der US-Botschafter kam bald zu der Überzeugung, daß die Tage Bachtiars gezählt seien. Er bezeichnete ihn als einen Don Quichotte. Aber die amerikanische Regierung war noch nicht gewillt, die Einschätzung ihres Botschafters zu akzeptieren. In einem Schreiben vom 19. Januar teilte sie Sullivan und Huyser mit: «Wir unterstützen die Regierung Bachtiar.» Auch Verhandlungen zwischen Bachtiar und Bazargan oder Vertretern der Geistlichkeit wurden begrüßt. «Aber das Ziel dieser Verhandlungen kann auf keinen Fall eine Koalition zwischen Bachtiar und Chomeini sein.»[10]

«Es muß Bachtiar mitgeteilt werden, daß wir eine Kursänderung seiner Regierung nach links nicht dulden werden», sagte Präsident Carter auf einer Sitzung des Sicherheitsrates. «Die Unterstützung seiner Regierung durch die Armee dient der Herstellung von Ruhe und Ordnung. Aber eine Zusammenarbeit zwischen Bachtiar und Chomeini und die Aufnahme von Chomeini-Anhängern in die Regierung können wir niemals befürworten.» – «Meinen Sie damit, daß wir eine Stabilisierung der Regierung Bachtiar und die Stärkung ihrer politischen Basis vermeiden sollen?» fragte Außenminister Vance. «Im Augenblick sind nur die Militärs und die Anhänger des Schah auf unserer Seite. Diese dürfen wir auf keinen Fall verlieren», antwortete Carter. «Diese Politik kann als eine Aufforderung an die Militärs zum Handeln interpretiert werden», sagte Vance...

«Die Drohung mit einem Militärputsch ist der beste Weg, um

eine Machtergreifung Chomeinis zu verhindern», gab Carter verärgert zurück.[11]

Ungeachtet der Verworrenheit und der Kontroversen in Washington ging Botschafter Sullivan in Teheran seinen eigenen Weg. Er arrangierte ein Treffen mit Bazargan und dem Chomeini-Anhänger Ayatollah Ardebili. Dieses erste Gespräch mit zwei führenden Köpfen der Opposition, das er ohne Wissen der eigenen Regierung, Bachtiars oder der Militärs führte, schien ihm sehr nützlich. «Ein guter Anfang für weitere Schritte», schrieb er in seinem Buch.[12]

Mehr Hoffnungen noch als der Botschafter schöpfte Bazargan nach diesem ersten Gespräch. «Bei dem Geheimtreffen im Januar zwischen Herrn Ardebili, mir und dem Botschafter der Vereinigten Staaten fanden wir die Bereitschaft zur Durchführung einer Volksbefragung über die Änderung des Systems von konstitutioneller Monarchie in Islamische Republik vor. Ein Meinungsunterschied bestand nur über die Frage, wer das Referendum durchführen und wer es kontrollieren solle – wir oder die Regierung Bachtiar.»[13]

Am 23. Januar forderten Sullivan und Huyser eine Revision der bisherigen Politik der USA. Die Verhandlungen mit Chomeini sollten intensiviert werden, um noch einen Kompromiß zwischen der Armee und der Geistlichkeit zu finden. Ferner baten sie um die Erlaubnis, den Generälen mitteilen zu dürfen, daß die USA einen Militärputsch nicht unterstützen würden. Das Weiße Haus lehnte diese Bitte ab, befürwortete aber den Dialog zwischen den Militärs und der Geistlichkeit.[14]

Wieder traf Zimmerman Yazdi in Paris und konfrontierte diesen mit der Bitte, Chomeini möge den Verhandlungen zwischen den Militärs und seinen Anhängern zustimmen und, solange keine Lösung gefunden worden sei, von einer Reise in den Iran absehen. Sonst werde es doch noch zu einem Militärputsch kommen.

Chomeinis Antwort fiel zweideutig aus, eine Mischung aus Drohung und Entgegenkommen. Die Interessen der USA im Iran seien nur dann gefährdet, wenn sich Bachtiar und die

Militärs weiterhin gegen den Willen der Bevölkerung stellen würden, ließ er Zimmerman mitteilen. Indirekt ließ er durchblicken, daß er im Falle einer Machtübernahme den gemäßigten Politiker Bazargan mit der Übernahme der Regierungsgeschäfte beauftragen werde.[15] Auch in Teheran wurden die Verhandlungen fortgesetzt. Ministerpräsident Bachtiar traf Bazargan, versuchte ihm klarzumachen, daß eine vorzeitige Rückkehr Chomeinis in den Iran den Militärs eine Handhabe zu einem Putsch bieten würde. Man solle ihm zwei Monate Zeit geben. Er sei sogar bereit, aus den Kreisen der Opposition Mitglieder für sein Kabinett zu wählen und einer Kontrolle der Regierung durch Chomeinis Revolutionsrat zuzustimmen. Am 23. Januar ließ Bazargan diese Vorschläge Ayatollah Chomeini telefonisch übermitteln. «Ich dulde keine Kompromisse», war die Antwort.

Chomeini bereitete trotz der Warnungen seine Rückreise vor. Er wußte, daß sich das Regime nach der Abreise des Schahs nicht mehr lange würde halten können und befürchtete, daß ihm die Kontrolle über die Vorgänge im Inland aus den Händen gleiten könnte. Die Verhandlungen und das Schwanken einzelner Politiker, ihre Neigung zu Kompromissen könnten zu Entscheidungen führen, die seinen Interessen und Vorstellungen zuwiderliefen. Der Aufenthalt in Paris hatte ihm wider Erwarten großen Nutzen gebracht. Jetzt aber mußte er zurück. Der Revolutionsführer müsse beim letzten Akt des Volksaufstandes anwesend sein, dachte er. «Gerade weil ich von aller Seiten aufgefordert werde, zu bleiben, muß ich gehen», sagte er zu seinen Vertrauten in Paris.

Während dieser Tage liefen die Verhandlungen in Teheran auf vollen Touren. Chomeinis Ankündigung, nach Teheran zurückkehren zu wollen, versetzte Regierung und Militärs in Angst und Schrecken. Ihrer Einschätzung nach würde die Armee die Zerreißprobe, der sie durch Chomeinis Anwesenheit in der Hauptstadt ausgesetzt würde, nicht bestehen können. Sie würde sich einfach spalten und auseinanderfallen. Selbst General Huyser, dessen Urteil über die Fähigkeiten der iranischen Streitkräfte und die Loyalität der Soldaten lange Zeit hindurch positiv ausfiel, bestätigte diese Einschätzung. Hingegen war sich die Opposition gar nicht so sicher, ob die Armee nicht doch zu einem Putsch fähig wäre. Daher waren auch ihre Wortführer bemüht, den Ayatollah umzustimmen und seine Rückkehr noch hinauszuschieben.

Bachtiar und die Militärs suchten nach Auswegen. Die Regierung ordnete die Schließung der Flughäfen des Landes an. In Geheimgesprächen in Anwesenheit Huysers zogen die Militärs in Erwägung, ob es günstig sei, Chomeini zu ermorden, die Maschine in der Luft abzuschießen oder sie zur Landung auf einer entlegenen Insel am Persischen Golf zu zwingen. Bachtiar hatte eine andere Idee. Er erklärte bei einer Pressekonferenz, er werde nach Paris fliegen und persönlich mit Chomeini sprechen. Bazargan, Beheschti, Motahari und andere Mitglieder des Revolutionsrates gaben ihre Zustimmung zur Reise. Sie bereiteten eine entsprechende Erklärung vor.

Auch Chomeini war zunächst mit dem Besuch einverstanden. Alle Vorbereitungen waren schon getroffen. Doch im letzten Augenblick, kurz vor dem Abflug Bachtiars nach Paris, lehnte er ab: «Nur wenn Bachtiar seinen Rücktritt erklärt, bin ich bereit, ihn zu empfangen.» Wie Chomeini zu diesem überraschenden Sinneswandel kam, ist nie bekannt geworden. Im Gespräch mit uns, den Autoren, behauptet Banisadr, er habe Chomeini nach der Abreise des Schahs gefragt, ob er bereit sei, Bachtiar nach einem eventuellen Rücktritt wieder zum Ministerpräsidenten zu ernennen. Chomeini habe diese Frage mit Ja beantwortet. Auf den Einwand Banisadrs, wie Chomeini jemanden, der vom Schah eingesetzt worden war, bestätigen könne, habe Chomeini gesagt: «Ein Rücktritt Bachtiars würde bestätigen, daß selbst der Ministerpräsident das Regime nicht mehr akzeptiert und es für tot erklärt. Wenn ich ihn dann wiederernenne, bedeutet dies, daß er die Legitimation seines Amtes durch uns bezieht.» [16]

Der Ayatollah schwankte in dieser Frage. Banisadr behauptet, er habe ihn schließlich dazu bewogen, seine anfängliche Zusage zurückzuziehen. Doch, wie wir noch sehen werden, hat Chomeini auch später häufig seine Entscheidungen revidiert. Dies hing oft auch von der augenblicklichen Stimmung ab, die unter den Massen herrschte. Die Massen, zumindest ihr radikalisierter und aktiver Teil, waren gegen Bachtiar eingestellt. Schon wenige Stunden nach seiner Ernennung durch den Schah gingen Tausende auf die Straßen und riefen: «Bachtiar, willenloses Werkzeug.» Chomeini wollte keinesfalls als kompromißlerisch erscheinen. Die Massen liebten und bewunderten seine Radikalität. Dieser Eindruck sollte und durfte nicht verwässert werden.

In Teheran wirkte die Absage schockierend. Bazargan rief in Paris an. «Warum hält der Imam nicht sein Wort?» fragte er. «Unsere Glaubwürdigkeit steht auf dem Spiel. Außerdem hätten wir dadurch ohne Blutvergießen die Macht übernehmen können.»

Chomeini ließ ihn trösten: «Der Sieg ist längst auf unserer Seite.» Und er ließ andeuten, er werde ihn zum ersten Ministerpräsidenten der Republik ernennen. Bazargan war zufrieden.

Bachtiars Versuch war gescheitert, eine große Niederlage, die seinem ohnehin schon geschädigten Ansehen schweren Schaden zufügte. Chomeini und seine Begleiter hatten schon die Koffer gepackt und waren abflugbereit. Lange konnte Bachtiar die Flughäfen nicht geschlossen halten. Denn je länger die Einreise des Revolutionsführers hinausgeschoben wurde, desto radikaler und hysterischer reagierten die Massen. Die Spannung steigerte sich von Stunde zu Stunde. Bachtiar konnte schließlich nur noch nachgeben.

Am 30. Januar wurden die Flughäfen freigegeben. Die Bevölkerung atmete auf. Die Freude über die bevorstehende Ankunft Chomeinis war überall zu spüren. Seit Tagen schon befanden sich Hunderttausende aus der Provinz auf dem Weg in die Hauptstadt. Omnibusse, Personenwagen, Pferde und Esel waren unterwegs, viele pilgerten gar zu Fuß, um die Ankunft des Imam mitzuerleben. Entlang der Straße zum Flughafen waren Tausende von Zelten aufgeschlagen. Manche, die kein Zelt hatten, schliefen einfach unter freiem Himmel, obwohl es noch ziemlich kalt war. Als der Tag der Ankunft des Ayatollah bekannt wurde, begannen die Teheraner die Straßen zu säubern und zu schmücken. Bilder von Chomeini und Spruchbänder, die ihn willkommen hießen, wurden überall aufgehängt. Entlang der angegebenen Route vom Flughafen zum Hauptfriedhof Beheschte Zahra, einer Strecke von rund 50 Kilometern, wurden sämtliche Geschäfte und viele Häuser mit Blumen, farbigen Glühbirnen und Bildern von Chomeini geschmückt. Aus den Fenstern der Privatwohnungen hingen Transparente und Fahnen. Noch kein Staatsmann war bisher so festlich empfangen worden. Fernsehen und Rundfunk berichteten schon seit Tagen über nichts anderes als über die Einreise des Ayatollah.

Endlich war es soweit. Der Gottgesandte, Auserwählte, Schutzengel der Barfüßigen und Habenichtse, der Führer der Revolution kehrte in die Heimat zurück.

Die Heimkehr

Es war der 1. Februar 1979. Ein schöner Tag. Eine hellblaue Kuppel überragte die Sechs-Millionen-Stadt. Im Norden standen die schneebedeckten Berge und schauten auf die ungeheuren Menschenmassen herab, die sich teilweise schon am Vorabend oder noch während der Nacht auf den Weg gemacht hatten, um auf der Route, möglichst nah am Flughafen, einen günstigen Platz einzunehmen.

Am Vorabend hatte Bachtiar die Bevölkerung gebeten, Ruhe zu bewahren und unnötige Auseinandersetzungen zu vermeiden. «Ich möchte meine Landsleute bitten», sagte er, «Einsicht und Vernunft walten zu lassen... Alle Revolutionen, die zu lange gedauert und das Volk ermüdet haben, sind in eine Diktatur gemündet. Laßt uns versuchen, die iranische Freiheitsbewegung in den Dienst der gesamten Bevölkerung zu stellen... Meine Regierung und ich werden unseren Grundsätzen treu bleiben und unter allen Umständen die individuellen und gesellschaftlichen Freiheiten, die Freiheit politischer Parteien und Gruppen, die Freiheit der Berufswahl verteidigen.

In diesen Stunden, in denen Ayatollah Chomeini nach langen Jahren ins Land zurückkehrt, möchte meine Regierung den iranischen Muslims ihre Glückwünsche aussprechen...

Meine Regierung wird alle Ansichten und Ratschläge des Ayatollah in Betracht ziehen und bei ihren Aktivitäten die islamische Lehre berücksichtigen. Sie wird aber auch gleichzeitig ihre Aufgaben und Pflichten mit Entschlossenheit wahrnehmen und den Unruhestiftern und ihren unmenschlichen Handlangern mit aller Strenge entgegentreten. Die Regierung wird es nicht zulassen, daß Hab, Gut und Ehre der Bürger unseres Landes der Rachsucht und persönlichen Feindseligkeit zum Opfer fallen. Sie wird nicht gestatten, daß das Land von anderen Kräften als der Zentralgewalt regiert wird. Ich erkläre hier mit allem Nachdruck, daß die Verantwortung für jedes Blutvergießen von nun an bei denjenigen liegt, die Unruhe stiften und die Streitkräfte provozieren wollen. Die Freiheiten, die heute in unserem Land existieren, schließen jeden Grund zu Aggressionen und Gewalttaten aus. Eine legitime Regierung ist dazu verpflichtet, die Gesetze einzuhalten.

Auch wir werden uns an unsere Pflichten halten.»[1]

Während Bachtiar seine Fernsehansprache hielt, wurden in Paris die letzten Vorbereitungen getroffen. Rund 150 Journalisten aus aller Welt hatten den Antrag gestellt, den Imam auf seinem Flug nach Teheran begleiten zu dürfen. Chomeini ließ ihnen mitteilen, daß die Reise gefährlich sei, und jeder, der mitfliegen wolle, müsse sich auf das Schlimmste gefaßt machen. Chomeini hatte recht. Wahrscheinlich war er über den KGB-Mitarbeiter, General Fardust, von den Attentatsplänen oder einer möglichen Entführung unterrichtet worden. Daher waren, wie sein Sohn Ahmad später berichtet, alle Vertrauten in Teheran und Paris gegen diese frühzeitige Rückkehr.

Sicherheitsberater Brzezinski erwähnt in seinem Buch einen Entführungsplan, den angeblich Bachtiar entworfen habe. Er schreibt:

«Am 22. Januar berichtete Brown, General Huyser habe ihn unterrichtet, daß Bachtiar sich gleichzeitig mit den Vorbereitungen zur Rückreise Chomeinis auf Gegenmaßnahmen vorbereitet. Die Maschine mit dem Ayatollah an Bord solle unterwegs zur Landung gezwungen und der Ayatollah selbst verhaftet werden... Als ich dem Präsidenten Bachtiars Pläne schilderte, sagte er:

‹Großartig...› Vance war entschieden dagegen und meinte, das könne zur Eskalation der Unruhen, sogar zum Tode des Ayatollah Chomeini und danach zu unvorhersehbaren Folgen führen... Brown und ich waren der Ansicht, daß wir Bachtiar bei seinen Plänen unterstützen müßten... Der Präsident beschloß, den Vorschlag von Brown und mir mit gewissen Veränderungen anzunehmen und Bachtiar für die Durchführung seiner Pläne grünes Licht zu geben. Leider hat Chomeini den Termin seiner Reise verschoben...»[2]

Auch in Teheran liefen viele Gerüchte um. «Schon vor dem Abflug in Paris soll auf den Ayatollah ein Attentat verübt werden, das Flugzeug soll unterwegs abgeschossen werden...» Am häufigsten hörte man, das Verbrechen solle auf dem Teheraner Flughafen verübt werden.

Am Vorabend des 1. Februar bestieg der Greis die Maschine, an Bord etwa 150 ausgewählte Journalisten und fünfzig Iraner, unter ihnen der Sohn des Ayatollah, sein älterer Bruder Passandideh, der seit kurzem bei ihm in Paris weilte, und drei seiner nächsten Berater, Banisadr, Yazdi, Ghotbzadeh. Peter Scholl-Latour vermutet in seinem Buch *Allah ist mit den Standhaften*, daß Chomeini eine so umfangreiche Reisebegleitung wählte, um durch die Aufmerksamkeit der Weltöffentlichkeit einem Attentat auf ihn vorzubeugen.[3]

Auf diesem Flug, «Revolutionsflug» genannt, verhielt sich der Ayatollah, im Gegensatz zu seinen Begleitern, völlig ruhig, kein Zeichen von Nervosität, Erwartung, Glück. Er lachte nicht, unterhielt sich nicht, nicht einmal ein leises Lächeln konnte die Strenge seiner Gesichtszüge mildern. Nur als er beten wollte, fragte er seine Begleiter, in welcher Richtung Mekka liege. Es ist

Vorschrift, beim Beten den Blick nach Mekka zu richten. Die Begleiter waren unterschiedlicher Ansicht, jeder zeigte in eine andere Richtung, einer holte seinen Kompaß heraus und versuchte, damit die Richtung herauszufinden. Chomeini dauerte dies alles zu lang. «Ich weiß es», sagte er und streckte die Hand in eine bestimmte Richtung. «Dort liegt Mekka», betonte er mit einer Bestimmtheit, die keinen Widerspruch duldete.

Als die Maschine die iranische Grenze überflog, befanden sich in Teheran bereits Millionen auf der Straße. Das Flughafengebäude durfte nur von geladenen Gästen betreten werden. Chomeinis Anhänger hatten alles bis ins kleinste organisiert. Das Publikum war nach Rang und sozialer Stellung eingeteilt. Bürgerliche Politiker, Vertreter der Streikkomitees, der Geistlichkeit, religiöser Minderheiten, Hochschullehrer, Schriftsteller, Journalisten standen in getrennten Blöcken nebeneinander. Die ganze Zeremonie sollte vom Rundfunk und Fernsehen live übertragen werden. Die Atmosphäre war ungeheuer gespannt. All die Gerüchte, Bachtiars Drohungen, das rätselhafte Schweigen der Militärs, die Anwesenheit von Offizieren und Soldaten auf dem Flughafen, die zahlreichen Hubschrauber und Jagdbomber, die demonstrativ über die Stadt flogen, gaben Anlaß genug zu den schlimmsten Befürchtungen. «Es könnte ja sein, daß ein Soldat am Flughafen plötzlich die Nerven verliert oder den großen Helden spielen will und mit einem einzigen Schuß auf den Ayatollah dem Verlauf der Geschichte unseres Landes eine Wende gibt.» Diese und ähnliche Vermutungen hörte man in den Gesprächen.

Millionen schauten zum Himmel, viele beteten laut für eine ungestörte Landung. Kurz nach neun Uhr morgens wurde die Air-France-Maschine, eine Boeing 747, am Himmel gesichtet. «Gott ist mächtig, Chomeini ist unser Führer», riefen die Massen. Rundfunk und Fernsehen verkündeten die frohe Botschaft. Feierlich erklang die Nationalhymne: «O Iran, Land der Juwelen, deine Erde ist die Quelle der Kunst...» Jahrelang durfte diese Hymne nicht gespielt werden, der Schah hatte seine eigene Hymne eingeführt...

Plötzlich wurde im Fernsehen das Programm abgebrochen.

Die Air-France-Maschine umkreiste Teheran und flog dann in Richtung Westen. Niemand wußte, was geschehen war. Nach wenigen Minuten ertönte auf einmal im Fernsehen und Rundfunk die Schahhymne: «Hoch lebe unser Schah-in-schah…» Ein Jammerruf ging durch die Menge, viele glaubten, der gefürchtete Militärputsch habe jetzt stattgefunden. «Begu marg bar schah» («Sage Tod dem Schah»), rief einer, und die Massen folgten ihm.

Die Schahhymne wurde nicht zu Ende gespielt. Der Ansager beruhigte die Zuhörer, es sei eine Panne passiert. Wieder sah man die Air-France-Maschine, und dieses Mal setzte sie tatsächlich zur Landung an.

Oben in der Maschine führte ein Journalist ein Interview mit Chomeini: «Ayatollah, Sie sind fünfzehn Jahre lang in der Verbannung gewesen. Jetzt werden Sie von sechs, sieben Millionen Ihrer Landsleute erwartet. Was empfinden Sie in diesem Augenblick?» – «Nichts», antwortete Chomeini.

Um 9 Uhr 30 landete die Maschine. Ahmad, Chomeinis Sohn, stieg als erster aus. Er wurde als Vorbote losgeschickt. Er sollte feststellen, ob alles in Ordnung sei. Als der Imam herauskommen wollte, drängten sich seine Begleiter an seine Seite, jeder von ihnen wollte ihm als Stütze und nahester Vertrauter dienen, um damit auch vor den Zuschauern seine besondere Stellung sichtbar zu machen. Ghotbzadeh war der flinkeste, auch körperlich wohl der kräftigste. Doch kurz vor dem Ausgang blieb Chomeini stehen, drängte ihn und die anderen verärgert zurück und bat einen Steward, ihn unter den Arm zu fassen. «Allah'o akbar, Chomeini Rahbar», riefen die ausgewählten Gäste, als der Ayatollah auf der Treppe erschien. Keine Handbewegung, nicht einmal einen Blick für die Zuschauer, Chomeini schaute nach unten, als er die Treppe herabstieg. Ein Offizier näherte sich ihm, flüsterte ihm etwas ins Ohr, eine schwarze Mercedes-Limousine wurde vorgefahren, der Imam und sein älterer Bruder stiegen ein, der Wagen fuhr an dem Block der bürgerlichen Politiker, die verdutzt dreinschauten, vorbei zum alten Flughafengebäude, wo sich der Block der Geistlichkeit befand. Nach einer kurzen Begrüßung, die Chomeini schweigend über sich ergehen ließ, stieg er in einen Kombiwagen, neben ihm sein Bruder Passandideh. Auf dem Dach des Wagens standen bewaffnete Ordner, sie sahen wie palästinensische Milizionäre aus. Es wurde eine Kolonne gebildet, vorn Motorradfahrer, dann drei Kombiwagen, hinten wieder eine Reihe Motorradfahrer. Die Kolonne setzte sich in Bewegung. Nur mit Mühe konnte sie sich ihren Weg freikämpfen.

An einer Kreuzung in der Nähe des Flughafens fuhren plötzlich einige Polizeiwagen und Motorräder an den Konvoi heran, vertrieben die Zuschauer, soweit es ging, umzingelten den Konvoi. Das Ganze dauerte nur wenige Minuten, dann fuhren die Polizisten wieder davon, der Konvoi setzte seinen Weg fort. Niemand unter den Schaulustigen merkte, daß Chomeini nicht mehr dabei war. Sein Bruder hatte auf seinem Sitz Platz genommen.

«Du bist meine Seele, Chomeini», riefen die Leute. Und der Bruder winkte ihnen zu, lächelte und schaute sie an. Die Massen waren vor Freude und Begeisterung außer sich. Mancher wollte zur Begrüßung des Imam sein Leben opfern und warf sich vor das Auto. Bis zum Friedhof Beheschte Zahra standen die Zuschauer dicht aneinandergedrängt und wollten den großen Retter der Nation begrüßen. Während dieser Stunden hielt sich der Ayatollah an einem unbekannten Ort versteckt. Die Begeisterung der Massen ließ ihn unberührt. Um drei Uhr mittags stieg er in der Nähe von Beheschte Zahra aus einem Hubschrauber und in einen anderen Kombiwagen ein. «Außer dem Imam saßen nur noch der Fahrer und ich in dem Wagen», berichtete Chomeinis Sohn Ahmad aus Anlaß des zweiten Jahrestags der Revolution. «Das Drängen der Zuschauer war so groß, daß wir kaum vorwärts kamen. Es war eine sehr gefährliche Situation. Kurz vor Beheschte Zahra blieb der Motor des Wagens stehen, offensichtlich war er ausgebrannt. Der Druck der Menge schob den Wagen hin und her, fast wären wir in einen Graben gestürzt. Schließlich rettete uns ein Hubschrauber. Wir wurden zum Eingang des Friedhofes geflogen.»[4]

Der Friedhof beherbergte nicht nur gewöhnliche Tote, sondern auch Märtyrer der Revolution. In den vergangenen Monaten waren hier täglich Trauerprozessionen veranstaltet, die Märtyrer würdevoll zu Grabe getragen worden. Chomeini selbst hatte den Wunsch geäußert, hier seine erste Rede zu halten, um seine Achtung vor den Märtyrern zu demonstrieren.

«Willkommen im Hause der Märtyrer», stand am Eingang des Friedhofes, und als Chomeini hineinfuhr, riefen die Massen: «Wir sind alle deine Soldaten, Chomeini, nur dir gehorchen wir, Chomeini.»

Der Ayatollah stieg aus, schritt würdevoll zum Podium. Seine strengen Augen schauten über die Köpfe der Menge hinweg, als ob diese fast in Ekstase geratenen Massen nicht existierten und er sich allein in der Wüste befände. «Du bist meine Seele, Chomeini», riefen sie mit erhobenen und sich rhythmisch bewegenden Händen, aber er schien sie nicht zu hören.

Schließlich begann er zu reden. Seine Stimme kannte man schon von den Tonbändern. Alle hielten den Atem an. Es herrschte Totenstille. Er sprach leise und undeutlich, machte oft längere Pausen, benutzte grammatisch ungewohnte, ja oft falsche Formulierungen. Die Gläubigen aber verstanden ihn und waren hingerissen von seinen Worten.

«Wir haben über lange Zeit große Qualen erleiden müssen», sagte er. «Viele Frauen mußten ihre Männer und jungen Söhne zu Grabe tragen. Wenn ich Menschen begegne, die ihre Söhne und Töchter verloren haben, fühle ich eine schwere Last auf meinen Schultern, eine Last, unter der ich fast zusammenbreche...» Das Publikum begann zu weinen, vor allem die Frauen stießen Klagerufe aus.

Allmählich wurde die Rede heftiger, die Angriffe gegen den Schah und die Pahlawi-Dynastie, gegen Ausbeuter und Schmarotzer gewannen an Schärfe. Haß, Wut und Rachsucht beherrschten das Antlitz des greisen Revolutionsführers. «Diese Regierung», sagte er und meinte die Regierung Bachtiar, «ist illegal. Sie muß verschwinden... Bevor dieser Herr Ministerpräsident wurde, hielt er selbst das Parlament für ungesetzlich... Ich werde die legitime Regierung ernennen. Ich werde dieser Regierung auf den Mund schlagen. Ich werde, unterstützt vom Volk, die Regierung bestimmen. Ich! Denn das Volk erkennt mich an...» – «Allah'o akbar, Chomeini Rahbar» (Gott ist mächtig, Chomeini unser Führer), riefen die Anwesenden.

«Diesen Herrn», – gemeint ist Bachtiar –, rief er, «nimmt niemand ernst, seine Freunde nicht, die Armee nicht und auch nicht die Amerikaner und Engländer... Dieser Herr sagt, in einem Land könnten nicht zwei Regierungen existieren. Völlig richtig, das sagen wir auch. Wir sagen, daß die legitime Regierung bleiben und die illegitime gehen muß... Du bist illegitim. Unsere Regierung stützt sich auf den Willen des Volkes, sie stützt sich auf das Urteil Gottes. Wenn du nicht gehst, mußt du Gott leugnen und dich gegen den Willen des Volkes stellen...»

Zum Schluß seiner Rede wendete sich der Ayatollah an die Armee und forderte sie auf, sich dem Volke anzuschließen. «Der Islam ist für euch besser als Sünde und euer eigenes Volk besser als ein fremdes», sagte er. «Gebt euren Widerstand auf! Glaubt nicht den Gerüchten, glaubt nicht, daß wir euch erhängen werden.»[5]

Daß einige Generäle wenige Tage später auf Anweisung Chomeinis bei Nacht und Nebel erschossen werden sollten, das erwähnte der Gottesmann hier nicht. Die Rede war zu Ende. Nun wollte der Imam doch noch auf Tuchfühlung mit den Massen gehen. Auch die Warnungen seiner Begleiter konnten ihn nicht daran hindern. Sohn Ahmad berichtete: «Ich empfahl dem Imam, in den Wagen einzusteigen. ‹Du bist zu ängstlich›, sagte er und mischte sich unter die Menschen. Motahari, der ebenfalls anwesend war, fiel fast in Ohnmacht. Das Drängen des Publikums war so heftig, daß ich den Imam aus den Augen verlor. Ein Hubschrauber, der in der Nähe war, landete auf dem Platz vor dem Podium. Ich dachte, der Imam befände sich darin und stieg ein. Aber dort war er nicht. Ich war sehr besorgt. Viermal kreisten wir über dem Platz, bis wir ihn endlich fanden. Später habe ich erfahren, daß ein Schwächeanfall ihn überwältigt hatte. Die Leute hatten es gemerkt und ihn auf Händen zu einem Krankenwagen getragen. Wir sahen, wie der Krankenwagen mit Mühe seinen Weg durch das Publikum bahnte. Schließlich erreichte er die Straße nach Ghom und fuhr mit einer ungeheuren Geschwindigkeit aus der Stadt heraus, bog in eine Nebenstraße, in die Wüste. Wir verfolgten den Wagen mit dem Hubschrauber. Dann hielt er auf unser Zeichen an. Der Imam stieg in den Hubschrauber ein, und wir flogen davon. Die Frage war nun, wohin wir fliegen sollten. Zum Flughafen? Das war unser erster Entschluß. Doch als wir dort ankamen, sahen wir, daß der Flughafen und die naheliegenden Plätze und Straßen immer noch von Menschenmengen überfüllt waren. Dann beschlossen wir, zu einem Krankenhaus zu fliegen. Ich fragte den Imam, wie es ihm gehe. ‹Gar nicht gut›, antwortete er.

Als wir auf dem Vorplatz des Krankenhauses landeten, glaubte das Krankenhauspersonal, es handle sich um einen dringenden Fall. Als die Ärzte den Imam aussteigen sahen, waren sie schockiert und wußten nicht, wie sie sich verhalten sollten. ‹Wir brauchen ein Auto›, sagte ich. Ein Arzt brachte uns sofort seinen Wagen, es war ein Peugeot. Wir stiegen ein und fuhren davon. Einige Ärzte dachten, daß sie uns beschützen müßten und fuhren mit einem Jeep hinter uns her. Aber wir fuhren sehr schnell und hängten sie ab. Nategh Nuri, ein Vertrauter des Imam, der mit uns war, hatte seinen Wagen in der Nähe geparkt. Wir wechselten den Wagen. Dann fuhren wir zu meiner Cousine, der Tochter des Ayatollah Passandideh. Dort fanden wir endlich ein paar Stunden Ruhe.»[6]

Es war eine kuriose Situation. Der Revolutionsführer war verschwunden. Niemand, nicht einmal seine engsten Vertrauten, wußte, wo er steckte und was mit ihm geschehen war.

Erst nachts um eins tauchte Chomeini wieder auf. Begleitet von seinem Sohn, fuhr er in die Refahschule, eine Mädchenschule im Süden Teherans, die provisorisch als seine vorläufige Residenz eingerichtet worden war.

Vom nächsten Morgen an stellte sich der Imam täglich stundenlang ans Fenster und winkte Abertausenden zu, die weinend und rufend, bittend und betend auf der Straße an ihm vorbeizogen. Kranke Kinder, Frauen und Männer wurden zu ihm gebracht. Die Berührung seiner heiligen Hände sollte sie gesund machen.

Die Rede Chomeinis auf dem Friedhof von Beheschte Zahra war für die Regierung Bachtiar eine Provokation gewesen. Ohne Wenn und Aber hatte er sie zur Kapitulation aufgefordert. Dazu schien Bachtiar jedoch immer noch nicht bereit. Er hoffte auf einen Stimmungswandel in der Bevölkerung. «Solange der Ayatollah im Ausland war, stellte er für viele einen Mythos dar», sagte er. «Jetzt sehen ihn die Leute mit eigenen Augen. Er wird bald seine Anziehungskraft verlieren.» Und in einer Fernsehrede polemisierte er gegen Chomeini: «Er kann in der heiligen Stadt Ghom seinen islamischen Staat errichten. Es wäre reizvoll, wenn auch wir hier im Iran einen kleinen Vatikan hätten.»[7]

Bachtiar irrte. Chomeini hatte zwar in Paris mehrmals erklärt, daß er nicht gewillt sei, die politische Macht und ein staatliches Amt zu übernehmen, er wolle als geistliche und moralische Instanz dem Volke dienen. Doch das war in Paris. In Teheran stellte der Ayatollah ganz andere Ansprüche. Er verlangte die Macht, die absolute Macht.

Die Bevölkerung interessierte sich in diesen kritischen Tagen weniger für die Regierung als für das Verhalten der Armee. Würde sie weiterhin die Regierung unterstützen, oder würde sie sich auf die Seite der Revolution schlagen – eine Frage, die keiner eindeutig beantworten konnte, am wenigsten die hohen Generäle selbst. General Huyser hat die Stimmung, die kurz vor seiner Abreise aus dem Iran in den obersten Etagen des Militärhauptquartiers herrschte, beschrieben: «Ich sagte, ich müßte vor meiner Abreise genau wissen, was sie planten, wenn die Regierung tatsächlich stürze. Abermals trat eine lange Pause ein. Ich brach als erster das Schweigen. Alle Blicke waren auf mich gerichtet. Ich wisse, daß die Situation sehr schwierig für sie sei, aber wenn man nicht darüber diskutierte, würde sie nur noch schwieriger. Es ist wie beim Baseball oder besser wie beim Pokern, und der Einsatz ist ihr Land. Ich dachte, wenigstens das würde General Gharabaghi (Oberbefehlshaber der Streitkräfte) zu einer Reaktion veranlassen... Er saß nur da, und sein Schweigen bestätigte mir, daß ich recht hatte. Also stand ich auf und sagte: ‹Na schön, ich habe den Eindruck, daß die Sache verloren ist, denn anscheinend ist keiner von Ihnen bereit, der Wirklichkeit ins Auge zu sehen.› Sie erhoben sich ebenfalls, und endlich kam eine Reaktion. General Rabii (Oberbefehlshaber der Luftwaffe) platzte los: ‹Mein Bruder, in diesem Fall... wenn es schon getan werden muß, um das Land zu retten, werde ich es tun und das Kommando übernehmen.›»[8]

Am gleichen Abend verließ Huyser den Iran mit dem Gefühl, daß die Niederlage besiegelt war.

Nach der Abreise Huysers blieb Botschafter Sullivan als einziger Vertreter der USA im Iran zurück. Doch weder die Generäle noch Bachtiar und seine Regierung trauten ihm. Sie wußten, daß er mit der Opposition in Verbindung stand und einen Machtwechsel befürwortete. Aber nicht nur sie, sondern selbst der Präsident der Vereinigten Staaten mißtraute seinem Botschafter. Als General Huyser am 5. Februar dem Präsidenten in Washington über seine Mission im Iran berichtete, fragte ihn Carter: «Was soll ich Ihrer Meinung nach mit Botschafter Sullivan machen? Soll ich ihn ablösen und nach Hause holen?»[9]

Sullivan selbst wußte nur zu gut, daß er ohne die Unterstützung aus Washington dastand und daß er in dieser höchst prekären Situation seine Entscheidungen alleine treffen mußte. Er schreibt: «Der Schah war in Ägypten geblieben. Er glaubte, die Ereignisse von 1953 würden sich wiederholen. Ich schrieb nach Washington: ‹Derlei Illusionen werden uns teuer zu stehen kommen. Denn die Revolution steht kurz vor ihrem Sieg, und wir müssen jetzt, in unserem eigenen Interesse, mit der Opposition zusammenarbeiten.› Die Antwort auf dieses Schreiben gehörte zu den schärfsten und schlimmsten Telegrammen, die ich je aus Washington erhielt. Der beleidigende Ton war unerträglich für mich, eine Art Mißtrauenserklärung. Die Depesche war im Weißen Haus diktiert worden. Das bedeutete, daß ich nicht mehr die Vertrauensperson des Präsidenten der Vereinigten Staaten in Teheran sein konnte. Ich wollte zurücktreten. Doch das Schicksal von 8000 Amerikanern im Iran hielt mich davon ab...

Von diesem Zeitpunkt an herrschte zwischen mir und der Regierung offene Feindschaft, und ich muß gestehen, daß die Worte, die ich während dieser Zeit in der Korrespondenz mit Washington benutzte, nicht denen eines Botschafters gegenüber der eigenen Regierung und ihm überstellten Beamten angemessen waren.»[10]

Die USA ließen es also in diesen kritischen Tagen nicht nur an einer eindeutigen und klaren Politik dem Iran gegenüber vermissen, sie verfügten nicht einmal über einen Repräsentanten, der bereit war, die Anweisungen des Präsidenten und der Regierung zu befolgen. Daß sich dadurch die unter den Generälen herrschende Unsicherheit noch erheblich steigerte, lag auf der Hand. Gharabaghi, der Oberbefehlshaber der Streitkräfte, beschreibt eine Szene, die diese Unsicherheit und Ausweglosigkeit anschaulich zum Ausdruck bringt, ein Treffen der verantwortlichen Generäle von Anfang Februar 1979 im Militärhauptquartier.

«General Badraie, Oberbefehlshaber des Heeres, sagte: ‹Heute morgen hat mich der Chef des CIA in Teheran in meinem Büro aufgesucht und mir vorgeschlagen, Chomeini zu besuchen.› – ‹Das ist richtig›, sagte der Geheimdienstchef, General Moghaddam. ‹Auch mir gegenüber hat er sich im gleichen Sinn geäußert.› – ‹Im Gegenteil›, sagte General Rabii, Oberbefehlshaber der Luftstreitkräfte, ‹als ich heute morgen den Chef der amerikanischen Militärberater der Luftwaffe traf, meinte er, das Militär müsse unbedingt die Regierung Bachtiar unterstützen.› – ‹Nicht doch›, sagte General Badraie: ‹Als ich heute morgen den Chef der amerikanischen Berater der Bodenstreitkräfte traf, war er derselben Ansicht wie der CIA-Chef und meinte, es wäre besser, mit Chomeini zu verhandeln.› Der Oberbefehlshaber der Marine, General Habibollahi, sagte: ‹Der Chef der amerikanischen Berater der Marine meint aber, wir sollten Bachtiar unterstützen.› General Toufanian... äußerte sich auch noch zu dem Problem und sagte: ‹General Huyser hat beide Meinungen vertreten.›»[11]

Ähnliche Gespräche müssen wohl auch im Weißen Haus in Gegenwart des amerikanischen Präsidenten stattgefunden haben. Diesen Eindruck vermittelt General Huyser nach einer Sitzung im Weißen Haus und schreibt: «Ich hatte nicht das Gefühl, mich darauf verlassen zu können, daß diese Regierung sich geschlossen bemüht, den Iran zu retten.» [12]

In dieser Situation der Hilflosigkeit der Armee und Machtlosigkeit der USA legte Chomeini einen weiteren Trumpf auf den Tisch. Drei Tage nach seiner Ankunft in Teheran ernannte er Bazargan zum Premierminister. Die Wahl Bazargans war ein kluger Schachzug gegenüber dem Ausland. Chomeini konnte damit all diejenigen beruhigen, die mit dem Sieg der Revolution eine Machtübernahme der Fundamentalisten befürchteten. Auch im Inland wurde Bachtiar durch die Ernennung einer Oppositionsregierung weiter in die Defensive gedrängt.

Daß es gerade der stark zum Westen tendierende Bazargan sein mußte, der als erster Ministerpräsident die iranische Revolution repräsentieren sollte, enttäuschte viele radikale fundamentalistische Mullahs, die fanatischen Jünger Chomeinis, die moskautreue Tudehpartei und auch die unabhängige Linke aller Schattierungen. Sie wollten einen Revolutionär, einen echten Klassenkämpfer, einen aufrechten Antiimperialisten auf diesem Stuhl sehen. Bazargan war dies alles nicht und gab das auch offen zu. Auf der ersten Kundgebung, bei der er nach seiner Ernennung auftrat, gestand er, daß er den Forderungen der Radikalen nicht entsprechen könne. «Im Gegensatz zum Imam Chomeini, der wie ein Bulldozer jedes Hindernis hinwegfegt und seinen Weg freischaufelt, bin ich gewohnt, mit einem bequemen Wagen auf asphaltierten Straßen zu fahren. Meine Politik ist die der kleinen Schritte.» [13]

Nun hatte der Iran zwei Regierungen, eine offizielle und eine provisorische: Die eine, verhaßt beim Volk, isoliert, verunsichert, machtlos, die andere getragen von einem Volksaufstand und gestützt durch den bewunderten und innig geliebten Revolutionsführer Chomeini. Dazwischen die Armee, ohne Selbstvertrauen, ohne Unterstützung einer ausländischen Macht, an einem tiefen Abgrund stehend. Dieser Zustand konnte nicht von Dauer sein.

In den nächsten Tagen häuften sich die Nachrichten über Streiks und Gerüchte über Desertionen in der Armee. Die Kadetten der Stadt Isfahan – so hörte man – sollten gedroht haben, auf ihrem Stützpunkt stationierte Kampfflugzeuge zu sprengen. In vielen Kasernen kam es zwischen Anhängern und Gegnern Chomeinis zu Handgreiflichkeiten. Auch das Mißtrauen unter den Generälen wurde immer größer. Niemand wußte, wer sich hinter dem Rücken der anderen mit den Führern der Opposition traf.

Am Abend des 9. Februar sollte der Film über Chomeinis Ankunft gezeigt werden. Im Luftstützpunkt Duschantappeh hatten sich einige hundert Kadetten im Fernsehraum versammelt. Als Chomeini das erste Mal auf der Leinwand erschien, riefen die Soldaten dreimal: «Allah'o akbar, Chomeini rahbar.» Wenige Augenblicke später wurden sie von einer Einheit der kaiserlichen Leibgarde, die in derselben Garnison stationiert war, angegriffen. «Sie begannen auf uns zu schießen», erzählte später ein Soldat. «Einige von uns flüchteten in die Schlafsäle, doch auch diese Säle wurden von der Leibgarde beschossen. Niemand war auf diese Attacke vorbereitet. Wir schalteten zunächst die Lichter aus. Ein paar Zivilisten hatten die Schüsse gehört und sich vor dem Eingang der Kaserne versammelt. Auch die Wachen der Waffenlager waren unter uns. ‹Holt die Waffen heraus!› rief einer der Kadetten. Die Waffenlager wurden geöffnet. Jeder von uns bediente sich und deckte sich mit Waffen ein. Einige stiegen auf das Dach, andere kehrten in die Schlafräume zurück und versuchten sich von da aus zu verteidigen. Die Kaserne verwandelte sich innerhalb kürzester Zeit in ein richtiges Schlachtfeld. Die Menge der Zivilisten draußen wurde immer größer. Ein paar von uns flüchteten über die Mauern nach draußen und informierten die Demonstranten.» [14]

Die Nachricht von der bewaffneten Auseinandersetzung in Duschantappeh erreichte noch am selben Abend die Teheraner Bevölkerung. Tausende, vor allem Jüngere, eilten sofort an den Ort des Geschehens. Gegen Morgen wurden die Tore der Kaserne durch das Zusammenwirken von Demonstranten und Kadetten geöffnet. Viele strömten hinein und liefen zum Waffenarsenal. Jeder nahm mit, was er tragen konnte.

Endlich war es soweit. Der 10. Februar sollte die endgültige Entscheidung über die Machtübernahme der Revolution herbeiführen. Schon am frühen Morgen sah das Straßenbild in Teheran recht ungewöhnlich aus. Lastwagen, Personenwagen, Motorräder mit bewaffneten Zivilisten, die weiße oder rote Binden um die Stirn trugen, rasten hupend und schreiend durch die Straßen. Mit der Waffe in der Hand forderten sie die Bevölkerung auf, mit zu den Kasernen und Militärbasen zu kommen. Viele folgten ihrem Ruf. Die ganze Stadt glich einem Kriegsschauplatz. In einigen Straßen wurden Barrikaden errichtet. Sirenen von Krankenwagen, die Verwundete in die Krankenhäuser transportierten, Feuerwehrwagen, die vergebens gegen Brandanschläge kämpften, und Panzer und Militärfahrzeuge, die in den Straßen ziellos herumfuhren – es war ein Chaos.

Bachtiar suchte immer noch nach politischen Lösungen und Kompromissen. «Die Demokratie kann ohne Parteien nicht bestehen», sagte er. «Die Gegner der Regierung vertreten demagogische, mittelalterliche Ansichten. Ich bin bereit, gemeinsam mit Bazargan nach Lösungen zu suchen. Aber ich werde niemals dazu bereit sein, über die Gründung einer Islamischen Republik zu verhandeln... Wenn Bazargans Minister die Ministerien betreten wollen, lasse ich sie verhaften. Ich werde es nicht zulassen, daß eine Diktatur durch eine andere ersetzt wird...»[15]

Doch Bachtiar überschätzte seine Macht, oder er wußte nicht, was während derselben Zeit auf den Straßen geschah. Er wußte auch nicht, daß einige Generäle, wie der Oberbefehlshaber der Luftwaffe, Rabii, schon Tage vorher zu Chomeini übergelaufen waren. «Deshalb habe ich die Befehle von Bachtiar und Gharabaghi nicht ausgeführt», gestand der General später in seinem Prozeß.[16]

Bis zum Mittag des 10. Februar waren Tausende von Zivilisten, darunter viele Mitglieder und Sympathisanten der Guerillaorganisationen Volksfedayin und Volksmojahedin, bereits bewaffnet. Offenbar gab es noch andere Waffenarsenale. Gharabaghi behauptet, daß selbst einige Moscheen Waffen an die Bevölkerung ausgeteilt hätten. Daraufhin rafften sich Regierung und Armee zu einer Machtdemonstration auf. Die Sperrstunde wurde von 21 Uhr auf 16 Uhr 30 vorgezogen.

«Warum haben Sie diese Maßnahme verordnet?» fragten wir Bachtiar. «Hatten Sie Putschabsichten?»

«Niemals, niemals», wehrte er heftig ab. «Es hätte doch genügt, wenn ein paar Flugzeuge aufgestiegen wären und drei, vier Bomben abgeworfen hätten. Dann wären doch alle davongelaufen.»

«Und warum haben Sie es nicht gemacht?» fragten wir. «Ich hatte die Bombardierung des Hauptwaffendepots angeordnet. Mein Befehl wurde nicht ausgeführt. Die Generäle haben mit der Opposition kollaboriert und mich und ihr Land verraten.»

«Aber Sie hatten doch keine andere Wahl als einen Militärputsch», setzten wir nach. «Wenn die Armee nicht so schändlich kapituliert hätte, wäre alles anders verlaufen. Ich hätte mich mit Beheschti und Bazargan zusammengesetzt, hätte ihnen gesagt: ‹Wenn Sie genauso wie ich Freiheit und Demokratie haben wollen, dann gibt es einen Ausweg, der für uns alle akzeptabel sein könnte: Wir werden das Parlament auflösen, innerhalb von drei Monaten eine Volksbefragung durchführen und das Volk über die Zukunft entscheiden lassen. Wenn die Mehrheit sich für Sie entscheidet, werde ich zurücktreten. Sollte ich die Wahl gewinnen, würden Sie immer noch Gelegenheit haben, politisch zu wirken und dem Volk zu dienen.› Das war mein Plan, den die verfluchten Militärs zunichte gemacht haben.» [17]

Nach der Änderung der Sperrstunde witterte selbst der mutige und unbeugsame Ayatollah eine ernste Gefahr, er nahm an, daß die Militärs die Entscheidung gefällt und sich zu einem Putsch entschlossen hätten. Er schickte einige Mullahs mit Lautsprecherwagen auf die Straßen. Sie sollten die Bevölkerung auffordern, die Straßen zu leeren und sich in ihre Häuser und Wohnungen zu begeben. Es sei eine Verschwörung im Gange, warnten die Mullahs. Aber niemand hörte auf sie. Im Gegenteil. Mit dem Näherrücken der Sperrstunde nahm die Zahl von Passanten und Demonstranten zu. Um 16 Uhr 30 waren die Straßen von Menschen überfüllt. Selbst die Geschäftsleute ließen ihre Läden offen. Mitten in dem Gewühl boten Straßenverkäufer ihre Waren an. «Mandeln und Pistazien zu Spottpreisen», «die schönsten Äpfel aus dem Libanon», «geröstete Melonenkerne», «die besten islamischen Orangen» wurden angepriesen. Dazwischen die Parolen der Demonstranten: «Nieder mit Bachtiar.» Auch Schüsse waren zu hören.

Dieses Mal hatte sich der Imam geirrt. Erst einige Stunden später, vermutlich dank General Fardust, der ihn über den Zustand im Militärhauptquartier informierte, schwanden seine Befürchtungen. Er ließ am Abend ein Flugblatt verteilen, in dem er die Bevölkerung aufforderte, nicht nach Hause zu gehen und Widerstand zu leisten.

Bei Einbruch der Dunkelheit – es war ziemlich kalt – wurden überall neben den Barrikaden Feuer angezündet. Fast an jeder Kreuzung standen Menschen um die Flammen herum. Kaum ein Auto fuhr auf den Straßen. Aus der Ferne her hörte man einzelne Schüsse. Aus den umliegenden Häusern wurden Eßwaren und warme Getränke herbeigeholt. Widerstandskämpfer sangen Revolutionslieder und diskutierten über die Zukunft. Immer wieder traf jemand mit neuen Nachrichten und Gerüchten ein. So ging es die ganze Nacht bis in den nächsten Morgen hinein. In dieser Nacht blieb ganz Teheran wach. Jeder schien zu spüren, daß es kostbare Stunden waren, historische Augenblicke, die man miterleben mußte.

Am Nachmittag hatte der Sicherheitsrat getagt, eine gemeinsame Einrichtung zwischen Militärs und Regierung. «Jetzt ist meine Geduld zu Ende», hatte Bachtiar gesagt und befohlen, die Bestimmungen des Ausnahmezustandes anzuwenden, jede Ansammlung von Menschen zu verbieten und die «Rädelsführer» zu verhaften. Zum Chef des Geheimdienstes, General Moghaddam, gewandt hatte er gesagt: «General, die Zeit ist reif, um unseren Plan durchzuführen! Erteilen Sie die dazu notwendigen Befehle!» Das war der Plan zur Bombardierung des Militärhauptdepots, von dem Bachtiar uns bei unserem Interview berichtet hat. Doch der Befehl wurde nicht ausgeführt.

Noch mitten in der Nacht eilten viele zu diesem Waffendepot.

Morgens um sechs wiederholte Bachtiar seinen Befehl, das Waffenlager zu bombardieren, aber zu spät, das Militär war bereits funktionsunfähig. Niemand wollte kurz vor Toresschluß noch mehr Schuld auf sich laden.

Die Entwicklung dieser Tage wollte Chomeini nicht so recht ins Konzept passen. Jeder wußte, daß die Initiative gegen die Streitkräfte nicht von den Mullahs, sondern von den Linken und vor allem von den beiden Guerillaorganisationen Volksfedayin und Volksmojahedin ausgegangen war. Die Aufmerksamkeit der Bevölkerung richtete sich auf sie, die Zahl ihrer Sympathisanten nahm erheblich zu. Und sie verfügten jetzt auch über eine große Anzahl von Waffen. Das konnte für die Zukunft schwerwiegende Folgen haben. Gerne hätte Chomeini diese Tage ausgespart und die Armee mit ihren gesamten Einrichtungen unangetastet übernommen. Aber seine Rechnung war nicht aufgegangen. Nun drängte er Bazargan, die Verhandlungen mit den Generälen rasch fortzusetzen, um weitere «Schäden» zu vermeiden.

Auch die Armee war offenbar von den Ereignissen der letzten Tage überrumpelt worden. Die Generäle hatten sich zu sehr auf Verhandlungen mit Bazargan verlassen und nicht mit derartigen Aktionen gerechnet.

Am Morgen des 12. Februar trafen sie sich zu einer Lagebesprechung im Hauptquartier. Die Berichte der jeweiligen Abteilung waren derart niederschmetternd, daß alle 27 anwesenden Generäle einstimmig dem Vorschlag des Generalstabschefs zur endgültigen Kapitulation zustimmten.

Kurz nach 13 Uhr unterbrach der Teheraner Rundfunk sein Programm und verlas die Erklärung des Obersten Rats der iranischen Streitkräfte. Die Armee werde sich bei den gegenwärtigen Auseinandersetzungen neutral verhalten und ihre Einheiten in die Kasernen zurückziehen. Die Nachricht wurde überall mit Erleichterung und Freude aufgenommen. Die Gefahr eines Militärputsches war endgültig gebannt, damit auch die Angst, die jedem im Nacken saß und die Freude über den Sieg trübte.

Mit der Neutralitätserklärung der Armee war Bachtiar die

letzte Waffe aus der Hand geschlagen worden. Es gab keinen Ausweg mehr für ihn. Er mußte, wenn er sein Leben retten wollte, unverzüglich verschwinden. Um 14 Uhr 15 verließ er Hals über Kopf sein Büro. Seine Sekretärin lief hinter ihm her. Wann er zurückkomme, wollte sie wissen. «Das weiß ich nicht. Aber ich werde ganz sicher wieder zurückkommen», antwortete er.[18] Er stieg in eine schwarze Limousine, die ihn zum Hubschrauber fuhr. Wohin ihn der Pilot brachte, wußten nur wenige. Erst Monate später tauchte er in Paris auf. Man vermutet, daß ihm sein alter Freund und späterer Rivale Bazargan zur Flucht ins Ausland verholfen hat. Zehn Minuten nach seiner Flucht drangen Aufständische in sein Amt ein. Der «Sturmvogel» war ausgeflogen. Sein Essen stand kaum berührt auf dem Tisch.

Um 16 Uhr 30 desselben Tages trafen sich Bazargan und der Oberkommandierende der Streitkräfte, Gharabaghi. Das Treffen war Tage zuvor vereinbart worden. Keiner von beiden hatte die jüngste Entwicklung vorausgesehen. Gharabaghi beschwerte sich bei Bazargan. Die Armee habe ihre Neutralität erklärt, sagte er, trotzdem würden militärische Einrichtungen angegriffen und Waffendepots geplündert. Er versuchte, den neuen Ministerpräsidenten auf die Gefahren dieser Entwicklung hinzuweisen. Bazargan drückte sein Bedauern aus und versprach, weitere Ausschreitungen zu verhindern. Auch er war mit der Zerschlagung der Armee und der Bewaffnung der Bevölkerung nicht einverstanden. Nach der Unterredung mit Gharabaghi gab er eine Erklärung heraus. Die Armee habe sich auf die Seite des Volkes gestellt, man solle ab sofort die Angriffe gegen militärische Einrichtungen einstellen. Eine ähnliche Anweisung wurde auch von Chomeini ausgegeben. Doch in diesen Tagen hatte keiner die Kontrolle über die Bevölkerung, nicht einmal der Führer der Revolution, Ayatollah Chomeini.

Zu dieser Zeit bekam Botschafter Sullivan einen letzten Anruf aus Washington. Brzezinski ließ fragen, ob die Durchführung eines Putsches möglich sei. Sullivan reagierte wütend. «Ich kann meine Berichte leider nicht auf polnisch übersetzen», sagte er und legte auf.[19] Auch General Huyser wurde gefragt, ob er bereit wäre, nach Teheran zurückzukehren und einen Militärputsch zu organisieren. «Ich sagte also», schreibt Huyser, «ich würde eine Rückkehr unter folgenden Bedingungen erwägen: Ich müßte über unbeschränkte Mittel verfügen; ich würde zehn oder zwölf von mir selbst ausgesuchte US-Generäle brauchen; ich würde ungefähr 10 000 Mann der besten amerikanischen Einheiten benötigen, weil ich in diesem Stadium nicht wisse, auf wie viele iranische Soldaten ich zählen könne; und schließlich würde ich uneingeschränkte nationale Unterstützung brauchen. Moralische Hilfe allein wäre nicht ausreichend, und ich könnte natürlich nicht nur in beratender Funktion gehen.

Ziemlich lange Pause. Dann nahm ich ihnen die Antwort ab. Ich glaube nicht, sagte ich, daß sie wirklich zu einer solchen Aktion bereit seien, und ich glaube ebensowenig, daß die amerikanische Bevölkerung hinter mir stehen würde. Deshalb liege die Antwort nahe, es sei einfach nicht machbar.»[20]

Die Berichte, Memoiren der Beteiligten, Dokumente über die Iranpolitik der Amerikaner während dieser Zeit, lesen sich fast wie eine Satire. Ist es wirklich möglich, daß sich eine Großmacht einem Land gegenüber, in dem sie auch noch mit Tausenden von Beratern, Geheimdienstlern, Militärs, Diplomaten und über Milliarden Kapital verfügt, so dilettantisch verhält? Natürlich können wir darüber froh sein, daß Männer, die in Washington saßen, zu Entscheidungen nicht fähig waren. Hätte Brzezinski sich durchsetzen können, wäre man auf General Huysers Forderungen eingegangen, dann hätte sich der Iran in ein zweites Vietnam verwandeln können. Wie auch immer, es ist ungeheuer furchterregend, zu wissen, wie wenig die Männer, die an den wichtigsten Schaltstellen der Weltmacht sitzen, über politisches Wissen und Gespür verfügen. Angesichts des ungeheuren Vernichtungspotentials, über das diese Großmacht inzwischen verfügt, wird einem bewußt, welchen Gefahren die Menschheit ausgesetzt ist und wie leicht eine große Katastrophe entstehen kann.

Der Pfauenthron mitsamt Armee, Polizei, Geheimdienst, Gefängnissen war wie ein Kartenhaus zusammengestürzt, der heilige Stuhl noch nicht in Sicht. Trotzdem funktionierte alles weit besser als je zuvor. Spontan gebildete Bezirkskomitees übernahmen in vielen Städten die Nahrungsmittelversorgung. Alte, Kranke, Arbeitslose und Streikende wurden durch Spenden der Bevölkerung versorgt. Die Phantasie des Volkes schuf sich in Parolen und Liedern ihren Ausdruck. Presse, Rundfunk und Fernsehen, Kunst und Literatur blühten auf. Aus dem chaotischen Verkehr der Teheraner Innenstadt, der zuvor von Zehntausenden von Polizisten kontrolliert werden mußte und nun von Freiwilligen aus der Bevölkerung geregelt wurde, waren die bis dahin bei Zusammenstößen üblichen Schlägereien verschwunden. Die Zahl der Unfälle hatte sich auf ein Minimum reduziert. Überfälle, Diebstähle, Vergewaltigungen und andere kriminelle Delikte gab es kaum noch. Eine Woge der Solidarität hatte das ganze Land erfaßt. Über alle Schichten und Klassen hinweg gab es eigentlich kaum jemanden, der dem gestürzten Regime nachtrauerte. Die gesellschaftliche Hierarchie, die Privilegien der Wohlhabenden und Inhaber hoher Ämter waren verschwunden. Ein Selbstbewußtsein, der Stolz, dazuzugehören, Mut bewiesen, der Diktatur Widerstand geleistet, Armen und Kranken geholfen, für die Verletzten Blut gespendet zu haben, erfüllte die Menschen offenbar so sehr, daß Luxusgüter, modische Kleider, akademische Titel, Uniformen, gesellschaftliche Privilegien und Positionen dagegen nur noch als bedeutungslos und nichtig angesehen wurden.

Die Angst vor Behörden, vor Willkür, Erniedrigung und Beleidigung war wie weggeblasen. Es schien, als sei die Geschichte dabei, eine gründliche Umwertung einzuleiten. Der Zauber des Kampfes und die Freude über den Sieg hatten die in der Diktatur gespaltene Gesellschaft zu einer Einheit zusammengeführt. Millionen von Frauen hatten durch die Beteiligung an diesem Kampf an Selbstbewußtsein erheblich gewonnen.

Überall wurden Selbstverwaltungsorgane gebildet. Freie Gewerkschaften, Bauerngemeinden und -räte, Selbstverwaltungsgremien an Schulen, Universitäten und staatlichen Behörden wurden spontan – und ohne Einmischung einer Partei – von den Betroffenen selbst gegründet. Der Iran befand sich auf dem Weg zu einer Demokratie, die sich nicht nur in formaler Gewaltenteilung und Gleichheit vor dem Gesetz erschöpfte, sondern darüber hinaus schrittweise eine tatsächliche Selbstverwaltung der Gesellschaft realisierte.

«Du bist meine Seele, Chomeini»

Der Frühling der Freiheit war angebrochen. Der Schah hatte fluchtartig das Land verlassen, die Armee kapituliert, das zweieinhalbtausendjährige Reich war innerhalb weniger Wochen zu Staub zerfallen.

Hätte Chomeini, der von nahezu allen unterstützt wurde, den Wünschen und Bedürfnissen der Bevölkerung nach Freiheit, Demokratie, Selbstbestimmung, Unabhängigkeit und sozialer Gerechtigkeit entsprochen, dann hätte der Iran eine für viele Länder der Dritten Welt beispielhafte Entwicklung einschlagen können. Aber Chomeini hatte anderes im Sinn. Er hatte beschlossen, den Gottesstaat auf Erden zu errichten.

Die erste Etappe, der Sturz des Schahregimes, war zurückgelegt, nun galt es, weitere Hindernisse, die auf dem Weg zum absoluten Gottesstaat lagen, auszuräumen. Die Fäden dazu hatte er in der Hand. Im Revolutionsrat, dessen Mitglieder der Öffentlichkeit nicht bekannt waren, saßen seine Vertrauten, die Mullahs Beheschti, Motahari, Haschemi Rafsanjani, Musawi Ardebili, Bahonar, Personen, die kaum einer im Iran kannte. Hinter den Kulissen fällten diese Männer, den Anweisungen Chomeinis folgend, die wichtigen politischen Entscheidungen. Chomeini wußte, daß er sie noch nicht öffentlich auftreten lassen und ihnen offizielle Ämter übergeben konnte. Ein Mullah als Minister oder Staatssekretär, Direktor einer Bank oder Chef der Polizei – das konnte sich im Iran niemand vorstellen. Er selbst hatte noch vor kurzem in Paris betont, daß weder er noch ein anderer Geistlicher ein staatliches Amt übernehmen werde. So schnell konnte er sein Wort nicht brechen. Auch seine Ideen von einem islamischen Staat mußten vorläufig im Verborgenen bleiben. Mit Ausnahme der islamischen Fundamentalisten hätte niemand diese Ideen akzeptiert, nicht die Liberalen, nicht die Nationalisten, schon gar nicht die Kommunisten und Sozialisten, nicht einmal die großen Ayatollahs und ein Teil der einflußreichen Mullahs. Im Gegensatz zu der Volkserhebung gegen den Schah, bei der Chomeini die überwiegende Mehrheit der Bevölkerung hinter sich hatte und daher offen und radikal auftreten konnte, mußte er hier weitaus behutsamer und vorsichtiger vorgehen. Ein harter Machtkampf stand ihm bevor. Viele Gegner mußten bis dahin aus dem Weg geräumt werden, nicht alle auf einmal, sondern nacheinander. Er wußte, daß er diesen heiligen Krieg nur dann bestehen konnte, wenn er die Massen, die Geknechteten, Unwissenden, Mittellosen hinter sich hatte, die er mit dem Appell an ihre aufgestauten Aggressionen und an ihren Haß gegen Wohlhabende, Bürgerliche, Linke und Intellektuelle mit Hilfe von Aberglauben und religiösem Fanatismus mobilisieren konnte.

Schauprozesse und brutale Hinrichtungen dienen auch dazu, Haß und Rachegefühle gegen das gestürzte Regime weiterhin lebendig zu erhalten. Das haben viele Revolutionen bisher gezeigt. Der Ayatollah machte sich diese Erfahrung zunutze.

Am 11. Februar wurde der Bevölkerung der frühere Geheimdienstchef Nassiri in einer Live-Sendung des Fernsehens vorgeführt. Mit verbundenem Kopf und demoliertem Gesicht saß er vor der Kamera. Offenbar war er vorher zusammengeschlagen worden. Der Chomeini-Vertraute Yazdi spielte den Untersuchungsrichter und befragte den Angeklagten. Er wollte wissen, wieviel er im Monat verdient habe, ob seine Beamten ihn über die Folterungen in den Gefängnissen unterrichtet hätten, ob er den Islam kenne. Auch einige Generäle wurden dem dilettantischen Untersuchungsrichter vorgeführt, ähnlich absurde Fragen wurden gestellt, denen natürlich ebenso absurde und nichtssagende

Antworten folgten. Das schien den neuen Richtern genug. Am Morgen des 16. Februar wurde in den Nachrichten bekanntgegeben, daß Nassiri und drei Generäle von einem islamischen Revolutionsgericht zum Tode verurteilt und hingerichtet worden seien. Chomeini selbst hatte das Urteil unterschrieben.

Hejazi, der später mit den meisten Stimmen zum Abgeordneten des ersten islamischen Parlamentes gewählt wurde, war während dieser Nacht in der Residenz des Imam anwesend. Er erzählt:

«Als Nassiri und die drei Generäle in der Nacht auf der Terrasse über dem Zimmer des Imam Chomeini hingerichtet wurden, war ich dabei. Nachdem der Imam die Todesurteile gefällt hatte, fragte er ständig: ‹Was ist los? Warum bringt ihr sie nicht um?› Die Wächter waren dabei, die Vorbereitungen zu treffen. Ihre Schritte waren von der Zimmerdecke her zu hören. Schließlich wurde der Imam wütend. Er stand auf, nahm das Gewehr eines Wächters, der am Eingang des Zimmers stand, und sagte verärgert: ‹Die sind zu langsam. Ich selbst werde jetzt diese Verfluchten in die Hölle schicken.› Und während er mit dem Gewehr in der Hand die Treppe hinauflief, fielen glücklicherweise Schüsse.»[1]

Die vier Erschossenen blieben nicht die einzigen, die der Justiz der Mullahs ausgeliefert waren. Ex-Ministerpräsident Howeida, einige Minister und hohe Beamte, Generäle und Offiziere saßen in Haft. Banisadr erzählte uns, daß er am Tag vor der ersten Hinrichtung mit Einverständnis Chomeinis die Gefangenen aufgesucht und ihnen einen fairen Prozeß zugesichert habe. Die Gerechtigkeit sei eine wichtige Grundlage des Islam, habe er ihnen gesagt. Die Zustände unter dem Schah seien endgültig vorbei. Jeder von ihnen werde die Möglichkeit erhalten, sich in einem öffentlichen Prozeß zu verteidigen.

Als er am nächsten Morgen von der Hinrichtung erfahren habe, berichtete uns Banisadr, sei er zu Chomeini geeilt. «Wenn Sie diese Leute hinrichten wollten, warum haben Sie mich dann zu ihnen geschickt, um ihnen einen fairen Prozeß zu versprechen?» – «Nassiri hat bei der Befragung im Fernsehen Zeichen zum Widerstand gegeben. Ich wollte damit die Konterrevolutionäre warnen», soll Chomeini geantwortet haben.

Tatsächlich aber kann es für diese übereilten Hinrichtungen von Personen, deren Verbrechen in einem öffentlichen Prozeß eindeutig nachweisbar gewesen wären, nur zwei Gründe geben. Erstens wollte Chomeini offenbar die aufgeputschten Massen zufriedenstellen und mobil halten. Selbst Linke und radikale Organisationen begrüßten die Hinrichtungen. Die Volksmojahedin schrieben in einem offenen Brief an Chomeini: «Die Volksmojahedin, Ihre revolutionären Söhne und Töchter, sind über Ihren Befehl zur Verurteilung und Bestrafung von vier Verbrechern des gestürzten Regimes hoch erfreut. Wir möchten Sie und das iranische Volk zu dieser mutigen und revolutionären Maßnahme... beglückwünschen.» Zum Schluß des Briefes brachten die Mojahedin die Hoffnung zum Ausdruck, daß «dieser nun eingeschlagene Weg konsequent fortgesetzt wird, solange es noch Konterrevolutionäre in unserem Land gibt».[2]

Ein weiterer Grund für die Hinrichtungen bestand wohl darin, daß einige, auch Geistliche, die sich nun als Revolutionäre aufspielten und wichtige Posten übernehmen wollten, selbst keine weiße Weste hatten. Sie befürchteten, daß die Angeklagten bei einem öffentlichen Prozeß ihre Namen als frühere Mitarbeiter des Geheimdienstes preisgeben würden. Wie groß die Angst vor einer solchen öffentlichen Bloßstellung war, wurde ein paar Wochen später bei der Hinrichtung des Ex-Ministerpräsidenten Howeida deutlich. Justizminister Mobascheri hatte eine beachtliche Sammlung an Dokumenten gegen Howeida zusammengetragen. Der Prozeß sollte öffentlich und im Beisein von internationalen Beobachtern geführt und zu einem Tribunal gegen das Schahregime werden. Chomeini hatte seine Zustimmung erteilt. Howeida selbst hatte schriftlich erklärt, er werde alle Informationen preisgeben, die man von ihm erhalten wolle. Und eben diese Erklärung führte dazu, daß Howeida – ohne Wissen des Justizministers und der Regierung – bei Nacht und Nebel im Gefängnis hingerichtet wurde.

«Wann haben Sie von der Hinrichtung Howeidas erfahren?»

fragten wir Banisadr. «Am 7. April, einige Stunden nach der Hinrichtung, und zwar wie alle anderen durch den Rundfunk.»

«Warum, glauben Sie, wurde Howeida kurz vor seinem geplanten öffentlichen Prozeß umgebracht?» fragten wir weiter.

«Vielleicht fürchteten einige Mullahs, daß Howeidas Geständnisse auch sie belasten würden. Wie Sie wissen, hatte sich Howeida für die staatliche finanzielle Unterstützung der Mullahs eingesetzt und viele zur Mitarbeit mit dem Regime gewonnen. Die Unterstützung wurde aus dem Fond des Ministerpräsidenten gewährt.»

In den nächsten Tagen und Wochen fanden weitere Hinrichtungen statt. Dabei tauchte immer wieder der Name Chalchali auf, ein untersetzter, rundlicher Mullah mit dickem Bauch und starken Brillengläsern. Chomeini hatte ihn zum Vorsitzenden der neugegründeten Islamischen Revolutionsgerichte ernannt. Unter der Bevölkerung wurde gemunkelt, Chalchali habe einige Jahre im Gefängnis verbringen müssen, nicht etwa aus politischen Gründen, sondern weil er zahlreiche Katzen erwürgt hätte. Ob dies der Wahrheit entspricht, wissen wir nicht. Wahr ist aber, daß dieser Mullah offenbar sein Geschäft als Scharfrichter mit großer Lust betrieb, mit Todesurteilen schnell bei der Hand war und hier und da auch selbst die Urteile am Verhandlungsort vollstreckte.

Chomeini konnte sich auf seinen ehemaligen Schüler Chalchali verlassen, um die Hinrichtungen brauchte er sich nicht mehr zu kümmern. Er wandte sich anderen Aufgaben zu. Am 28. Februar fuhr der Imam in die heilige Stadt Ghom. Viele atmeten auf. Anscheinend beabsichtigte Chomeini, sein Versprechen zu halten, das er in Paris gegeben hatte, sich nicht um Regierungs- und Staatsgeschäfte zu kümmern und sich auf seine Rolle als religiöse und moralische Instanz zu beschränken. Aber die Übersiedlung nach Ghom hatte andere Gründe. In Teheran war sich der Ayatollah seiner Macht sicher. Die Rivalitäten zwischen der bürgerlich-liberalen Regierung Bazargan und den fundamentalistischen Mullahs und Chomeini-Anhängern, die im Revolutionsrat den Ton angaben, waren ihm Gewähr, daß seine Rolle als übergeordnete Instanz und unantastbare Autorität auf lange Zeit unentbehrlich sein würde. Ob er in der Hauptstadt oder in Ghom weilte, beide Seiten waren auf seine Unterstützung, seine Entscheidungen und Instruktionen angewiesen. In dieser Situation, in der nahezu die gesamte Bevölkerung hinter ihm stand, hätte niemand gewagt, sich dem Willen des Revolutionsführers zu widersetzen. Er konnte also beruhigt die Hauptstadt verlassen. Anders sah es in Ghom aus. Chomeini hatte sich zwar gegen seine politischen Widersacher durchgesetzt, er hatte sie alle entweder zur Kapitulation und Flucht oder zur Unterwerfung gezwungen. Aber was außerhalb der religiösen Kaste geschah, traf längst nicht für das Verhältnis unter den Mullahs zu. Hier residierten die Großayatollahs Schariatmadari, Golpayegani, Maraschi Najafi. Jeder von ihnen galt als eine religiöse Instanz, jeder konnte sich auf Hunderttausende oder gar Millionen Gläubige stützen, die nur ihm allein in religiösen Fragen vertrauten. Chomeini wußte, daß er in diesen Kreisen nicht ohne weiteres akzeptiert wurde. Er wußte, daß er seine Idee von einem Islamischen Staat nicht verwirklichen konnte, ohne die Zustimmung der einflußreichen Mullahs zu erlangen bzw. die Widerspenstigen unter ihnen kaltzustellen oder zu liquidieren. Seine Autorität mußte in der heiligen Stadt Ghom durchgesetzt und gefestigt werden.

In Ghom angelangt, demonstrierte Chomeini zunächst seine Macht über die Massen. Er stellte sich auf die Terrasse seines Hauses und ließ Stunde um Stunde die Bevölkerung vorbeimarschieren. «Du bist meine Seele, Chomeini», riefen seine Anhänger hysterisch, und er genoß es. Auch den Großayatollahs wollte er zu verstehen geben, daß ein kritisches Wort oder gar Widerstand gegen ihn für sie mit größten Gefahren verbunden wäre. Und berauscht von dem Jubel der Millionen, die aus allen Gegenden des Landes nach Ghom gepilgert waren, um den Heiligen zu sehen, hielt er die Zeit für gekommen, um seine Zukunftsvisionen, seinen islamischen Gottesstaat zu verkünden. Es war die erste Rede, bei der der Ayatollah seine wahren Absichten kundtat.

Zunächst sprach er von der Gerechtigkeit des Allmächtigen

und des Islam, die er nun walten lassen wollte. Die Armen und Geknechteten sollten endlich aus ihrem elenden Dasein befreit werden. Menschenwürdige Wohnungen, Strom und Wasser sollten sie gratis erhalten. Auch die Verkehrsmittel sollten diesen Menschen kostenlos zur Verfügung stehen. Chomeini wußte, daß das alles leere Versprechungen bleiben mußten, denn angesichts der wirtschaftlichen Situation des Landes war es völlig illusorisch, Millionen Menschen mit Wohnungen oder Wasser und Strom zu versorgen. Aber die meisten seiner Zuhörer wußten es nicht. Sie glaubten an die uneingeschränkte Macht ihres Heiligen, waren sicher, daß er Wunder vollbringen könnte und jubelten ihm zu. Und der schiitische Führer brauchte diesen Jubel und die Hingabe der Massen, um nun endlich das zu verkünden, was der eigentliche Sinn seiner Rede war.

«Wir müssen die Unmoral aus unserer Gesellschaft ausrotten», sagte er. «Wir werden die gesamte Presse, den Rundfunk, das Fernsehen und die Kinos von der Unmoral säubern. Alles muß sich am Islam orientieren. Unsere Werbung muß islamisch werden, unsere Ministerien müssen sich in islamische Stützpunkte verwandeln. Unsere Gesetze müssen islamische Gesetze sein. Wir werden uns nicht darum kümmern, ob dies dem Westen paßt oder nicht. Der Westen hat uns erniedrigt, er hat unsere Seele zerstört, er hat uns verwestlicht. Wir werden die Verwestlichung ausrotten... Seid wachsam! Die Regierung soll wachsam sein. Das Volk muß wachsam sein, wir alle müssen wachsam sein, daß man uns nicht allmählich wieder zu den alten Zuständen zurücklockt. Hier und jetzt müssen wir die Probleme an der Wurzel packen. Alles muß sich dem Islam anpassen. Verschließt eure Ohren! Hört nicht auf die, die ständig fragen, was aus uns werden soll. Diese Leute, die solche Fragen stellen, wollen uns schwächen, sie wollen die Regierung schwächen, den Islam schwächen. Alle Behörden und Ämter müssen gesäubert werden...»

Schließlich kam er auf die künftige Staatsform und die geplante Volksbefragung hierzu zu sprechen. Er sagte: «Das Volk will eine Islamische Republik, keine bloße Republik, keine demokratische Republik und auch keine demokratische islamische Republik, sondern nur eine islamische Republik.

Ich warne euch! Seid wachsam... Laßt euch nicht durch das Wort Demokratie in die Irre führen! Demokratie ist westlich, und wir lehnen westliche Systeme ab... Wer hat denn all die Opfer für die Revolution gebracht? Die Jugend hat die Revolution mit ihrem Blut bezahlt. Diese Massen haben die Revolution mit ihrem Blut bezahlt... Es waren eure Häuser, die verbrannt wurden, es war euer Blut, das vergossen wurde... Das Land gehört jetzt euch, und ihr könnt die Zukunft bestimmen. Die aus dem Ausland Eingereisten, die Söhne der Reichen und Adligen, diese verwestlichten Juristen, sie alle haben nichts zu sagen. Jetzt seid ihr an der Reihe, und ich weiß, was ihr wollt... Ich warne die Zeitungen, sie sollen sich vorsehen und sich ändern. Sie sollen aufhören, gegen den Islam und die Muslims Verrat zu üben, mißgünstige Propaganda zu treiben und Verschwörungen anzuzetteln...

Natürlich sind alle in ihrer Wahl frei. Ich selbst jedenfalls werde bei der Volksabstimmung für die Islamische Republik stimmen. Das ist die religiöse Pflicht eines jeden Muslims. Jeder Muslim muß für die Islamische Republik stimmen. Natürlich kann jeder frei wählen. Jeder kann sich frei entscheiden und sagen, ich möchte wieder die Monarchie, ich möchte wieder den Schah, ich möchte ein westliches Regime haben. Aber seid wachsam! Diejenigen, die für eine demokratische Republik stimmen, wählen ein westliches Regime...»[3]

Diese Rede war eine eindeutige Kampfansage an die freie Presse, an Nationale, Demokraten. Linke. Selbst den Ministerpräsidenten Bazargan und sein Kabinett, das ausschließlich mit Vertretern der Bürgerlich-Liberalen besetzt war, hatte der Imam nicht verschont. Zwei Tage zuvor hatte Bazargan in einem Interview vorgeschlagen, die künftige Republik demokratisch-islamisch zu nennen, was Chomeini hier als Verwestlichung ablehnte. Mit dieser programmatischen Rede schreckte Chomeini viele ab. Kaum jemand wollte glauben, daß der fromme Gottesmann so rasch sein Wort brach und nur drei Wochen nach dem Sieg der Revolution den Anspruch auf absolute Macht stellte.

Für die fanatisierten Anhänger Chomeinis, die sich nun Hezbollahis (Parteigänger Gottes) nannten, bot diese historische Rede Anlaß genug, sich jetzt an das Werk der Zerstörung zu machen. Schon am nächsten Tag waren Schlägertrupps und bewaffnete Halbstarke in vielen Städten unterwegs. Sie demolierten Buchhandlungen und Verlage, verbrannten Bücher auf den Straßen und steckten Zeitungskioske in Brand, die linke und liberale Zeitungen verkauften. In der südiranischen Stadt Schiraz wurden vier Personen von einem islamischen Revolutionsgericht zum Tode verurteilt und hingerichtet. Es handelte sich um Homosexuelle und Prostituierte.

Diese Ereignisse, die wie ein Blitz in den Freudentaumel über den Frühling der Freiheit einschlugen, wirkten auf manche Politiker und Intellektuelle, aber auch andere Teile der Bevölkerung schockierend, die anfingen, sich zu wehren. Am 4. März, dem Todestag von Mossadegh, wurde am Grabmal des unvergessenen Nationalhelden in Ahmadabad, in der Nähe von Teheran, zu einer Kundgebung und der Gründung einer Nationaldemokratischen Front, einer Links-Mitte-Koalition aufgerufen.[4] Fast eine Million Menschen folgten diesem Aufruf. Zwar wagte auf dieser Kundgebung niemand, Chomeini anzugreifen, doch es blieb keinem verborgen, daß hier die Bildung einer Gegenkraft zu den Fundamentalisten versucht wurde.

Chomeini mochte Mossadegh nicht. Schon damals hatte er – wie oben dargestellt – zusammen mit Ayatollah Kaschani gegen ihn opponiert und den CIA-Putsch von 1953 unterstützt. Diese Kundgebung, bei der auch der Enkel Mossadeghs als eines der Gründungsmitglieder der Nationaldemokratischen Front sprach, rief in ihm die Erinnerung an die jüngste iranische Geschichte wach. Er erinnerte sich an die Konstitutionelle Revolution von 1906, an die Spaltung der Geistlichkeit und vor allem an die Hinrichtung des von ihm inzwischen so verehrten Scheich Fazlollah. Der jahrzehntelang aufgestaute Haß stieg wieder in ihm auf. «Wir haben die Revolution gemacht, die Muslims haben die Revolution gemacht», sagte er im vertrauten Kreis. «Und nun wollen diese Leute sie uns rauben. Was hat der Enkel

Mossadeghs in Ahmadabad gesagt? Diese Leute wollen die Macht haben. Sie glauben, daß ich sie einfach und umsonst aus der Hand gebe. Nein, niemals, niemals werde ich das zulassen!»[5]

Öffentlich erklärte er: «Denen, die ihre vergifteten Federn in die Hand nehmen, gegen den Islam schreiben und über Demokratie und Nationalismus reden, dürft ihr nicht vertrauen. Wir wollen nur den Islam und nichts anderes. Unser Volk will den Islam. Auch die Kommunisten müssen sich dem Islam unterwerfen. Zerbrecht diese Federn, unterwerft euch dem Islam, laßt ab von mißgünstiger Werbung... Unser Aufstand war für den Koran, ein Aufstand für den Islam... Wir befürworten die Freiheit, aber Verschwörung lehnen wir ab. Wir akzeptieren die Redefreiheit, aber nicht den Verrat am Volk.»[6]

Die Volksbefragung über die Islamische Republik am 30. März 1979 war ein eindeutiger Erfolg für Chomeini. Die Frage, die dem Volk gestellt wurde, war so simpel und gleichzeitig so raffiniert, daß man sie entweder positiv beantworten oder auf die Teilnahme an der Wahl verzichten mußte. «Islamische Republik ja oder nein» wurde gefragt. Erstens wußten die wenigsten, was mit der Islamischen Republik gemeint war. Die Armen und Habenichtse dachten dabei an kostenlose Wohnungen, Wasser und Strom, die Gläubigen an das Paradies. Ein Nein zur islamischen Republik hätte automatisch ein Ja zur absoluten Monarchie bedeutet, und die wollte selbstverständlich niemand. Nach offiziellen Angaben stimmten 20 Millionen für und nur 140 000 gegen die islamische Republik. Die Nationaldemokratische Front und die Volksfedayin boykottierten die Befragung. Aber das fiel nicht ins Gewicht. Nach der Bekanntgabe des Ergebnisses erschien Bazargan im Fernsehen. Ohne sich zu erinnern, daß auch er wenige Tage zuvor eine andere Meinung vertreten und sich für die demokratisch-islamische Republik eingesetzt hatte, triumphierte er über das Ergebnis der Volksbefragung und sagte: «Ich freue mich besonders darüber, daß einige zuvor ihre Teilnahme an dem Referendum verweigert haben, weil sie angeblich nicht wußten, was unter dem Begriff Islamische Republik zu verstehen sei... Sie haben die Wahl boykottiert. Das ist gut so. Wir können ihnen dankbar sein, daß sie es vorher angekündigt haben. Ihnen werden jetzt die Augen darüber aufgegangen sein, daß sie nicht mehr als ein Prozent der Bevölkerung vertreten. Sie sind isoliert und vom Volk getrennt.

Es hat sich ferner herausgestellt, daß diejenigen, die am meisten lärmen, dieselben, die auch die Regierung kritisieren und mit allem unzufrieden sind, trotz ihrer hohen Ansprüche nicht einmal ein Prozent der Bevölkerung vertreten. Wenn nun diese Handvoll Leute auch nur ein Minimum an Gewissen und Bescheidenheit hätten, würden sie sich endlich zurückziehen und mit ihren ewigen Störungen aufhören.»[7]

Eigentlich hatte Bazargan keinen Grund zur Freude. Die zwanzig Millionen Stimmen, auf die er stolz zu sein schien, galten nicht ihm, sondern dem Ayatollah, der durch das Ergebnis der Volksbefragung das uneingeschränkte Vertrauen der Bevölkerung und damit die Zusicherung erhalten hatte, ohne Rücksicht auf «intellektuelle Zweifler» den Weg in seinen Gottesstaat beschreiten zu können. Zwar war Bazargan ein frommer Mann, gleichzeitig aber ein Liberaler, ein bürgerlicher Demokrat, was in orientalischer Ausführung bedeutet, nicht frei von despotischen Neigungen zu sein. Er war ein Freund des Westens und ein krankhafter Antikommunist. Seine Absicht war es, in aller Ruhe das Bestehende aufzupolieren und durch kleine Schritte allmählich eine Veränderung herbeizuführen.

Ganz anders Chomeini. Das Referendum hatte dem Ayatollah neuen Auftrieb gegeben. Er erinnerte sich an seine Schriften *Kaschf al asrar* (Entdeckung der Geheimnisse) und seine Vorlesungen in Najaf über den islamischen Staat. Zum erstenmal in der iranischen Geschichte schien die Zeit für die Verwirklichung dieser Ideen reif zu sein. Er erinnerte sich auch an Scheich Fazlollah, der mit den gleichen Ideen gescheitert und auf dem Kanonenplatz erhängt worden war. Außer ihm und einigen seiner Vertrauten schien sich kaum jemand an diese Geschichte zu erinnern, und obwohl der Ayatollah jetzt offen von der vollständigen Islamisierung des Staates sprach, kümmerte sich niemand um die historischen Wurzeln seiner Vorstellungen. Die

Bürgerlich-Liberalen waren glücklich, daß der Ayatollah ihnen die Regierung überlassen hatte, die Linke zog Vergleiche mit der Februar- und der darauffolgenden Oktoberrevolution und blickte zuversichtlich in die Zukunft. Die Massen seien aufgestanden, das Proletariat sei im Vormarsch, nun müsse nach dem Sturz der despotischen Herrschaft des Schah die nächste Etappe zu einer sozialistischen Revolution eingeleitet werden, glaubten viele dieser Gruppierungen.

Dem Ayatollah hörte kaum jemand genau zu. Man verstand ihn auch kaum. Hirngespinste eines verkalkten Greises, so dachten viele Intellektuelle. Doch was dieser Greis im Sinn hatte, waren keineswegs Visionen und Träume eines Psychopathen, es war eine historische Mission, die bisher gescheitert war und nun mit aller Wucht und Härte durchgesetzt werden sollte. Chomeini war der Träger einer seit Jahrhunderten in der iranischen Geschichte schlummernden Idee, er fühlte sich als Missionar, als Prophet, dem das große Glück zuteil wurde, Gottes Willen auf Erden zu verwirklichen. Und während seine potentiellen Gegner mit ihren eigenen Träumen beschäftigt waren, verwirklichte er mit wachen Augen das, was er unter seiner Islamischen Republik verstand. Die Voraussetzungen hierfür waren sein eiserner Wille, seine taktische Klugheit und sein Hunger nach Macht. Ohne diese Machtbesessenheit, ohne die uneingeschränkte Skrupellosigkeit und die Bereitschaft, alles für die Verwirklichung seiner Idee zu opfern, die Moral zu mißachten, Wahrheit und Lüge miteinander zu vertauschen und vor allem Opfer an Menschenleben nicht zu scheuen, wäre es dem Ayatollah nie gelungen, seinen Gottesstaat in einem Land wie dem Iran zu gründen.

Chomeini ging sehr planmäßig vor. Eine überwältigende Mehrheit hatte seinem Islamischen Staat zugestimmt, aber bis zur tatsächlichen Gründung dieser von ihm begehrten Republik lag noch ein weiter Weg vor ihm. Eine konstituierende Versammlung mußte gewählt, eine Verfassung geschrieben und der Bevölkerung zur Entscheidung vorgelegt werden, ein Staatspräsident und ein Parlament mußten gewählt werden. So lange mußte die revolutionäre Stimmung, mit deren Hilfe man die Gegner ausschalten und liquidieren konnte, am Kochen gehalten werden. Zunächst aber galt es, die Macht der bürgerlichen Regierung, die aus taktischen Gründen ernannt worden war und früher oder später aus dem Weg geräumt werden mußte, zu unterhöhlen.

Während die Regierung Bazargan damit beschäftigt war, die Scherben des gestürzten Systems zu kitten und sie durch Aufpolierung salonfähig zu machen, arbeiteten die Mullahs hinter der Bühne am Aufbau ihres eigenen Systems. Innerhalb weniger Monate gelang es ihnen, Gegeneinrichtungen zu den bestehenden gesellschaftlichen Institutionen zu bilden. So entstand neben der Armee die Organisation der *Pasdaran* (Wächter der Revolution), die Aufgabe der Polizei übernahmen die sog. Revolutionskomitees. Der gesamte Justizapparat wurde durch die Errichtung islamischer Revolutionsgerichte lahmgelegt. Die Organisation für Planung und Aufbau wurde durch *Jahade Sazandegi* («Heiliger Krieg für den Aufbau») ersetzt, überall, in allen Ämtern und Behörden Instrumente und Waffen zur Machtübernahme der Mullahs geschmiedet. In jedem Ministerium, jeder Fabrik, an Schulen und Universitäten wurden «Islamische Räte» gebildet, die Säuberungen durchführten und ihre Widersacher, ob Schahanhänger, Linke oder Nationalisten, hinauswarfen.

Das Volk sah sich nach wenigen Monaten mit einer Doppelherrschaft konfrontiert: Auf der einen Seite existierte eine bürgerliche Regierung unter Ministerpräsident Bazargan, die die Etablierung einer parlamentarischen Demokratie nach dem Prinzip der Gewaltenteilung anstrebte, auf der anderen Seite waren Chomeini und die islamischen Fundamentalisten dabei, ihren islamischen Staat und das System des *welayate faghieh*, des absoluten Gottesstaates, zu errichten.

Worin sich diese beiden Systeme voneinander unterschieden, hatte Chomeini in seinen Vorlesungen über den islamischen Staat ausgeführt:

Während andere Systeme sich um die Verwaltung öffentlicher Angelegenheiten kümmern, sei der islamische Staat, das

251

System der *welayate faghieh* dazu berufen, auch das Privatleben der Menschen zu kontrollieren. Der islamische Staat empfange seine Anweisungen von Gott, dessen Wille in allen Bereichen der Gesellschaft durchgesetzt werden müsse. Das Leben eines jeden Individuums müsse von der Geburt bis nach dem Tod der staatlichen Kontrolle unterstehen. Jeder müsse sich nach den Anweisungen des Korans richten, dessen Gesetz für alle Zeiten und die gesamte Menschheit Geltung hätte. Ein Ausscheren des einzelnen aus diesem System könne und dürfe es nicht geben. Auch nationale Grenzen seien für dieses System ohne Bedeutung, denn früher oder später werde sich Gottes Wille überall durchsetzen und die gesamte Menschheit erfassen.

Ergriffen und berauscht von dieser Vision, machten sich Chomeini und seine Jünger ans Werk. Eine gigantische Propagandamaschine wurde in Gang gesetzt. Fernsehen und Rundfunk wurden innerhalb weniger Wochen umfunktioniert und im Sinne dieser Ziele instrumentalisiert. Nach und nach wurden die Redaktionen der größten Zeitungen übernommen. Durch tägliche Demonstrationen auf den Straßen entstand wenige Monate nach dem Sieg der Revolution eine Atmosphäre der Angst. Chomeini und die Mullahs verstanden es, die richtigen Instinkte bei den Massen wachzurufen und die jahrzehntelang gegen die privilegierten Schichten aufgestauten Aggressionen freizusetzen und sie auf ihre Widersacher zu lenken. Politische Gegner wurden mit religiösem Vokabular verteufelt und nacheinander den hysterischen Anhängern der Mullahs, vor allem den Hezbollahis (Parteigänger Gottes), zum Fraß vorgeworfen. Kommunisten, Demokraten, Nationalisten, religiöse und ethnische Minderheiten wurden als Heiden, Ketzer, Gotteslästerer, «Verderber auf Erden», kleine und große Teufel verfolgt.

Vorreiter dieser Massen waren die Slumbewohner, die die eigentliche Basis der fundamentalistischen Mullahs im Iran darstellten. Sie besaßen alle Voraussetzungen und Eigenschaften, die ein totalitäres, ideologisch orientiertes Regime zur Durchsetzung seiner Ziele benötigt. Entwurzelt, weder der Stadt noch dem Land verbunden, vogelfrei, brutal, unwissend und ungebildet, gezwungen, ein Lumpendasein zu führen, die Bäuche mit nichts anderem gefüllt als mit Wut, unsicher und verunsichert, waren diese am meisten Verdammten unserer Gesellschaft höchst anfällig gegenüber Führerfiguren und Autoritäten, zu jedem Opfer, aber auch zu jedem Verbrechen bereit, wenn sie entsprechend belohnt, mit Macht und Waffen ausgerüstet und mit ein paar einfachen Parolen gefüttert wurden.

Diesen Parteigängern Gottes gab Chomeini grünes Licht. Blindlings gehorchten sie ihm. Er konnte sie mit einem Wink vorwärtstreiben oder zurückpfeifen. Immer wenn er merkte, daß ihre Aktivitäten und Ausschreitungen verfrüht waren, distanzierte er sich von ihnen: Man könne die Spontaneität der Massen eben nicht immer in Zaum halten. Die Adressaten sollten sich vorsehen und das «Volk» nicht provozieren.

Selbst Ayatollah Taleghani blieb von solchen Drohungen nicht verschont. Taleghani, den wir bereits erwähnt haben, wurde als früherer Anhänger Mossadeghs und Mitglied von Bazargans «Freiheitsbewegung» zu den fortschrittlichen Mullahs gezählt. Er hatte einige Jahre im Gefängnis des Schah verbracht, dort mutigen Widerstand geleistet und die Sympathie größerer Teile der Bevölkerung gewonnen. Chomeini fürchtete, daß Taleghanis Popularität ihm eines Tages gefährlich werden könnte. Als Taleghani ihn in Paris hatte besuchen wollen, hatte er abgelehnt. «Herr Taleghani ist krank, eine lange Reise, scheint mir, würde für ihn nicht ratsam sein», hatte er gesagt. Nach der Revolution gewann Taleghani weiter an Popularität. Seine Teilnahme an der Gründungsveranstaltung der Nationaldemokratischen Front und die Rede, die er in Ahmadabad am Grabe Mossadeghs gehalten hatte, gaben vielen die Hoffnung, er werde innerhalb der Geistlichkeit ein Gegengewicht zu Chomeini bilden und zur Mäßigung dessen radikalfundamentalistischer Bestrebungen beitragen. Chomeini war Taleghani ein Dorn im Auge. Er mußte ihn warnen und ihm zu verstehen geben, daß er sich dem Diktat des Revolutionsführers zu beugen habe.

Am 14. April wurden zwei Söhne Taleghanis auf der Straße festgenommen und an einen unbekannten Ort verschleppt. Taleghani verstand den Wink, gab die Schließung seines Büros bekannt und verschwand. Tagelang wußte niemand, wo er sich aufhielt. Die Nationaldemokratische Front rief zu einer Protestdemonstration auf, forderte die sofortige Freilassung von Taleghanis Söhnen und bat den Ayatollah, wieder aufzutauchen und seine Aktivitäten fortzusetzen. Schließlich konnten Vermittler eine Versöhnung zwischen den beiden geistlichen Führern erreichen. Nach einem Besuch bei Chomeini erklärte Taleghani der Presse gegenüber: «Ich bin bereit, Ayatollah Chomeini als alleinigen Führer der Revolution zu akzeptieren.» Er ging sogar so weit, daß er die Gruppen, die zu seiner Unterstützung demonstriert hatten, scharf kritisierte. Ob aus Sorge um die Zukunft des Landes oder aus Angst vor dem Zorn des Revolutionsführers – Taleghani hatte sich dem Willen Chomeinis gebeugt.

Kaum war die Affäre um Taleghani beigelegt, da erschien am 23. April in der Tageszeitung *Ettelaat* ein kritischer und scharf formulierter Artikel gegen Ayatollah Schariatmadari. Der Autor war der ehemalige Chomeini-Schüler und gegenwärtige Chef der islamischen Revolutionsgerichte, Chalchali. Schariatmadari gehörte zu jenen Großayatollahs, die in Ghom residierten. Fast alle Gläubigen aus Azarbaijan und die türkischsprechende Bevölkerung – das sind mehrere Millionen – akzeptierten ihn als ihre religiöse Instanz. Der Artikel rief scharfe Proteste dieser Gläubigen hervor. Man befürchtete Ausschreitungen und Unruhen. Da ließ Chomeini durch sein Büro erklären: «Das Büro Imam Chomeinis und seine Mitarbeiter haben mit dem gestern erschienenen Artikel nichts zu tun. Er gibt nur die Meinung seines Verfassers wieder.»[8]

Auch dies war nur ein Test gewesen. Zu diesem Zeitpunkt konnte Chomeini es sich noch nicht leisten, Taleghani oder Schariatmadari, den er ebenfalls nicht mochte, auszuschalten. Im Gegenteil: Er brauchte sie, um Linke und nationale Minderheiten wie Kurden, Turkmenen, Belutschen, Azaris, Araber, die um innere Autonomie kämpften, auszuschalten. Was er von ihnen verlangte, war bis jetzt noch bloße Unterwerfung, und dazu reichte eine deutliche Warnung.

Chomeini kämpfte an allen Fronten. Nicht nur die politischen Widersacher mußten zum Schweigen gebracht werden, gleichzeitig sollten auch die islamische Moral, islamische Vorschriften, Verhaltensregeln und Gesetze durchgesetzt werden. Daß dabei die von ihm in der Zeit der Revolution beschworene Einheit des Volkes allmählich in die Brüche ging und die Zahl der Enttäuschten und Unzufriedenen rapide wuchs, kümmerte ihn wenig.

Schon am 1. Mai, dem internationalen Tag der Arbeit, zeigte das Straßenbild von Teheran, wie weit – nur zweieinhalb Monate nach dem Sieg der Revolution – die Spaltung der Bevölkerung schon gediehen war. Es gab drei verschiedene Demonstrationszüge: die der Mullahs, der Volksmojahedin, der Linken.

Bei den Linken versammelten sich mehr als eine halbe Million Menschen. 36 Arbeitergewerkschaften, zahlreiche politische Organisationen und Verbände nahmen teil. Rote Fahnen, Bilder von linken Märtyrern, Plakate mit Parolen wie «Vorwärts zur Gründung der Arbeiterpartei», «Hoch lebe der Kampf der Völker gegen den Imperialismus» und «Wir fordern die Nationalisierung der Banken und Industrie» schmückten den Demonstrationszug. Die moskautreue Tudehpartei marschierte nicht mit den Linken, sondern mit den gläubigen Muslims. Als Dank für diese unaufgeforderte Loyalität bezogen einige ihrer Mitglieder Prügel von den Mullahs.

Die Mai-Demonstration stellte für Chomeini eine ernste Warnung dar. Eine halbe Million in einer Sechsmillionenstadt, darunter zahlreiche Arbeiter, konnten seine Zukunftspläne gefährden. Und als am nächsten Tag einer der engsten Vertrauten Chomeinis, der bekannte Schriftgelehrte Ayatollah Motahari, einem Attentat zum Opfer fiel, da merkten die Mullahs, daß die Abrechnung mit den Linken keinen Aufschub mehr duldete. Zwar hatte eine radikalislamische Gruppe mit dem Namen *Forghan*, die bereits eine Woche zuvor den neuen Generalstabschef der Streitkräfte erschossen hatte, die Verantwortung für das Attentat übernommen. Aber die Attentate wurden den Linken in die Schuhe geschoben.

Der Mullah Haschemi Rafsanjani war der erste, der mit einer

massiven Attacke zur Hatz blies. Es war bei der Trauerfeier für Motahari. Chomeini saß auf der Tribüne, und Rafsanjani hielt stehend seine Rede. Bei fünfzig Grad im Schatten standen Zehntausende schwitzend und jubelten ihm zu. Seine Sätze wirkten wie Peitschenschläge. Aufputschen sollten sie die Parteigänger und den Haß in ihnen schüren. Rafsanjani erwies sich als ein Meister der Demagogie, als wäre er jahrelang bei Goebbels in die Schule gegangen. Die Wahl seiner Worte, die Melodie der Sätze, die Hebungen und Senkungen der Stimme, dazu eine einfache, oberflächliche Logik, die den Zuhörern plausibel und als reine Wahrheit erschien, hielt die Versammlung in Bann.

Bevor er zu reden begann, verbeugte er sich vor dem Imam, dann vor dem Publikum. «Der hochwürdige Imam hat mir befohlen, ein paar Worte an euch zu richten», sagte er mit leiser Stimme und wollte damit verdeutlichen, daß er in Chomeinis Namen sprach. «Eine Verschwörung ist im Gange. Nach dem glorreichen Sieg unserer Revolution sind unsere Feinde im In- und Ausland in eine tiefe Resignation gestoßen worden... Diese Feinde versuchen nun Pläne für eine neue Verschwörung zu schmieden. Wer könnte daran zweifeln, daß unser ganzes Volk geschlossen hinter Imam Chomeini steht.» Jedesmal, wenn der Name Chomeini fiel, schrie die Menge dreimal im Chor «Gott ist mächtig, Chomeini unser Führer».

«Unser Volk hat mit einem klaren Ziel und dem festen Glauben an Gott und den Islam eine Revolution begonnen und zu Ende geführt. Sowohl im Verlauf der Revolution als auch danach und zuletzt bei der Volksbefragung hat die ganze Welt die Stimme unseres Volkes deutlich vernommen. Eine Mehrheit von 99 Prozent unserer Bevölkerung unterstützt die Revolution und ist dazu bereit, die Errungenschaften dieser Revolution mit dem eigenen Leben zu verteidigen. Daneben gibt es eine Minderheit von einem Prozent, bestehend aus Anhängern des gestürzten Regimes, Mitgliedern des Geheimdienstes SAVAK und westlichen und östlichen Geheimdiensten und ein paar Gruppen mit fremden, vom Ausland übernommenen Ideologien. Diese winzige, schwer wahrnehmbare Menge glaubt nun, durch Verschwörung und Verrat unsere Revolution in Verruf bringen zu können... Zum Beispiel behauptet sie, bei uns gäbe es eine Pressezensur. Publikationen, die im Namen des roten und schwarzen Imperialismus sprechen, werfen einem ganzen Volk mitsamt seiner Führung die Ausübung von Zensur vor! Ich frage euch, gegen wen sollen wir eigentlich Zensur ausüben? Wenn 99 Prozent einer Meinung sind, haben sie es nötig, Zensur auszuüben?

Unsere Feinde versuchen, uns psychisch zu schwächen. Ein Mittel dazu ist der Terror. Ihre Dummheit besteht nur darin, daß sie die Wirkung, die dieses Mittel auf uns ausübt, falsch einschätzen. Sie glauben, daß die Persönlichkeiten, die bei unserer Revolution eine Rolle spielen, den Tod fürchten... für uns ist nur das Ziel wichtig... Sie wissen nicht, daß wir durch den Tod unserem Ziel näherkommen. Schaut doch her! Wenn es nötig wäre, der ganzen Welt, dem Westen und Osten, dem CIA und KGB noch einmal zu beweisen, daß wir einheitlich und geschlossen unsere islamische Revolution verteidigen, dann wäre der Tod eines Märtyrers der beste Anlaß dazu. Motahari ist die große Ehre zuteil geworden, den Märtyrertod zu sterben.

Wir alle sind bereit, als Märtyrer zu sterben. Jeder von uns würde einen solchen Tod begrüßen. ...Zu unseren Feinden aus dem Westen möchte ich sagen: Ihr armseligen Versager. Der Strom unserer Revolution hat euch wie stinkenden Schlamm hinweggeschwemmt. Wir haben eure Handlanger aus unserem Land hinausgeworfen. Eure Militärberater, Industrieberater und die ganze Schar verderblicher Elemente, die unser Land beschmutzten, ist nun hinausgejagt. Laßt ruhig eure Presse falsche Behauptungen über angebliche Gewalttaten in unserem Land verbreiten. ...Was haben wir denn getan außer der Hinrichtung einiger Verbrecher? Schaut doch eure eigenen Hände an, wie sie mit dem Blut unschuldiger Menschen in Ost und West besudelt sind.»

Rafsanjanis Rede war ein Musterbeispiel klassischer Demagogie: die eigene Größe und Stärke hervorheben und damit den Massen Mut machen, die Gegner als nichtig, als Verräter, Konterrevolutionäre und Kollaborateure mit ausländischen Geheimdiensten darstellen, um den Haß gegen sie zu richten, an den

Nationalismus, die religiöse Moral und Ideologie zu appellieren und zum Schluß den aufgepeitschten Massen die nötigen Anweisungen erteilen.

«Gott ist Zeuge, daß wir den Massen Einhalt gebieten», sagte er. «Würden wir sie freilassen, dann könnte kein einziger aus dieser kleinen Minderheit sein Leben retten.»

«Du hast recht», rief die Menge, «Gott ist mächtig, Chomeini unser Führer.»

«Gestern beim Trauermarsch», fuhr Rafsanjani fort, «kam ich keinen Augenblick dazu, einen Blick auf den Toten zu werfen. Ständig sprachen mich die Leute an. Sie sagten: ‹Jetzt ist doch alles klar, gebt uns die Erlaubnis, wir werden mit diesen Grüppchen schnell fertig.› Ich warne euch, ihr Armseligen, die ihr von Zensur und Unterdrückung redet. Wißt ihr, was mit euch geschehen würde, wenn wir der Bevölkerung freie Hand ließen? Wenn unser hochwürdiger Führer dem Wunsch des Volkes nicht Einhalt gebieten würde? Wißt ihr, was sie mit euch machen würden, um den Tod eines einzigen zu rächen?»[9]

Deutlicher konnte er seine Anweisungen nicht erteilen. Die Hezbollahis hatten ihn verstanden. Sie wußten, daß sie nun den Angriff gegen die Opposition in voller Härte und Brutalität durchführen durften und sollten.

Gleich am Tag nach der Rede Rafsanjanis wurde der Bücherbasar in Tabriz in Brand gesteckt, linke Buchhandlungen wurden demoliert, ihre Bücher auf der Straße verbrannt, die Buchhändler zusammengeschlagen und teilweise durch die «Revolutionswächter» verhaftet.

Am 11. Mai ließ Chomeini durch sein Büro bekanntgeben, daß er die Zeitung *Ayandegan* nicht mehr lesen werde. Diese Tageszeitung mit der größten Auflage war längst zum Sprachrohr der Linken und Liberalen geworden. Viele in der Schahzeit verbotene und verhaftete Journalisten und Schriftsteller arbeiteten in ihrer Redaktion. Die Mullahs hätten *Ayandegan*, die inzwischen über eine Million engagierte Leser hatte, gerne verboten. Chomeinis Erklärung, er werde diese Zeitung nicht mehr lesen, war ein Weg durch die Hintertür. Als Antwort darauf erschien *Ayandegan* am nächsten Tag in vier Seiten. Auf der ersten Seite stand lediglich eine kurze Erklärung in eigener Sache, die restlichen Blätter waren weiß und unbedruckt. Da sich nun die Grossisten und einige Zeitungskioske weigerten, die Zeitung zu vertreiben, weil sie Anschläge der Hezbollahis befürchteten, meldeten sich Tausende von Freiwilligen und übernahmen den Verkauf, und obwohl in dieser Nummer nichts als eine Erklärung stand, erlebte die Zeitung an diesem Tag ihre größte Auflage. Dennoch stellte sie ihr Erscheinen für einige Zeit ein, um eine Besetzung und Zerstörung ihrer Redaktionsräume zu vermeiden. Bei anderen Tageszeitungen und Zeitschriften gingen die Hezbollahis direktere Wege. Sie warfen einfach die Redakteure hinaus und besetzten die Redaktionen mit ihren eigenen Leuten.

Die Experten des Gottesstaates

Nun war die Staatsform, die Islamische Republik, durch ein Referendum durchgesetzt, doch niemand, am wenigsten die breiten Massen, hatte von ihr eine konkrete Vorstellung. Eine Verfassung mußte ausgearbeitet werden. Chomeini hatte in Paris die Bildung einer von der Bevölkerung gewählten verfassunggebenden Versammlung versprochen. Es lag auch bereits ein Verfassungsentwurf vor, den seine Vertrauten ausgearbeitet hatten. Linke und Liberale forderten, daß dieser Entwurf veröffentlicht und zur Diskussion gestellt werde. Doch wie in anderen Bereichen hatte Chomeini seit seiner Rückkehr nach Teheran auch hier seine Ansichten vollständig geändert. Was Chomeini letztendlich wünschte, war jetzt nicht mehr nur die Gründung einer islamischen Republik, sondern die Verwirklichung des Systems des *welayate faghieh*, die Herrschaft der Geistlichkeit und ihres Führers über alle Lebensbereiche. Er wußte, daß diese Idee auf heftigen Widerspruch der aufgeklärteren Schichten in der Bevölkerung stoßen würde. Auch eine vom Volk frei gewählte verfassunggebende Versammlung würde vielleicht einer Islamisierung, nicht aber dem System des *welayate faghieh* zustimmen. Daher zog er es vor, zunächst einmal die Entwicklung abzuwarten und nach Wegen zu suchen, die sein Ziel zu verwirklichen erlaubten.

Linke und Bürgerlich-Liberale waren auch deshalb an dem Inhalt der Verfassung interessiert, weil sie bei der Volksbefragung Schiffbruch erlitten und nun ihre Vorstellungen soweit wie möglich in die Verfassung einbringen wollten. Sie veranstalteten Kundgebungen und Versammlungen, gaben Informationsbroschüren und Flugblätter heraus und forderten die Regierung auf, Fernsehen und Rundfunk für Podiumsdiskussionen freizugeben. Auf einer Tagung der Juristen und Rechtsanwälte stellte sich sogar ein Regierungsmitglied, der Chef der National-Iranischen Ölgesellschaft, Nazieh, gegen eine Islamisierung der Verfassung. «Es ist ein Irrtum», sagte er, «zu glauben, daß man alle unsere politischen, ökonomischen und juristischen Probleme im Rahmen des Islam lösen könne. Auch die Herren Schriftgelehrten wissen sehr wohl, daß die Islamisierung unter den gegebenen Umständen weder möglich noch wünschenswert ist.»[1] Nazieh war der erste unter den bürgerlichen Politikern, der es gewagt hatte, sich den Absichten Chomeinis entgegenzustellen.

Das ging den Mullahs zu weit. Bevor andere Stimmen laut werden konnten, mußte dem Ölminister tüchtig aufs Maul gehauen werden. Chomeini selbst führte den Schlag aus. Vor einer Versammlung der Hezbollahis sagte er: «Diejenigen, die aus dem Ausland eingereist sind, und die, die immer abseits der Volkserhebung gestanden haben, genießen keinerlei Rechte. Ihre Meinung ist völlig unbedeutend und wertlos... Sollten diese bereit sein, sich dem Islam unterzuordnen und sich unserem Glauben und seinen Vorschriften zu beugen, dann heißen wir sie willkommen. Wenn sie aber andere Meinungen vertreten, dann sollen sie verschwinden, dorthin, wo sie hergekommen sind.»

Er war wütend. Haß war aus seiner zitternden Stimme heraus-
zuhören: «Seid wachsam! Diese Leute wollen sich an eurem Blut
mästen. Oh, ihr Verwestlichten, ihr Fremden, ihr seid nichts als
eine hohle Schale. Ich warne euch. Ich warne euch Juristen und
sogenannten Verteidiger der Menschenrechte! Ihr Arbeiter, ihr
Bauern, ihr habt den Kampf geführt, ihr habt den Sieg mit eurem
Blut bezahlt. Wir sind nur dazu da, euch zu dienen. Niemand
darf euren Sieg mißbrauchen. Verdammt mich, wenn ich euren
Sieg mißbrauchen sollte. Ja, verdammt mich.» (Das Publikum
begann laut zu heulen und rief: «Du bist meine Seele, Chomeini.»)

«Die Wohlhabenden, die immer oben saßen, die nie gekämpft
und nur zugeschaut haben, während ihr euer Leben geopfert
habt, die haben jetzt keine Rechte, sie dürfen keine Rechte haben.

Ich warne euch! Fügt euch dem Islam. Einst habe ich von diesem Platz aus den Schah gewarnt. ‹Fürchte dich vor dem Zorn
des Volkes›, habe ich ihm gesagt. ‹Das Volk wird dich hinausja-
gen.› Aber er wollte nicht hören, und das Volk hat ihn fortgejagt.
Im Vergleich zu ihm seid ihr doch nichts.

Legt eure Feder weg. Laßt ab von euren Hetzschriften gegen
den Islam. Ihr Juristen und sogenannten Verteidiger der Menschenrechte, ich warne euch. Hört auf, gegen die Geistlichkeit
zu hetzen ... Hier, diese Slumbewohner, diese Menschen, die zu
acht oder neun Personen in einem Loch zu leben gezwungen
sind, sie sind die richtige Instanz zur Sicherung der Menschenrechte, sie kennen die wahren Sorgen und Wünsche der Menschen, und sie lassen sich von niemandem bevormunden, nicht
von mir, auch nicht von euch ...»[2] – «Du bist meine Seele, Chomeini», riefen die Hezbollahis.

Die Zeit drängte. Lange konnte die neugegründete Republik
nicht ohne Verfassung bleiben. Chomeini hätte es vorgezogen,
auf die ganze «Zeremonie» mit den Wahlen und der Gründung
einer verfassunggebenden Versammlung zu verzichten und dem
Volk sogleich einen von den Mullahs ausgearbeiteten Entwurf
zur Abstimmung vorzulegen. Aber sein Vorschlag stieß auch in

den eigenen Reihen auf Widerspruch. Ministerpräsident Bazargan drohte mit seinem Rücktritt, sein Vertrauter Banisadr warf ihm Wortbruch vor. «Sie sind ein Geistlicher, Sie haben in Paris dem Volk die Wahl einer verfassunggebenden Versammlung versprochen. Sie können nicht Ihr Wort brechen», sagte er zu ihm.

«Das kann ich sehr wohl», gab der Ayatollah zurück, «was gestern richtig war, kann sich morgen als falsch erweisen.»

Revolutionsrat und Kabinett begaben sich nach Ghom, um im Beisein von Chomeini endlich das Vorgehen in der Verfassungsfrage festzulegen. Alle waren dabei: Bazargan, Beheschti, Ardebili, Rafsanjani, Banisadr, Ghotbzadeh, Taleghani. Die Diskussion zog sich lange hin. Banisadr und Bazargan wollten nicht nachgeben. Beheschti und Rafsanjani gingen kurz mit Banisadr hinaus.

«Ich verstehe Sie nicht», sagte Beheschti zu Banisadr. «Warum beharren Sie so unnachgiebig auf der Bildung einer verfassunggebenden Versammlung? Wissen Sie denn nicht, was geschieht, wenn in der augenblicklichen politischen Atmosphäre Wahlen abgehalten werden?» – «Da würden doch nur die reaktionärsten Typen gewählt werden», fügte Rafsanjani hinzu. «Die fundamentalistischen Mullahs würden die Mehrheit der Sitze einnehmen. Für uns alle wäre es vorteilhafter, wenn wir den in Paris ausgearbeiteten Entwurf der Bevölkerung zur Abstimmung vorlegen würden.»

«Das ist unmöglich», sagte Banisadr. «Der Imam hat in aller Öffentlichkeit erklärt, es werde eine verfassunggebende Versammlung gewählt werden. Wir machen uns vor der ganzen Welt unglaubwürdig.» – «Ein Wortbruch ist besser als eine gewählte Versammlung, bei der die Hezbollahis das Sagen haben. Was glauben Sie, was für eine Verfassung bei so einer Versammlung herauskäme? Nehmen Sie unseren Rat an. Seien Sie sicher, es ist zu Ihrem Vorteil.»

Banisadr ließ sich nicht umstimmen. «Wen wollen die Mullahs denn zur Wahl aufstellen?» dachte er. «Sie haben nicht genug Leute. Sie werden unter sechs- bis siebenhundert Mitgliedern niemals die Mehrheit stellen können.»

Sie kehrten in die Runde zurück. Bazargan und Banisadr waren weiterhin unnachgiebig. Schließlich meldete sich Ayatollah Taleghani zu Wort: «Ich möchte einen Kompromißvorschlag machen», sagte er. «Statt einer verfassunggebenden Versammlung mit sechs- bis siebenhundert Volksvertretern können wir eine Expertenversammlung mit fünfzig bis sechzig Leuten wählen. Das hat den Vorteil, daß wir keinen Wortbruch begehen und tatsächlich eine Versammlung wählen lassen, zum anderen wird das Ganze sehr rasch über die Bühne gehen.»

Chomeinis Augen leuchteten. Dieser Vorschlag schien ihm in der Tat die beste Lösung zu sein. «Einverstanden», sagte er. «Gebt das sofort der Presse bekannt. Eine Expertenversammlung, das ist sehr gut.» Die anderen wollten ihre Meinung zu diesem Vorschlag beisteuern, aber er ließ sie nicht mehr zu Wort kommen. «Es reicht jetzt, es bleibt dabei», sagte er, stand auf und verließ den Raum.

«Das haben Sie jetzt davon», sagte Rafsanjani zu Banisadr, lachte laut und rieb sich dabei die Hände.[3]

Wieder einmal hatten die Bürgerlichen vor Chomeini kapituliert. Der Führer der Nationalen Front, Sanjabi, zwischenzeitlich Bazargans Außenminister, erklärte: «Der Wunsch nach einer verfassunggebenden Versammlung darf nicht zum Bruch unserer Einheit führen.»[4] Auch die gemäßigten Großayatollahs wurden auf einer Sitzung mit Chomeini zur Unterwerfung gezwungen. Ayatollah Maraschi, Golpayegani, Schariatmadari und Chomeini erklärten in einer gemeinsamen Stellungnahme, daß die Bildung einer Expertenversammlung den islamischen Grundsätzen voll entspreche und daher zu begrüßen sei.

Beim aufgeklärten Teil der Bevölkerung, bei den Intellektuellen, Linken und Demokraten, rief der Beschluß zur Gründung einer Expertenversammlung heftige Proteste hervor, weit heftiger, als Chomeini und die Mullahs sich wahrscheinlich vorgestellt hatten. Sie mußten zum Schweigen gebracht werden. Die Wahlen wurden angekündigt. Die Mullahs begannen sogleich mit ihrem Wahlkampf. Ihre Anhänger wurden mobilisiert, die Gegner eingeschüchtert, Hausdurchsuchungen durchgeführt,

Parteizentralen überfallen, staatliche Ämter und Behörden gesäubert, Zeitungsredaktionen besetzt, Kommunisten und Demokraten verhaftet, nationale Minderheiten wie Turkmenen, Kurden, Belutschen und Araber angegriffen, Protestdemonstrationen verhindert, Ausschreitungen gegen Frauen organisiert, Hinrichtungen und Auspeitschungen auf öffentlichen Plätzen angeordnet.

Am 16. Juni wurde das Volk zu einem «Marsch der Einheit» aufgerufen. Es war die größte Demonstration nach dem Sturz des Schah. Allein in Teheran gingen fast drei Millionen Menschen auf die Straße. Vorn, in der ersten Reihe, wurde ein Plakat getragen mit der Aufschrift «Bis zu unserem letzten Blutstropfen werden wir für Chomeini kämpfen». Der Satz war tatsächlich mit Blut geschrieben.

Hadi Ghaffari, ein regelrechter Killer unter den Mullahs, der zahlreiche Demonstrationen, aber auch Anschläge und Übergriffe auf die Gegner organisiert hatte, hielt die Kundgebungsrede. Er forderte die Fortsetzung der Hinrichtungen und härtere Maßnahmen zur Islamisierung der Gesellschaft. «Wir», sagte er und meinte damit die fast drei Millionen Demonstranten, «verlangen den direkten Einsatz der Armee und Ordnungskräfte zur Liquidierung der zersetzenden Elemente in unserer Gesellschaft. Wir warnen die Presse, ihre Freiheit zu mißbrauchen und fordern sie auf, sich in den Dienst der Revolution zu stellen... Diese Kundgebung ist unsere letzte Warnung. Von nun an werden wir konterrevolutionäre Machenschaften nicht mehr dulden. Diese Warnung gilt vor allem auch für reaktionäre linke und rechte Gruppen, die unser Volk spalten wollen. Unsere Geduld ist zu Ende...»[5]

Der wiederholte Ruf nach Einsatz der Armee und die augenfällige Präsenz des Militärs auf den Straßen ließen Schlimmes ahnen. Seit Tagen schon waren Gerüchte über Konzentrationen der Streitkräfte in den Provinzen Chusistan und Kurdistan im Umlauf.

Was Kurden, Belutschen, Araber, Turkmenen und andere iranische Nationalitäten verlangten, war kein autonomer, unabhängiger Staat. Sie strebten eine innere Autonomie an. Sie wünschten, daß ihre Kinder Schulen besuchen könnten, in denen der Unterricht in der Muttersprache erteilt wird und nicht, wie bisher, in persischer Sprache. Sie wollten ihre eigene, nationale Kultur pflegen, ihre Sprache und Literatur publizieren können, die staatlichen Ämter durch einheimische Beamte verwalten lassen. Die ethnischen Minderheiten, die sich im Verlauf der Revolution ebenfalls bewaffneten, kämpften für die Autonomie – notfalls auch mit Waffengewalt.

Für Chomeini waren derlei Forderungen nicht annehmbar. Nationale Grenzen, nationale Kultur, ethnische Sitten und Bräuche hatten für ihn keine Bedeutung. Hinzu kam, daß die überwiegende Mehrheit der nationalen Minderheiten im Iran nicht schiitische, sondern sunnitische Muslims sind. Chomeini wollte aber nicht nur die Vereinheitlichung des Iran, sondern der gesamten islamischen Welt unter seiner Herrschaft. Ein Imperium sollte entstehen, ein Reich Gottes, in dem die gläubigen Untertanen strikt nach islamischen Grundsätzen lebten. Daher hatte er sich entschlossen, alles, was mit seinen fundamentalistischen Vorstellungen nicht zu vereinbaren war, zu vernichten. Seine Parteigänger, die Hezbollahis, sollten das Zerstörungswerk ausführen. Historische Denkmäler, Wandmalereien, Miniaturen und andere Kunstwerke, vor allem aus der vorislamischen Zeit, wurden zerstört, zahlreiche Bibliotheken mit wertvollen handgeschriebenen Büchern ausgeraubt. Das Ziel war, einen neuen Menschen zu schaffen, einen Menschen, der auf alle Genüsse des Lebens verzichtet, die Trauer der Freude, das Weinen dem Lachen vorzieht, in Gott und für Gott und mehr noch für seine irdischen Vertreter lebt und ihnen als Untertan dient. Ein Sonderministerium für moralisches Verhalten wurde eingerichtet, das die Richtlinien für das Verhalten der Menschen im Privatleben und in der Öffentlichkeit festlegte.

Jede Abweichung von diesen Richtlinien wurde mit Auspeitschung, Steinigung, Erschießung auf öffentlichen Plätzen bestraft. Bestraft wurden vor allem das Verhalten im sexuellen Bereich, der Genuß von Alkohol, Schwimmen, Musikhören, kurz

265

alles, was Lust erweckte und Spaß machte. «Macht kaputt, was euch Spaß macht», war der Wahlspruch der Mullahs.

«Die gemischten Strände», sagte Chomeini vor Angestellten des Rundfunks und Fernsehens, «gehören zu den Mitteln unserer listigen Feinde. Diese Feinde denken nicht etwa an das Wohl der Jugend, sie wollen sie ins Verderben, in den Schmutz ziehen. Wenn junge Menschen ein paarmal ins Kino gehen, gewöhnen sie sich daran und können dann mit Leichtigkeit auf Irrwege geraten... Auch die Musik gehört zu diesen listigen Mitteln der Verführung. Sie ist dazu geeignet, das menschliche Gehirn zu lähmen... Gemischte Strände sind dazu eingerichtet worden, damit Mädchen und Jungen gemeinsam ins Wasser gehen und es dort miteinander treiben. Die Absicht ist, die nachkommenden Generationen ins Verderben zu ziehen. Wenn sich ein Junge ein paar Monate lang am Strand herumtreibt... wird er nicht mehr fähig sein, selbständig zu denken...

Zwischen Musik und Opium besteht kein Unterschied. Opium führt zu einer Art Lähmung der Gefühle, Musik erzielt dieselbe Wirkung. Streicht die Musik aus eurem Programm! Rundfunk und Fernsehen müssen Lehrfunktionen ausüben. Fürchtet euch nicht davor, daß man euch Traditionalisten nennt. Laßt gut sein, wir sind eben Traditionalisten...

Musik ist ein Verbrechen am Volk, ein Verbrechen an der Jugend. Ihr müßt die Musik vollständig abschaffen.» Auch die gemischten Schulen sollten nach Anweisungen des Ayatollah aufgelöst werden.[6]

Um die Folgen dieser Verordnungen kümmerte sich Chomeini nicht. Allein das Verbot des gemeinsamen Schwimmens an den Stränden, das Verbot von Kinos, Theater und sonstiger Unterhaltung hatte verheerende Folgen; es bedeutete für Zehntausende den wirtschaftlichen Ruin. Auch die Auflösung von gemischten Schulen – bei dem bestehenden Mangel an Lehrern und Schulräumen – stellte das Ministerium für Bildung und Erziehung vor unlösbare Probleme. Der zuständige Minister Schokuhi erklärte in einem Zeitungsinterview: «In den Dörfern können wir die gemischten Schulen auf keinen Fall auflösen. Ich bin der Meinung, daß gemischte Volksschulen unproblematisch sind. Allein in Teheran fehlen uns 750 Schulen, außerhalb der Hauptstadt sind es über 2000. Wir werden nicht zulassen, daß unsere Kinder zum Spielzeug der Fundamentalisten werden.»[7]

Das Kabinett Bazargan hatte es immer schwerer, sich nach den Wünschen des Revolutionsführers zu richten. Justizminister Mobascheri trat mit dem Hinweis auf Willkürmaßnahmen der Mullahs von seinem Amt zurück. Ebenfalls legte Außenminister Sanjabi sein Amt nieder. Er kritisierte, daß außenpolitische Entscheidungen nicht von ihm und seiner Regierung, sondern ohne sein Wissen von Chomeini gefällt wurden. Von dem Abbruch diplomatischer Beziehungen zu Ägypten z. B. hatte der Außenminister durch die Presse erfahren. Auch der Generalstabschef der Streitkräfte, General Farbod, reichte seinen Rücktritt ein. «Ich wehre mich dagegen, daß die Armee abermals als Mittel der Unterdrückung eingesetzt wird», erklärte er in seinem Rücktrittsschreiben.

Die Armee leistete auch ohne den Generalstabschef den Anweisungen Chomeinis Folge. Am 16. Juli 1979 marschierte sie in die kurdische Stadt Marivan ein und besetzte strategisch wichtige Zentren. Aus Protest gegen diesen unerwarteten Einmarsch packten Zehntausende von Bewohnern ihre Sachen und verließen die Stadt, eine Form des Protestes, mit der die Mullahs nicht gerechnet hatten. Auch in der Provinz Chusistan wurde die Armee mobilisiert, und zum erstenmal seit der Gründung der Islamischen Republik wurden in der Stadt Abadan drei Linke offiziell wegen Landfriedensbruchs hingerichtet.

Der Wahlkampf der Mullahs zur Expertenversammlung hatte spezifische Formen. Alle möglichen Rituale und Gebräuche wurden aus der historischen Mottenkiste herausgeholt, um die Massen zu mobilisieren. Trauerfeiern und Prozessionen, Versammlungen in den Moscheen und vor allem das gemeinsame Freitagsgebet dienten dazu, die Einheit der Gläubigen zu festigen und sie für das Erreichen der nächsten Ziele einzusetzen. Gerade das Freitagsgebet, eine traditionelle Einrichtung, die längst vergessen war, wurde neu belebt. Jeden Freitag trafen sich in allen Städten und Dörfern die gläubigen Frauen, Männer und Kinder zum gemeinsamen Gebet; allein in Teheran waren es jedesmal mehr als eine halbe Million Menschen, die an diesem islamischen Picknick teilnahmen, denn es wurde nicht nur gebetet, sondern auch geschmaust. Frauen und Männer waren voneinander getrennt, die Jungen bei den Vätern, die Mädchen bei den Müttern, alle Frauen trugen Schleier und die Männer einen Bart, zumindest waren sie unrasiert.

Einen Wahlkampf konnte man diese Vorbereitungen nicht gerade nennen, jedenfalls nicht für die Gruppen außerhalb des islamischen Lagers. Denn ihre Kandidaten wurden ja nicht als «Experten» akzeptiert.

Dennoch gingen die Wahlen, deren Ergebnis schon vorher feststand, nicht ohne Störung und auch nicht ohne Manipulation und Fälschung über die Bühne. Viele Organisationen und Verbände hatten zum Wahlboykott aufgerufen. Auch unter die Kandidaten hatten sich trotz sorgfältiger Prüfung einige Oppositionelle gemischt. Es sollte aber dieselbe Wahlbeteiligung wie bei dem vorausgegangenen Referendum erzielt und die Expertenversammlung von «Fremdkörpern» reingehalten werden. Nun waren die Manipulationen und Fälschungen teilweise so dilettantisch – den Mullahs fehlte eben die Erfahrung –, daß sie sich nicht verheimlichen ließen. Um dieser Katastrophe Einhalt zu gebieten, mußte zunächst die freie Presse, oder der Teil, der sich bis dahin noch gehalten hatte, ausgeschaltet werden. Die Zeitung *Ayandegan*, die ihr Erscheinen wieder aufgenommen hatte, war das erste Opfer. Unter dem Vorwand, sie sei ein Machwerk des israelischen Geheimdienstes und konterrevolutionärer Kräfte, wurde ihre Redaktion besetzt. Einige ihrer Mitarbeiter wurden verhaftet. Chomeini selbst hatte dafür grünes Licht gegeben. Bei einer Versammlung vor seinem Haus hatte er gesagt: «Wir haben die Bajonette und Maschinengewehre besiegt, jetzt werden die Federn gegen uns gerichtet. Die Federn sollen jetzt die Bajonette, die Artikel die Maschinengewehre ersetzen und auf den Islam gerichtet werden.»[8]

Die Nationaldemokratische Front rief zu einer Protestkundgebung in Teheran auf. Fast eine Million Oppositionelle nahmen daran teil. Auch die Hezbollahis waren zur Stelle und gut ausgerüstet. Es kam zu gewalttätigen Auseinandersetzungen, wobei es zahlreiche Verletzte gab. Der Imam war außer sich. «Wenn ihr nicht aufhört, werde ich das letzte Wort aussprechen», drohte er. Und zwei Tage später machte er seine Drohung wahr:

«Unser Fehler bestand darin, daß wir nicht revolutionär gehandelt haben und diesen verderblichen Gruppen Zeit gelassen haben. Die Regierung, die Armee und die Wächter der Revolution haben es versäumt, revolutionär zu handeln, sie waren nicht revolutionär. Wenn wir gleich, nachdem wir das Regime ins Verderben gestürzt hatten, auch die Federn der von der Konterrevolution bezahlten Presse zerbrochen und alle verderblichen Zeitungen und Zeitschriften verboten, die Verantwortlichen vor Gericht gestellt und gebührend bestraft hätten, und wenn wir auf allen großen Plätzen Galgen aufgestellt und die Verderber und Verdorbenen vernichtet hätten, wären diese Probleme nicht aufgetaucht.»[9]

Chomeinis ältester Sohn Mustafa hatte einmal gesagt: «Ich bete zu Gott, daß mein Vater nicht an die Stelle des Schahs tritt. Er würde weit mehr Menschen umbringen als dieser.»[10]

Der Imam konnte seine Wut offenbar nicht mehr bändigen. Er drohte, nach Teheran zu kommen und die Zügel selbst in die Hand zu nehmen. Aber auch von Ghom aus hatte er über die Köpfe der Regierung hinweg die Staatsgeschäfte bereits übernommen. Nun befahl er der Armee, gegen die kurdischen Autonomisten vorzugehen, die Stadt Paweh zu besetzen und «jeden Widerstand niederzuschlagen». In Paweh wurden 400 Tote gezählt. Radio und Fernsehen propagierten einen islamischen Kreuzzug, einen Heiligen Krieg (*jahad*) gegen die Bevölkerung von Kurdistan. Zehntausende Hezbollahis meldeten sich freiwillig.

Der Einzug der Armee in Kurdistan war jedoch erst der Auftakt zur Bildung einer absolutistischen Diktatur der Mullahs, die sich allmählich deutlicher abzeichnete. Chomeinis Worte, Drohungen und Maßnahmen wurden immer härter. Bei der Eröffnung der Expertenversammlung am 18. August ließ er durch seinen Sohn Ahmad eine Botschaft an das iranische Volk verlesen, die die weitere Entwicklung programmatisch festlegen sollte. Darin hieß es:

«Wir haben Freiheiten gewährt, sie wurden mißbraucht. Damit ist jetzt Schluß. Wir werden keine Freiheit mehr gewähren... Ich muß auch die Regierung und den Innenminister warnen. Sie haben sich nach der Demonstration (gemeint ist die Demonstration der Nationaldemokratischen Front gegen die Besetzung von *Ayandegan*), bei der 300 Personen verletzt wurden, mit einer Erklärung des Bedauerns begnügt und sonst nichts unternommen... Man muß hart vorgehen. Vielleicht werde ich heute oder morgen die meisten dieser Organisationen verbieten. Ich werde nicht zulassen, daß sie weiterhin ihre Schriften publizieren... Wir werden alle ihre Schriften vernichten... Von nun an werden wir revolutionär mit ihnen abrechnen. Laßt die ausländische Presse schreiben, was sie will. Bei uns können diese Störenfriede sich in ihren Häusern austoben, auf den Straßen werden wir sie nicht dulden. Wir müssen diese Leute isolieren. Wir müssen an die Zukunft denken. Bald steht die Wahl des Staatspräsidenten an. Da wird es wieder Blutvergießen geben. Bei der Wahl des Parlamentes wird es noch schlimmer sein. Wir müssen dem Verderben Einhalt gebieten. Wir können diese Parteien nicht einfach frei gewähren lassen... Wir haben Freiheit gewährt, aber ich muß zugeben, daß es ein Fehler war. Ich dachte, wir hätten es mit Menschen zu tun. Das sind keine Menschen, das sind Raubtiere, und Raubtiere darf man nicht sanft behandeln...»[11] – «Du bist meine Seele, Chomeini», riefen die neugewählten Abgeordneten der Expertenversammlung.

Die harten Worte des Revolutionsführers verfehlten ihre Wirkung nicht. Gleich am darauffolgenden Tag wurde durch den Revolutionsanwalt die Entwaffnung der oppositionellen Organisationen angeordnet. Neunzehn Zeitungen und Zeitschriften wurden verboten. Auch die Demokratische Partei Kurdistans, die größte Organisation der Autonomiebewegung, wurde verboten, neun ihrer Mitglieder von Standgerichten zum Tode verurteil und hingerichtet. Revolutionsrichter Chalchali eilte nach Kurdistan. Unter freiem Himmel ließ er sich täglich zahlreiche Gefangene vorführen. Innerhalb weniger Minuten sprach er sein Urteil aus – es waren ausschließlich Todesurteile – und ließ sie an Ort und Stelle hinrichten.

In dieser Atmosphäre nahm die Expertenversammlung ihre Arbeit auf. Nun saßen sie da, die ausgewählten «Vertreter des Volkes», in der überwiegenden Mehrheit Mullahs, und sollten eine Verfassung ausarbeiten, die Chomeinis absolute Macht legalisierte. Einfach war das nicht. Denn der zuvor in Paris ausgearbeitete und von Chomeini autorisierte Entwurf war bereits an die Öffentlichkeit gelangt. Zwar enthielt dieser Entwurf genügend islamische Grundsätze und Bestimmungen, gleichzeitig aber auch demokratische Rechte und Freiheiten, und – was noch wichtiger war – er richtete sich nach dem Grundsatz der Gewaltenteilung und der Gleichheit aller Bürger vor dem Gesetz, war damit dem System des *welayate faghieh*, der absoluten Herrschaft der Gelehrten, vollständig entgegengesetzt. Aber die versammelten Experten waren eingeweiht, zumindest die Parteigänger Gottes, die Hezbollahis, die ihren eigenen Entwurf vorlegten und ihn, unterstützt von Chomeini, auch durchsetzten. Es gab aber auch, selbst in der Expertenversammlung und vor allem unter den Großayatollahs und Schriftgelehrten, gewichtige Stimmen, die sich Chomeinis Vorstellungen widersetzten. Ministerpräsident Bazargan war schier verzweifelt. In einer Fernsehansprache vom 28. August sagte er:

«Man hat uns ein Messer in die Hand gelegt, dessen Klinge uns nicht zur Verfügung steht... Anfang dieser Woche habe ich dem Imam einen persönlichen Brief geschickt. Ich habe ihm mitgeteilt, daß ich ihm gerne mit beiden Händen meine Rücktrittserklärung übergeben werde. Glücklicherweise gibt es genügend Anwärter für dieses Amt. Der Imam möchte sich nach Teheran begeben, alles selbst in die Hand nehmen und seine Befehle erteilen. Für mich sei die Führung dieser Reigerung, auf die niemand Rücksicht nimmt, kein Vergnügen.»[12]

Auch Ayatollah Taleghani gehörte zu den entschiedenen Gegnern des *welayate faghieh*. Er spürte, daß sich die Republik zu einer neuen Diktatur entwickelte. Er fühlte sich unter starkem psychischem Druck, den er schließlich nicht mehr aushielt. Am 9. September 1979 starb er. Viele vermuteten ein Attentat. Beheschti habe ihn umbringen lassen, sagten sie. Am Vorabend sei er noch wohlauf gewesen, habe bis zu später Stunde noch Besuche empfangen, unter ihnen den sowjetischen Botschafter in Teheran. «Es ist jedenfalls ein rätselhafter Tod gewesen», sagte uns ein enger Vertrauter Taleghanis.[13]

Wenige Tage nach dem Ableben Taleghanis wurden die entscheidenden Artikel der Verfassung Chomeinis Wunsch gemäß mit folgendem Wortlaut verabschiedet:

«Grundsatz 5:

In der Islamischen Republik Iran steht während der Abwesenheit des verschwundenen 12. Imam – Gott möge ihn bald wieder erscheinen lassen – der Führungsauftrag (Imamat) und die Führungsbefugnis (welayate-e-ami) in Angelegenheiten der islamischen Gemeinschaft dem gerechten, gottesfürchtigen, über die Erfordernisse der Zeit informierten, tapferen, zur Führung befähigten Rechtsgelehrten zu, der von der Mehrheit der Bevölkerung als islamischer Führer anerkannt und bestätigt wurde. Falls kein islamischer Rechtsgelehrter eine solche Mehrheit findet, übernimmt ein Führungsrat islamischer Rechtsgelehrter, welche die obigen Voraussetzungen erfüllen, gemäß Grundsatz 107 die Führung.»

Im Grundsatz 110 werden die Befugnisse der islamischen Führung aufgezählt. Dazu gehören u. a. die Ernennung des Rechtsgelehrten im Wächterrate, ohne dessen Zustimmung kein Gesetz Geltung finden kann, Oberbefehl der Streitkräfte, Ernennung der Oberbefehlshaber der drei Waffengattungen, Erklärung von Krieg und Frieden, Absetzung des vom Volk gewählten Präsidenten der Republik...[14]

Die Großayatollahs in Ghom waren aufgeschreckt. Sie begriffen, daß sie bei Verabschiedung dieser Grundsätze ihre Macht vollständig einbüßen würden. Deshalb erklärte Ayatollah Schariatmadari: «Die Wurzeln der Staatsgewalt liegen beim Volk, sonst sind alle Volksbefragungen, die bisher durchgeführt wurden, wertlos.»[15]

Ministerpräsident Bazargan unternahm einen letzten verzweifelten Versuch und plante eine Entmachtung der Expertenversammlung. Er ließ ein «Dekret zu deren Auflösung» von den Ministern seines Kabinetts unterzeichnen.

Aber Bazargan war nicht mutig genug, um diesen Beschluß durchzusetzen. Er fürchtete den Zorn des Revolutionsführers und wollte daher zunächst dessen Zustimmung einholen. Er begab sich nach Ghom. Chomeini wurde wütend. Kaum hatte er von der Absicht Bazargans gehört, ließ er ihn hinauswerfen. Gleich am nächsten Tag wandte er sich an die Öffentlichkeit und sagte: «Wer seid ihr, und woher kommt ihr überhaupt... plötzlich taucht ihr auf, kritisiert *welayate faghieh* und wollt die Expertenversammlung auflösen. Woher nehmt ihr diese Dreistigkeit. Ich werde euch auf den Mund hauen und euch zum Schweigen bringen. Hört auf mit diesem Gerede, laßt ab von diesem Unsinn... Wenn das ganze Volk den Islam wünscht, wenn alle jeden Tag den Islam und die Islamische Republik verlangen, dann ist das eine Tatsache, die nicht mehr rückgängig zu machen ist. Niemand hat das Recht, die Versammlung aufzulösen.»[16]

Diese Worte waren aus dem Munde eines geistlichen Würdenträgers ungewöhnlich. Allmählich verschwand der Heiligenschein, der noch in Paris das Antlitz des Imam umgeben hatte. Nicht nur Linke und Bürgerliche, die Chomeini beim Kampf gegen den Schah unterstützt hatten, sondern auch eine große Anzahl von Gläubigen wurde mit der Zeit enttäuscht. So hatten diese sich einen Gottgesandten, einen Heiligen, nicht vorgestellt. Sie wollten nicht eine alte Diktatur gegen eine neue eintauschen. Sie waren aufgestanden, um ihre Freiheit und Unabhängigkeit zu erringen, und jetzt sollten sie wie Schafe behandelt werden und blindlings dem Ayatollah Gefolgschaft leisten.

Amerika – der Große Satan

Die Opposition gegen die Mullahs, gegen das System des *welayate faghieh* weitete sich rapide aus. Die Begeisterung für die Revolution, vor allem für den Revolutionsführer, ließ nach, die Stimmung des Glücksgefühls verwandelte sich in Resignation und Angst vor dem staatlichen Terror, der nun überall zu spüren war.

Die Regierung Bazargan war praktisch machtlos, die eigentliche Macht lag bei den Mullahs, doch sie besaßen keine Ämter und agierten aus dem Hintergrund. Lange konnte dieser Zustand nicht andauern. Die Regierung Bazargan war ohnehin provisorisch und nur aus taktischen Gründen ernannt worden. Ihre Zeit war jetzt abgelaufen, sie mußte verschwinden.

Dies alles wußte der Ayatollah am besten. Er spürte das Abflauen der Begeisterung, das Erstarken der Opposition, die Unzufriedenheit der Bevölkerung. Die Verfassung war längst noch nicht unter Dach und Fach. Keines der anstehenden aktuellen Probleme war gelöst. Überall im Land, in Kurdistan, Turkmenistan, Belutschistan, Chusistan, in der Hauptstadt und in den anderen Städten breiteten sich Unruhen aus. Es mußte etwas geschehen. Die Massen mußten wieder mobilisiert und auf die Straße gebracht, die Verfassung verabschiedet werden und die Regierung in die Hand der Mullahs übergehen. Chomeini wartete auf eine günstige Gelegenheit. Sie bot sich am 23. Oktober 1979. An diesem Tag reiste der Schah in die USA ein.

Von Teheran aus hatte sich der flüchtige Kaiser zunächst nach Ägypten und dann nach Marokko begeben. In beiden Ländern war er seinem Rang gebührend empfangen worden. Eine Hoffnung auf Rückkehr gab es nicht mehr, er mußte längerfristig planen und entschied sich für die USA. Dort, in dem Land seiner Träume, wollte er den Rest seines Lebens verbringen. Doch einfach war das nicht. Für die amerikanische Regierung und auch für Jimmy Carter, der ihn vor nicht allzu langer Zeit den besten Freund der USA genannt hatte, war er längst ein toter Mann.

Seine Anwesenheit in den USA hätte die amerikanischen Interessen im Iran stark beeinträchtigen können. Vertreter der US-Regierung versuchten, ihn dazu zu bewegen, für seinen Lebensabend ein anderes Land zu wählen. Das traf den Kaiser hart, hatte er doch jahrzehntelang den Herren des Weißen Hauses treulich gedient. Jetzt behandelte man ihn wie einen herrenlosen Hund, den keiner haben wollte. Aus seiner eigenen Heimat hatte man ihn hinausgeworfen, nun verweigerte man dem kranken Flüchtling auch noch die Einreise in die Wahlheimat. Doch noch spürte er einen Rest von Stolz. «Ich werde nicht in ein Land einreisen, das mich nicht freudig empfängt», hatte er zu dem Sonderbotschafter Carters gesagt, der nach Marokko gereist war, um ihn zu beruhigen.

Aber wo sollte er hin? König Hassan und Präsident Sadat hatten ihn freundlich aufgenommen, doch als Repräsentanten islamischer Länder konnten sie den Mann, den eine islamische Revolution hinausgeworfen hatte, nicht allzu lange beherbergen. So versuchten sie, dem lästig gewordenen Gast schonend beizubringen, daß er sich und seiner Familie einen günstigeren Aufenthaltsort suchen sollte. Unwillig begab sich der Schah auf die Bahamas. Diese ehemalige britische Kolonie stand immer noch unter dem Einfluß Großbritanniens, und auch die Briten waren nicht gewillt, es sich eines gestürzten Kaisers wegen mit den Ayatollahs zu verderben. Nur Henry Kissinger brachte für seinen langjährigen Freund ein wenig Verständnis auf:

«Ein Mann, der siebenunddreißig Jahre lang zu den besten Freunden der Vereinigten Staaten zählte, befindet sich wie ein fliegender Holländer auf der Suche nach einer Zuflucht, und niemand ist bereit, ihn aufzunehmen», sagte er.[1] Er setzte sich beim Staatspräsidenten von Mexiko für ihn ein und erreichte wenigstens, daß der Schah ein Touristenvisum erhielt.

Bis Oktober 1979 hielt sich der Kaiser nun dort auf. Aber seine Krankheit machte ihm schwer zu schaffen. Er mußte unbedingt von Spezialisten behandelt werden. Stolz hin, Stolz her, jetzt reichte er offiziell ein Gesuch zur Einreise in die USA ein. Carter wollte in der Öffentlichkeit nicht als Unmensch erscheinen, außerdem hätte sich eine Ablehnung auf andere Staatsmänner, die, wie einst der Schah, im Dienste der US-Regierung standen, sehr negativ auswirken können. Jedem von ihnen konnte dasselbe Schicksal bevorstehen. Also gab Carter widerwillig nach, warnte aber zugleich seine Berater vor den Reaktionen der Mullahs. Wörtlich sagte er: «Es könnte den Mullahs einfallen, die amerikanische Botschaft in Teheran zu besetzen und unsere Diplomaten als Geiseln festzunehmen.»[2]

Der Schah erhielt seine Einreisegenehmigung und reiste am 23. Oktober in die USA ein. Aus Teheran kam keine Reaktion. Im Weißen Haus war man froh, daß die Befürchtungen Carters sich nicht bewahrheiteten.

Eine Woche später, am 1. November, feierte Algerien den 25. Jahrestag seiner Revolution. Unter den Gästen befanden sich auch der iranische Ministerpräsident Bazargan, sein Außenminister Yazdi und sein Verteidigungsminister Chamran. Die USA waren durch den Sicherheitsberater des Präsidenten, Brzezinski, vertreten. Brzezinski behauptete später, Bazargan habe ihn bei den Festlichkeiten um eine Unterredung gebeten. Bei dem Treffen seien ökonomische, sicherheitspolitische und militärische Fragen erörtert worden. Zum Schluß habe Außenminister Yazdi die Schahreise in die USA zur Sprache gebracht. Das Gespräch sei in freundschaftlicher Atmosphäre verlaufen.[3] Während sich Bazargan und seine beiden Minister ahnungslos der Festlichkeiten in Algerien erfreuten, wurde zu Hause ihrer Regierung die Henkersmahlzeit bereitet.

Zum Gedenken an die studentischen Opfer unter dem Schahregime war in Teheran für den 4. November 1979 eine große Demonstration geplant. Es sollte an diesem Tag auch der Verbannung Chomeinis, die vor fünfzehn Jahren stattgefunden hatte, gedacht werden. Daß bei dieser Demonstration auch Parolen gegen die USA laut wurden, schien nicht ungewöhnlich. Schon seit dem Sturz des Schahs sah man bei jeder Demonstration und Kundgebung Plakate, die sich gegen die USA und auch gegen die Sowjetunion richteten, ein Ausdruck eigener Unabhängigkeitsbestrebungen. Von der für denselben Tag geplanten Besetzung der amerikanischen Botschaft wußte nur eine kleine Gruppe. Anfangs sah diese Besetzung wie eine spontane Aktion einiger Jugendlicher aus. Sie hatten sich von dem Demonstrationszug getrennt, waren zu der amerikanischen Botschaft gelaufen. Der Eingang war verschlossen. Einige stiegen über die Mauer und öffneten von innen das Tor. Schüsse wurden abgegeben. Nach etwa zwanzig Minuten wurde über die Mauer ein weißes Transparent gehängt. Darauf stand: «Wir, muselmanische Studenten, Anhänger der Linie Imam Chomeinis, haben aus Protest gegen die Verbrechen der USA und die Aufnahme des Verbrechers Pahlawi in diesem Land die amerikanische Botschaft besetzt.» Auf zwei weiteren Transparenten stand: «Chomeini kämpft, Carter zittert.» – «Die Einreise des Schahs in die USA ist eine neue Verschwörung gegen die islamische Revolution.» Etwa zweitausend Demonstranten und Schaulustige standen vor dem Botschaftsgebäude.

War das wirklich eine spontane Aktion?

«Nein», meinte Banisadr bei unserem Interview mit ihm. «Die Aktion war geplant, und Chomeini selbst war darüber informiert.» Ob er die betreffenden Studenten vorher gekannt habe, wollten wir erfahren. «Ja», sagte er. «Die Botschaftsbesetzung wurde von Studenten durchgeführt, die sich als ‹Anhänger der Linie Imam Chomeinis› bezeichneten. Diese Studenten hatten Chomeini lange vor ihrer Aktion besucht, um sich seinen Anweisungen entsprechend politisch zu orientieren. Chomeini hatte daraufhin sechs Personen zur ideologischen und politischen Betreuung dieser Studenten beauftragt. Ich war einer von ihnen. Aber schon bei der ersten Sitzung zeigten sich scharfe Differenzen zwischen den Betreuern. In der Frage der wahren Linie des Imam Chomeini gingen unsere Meinungen weit auseinander. Ich war der Ansicht, daß man sich nach dem richten müsse, was Chomeini vor der Machtübernahme in Paris proklamiert hatte. Jede Abweichung davon könne und müsse scharf kritisiert und abgelehnt werden. Andere, wie der gegenwärtige Staatspräsident Chamenei – damals kannte ihn kaum jemand –, waren der Meinung, daß man sich nach den jeweils neuesten Anweisungen Chomeinis richten müsse, selbst dann, wenn es im

Widerspruch zu den in Paris vertretenen Grundsätzen stehe. Eine weitere Sitzung mit den Studenten fand nicht statt, zumindest nicht in meinem Beisein.

Einen Tag vor der Botschaftsbesetzung kamen Vertreter dieser Studenten zu mir und wollten mich in einer dringenden Angelegenheit sprechen. Ich verabredete mich mit ihnen für den Nachmittag. Doch sie kamen nicht mehr. Offensichtlich hatten sie es sich anders überlegt.»

Innerhalb weniger Stunden nach der Besetzung der Botschaft gingen in allen Städten des Landes die Menschen auf die Straße, um an antiamerikanischen Kundgebungen und Demonstrationen teilzunehmen. Die Besetzung brachte eine entscheidende Wende in die Entwicklung der Islamischen Republik. Die Massen waren wieder wie in den turbulentesten Tagen des Volksaufstandes mobilisiert. Sie waren zu Kampf und Opfer bereit und warteten auf die Anweisungen des Revolutionsführers. Die Regierung Bazargan, und damit der Einfluß der bürgerlichen Demokraten, war endgültig am Ende. Zurückgekehrt aus Algier, wurde der Ministerpräsident ohne große Formalitäten von Chomeini nach Hause geschickt. «Ich will weder einen Ministerpräsidenten noch Minister», hatte er dem Revolutionsrat mitgeteilt. Die Ratsmitglieder sollten vorerst die Aufgaben unter sich aufteilen und auf seine weiteren Anweisungen warten. «Ich empfahl Bazargan, nicht zurückzutreten», erzählte Banisadr. «Er tat es doch.»

Er tat es, weil ihm kein anderer Ausweg blieb. Die antiamerikanischen Demonstrationen richteten sich auch gegen ihn. Sein Treffen mit Brzezinski wurde scharf verurteilt. «Ein Kollaborateur», «ein Landesverräter» stand auf den Plakaten geschrieben. Die Mullahs schürten den Haß gegen ihn. Auch die Linke und mit ihr die moskautreue Tudehpartei wollten ihn so bald wie möglich abkanzeln. Die Bürgerlichen selbst, mutlos und ohne Selbstvertrauen, wagten nicht, sich hinter Bazargan zu stellen. Alles war planmäßig vorbereitet. Ein kleiner Wink von Chomeini reichte aus, um den Ministerpräsidenten, dem wenige Monate zuvor noch Millionen zugejubelt hatten, abtreten zu lassen.

Bazargan erinnerte sich an seine eigenen Worte in Paris. Über Chomeini hatte er gesagt, er sei ein Schah mit Turban. Jetzt versuchte er bei seiner Abschiedsrede, der Öffentlichkeit diese Erkenntnis durch die Blume mitzuteilen. Er sagte:

«Ich bin sehr besorgt. Diese Expertenversammlung und die von ihr ausgearbeitete Verfassung, die sich in ihren Grundsätzen von unserer ursprünglichen Verfassung unterscheidet, lassen die Befürchtung zu, daß sich unser Volk abermals polarisiert. Nach dieser Verfassung wird keiner wissen, wie er sich zu verhalten hat. Fremde Faktoren werden die Regierung und die Verantwortlichen beeinflussen... Mit der tiefen Besorgnis, daß unser Land nach der Verabschiedung der neuen Verfassung in Chaos und Ziellosigkeit gerät, daß nicht das Volk die Herrschaft besitzt, sondern die Klassen oder auch die Geistlichkeit die absolute Macht ausüben, möchte ich mich verabschieden.»[4]

Durch die Absetzung Bazargans kamen die Mullahs der Macht einen großen Schritt näher. Sie standen zwar immer noch im Dunkel, die Mitglieder des Revolutionsrates waren nach wie vor der Öffentlichkeit nicht bekannt, öffentliche Ämter hatten sie auch noch nicht übernommen (d. h. nicht offiziell), aber es hatte sich nun per Dekret des Revolutionsführers und unterstützt von den Massen doch ein Machtwechsel vollzogen.

Unter den Linken war für die moskautreue Tudehpartei der neu entflammte Antiamerikanismus Grund genug, sich voll und ganz hinter die Mullahs zu stellen. Nach dem Motto: Wer der Feind unseres Feindes ist, ist unser Freund, hoffte sie auf eine Annäherung des Iran an die Sowjetunion und unterstützte die Schiiten.

Aber auch ein großer Teil der unabhängigen Linken nahm die verbalen Bekundungen der Mullahs gegen die USA, Israel und deren Helfershelfer im eigenen Land und die Solidaritätserklärungen für die Armen und Entrechteten ernst. Gerade mit diesen Parolen konnten die Mullahs den Linken den Wind aus den Segeln nehmen. Die Besetzung der amerikanischen Botschaft lieferte den Beweis dafür, daß der unversöhnliche Kampf gegen den Imperialismus keineswegs ein «Privileg» der Linken war. Auch die Absetzung Bazargans und seines Kabinetts, die als eine Clique bürgerlich-liberaler Konterrevolutionäre angesehen wurden, sollte demonstrieren, daß die Mullahs auf seiten der Werktätigen und Schwachen stehen. Damals, in jenem Freudentaumel, gab es nur wenige, die sich die Frage stellten, wie die Mullahs aus der Perspektive einer Stammesgesellschaft und dem fundamentalen Schiismus den Kampf gegen hochindustrialisierte, kapitalistische Länder aufnehmen wollten, wie sie das Land, dessen Wirtschaft durch tausend Bande mit dem Weltmarkt verknüpft war, in die Unabhängigkeit führen könnten.

Vor diesem Hintergrund erwies sich die Besetzung der US-Botschaft als ein äußerst kluger Schachzug. Schon wenige Tage danach konnte jeder aufmerksame Beobachter registrieren, daß das Regime fester als je zuvor im Sattel saß und Chomeini seine Position als unumstrittener Revolutionsführer weiter ausgebaut hatte.

Außenpolitisch allerdings sah die Lage anders aus. Der unerwartete Sieg der Revolution wurde zwar in aller Welt bewundert, aber das Land geriet dennoch zunehmend in die Isolation. Ein Regime, das die Geiselnahme von Diplomaten und Angestellten der Botschaft eines fremden Landes begrüßt und unterstützt, konnte kaum mit der Sympathie und Freundschaft des Auslands rechnen. Die USA hingegen, immer noch mit dem Makel des Vietnamkriegs behaftet, konnten sich jetzt als unschuldiges Opfer präsentieren und auf Anteilnahme und Hilfe rechnen.

Was im Ausland geschah, kümmerte den Ayatollah nicht. Er rühmte die Studenten, die durch ihre mutige Aktion das Volk auf den Hauptfeind des Islam aufmerksam gemacht hatten. «Das ist eine Revolution, mächtiger als die erste», rief er den Massen zu. «Amerika ist der Große Satan ... Fürchtet euch nicht, Amerika ist zu nichts fähig. Es wird sich hüten, sich militärisch in unsere Angelegenheiten einzumischen.»[5]

Nun trat auch der Revolutionsrat aus seiner Anonymität heraus. Dreizehn Personen wurden der Öffentlichkeit als Ratsmitglieder vorgestellt. Auch das Versprechen Chomeinis, kein Geistlicher werde ein Staatsamt übernehmen, wurde endgültig gebrochen. Die Mullahs waren salonfähig geworden. Die Bevölkerung gewöhnte sich allmählich daran, daß sie täglich im Fernsehen auftraten und staatsmännisches Gehabe demonstrierten. Ayatollah Beheschti übernahm das Justizministerium und wurde gleichzeitig Chef der «Organisation Heiliger Krieg zum Aufbau des Landes». Der Mullah Haschemi Rafsanjani wurde zum Innenminister ernannt. Der Mullah Musawi Ardebili übernahm die Leitung der «Stiftung für Schwache» (ursprünglich Pahlawi-Stiftung, die größte Goldgrube des Landes). Der Mullah Mahdawi Kani wurde zum Leiter der Revolutionskomitees bestimmt.

Die Amerikaner waren um eine schnelle Lösung der Geiselaffäre bemüht. Doch alle Versuche, den Konflikt durch Verhandlungen beizulegen, scheiterten an Chomeinis «Nein». Der Ayatollah wußte sehr wohl, daß sich aus der Botschaftsbesetzung politisches Kapital schlagen ließ. Anstatt zu schlichten, schürte er daher das Feuer, und das Volk jubelte ihm zu. Die Bevölkerung war stolz auf ihren mutigen Führer, der es wagte, gegen die größte Macht der Welt Widerstand zu leisten.

Alle zwang er in die Knie, den Schah, seine geistlichen und weltlichen Widersacher im Lande und nun die USA. Selbst dem Papst, der eine Botschaft an ihn sandte, mit der Bitte, die Geiseln freizugeben, glaubte er seine Macht demonstrieren zu müssen. Das iranische Fernsehen übertrug einen Besuch des Gesandten des Vatikans in Ghom. Der Botschafter saß auf dem Boden, sichtlich verunsichert durch diese ungewohnte Position, ihm gegenüber der Ayatollah, den Kopf gesenkt, auf den Fußboden schauend, ohne den Gast eines Blickes zu würdigen. Er sprach. Persisch. Ein Übersetzer war nicht dabei. Der Botschafter verstand kein Wort, saß aber unbewegt und etwas verängstigt, wie ein Gefangener seinem Richter gegenüber. «In dieser kritischen Lage hätte ich dem Besuch einer anderen Person nicht zugestimmt», sagte Chomeini. «Aber die geistliche Autorität des Papstes verlangt soviel Respekt, daß ich bei seinem Gesandten eine Ausnahme gemacht habe... Für mich, für unser Volk, ja für alle Völker aus den Entwicklungsländern, gleichgültig, ob Muslims oder Christen, gibt es eine ungeklärte Frage, die ich hier gerne erörtern möchte… Seit fünfzig Jahren werden in unserem Land Menschen geopfert – sie wurden in die Gefängnisse gebracht, die besten Söhne unseres Volkes wurden dort brutalsten Folterungen ausgesetzt –, trotzdem gab es für diese Menschen keine Fürbitte. Dem hochwürdigen Papst ist es während dieser Zeit nicht eingefallen, unser unterdrücktes Volk zu verteidigen oder zumindest vermittelnd zu seinen Gunsten einzugreifen. Jetzt, wo sich ein paar Leute in ihrem eigenen Spionagenetz verstrickt haben, da will uns Seine Heiligkeit an Humanismus und Gerechtigkeit erinnern.»[6]

Chomeinis Worte waren so treffend, seine Argumente so stark, daß selbst seine Gegner ihre Bewunderung nicht verheimlichen konnten. Die Massen waren berauscht. Am selben Abend stiegen sie wieder auf die Dächer und riefen: «Allah ist mächtig, Chomeini unser Führer.»

Doch die Geiselaffäre war damit nicht erledigt. Trotz der angeheizten Stimmung bemühten sich auch einige Iraner, den Konflikt mit den USA so schnell wie möglich beizulegen. Unmittelbar nach der Botschaftsbesetzung tagte der Revolutionsrat. Alle beteuerten, nicht von den Plänen gewußt zu haben. Banisadr, der mit der Übernahme des Außenministeriums beauftragt worden war, suchte nach einigen Tagen Chomeini auf. «Wünschen Sie, daß wir uns um die Lösung der Affäre bemühen?» fragte er ihn. Chomeini bejahte die Frage, stellte aber gleichzeitig folgende Bedingungen: Erstens müsse der Schah an den Iran ausgeliefert oder zumindest aus den USA ausgewiesen werden. Zweitens müsse das nationale Guthaben Irans bei den amerikanischen Banken freigegeben werden. Drittens dürften die Amerikaner keine Entschädigungsansprüche für die Besetzung ihrer Botschaft stellen.[7]

Der Außenminister machte sich an die Arbeit. Er beantragte eine Sitzung des Weltsicherheitsrates. Nach anfänglicher Ablehnung der USA führten langwierige Verhandlungen zu einem positiven Ergebnis. Der damalige UNO-Generalsekretär Waldheim gab den Termin der Sitzung des Sicherheitsrates bekannt.

Banisadr traf Vorbereitungen zu seiner Abreise nach New York. Einige Stunden vor seinem Abflug rief Chomeinis Sohn Ahmad bei ihm an und erkundigte sich, ob er beabsichtige, an der Sitzung teilzunehmen. «Selbstverständlich werde ich an der Sitzung teilnehmen», sagte Banisadr. «Wir haben doch selbst den Antrag gestellt.» Um 14 Uhr schaltete Banisadr das Radio ein. Zu seinem Erstaunen hörte er in den Nachrichten, daß der Imam seine Teilnahme an der Sitzung verboten habe. Laut Anweisungen des Revolutionsführers dürfe niemand in Vertretung der Islamischen Republik mit Vertretern fremder Staaten Kontakt aufnehmen, sagte der Nachrichtensprecher.

Der Außenminister berief sofort eine Sitzung des Revolutionsrates ein. «Wir würden uns vor der ganzen Welt lächerlich machen, wenn wir an der Sitzung nicht teilnehmen», sagte er. Die Ratsmitglieder stimmten ihm zu. Sie beschlossen, gemeinsam nach Ghom zu fahren und dieses Mal nicht nachzugeben. Bei Chomeini angelangt, ergriff Beheschti das Wort. «Wozu brauchen wir einen Revolutionsrat?» sagte er. «Wenn wir etwas beschließen, dann verbieten Sie uns im nächsten Augenblick doch den Mund.» – «Natürlich haue ich euch auf den Mund», sagte Chomeini wütend. «Dann ordnen Sie bitte die Auflösung des Revolutionsrates und der Ministerien an», sagte Banisadr. «Ja, das werde ich auch tun, sobald ich es für richtig halte», versetzte Chomeini, stand auf und verließ den Raum.[8]

Zurückgekehrt nach Teheran, gab Banisadr der Presse seinen Rücktritt bekannt. Chomeinis Vertrauter Ghotbzadeh, der sich bis zu diesem Zeitpunkt als streng zensierender Intendant der Rundfunk- und Fernsehanstalten hervorgetan und sehr zur Islamisierung der Medien beigetragen hatte, übernahm nun den Posten des Außenministers.

Den Amerikanern war inzwischen klargeworden, daß die Geiseln nicht freigelassen würden, solange sich der Schah in den USA aufhielt. Aber wie sollten sie den ungebetenen Gast loswerden? Kein Land fand sich bereit, den Schah aufzunehmen. Mexiko, Österreich, die Schweiz, die von den Amerikanern um Aufnahme des Ex-Kaisers gebeten worden waren, hatten abgelehnt. Schließlich fand sich doch ein Land, das mit ihm Erbarmen hatte. Es war Panama. Als man den Schah über sein künftiges Schicksal informierte, schien er nicht sonderlich begeistert. «Ich weiß kaum etwas über Panama», sagte er. «Aber soweit ich informiert bin, gehört General Torrijos zu den härtesten Diktatoren Lateinamerikas.»[9]

Am 15. Dezember 1979 flog er nach Panama. Es war der letzte Dienst, den er nach langer Freundschaft den USA erwies. Auf dem Flug erinnerte er sich an die Worte Präsident Carters, die dieser fast genau vor zwei Jahren in der Silvesternacht geäußert hatte. «Es ist ein Segen Gottes und ein großes Glück, daß wir den Jahresbeginn mit Menschen verbringen dürfen, zu denen wir ein tiefes Vertrauen haben und mit denen wir gemeinsam die Verantwortung für die Gegenwart und Zukunft tragen... Unsere Freundschaft ist unersetzbar...» So hatte er damals gesagt.

Indes baute der Ayatollah seine Macht im Iran weiter aus. Der Verabschiedung der Verfassung stand nun kein Hindernis mehr im Wege. Die Massen waren wieder auf den Straßen, immer noch zu jedem Opfer für ihren Imam bereit. Am 2. Dezember wurde die neue Verfassung dem Volk zur Abstimmung vorgelegt. Eine überwältigende Mehrheit stimmte dafür. Ein Ziel, von dem Chomeini jahrzehntelang geträumt hatte, war damit erreicht. Das System des *welayate faghieh*, die Herrschaft der Schriftgelehrten, war Wirklichkeit geworden, zumindest auf dem Papier.

Auch dieses Mal hatten zahlreiche oppositionelle Gruppen zum Wahlboykott aufgerufen. Sogar Ayatollah Schariatmadari, der gewöhnlich seinen Groll mit Schweigen umhüllte, weigerte sich, an der Abstimmung teilzunehmen. Wieder waren die Hezbollahis, Chomeinis Jünger, zur Stelle. Sie stürmten das Haus des geistlichen Würdenträgers in Ghom. Ein Leibwächter wurde dabei getötet. Das ging den Anhängern Schariatmadaris zu weit. Sie gingen in Tabriz auf die Straße, besetzten für Stunden die Rundfunk- und Fernsehstation. Schariatmadari machte einen Rückzieher. Er forderte seine Anhänger auf, «in diesen kritischen Zeiten, in denen das Land Ruhe und Einheit braucht, sich zu mäßigen und Störungen zu vermeiden».[10]

Das genügte Chomeini. Er wußte sehr wohl, daß die Zeit für eine direkte Konfrontation mit dem einflußreichen Ayatollah noch nicht gekommen war. Er stattete ihm sogar einen Besuch ab. Nach dem Treffen der beiden Großayatollahs fragten die Journalisten Schariatmadari, ob unter den schiitischen Führern ein Machtkampf ausgebrochen sei. «Keineswegs», sagte er, «im Islam gibt es keine Rivalitäten um die Macht. Weder dem Ayatollah noch mir käme ein solcher Gedanke jemals in den Sinn.»[11]

Schariatmadari war ein gemäßigter Geistlicher. Er scheute Auseinandersetzungen, versuchte Unruhen zu schlichten und Konflikten aus dem Wege zu gehen. Er wußte, daß Chomeini die ganze Macht beanspruchte, und er wußte auch, daß er selbst weder den Mut noch die Kraft hatte, dies zu verhindern.

Als seine Anhänger einen Monat später wiederum in Tabriz Protestdemonstrationen veranstalteten, wurden sie von den Revolutionswächtern und Chomeinianhängern niedergeschlagen, viele von ihnen verhaftet, zwölf Personen zur «Abschreckung» sofort zum Tode verurteilt und erschossen. Schariatmadari selbst distanzierte sich von den Unruhen. Die «Republikpartei des islamischen Volkes», die ihm nahestand, stellte ihre Aktivitäten ein. Damit hatte Schariatmadari als geistlicher und politischer Widersacher Chomeinis ausgespielt.

Chomeinis Rachegefühle gegen ihn waren aber längst nicht gestillt. Erst im April 1982 fand er die Gelegenheit, den greisen Ayatollah mit einem letzten Stoß in den Abgrund zu stürzen.

Ein Putschplan war aufgedeckt worden. Chomeinis engster Vertrauter Ghotbzadeh wurde als Initiator verhaftet. Bei seinem öffentlichen Geständnis im Fernsehen belastete er auch Schariatmadari. Er sei in den Plan eingeweiht gewesen, sagte er. Ghotbzadeh wurde zum Tode verurteilt und hingerichtet. Schariatmadari mußte ebenfalls im Fernsehen seine Schuld bekennen. Seine Strafe war die Aberkennung seines Titels und seiner Funktion als religiöse Instanz, ein einmaliges Ereignis in der Geschichte des Islam. Schariatmadari starb im April 1986 in Teheran.

In der Wüste von Tabas

Nach der Verabschiedung der Verfassung stand nun die Wahl des Staatspräsidenten auf dem Programm. Laut Verfassung mußte er direkt von der Bevölkerung gewählt werden. Wer wird es sein, rätselten alle. Viele tippten auf Ayatollah Beheschti. Tatsächlich hatte Beheschti die größten Chancen. Er hatte bereits zusammen mit den Mullahs Rafsanjani, Chamenei und Bahonar eine Partei, die Islamische Republikpartei (IRP), gegründet, hatte sich sowohl in der Expertenversammlung, die er neben Ayatollah Montazeri leitete, als auch als Leiter des Justizministeriums und Chef der «Organisation heiliger Krieg zum Aufbau des Landes» als ein kluger Staatsmann erwiesen und wurde allgemein als mächtigster Mann nach Chomeini angesehen. Gerade deshalb wählte ihn die Opposition, die noch nicht offen gegen Chomeini vorzugehen wagte, als Zielscheibe ihrer Kritik. Man nannte ihn einen islamischen Machiavelli, warf ihm vor, Taleghani ermordet zu haben und eine Diktatur aufbauen zu wollen.

Dagegen genoß Beheschti im islamischen Lager und auch unter den breiten Massen ein hohes Ansehen. Sein autoritäres Verhalten, seine klare Sprache, die bestechende Logik seiner Argumente zogen viele an. Er war der eigentliche Architekt der Islamischen Republik, Chomeini lieferte die Ideen, und er setzte sie in die Praxis um. Durch sein Organisationstalent und seine Führungsqualitäten hatte er überall in der Verwaltung, in den Komitees, bei den Revolutionswächtern und der Armee die Fäden in der Hand. Alle diese Voraussetzungen begünstigten seine Chancen, der erste Staatspräsident der Islamischen Republik zu werden. Doch gerade diese Fähigkeiten und seine hervorragende

Position erschienen dem Imam als Gefährdung seiner eigenen Macht. Chomeini erinnerte sich an seine eigenen Worte in Paris: «Kein Geistlicher wird ein Staatsamt übernehmen», hatte er damals gesagt. Nun griff er auf diese Aussage zurück und erklärte: «Die Geistlichkeit wird für das Amt des Staatspräsidenten nicht kandidieren.» Aus waren die Träume des iranischen Machiavelli. Mit einem einzigen Satz hatte der Imam seine Hoffnungen zunichte gemacht.

Daraufhin stellte die Islamische Republikpartei einen Nichtgeistlichen, den Ideologen und Propagandisten der Partei, Farsi, als Kandidaten auf. Doch kurz vor den Wahlen hatten Farsis Rivalen in den Akten herumgestöbert und dabei herausgefunden, daß sein Vater kein Iraner gewesen war und er selbst erst in seinen jungen Jahren die iranische Staatsangehörigkeit angenommen hatte. Alle seine Vorfahren stammten aus Afghanistan. Farsi sah sich gezwungen, seine Kandidatur zurückzuziehen.

Damit schied Beheschtis Islamische Republikpartei aus dem Rennen. Sie stellte zwar zwei Wochen vor der Wahl einen neuen Kandidaten auf, aber die Zeit war zu kurz, um ihn der Bevölkerung vorzustellen, er hatte keine Chance.

Die Linke, die Organisationen der Autonomiebewegung, zahlreiche Gewerkschaften und Verbände hatten sich auf den Führer der Volksmojahedin, Rajawi, geeinigt. Als eine islamisch orientierte Organisation mit sozialistischen Ideen war die Popularität der Volksmojahedin rasch angestiegen, die Zahl ihrer Mitglieder enorm angewachsen. Sie hatten sich im Laufe der letzten Monate immer deutlicher von den schiitischen Fundamentalisten distanziert. Sie verehrten zwar nach wie vor Chomeini als Führer der Revolution, beriefen sich auch auf den Koran und die Tradition islamischer Märtyrer, unterschieden sich aber in ihren sozialen und politischen Ansichten kaum von traditionellen Linken. Gleichzeitig beriefen sie sich aber auch auf Mossadegh, dessen Ideen zur Demokratie und Unabhängigkeit sie weiterentwickeln wollten. Gerade diese Vielfalt ihrer ideologischen und politischen Orientierung brachte ihnen viele Anhänger und ermöglichte eine Zusammenarbeit mit anderen, nichtmuslimischen Strömungen. Nach dem Ausscheiden von Beheschti und Farsi hatte Rajawi also durchaus eine ernst zu nehmende Chance, die Wahlen zu gewinnen. Das durften die Mullahs aber auf keinen Fall zulassen.

Es war wiederum der Imam selbst, der dank seiner Autorität den Gegner ausschaltete. Fünf Tage vor der Wahl ließ er sich von einem Journalisten nach seiner Meinung zu Rajawis Kandidatur befragen. Er wolle sich in Wahlangelegenheiten nicht einmischen, sagte er, aber grundsätzlich sei er der Meinung, daß Personen, die der Verfassung nicht zugestimmt hätten, aus der Liste der Kandidaten gestrichen werden müßten.

Tatsächlich hatte Rajawi bei der Volksbefragung zur neuen Verfassung öffentlich erklärt, er und seine Organisation würden sich an dem Referendum nicht beteiligen.

Nach Chomeinis Urteil zog Rajawi seine Kandidatur zurück, ein verheerender Fehler, der zu Auseinandersetzungen innerhalb der gerade weitgehend erreichten Einheit der Opposition führte.

Nach all den Eingriffen in die Liste der Kandidaten stiegen die Chancen Banisadrs. Der einzige ernst zu nehmende Kandidat neben ihm, General Madani, der Provinzgouverneur von Chusistan, ein Mann des Militärs mit diktatorischen Ambitionen, wurde ebenfalls kurz vor den Wahlen durch die «Studenten der Linie Imam Chomeinis», die immer noch die amerikanische Botschaft besetzt hielten, denunziert. Die Studenten behaupteten, in der Botschaft einen Schatz an Geheimmaterial über die Tätigkeit der Amerikaner im Iran und, noch wichtiger, über deren iranische Agenten und Mittelsmänner gefunden zu haben.

Eine unerschöpfliche Fundgrube, mit deren Hilfe man jeden beliebigen Politiker, Journalisten, Schriftsteller und sonstige populäre Persönlichkeiten über Nacht in Mißkredit bringen und für immer in die Hölle verbannen konnte. Jeden Abend traten die «Studenten» im Fernsehen auf und legten dem erstaunten Zuschauer ihre neuesten Funde vor. Es war ein Kriminalfilm in Fortsetzungen, der Millionen Zuschauer in seinen

Bann zog. Kein namhafter Politiker war sicher, daß sein Name nicht am nächsten Abend auf der Mattscheibe erscheinen würde.

Wieweit die Informationen der Studenten der Wahrheit entsprachen, konnte kaum jemand nachprüfen. Denn nur sie und einige Mullahs hatten Zugang zu den Akten. Auch die Veröffentlichung der Namen und der Verbrechen ihrer Träger folgte einem wohldurchdachten Zeitplan. Solange ein Politiker sich den Mullahs gegenüber loyal verhielt, konnte er mit Schonung rechnen. Andere, die sich bereits kritisch geäußert hatten, mußten täglich zittern und konnten froh sein, wenn sie am Abend nicht in die Liste der Verräter eingereiht wurden. Und je mächtiger und populärer sie waren, desto eher wurde ihnen der Strick um den Hals gelegt. So bildete das Geheimmaterial ein fabelhaftes Erpressungsmittel, um viele zum Schweigen zu bringen.

Selbstverständlich waren die Mitglieder der Regierung Bazargan die ersten, die dran glauben mußten. Regierungssprecher Entezam, dem aufmüpfigen Chef der nationalen Erdölgesellschaft Nazieh, Provinzgouverneur Maraghei, und selbst einem über jeden Verdacht erhabenen Mann wie dem bereits zurückgetretenen Justizminister Mobascheri wurde Zusammenarbeit mit dem CIA und SAVAK bescheinigt. Eine Woche vor den Wahlen wurde auch Präsidentschaftskandidat Madani der Kollaboration mit ausländischen Mächten bezichtigt, wodurch er ebenfalls erheblich an Stimmen einbüßte.

Drei Tage vor den Präsidentschaftswahlen siedelte Chomeini – unter dem Vorwand, nach einem Herzinfarkt eine Spezialklinik aufsuchen zu müssen – nach Teheran über. Seine Mission in Ghom hatte er erfolgreich beendet. Schariatmadari war kaltgestellt, die anderen Großayatollahs und einflußreichen Mullahs hatten ihm entweder freiwillig ihre Loyalität erklärt oder sie waren unter Druck gesetzt und zum Schweigen gebracht worden. In Ghom gab es also für ihn nichts mehr zu tun. Ganz anders hingegen in Teheran. Die inzwischen chaotisch gewordenen Zustände in der Staatsverwaltung, die Vielzahl der willkürlich entstandenen juristischen und staatlichen Instanzen, die politischen und ideologischen Kontroversen auch im Lager der Geistlichkeit verlangten nach einer starken Hand, nach einer autoritären Führung.

In der halbamtlichen Tageszeitung *Ettelaat* erschien daraufhin folgender Artikel: «Das Herzleiden des Imam Chomeini ist ein Resultat der Krisen in unserem Land. Und wir sind dabei die Schuldigen. Vom Egoismus getrieben, haben wir schnell unsere islamischen Ideale über Bord geworfen und uns materiellen Gütern zugewendet. Wir haben uns nicht einmal geschämt, sogar gegen unsere eigenen Brüder, mit denen wir im vergangenen Jahr noch gemeinsam ‹Nieder mit dem Satan› riefen, mit Waffen vorzugehen. Wir sind zersplittert und haben unseren Feinden Gelegenheit gegeben, ihr Unwesen zu treiben und die Ernte, die der glorreiche Kampf von Imam Chomeini gesät hat, verdorren zu lassen. Das sind die Ursachen für die Qualen, die der Imam zu erleiden hat.»[1]

Hunderttausende zogen am gleichen Abend vor das Krankenhaus, in dem sich der Ayatollah aufhielt, beteten die ganze Nacht über für seine Gesundheit und riefen «Gott schütze dich, Chomeini».

Wiederum waren die gläubigen Massen mobilisiert. Mit ihrer Hilfe konnte Chomeini alles durchsetzen. Er schürte ihren Haß, weckte ihre Aggressionen, erinnerte sie an ihre religiösen Pflichten, warnte sie vor Gottes Gerechtigkeit und Zorn, appellierte an ihr Mitleid. Sie gerieten in Ekstase und wurden zu seinem Werkzeug. Nun lag er im Krankenhaus, er war ein alter Mann, achtzig Jahre alt, man befürchtete seinen Tod. Dennoch konnte er es nicht lassen, sich in die Wahlen einzumischen. Auf dem Krankenbett sitzend, statt des Turbans eine Nachtmütze auf dem Kopf, leise und leidend, mit traurigen, aber strengen Augen, hielt der Oberhirte am Abend vor der Wahl eine Rede und diktierte seinen Schafen, wie sie zu wählen hatten:

«Im Namen des barmherzigen Gottes», sagte er mit zittriger Stimme. «Ich möchte nur ein paar Sätze an euch richten. Zunächst über mich selbst. Mir geht es – so Gott will – nicht schlecht. Die ganze Einrichtung und Versorgung, die mir die

Herren Ärzte und der Herr Gesundheitsminister zuteil werden lassen, ist vielleicht des Guten zuviel. Ihr wißt, daß ich an derartige Dienstleistungen nicht gewöhnt bin. Mir wäre es lieber, wenn diese Hilfe denjenigen zukäme, die am Rande unserer Städte in den Slums wohnen, Menschen, die dem Teufel (gemeint ist der Schah) ausgeliefert waren.

Zweitens möchte ich ein Wort zu den Wahlen sagen. Morgen werdet ihr den Staatspräsidenten wählen. Wenn ihr dabei meine Ratschläge befolgt, werde ich glücklich sein. Zunächst wünsche ich, daß ihr morgen alle, ohne Ausnahme, zu den Urnen geht... Das Schicksal unseres Landes und des Islam steht auf dem Spiel. Keiner darf den Wahlen fernbleiben, selbst die nicht, deren Kandidat zurücktreten mußte. Diese sollen ihre Stimme einem anderen Kandidaten geben, der die Chance hat, die Wahl zu gewinnen. Der Staatspräsident soll mit genügend Stimmen gewählt werden. Wir wollen nicht vor der Weltöffentlichkeit gedemütigt werden...»[2]

Der herzkranke Imam beteiligte sich selbst auch an der Wahl. Glaubwürdige Zeugen versicherten uns, daß er für Banisadr gestimmt hat. Nach der Öffnung der Wahlurnen habe man Chomeinis Stimmzettel herausgenommen und ihn als ein «historisches Dokument» aufbewahrt. Wahrscheinlich ist dieses Dokument inzwischen vernichtet worden. Der Ayatollah läßt gewöhnlich alle Spuren von Handlungen, die sich später als Fehltritte erweisen sollten, verwischen...

Hauptkandidat Banisadr, dem die Gunst des Revolutionsführers zuteil wurde, träumte schon seit seiner Jugend davon, erster Staatspräsident des Iran zu werden. Im engen Familienkreis wurde er spaßeshalber mit «Herr Präsident» angeredet. Der Wunsch, der bis in die Tage der Revolution hinein fortbestand, ging nun endlich in Erfüllung. Banisadr erhielt 72 Prozent der Stimmen und wurde damit zum ersten Staatspräsidenten der Islamischen Republik gewählt.

Dennoch gönnte Chomeini ihm nicht die ganze Freude. Banisadr hatte über elf Millionen Stimmen erhalten, mußte aber öffentlich zeigen, daß alle diese Siege vor der alles überragenden

291

Kraft und Macht des Ayatollah nichtig waren. Die Vereidigungszeremonie fand im Krankenhaus statt und wurde live vom Fernsehen übertragen. Der neugewählte Staatspräsident stand neben den hohen Würdenträgern aus Politik und Religion. Chomeini war immer noch bettlägerig. Die Zuschauer waren gespannt, wie sich die Mullahs die Vereidigung eines Staatspräsidenten ohne Parlament vorstellten. Chomeini ließ sich Zeit. Die Kameras zeigten die Gestalten der hohen Gäste, alles Männer mit grimmigen, angespannten, bärtigen Gesichtern, beide Hände nach unten auf den Schoß gelegt, schauten sie erwartungsvoll auf die Eingangstür. Banisadr musterte mit seinen großen Augen hinter den Brillengläsern die Anwesenden, wohl um festzustellen, wieweit sie nun bereit waren, sich ihm unterzuordnen.

Endlich ging die Tür auf. Der Alte aus Ghom wurde, gefolgt von einer Schar von Ärzten, Mullahs und bewaffneten Revolutionswächtern, auf einem Rollstuhl hereingeschoben, keine Freude, kein Gefühl des Glücks sprach aus seinem Gesicht, eher eine Spur Verachtung. Er schaute die Anwesenden nicht an, auch nicht in die Kamera, sondern auf den Boden. Der Rollstuhl wurde in großem Abstand zu den Anwesenden angehalten. Banisadr lief auf den Imam zu, machte eine tiefe Verbeugung vor dem kranken Greis, der Imam streckte seine rechte Hand aus, der Staatspräsident ergriff mit beiden Händen die runzligen Finger und küßte den Rücken der Hand!

Wir fragten Banisadr, wie er sich nach seinem großen Sieg, nach der Erfüllung seines langgehegten Traums gefühlt habe. «Ich wurde krank», sagte er. «Eine ganze Woche habe ich im Bett gelegen. Auf einmal hatte ich eine furchtbare Angst. Ich wußte, wie schwierig die Lage war, in der sich unser Land befand. Die Revolution war längst nicht zur Ruhe gekommen. Das Land drohte zusammenzubrechen. Es gab immer wieder Gerüchte über bevorstehende Putschversuche, es bestand keine intakte Regierung, kein Parlament. Und es gab vor allem das große Übel der Geiselaffäre. Ich stand so ziemlich allein da und sollte alle Probleme meistern.»

Gleich nach der Amtsübernahme bemühte sich Banisadr um die Lösung der Geiselaffäre. Zwei Unterhändler, der französische Rechtsanwalt Bourguet und der Argentinier Villalon, fungierten als Vermittler zwischen dem Iran und den USA. Nach langen Verhandlungen wurde schließlich ein Ergebnis erzielt, das zu der Freilassung der amerikanischen Geiseln führen sollte. Staatspräsident Banisadr und Präsident Carter unterzeichneten ein Szenario, wonach eine Kommission im Auftrag der Vereinten Nationen in den Iran entsandt werden, dort die Beschwerden Irans gegenüber den USA und dem Schah aufnehmen und den Geiseln einen Besuch abstatten sollte.

Bemerkenswert an dieser Vereinbarung ist, daß sich die amerikanische Regierung darin bereiterklärt, einer Anklage gegen den Schah zuzustimmen. Einen Tag nach der Übergabe der Geiseln in die Obhut der iranischen Regierung sollte der Bericht der Kommission, zusätzlich einiger Empfehlungen an beide Parteien, als offizielles UNO-Dokument veröffentlicht werden. Der Regierung der USA sollte empfohlen werden, den Iran zu unterstützen, um «a) Anklage gegen den Schah, seine Familie oder die ihn umgebenden Personen zu erheben auf der Basis von schwerwiegenden Verdachtsmomenten, betreffend sämtliche ernste Verbrechen, die im Bericht festgehalten worden sind. b) Anklage zur Wiedererlangung von Werten, von denen im Bericht angenommen wird, daß sie illegal durch den Schah, seine Familie oder ihn umgebende Personen aus dem Iran ausgeführt worden sind.»

Am Tag nach der Veröffentlichung dieses Dokumentes sollten die amerikanischen Geiseln freigelassen werden. Unmittelbar danach sollte der Iran die Verwerflichkeit der Geiselnahme zugeben und sich bereiterklären, in Zukunft internationale Vereinbarungen und Gesetze zu akzeptieren, die USA sollten «ihr Verständnis und Bedauern für die Beschwerden der iranischen Bevölkerung, einschließlich der weitverzweigten Einmischung der USA in die nationalen Angelegenheiten des Iran ausdrücken»[3].

Das Szenario wurde vom iranischen Revolutionsrat und von Chomeini selbst gebilligt.

Bevor die Kommission in den Iran fuhr, kam es auch zu einer

direkten, geheimen Kontaktaufnahme zwischen dem Iran und den USA. Am 17. Februar 1980 traf sich der iranische Außenminister Ghotbzadeh mit dem Beauftragten des amerikanischen Präsidenten, Hamilton Jordan, in Paris.

Ghotbzadeh war wieder in seinem Element. Der geheimnisumwitterte Mann, der während der Schahzeit mit etlichen falschen Pässen und unter falschem Namen ständig zwischen den Ländern des Nahen Ostens, Paris und Washington unterwegs gewesen war – manche vermuteten, daß er für den CIA arbeitete, andere hielten ihn für einen Agenten des KGB, alle waren sich jedenfalls einig, daß er ein Abenteurer und ein Draufgänger war –, dieser Mann, nun in den Rang des Außenministers erhoben, unternahm eigenständig ein Wagnis, das im Hinblick auf die im Iran herrschende antiamerikanische Stimmung sehr viel Mut voraussetzte. Ein Geheimtreffen mit dem Vertreter des «Satans», und dies auch noch als Außenminister, war ein Vergehen, das, wenn es herauskäme, dem Schuldigen nicht nur Schande und Schmach bringen würde, sondern auch den Tod.

Jordan berichtet über das Treffen:

«‹Sie haben ein großes Risiko auf sich genommen, um mich hier zu treffen›, sagte ich.

‹Ich habe es freiwillig getan, für den Frieden›, sagte Ghotbzadeh. ‹Aber seien Sie unbesorgt. Ich möchte Sie nur bitten, niemals meine Identität preiszugeben.›

‹Ich habe es versprochen und werde mein Wort halten›, entgegnete ich. ‹Was geschieht aber, wenn es doch noch herauskommt?›

‹Nichts, mein Freund›, sagte er lächelnd. ‹Zunächst würde ich mein Amt verlieren und dann meinen Kopf.›

Ghotbzadeh hielt zunächst eine lange Rede über die islamische Revolution, über Chomeini und über sich selbst... Schließlich wurde es mir zuviel. Ich fragte: ‹Was glauben Sie, wie wir nun mit der Krise schnell und friedlich fertig werden können?›

Ghotbzadeh lächelte und sagte: ‹Töten Sie den Schah! Ich meine es ganz ernst. Der Schah weilt zur Zeit in Panama, sein

Tod läßt sich mit Leichtigkeit herbeiführen. Der CIA kann ihm mit einer Spritze einen scheinbar natürlichen Tod bescheren.›»[4]

Ob Jordans Wiedergabe des Gesprächs der Wahrheit entspricht, konnten wir nicht nachprüfen. Das Treffen führte ohnehin zu keinem Ergebnis.

Am 23. Februar 1980 traf die UNO-Kommission gemäß den Vereinbarungen Carters und Banisadrs in Teheran ein. Die Rivalitäten zwischen Banisadr und den Mullahs erschwerten die Arbeit. Die Geiselnehmer weigerten sich, die Geiseln entsprechend der Vereinbarung in die Obhut der Regierung zu übergeben. Auch einen Besuch der Kommission bei den Geiseln lehnten sie ab. Schließlich griff Chomeini in das Geschehen ein und machte zur Bedingung, daß die Kommission vor dem Besuch bei den Geiseln ihren Bericht veröffentliche. Die Mitglieder der Kommission lehnten ab und verließen am 11. März Teheran.

Trotz dieses Fehlschlages wurden die Aktivitäten zur Lösung des Geiselproblems fortgesetzt. Banisadr und Ghotbzadeh waren weiterhin bemüht, die Geiseln in die Obhut der Regierung zu nehmen.

Inzwischen war dem Schah in Panama der Boden zu heiß geworden. Er wußte, daß die Regierung Torrijos einen Haftbefehl gegen ihn erwog. Der Schah entschloß sich zur Ausreise. Die USA versuchten angeblich, die Flucht des Schahs zu verhindern. Torrijos unterstützte sie dabei: «Ob der Schah will oder nicht, ich werde ihn in Panama behalten», sagte er, stellte aber gleichzeitig der iranischen Regierung ein Ultimatum. Innerhalb von 24 Stunden sollten die Geiseln der Regierung in Teheran übergeben werden, andernfalls werde er den Schah abreisen lassen. Es folgten dramatische Stunden in Teheran und Washington. Ghotbzadeh kündigte im iranischen Fernsehen an, der Schah werde in den nächsten Stunden verhaftet und wahrscheinlich ausgeliefert werden. Doch die Frist lief ab, ohne daß faktisch etwas geschehen war. Torrijos gab den Schah frei, und der flog unverzüglich in Richtung Ägypten. Der Vermittler, Rechtsanwalt Bourguet, der die ganze Zeit über mit Ghotbzadeh in Verbindung stand, erhielt die Nachricht von der Abreise des Schahs. Er befürchtete das Scheitern des Plans und wußte, daß in diesen Minuten der iranische Revolutionsrat endgültig über die Übergabe der Geiseln an die Regierung entschied. Er benachrichtigte die Verantwortlichen in Washington. Die Amerikaner versuchten daraufhin, den Weiterflug der Schahmaschine, die gerade auf den Azoren zwischenlandete, zu verzögern, doch aus Teheran war nichts Neues zu hören. Schließlich durfte der Schah nach Kairo weiterfliegen, zu seinem Freund Sadat.

Banisadr hat später dieser Darstellung der Amerikaner widersprochen. Man habe in Teheran der Kommission zahlreiche Dokumente über die Verbrechen des Schahregimes, darunter auch vom Schah unterzeichnete Todesurteile und Anweisungen zur Folterung von Gefangenen, vorgelegt, auch Belege über 31 Milliarden Dollar, die der Schah, seine Familie und Mittelsmänner ins Ausland transferiert hätten. Damit hätten die Amerikaner nicht gerechnet. Sie hätten daher einen öffentlichen Prozeß gegen den Exkaiser verhindern wollen und ließen ihn nach Ägypten fliegen.[5]

Wie dem auch sei, jedenfalls waren die Amerikaner von Anfang an nicht gewillt, den Schah an die iranische Regierung auszuliefern oder einen öffentlichen Prozeß gegen ihn in einem anderen Land zuzulassen. Weniger, daß sie den flüchtigen Kaiser schonen und schützen wollten, vielmehr befürchteten sie, daß ein solcher Prozeß unweigerlich auch die Aktivitäten der USA im Iran aufgedeckt und das Ansehen der Vereinigten Staaten schwer geschädigt hätte.

Nach dem Scheitern der Verhandlungen blieb nach Ansicht der Amerikaner nur noch eine militärische Lösung übrig. Der Plan dazu war schon Wochen zuvor ausgearbeitet worden. Ein letztes Treffen zwischen Ghotbzadeh und Jordan in Paris, am 18. April 1980, soll angeblich den letzten Anstoß zur Durchführung der Aktion gegeben haben. Jordan berichtet, Ghotbzadeh habe sich sehr pessimistisch geäußert und gesagt, vermutlich werde sich die Lösung um Monate hinauszögern.[6]

Am 25. April starteten die Amerikaner die militärische Aktion zur Befreiung ihrer Landsleute. Doch die iranische Wüste wurde ihnen zum Verhängnis. Ein Sandsturm führte zum Ausfall von zwei Hubschraubern. Carter ordnete daraufhin den Abbruch der Aktion an. Beim Start zum Rückflug kollidierte ein Hubschrauber mit dem C-130-Transporter, und beide Maschinen gingen in Flammen auf. Acht Mitglieder der Spezialeinheit kamen ums Leben. Die anderen konnten sich noch in Eile retten. Ein harter Schlag für die Carter-Regierung. Außenminister Vance erklärte seinen Rücktritt.

Ganz anders schlug die Nachricht von der mißlungenen Aktion in Teheran ein. Selbstverständlich war es die schützende Hand Gottes über der Islamischen Republik gewesen! Nur der Allmächtige konnte die Operation zum Scheitern bringen. Wie sonst war es zu erklären, daß die hochentwickelte Technik und all die komplizierten Computeranlagen vor einem Sandsturm der Wüste versagten? Und selbstverständlich konnte es kein Zufall gewesen sein, daß just in dem Augenblick der Landung der Maschinen ein Sandsturm ausgebrochen war.

Mit einem Schlag schienen alle Zweifel, die manche Gläubige inzwischen gegen den Ayatollah hegten, wie weggeblasen. Das ist ein Heiliger, dachten viele, er ist der verschwundene Imam, wehe dem, der den Zorn dieses Greises auf sich zieht. Zahlreiche Theorien wurden zur Erklärung dieses Wunders aufgestellt, die über Tage und Wochen die Presse beschäftigten. Schätze der islamischen Mythologie wurden ausgegraben, um Gleichnisse herzustellen. Der Imam selbst erinnerte an eine Geschichte aus dem Koran, in der von einer Schar von Vögeln erzählt wird, die das feindliche Heer zur Flucht zwangen.

Den Vogel abgeschossen hat zweifellos ein Physikprofessor, der sich nach eigenen Angaben fünfzehn Jahre lang in Amerika mit Strahlentechnik beschäftigt hatte. Seine Untersuchungen hätten ergeben, behauptete er, daß der Absturz der Hubschrauber nicht etwa durch den Sandsturm, sondern durch Laserstrahlen verursacht worden sei. Und da es mitten in der Wüste keine Menschen gäbe, müßten es Engel gewesen sein. Um seiner Behauptung Nachdruck zu verleihen, führte er noch das Argument an, daß man an dem betreffenden Ort keinerlei Fußspuren habe feststellen können!

Das Scheitern der Aktion war für viele gleichbedeutend mit der Unbesiegbarkeit Chomeinis. Hatte er denn nicht kürzlich gesagt: «Fürchtet euch nicht, Amerika ist zu nichts fähig»? Die größte Macht der Welt mußte vor diesem wunderlichen Heiligen kapitulieren. Hunderttausende gingen auf die Straßen oder versammelten sich in den Moscheen, um für die Gesundheit des Imam zu beten. Sie baten, er möge seine schützende Hand noch lange Jahre über das Volk halten.

In der Wüste von Tabas lagen die Leichen von acht Amerikanern, Anlaß für die beiden Killer Chalchali und Ghaffari, eine Schau zu inszenieren. Zusammen mit einem Fernsehteam flogen sie an den Ort des Geschehens, ließen sich als Helden feiern, als hätten sie selbst die Operation zum Scheitern gebracht. Chalchali holte die halbverbrannten Leichen aus den Trümmern und stocherte mit dem Spazierstock in ihnen herum, Ghaffari stieß sie mit Füßen hin und her. Ein grauenhafter Anblick.

Natürlich fragten sich viele, wie die Amerikaner trotz Raketenanlagen an den iranischen Grenzen hatten ins Land fliegen können. Sicher ist, daß die Aktion ohne Unterstützung einiger Iraner in der Hauptstadt nicht durchführbar gewesen wäre. Wer waren diese, zählten sie zu den Angehörigen der Armee, waren sie Staatsbeamte, waren sie unter den Mullahs zu finden oder gar unter den Geiselnehmern selbst? Zwei Tage nach dem Scheitern der Aktion wurde der zurückgebliebene Transporter mitsamt den Hubschraubern durch die iranische Luftwaffe bombardiert. Der Grund für diese Maßnahme ist nicht bekannt, auch nicht die Person, die den Befehl dazu erteilt hatte. Fürchtete man etwa nachteilige Informationen, die eine Untersuchung der Maschinen vielleicht ergeben hätte?

Die Geiselaffäre blieb weiterhin ungelöst. Erst der Tod des Schah am 27. Juli 1980 in Kairo machte eine Lösung möglich.

Der persönliche Gesandte von Chomeini, Tabatabai, signalisierte im September 1980 der Regierung der Bundesrepublik

Deutschland die Bereitschaft des Iran zur Entlassung der Geiseln. Der amerikanische Wahlkampf lief derweil auf vollen Touren. Just zwei Tage vor den Wahlen gab das iranische Parlament, dem Chomeini inzwischen die Lösung des Geiselproblems übertragen hatte, die Bedingungen zur Freilassung der Geiseln bekannt. Danach sollten die Vereinigten Staaten öffentlich ihre Schuld dem Iran gegenüber bekennen, ihre Politik während der Schahzeit kritisieren und versprechen, sich in Zukunft nicht mehr in iranische Angelegenheiten einzumischen. Zweitens sollten sie das Guthaben des Iran bei den amerikanischen Banken, dessen Höhe auf rund 24 Milliarden Dollar geschätzt wurde, freigeben. Schließlich sollten die Guthaben des Schahs in Amerika auf das Konto der iranischen Regierung überwiesen werden, Bedingungen, die die amerikanische Regierung weder erfüllen konnte noch wollte, schon gar nicht innerhalb von 48 Stunden. Carter war außer sich. «Es ist unglaublich», sagte er. «Die amerikanischen Präsidentenwahlen werden nicht in Michigan oder New York, sie werden im Iran entschieden.»[7]

Die algerische Regierung schaltete sich zur Vermittlung ein. Nach wochenlangen Verhandlungen wurde eine Einigung erzielt. Nach 444 Tagen, genau am Tage der Amtseinführung Reagans, wurden die Geiseln freigelassen, ein letzter Racheakt gegen Carter. Vielleicht hat auch Reagan im stillen gerufen: «Du bist meine Seele, Chomeini.»

Die Bilanz der Geiselnahme war für den Iran katastrophal: Internationale Isolation, ein ganzes Jahr eingeschränktes Handelsembargo und hohe finanzielle Verluste. Von den 24 Milliarden Dollar iranischen Guthabens – später hieß es, es seien nur 12 Milliarden gewesen – bekam der Iran lediglich 2,8 Milliarden überwiesen. Der Rest wurde für eventuelle Schadensersatzforderungen amerikanischer Unternehmer, die durch die Revolution im Iran geschädigt worden sein sollten, zurückgehalten. Von dem Guthaben des Schah, das auf mehrere Milliarden geschätzt wurde, erhielt der Iran keinen Pfennig. Entschuldigt haben sich die USA auch nicht. Sie erklärten lediglich, sie würden sich wie bisher auch in Zukunft nicht in die inneren Angelegenheiten Irans einmischen.

Die Geiselaffäre war von Anfang an ein Streitfall zwischen den Personen, die das Regime repräsentierten. Banisadr und Ghotbzadeh strebten eine Lösung an, die Mullahs unter Führung Chomeinis wollten die Affäre in die Länge ziehen. Der Streit führte schließlich zum Sturz des Staatspräsidenten.

Es ist bis heute nicht klar, weshalb Chomeini bei der Wahl des Staatspräsidenten gerade Banisadr auserwählt hat. Zwar war dieser als Sohn eines Ayatollahs ein gläubiger Muslim, auch seine Verehrung für den Revolutionsführer war so groß, daß er den Imam nicht nur als seinen geistigen, sondern nach dem Tod seines eigenen Vaters auch als seinen leiblichen Vater ansah. Trotzdem gehörte Chomeini nicht zu den Menschen, die sich durch Gefühle täuschen ließen. Er mußte wissen, daß Banisadr in seinen Ideen und politischen Vorstellungen keineswegs mit den schiitischen Fundamentalisten auf einer Linie lag. Zwar hatte sich Banisadr mit dem Schiismus eingehend auseinandergesetzt, wobei er dem Islamtheoretiker Schariati und dem Ayatollah Taleghani weit näher stand als den Fundamentalisten, sein Hauptinteresse jedoch hatte Mossadegh gegolten. Im Laufe der Jahre hatte er in seinem Pariser Exil die Schriften und Reden Mossadeghs veröffentlicht und das Ziel verfolgt, Mossadeghs Ideen weiterzuführen und zu verwirklichen. Ferner wußte der Ayatollah durch seine Vertrauten sicherlich von den missionarischen Ambitionen Banisadrs. Erstaunlich, daß Chomeini ihn trotzdem zum Staatspräsidenten wählen ließ. «Die Bevölkerung spürte sehr wohl», sagte Banisadr, «daß ich gewillt bin, eine Diktatur der Mullahs zu verhindern, und deshalb wurde ich mit großer Mehrheit gewählt.»[8]

Hätte Chomeini es nicht gewollt, wäre Banisadr durch einen Satz aus dem Munde des Revolutionsführers zunichte gemacht worden. Vielleicht fand Chomeini, daß die Zeit zu einer Alleinherrschaft der Mullahs noch nicht reif war. Überall im Land waren Unruhen im Gange, die Wahl eines Parlamentes stand noch bevor, auch eine Regierung mußte gebildet werden. Denn seit dem Sturz Bazargans war kein neuer Regierungschef ernannt worden. Chomeini benötigte jene Vertreter der Mittelschicht, die, aus welchen Gründen auch immer, eine Islamische Republik befürworteten. Banisadr gehörte zu dieser Schicht. Die Mullahs hatten sich zwar als Meister der Agitation und Demagogie erwiesen, im Regieren hatten sie jedoch noch keine Erfahrung. Auch mußte sich das Volk erst noch an die neuen bärtigen Gesichter mit Turban und Umhang auf Ministersesseln gewöhnen.

Banisadrs erster Auftritt zeugte trotz der Demütigung am Vorabend durch Chomeini von einem starken Selbstbewußtsein. Er versprach, die bestehende Zensur der Presse aufzuheben und der Willkür der zahlreichen Instanzen Einhalt zu gebieten. Er werde, sagte er, die Polizei stärken und die Komitees auflösen. Fernsehen und Rundfunk sollten bald nicht mehr ein Monopol bestimmter Kreise sein.

Der neue Präsident, nach der Verfassung mit viel Macht ausgestattet, wollte sich von vornherein als ein unabhängiger, über allen Parteien stehender Repräsentant des gesamten Volkes darstellen, als Volkstribun, der durch die Unterstützung der Massen jeder Macht im Lande Widerstand leisten konnte. Doch er verkannte, daß der Imam der unvergleichlich stärkere Volkstribun war. Banisadr begriff nicht, daß Chomeinis Stärke auf einer mehr als tausendjährigen Tradition beruhte, die ihre tiefen Wurzeln in der iranischen Geschichte hatte.

Schon in den ersten Tagen nach der Wahl flammten die bewaffneten Kämpfe in Turkmenistan und Kurdistan erneut auf und es entstanden wieder Unruhen an den Universitäten. Die Universitäten hatten zu Schahzeiten neben den Gefängnissen das wichtigste Zentrum des Widerstands gebildet. Von hier aus waren die Rufe nach Freiheit und Demokratie in die Bevölkerung getragen worden. Daher genossen die Studenten ein gewisses Ansehen. Sie waren auch unter den ersten gewesen, die den Aufstand gegen den Schah angeführt hatten. Chomeini hatte ihren mutigen Kampf stets zu würdigen gewußt. Während seines Aufenthalts in Paris hatte er oft von der notwendigen Einheit zwischen Mullahs und Studenten gesprochen. Kurz vor dem Sieg der Revolution hatte er noch gesagt: «Wenn unsere Bewegung das Zusammenschmelzen von Geistlichkeit und Studenten zum Ergebnis haben würde, dann wäre dies allein schon ein großer Segen.»[9]

Der Campus der Universität Teheran und ihre Räume wurden nach der Revolution zum Zentrum revolutionärer und religiöser Aktivitäten. Selbst das traditionelle Freitagsgebet wurde an der Teheraner Universität abgehalten.

Doch dieser Respekt, den die Mullahs den Universitäten entgegenbrachten, sollte nicht lange dauern. Schon nach wenigen Monaten stellte sich heraus, daß die Anhänger Chomeinis unter den Studenten eine Minderheit bildeten. Die Mehrheit sympathisierte mit linken Gruppierungen und den Volksmojahedin. Im April 1980 forderte der Revolutionsrat die politischen Gruppen auf, ihre Aktivitäten im Bereich der Universitäten einzustellen und innerhalb von drei Tagen ihre Büros zu räumen. Die Universität sei eine Stätte der Lehre und Forschung und dürfe nicht als ein Feld politischer Auseinandersetzungen und Aktivitäten mißbraucht werden.

Chomeinis Anhänger waren vorbereitet. Geistliche Agitatoren hatten in den Moscheen und auf religiösen Kundgebungen den potentiellen Haß der Unwissenden gegen Intellektuelle geschürt, die Universitäten als Bastionen des Teufels dargestellt, in denen mit Hilfe der Wissenschaft täglich die Zersetzung der Religion und Zweifel am Glauben geübt werde.

Nach der Verordnung des Revolutionsrates umlagerten Revolutionswächter das Gelände der Teheraner Universität. Zunächst leisteten die Studenten Widerstand. Schließlich erließen die Mullahs einen Aufruf an die Bevölkerung, das Problem selbst zu lösen. Es drohte ein Blutbad, die Studenten gaben nach. Die Massen folgten dem neuen Herrscher. Hunderttausende füllten den Campus. Der Revolutionsrat mit dem Staatspräsidenten an der Spitze feierte seinen glorreichen Sieg. Das Publikum wurde hauptsächlich vom Pöbel beherrscht, Studenten und Angehörige der Universität waren kaum anwesend. Banisadr hielt die Hauptansprache. «Ich danke euch, daß ihr unserer Aufforderung gefolgt seid und euch so schnell zu dieser historischen Versammlung eingefunden habt», sagte er. «Die große Kulturrevolution, die der Islam verkündet, hier ist sie. Hier übernimmt das Volk die Herrschaft, die bisher der Satan innehatte. Heute ist ein großer historischer Tag.»[10]

Auf unsere Frage, wie er die Besetzung der Universität durch den Pöbel als Etablierung der Volksherrschaft und als historisches Datum hatte bezeichnen können, sagte Banisadr uns später, die Ereignisse an der Universität seien ein Streich der Mullahs und Fundamentalisten gegen ihn gewesen. Man habe beabsichtigt, die Universitäten zu schließen, er habe es zu verhindern versucht. Die Behauptung, die Herrschaft des Volkes sei nun etabliert, sei gegen die Mullahs gerichtet gewesen, nicht gegen die Opposition.

Daß die Fundamentalisten tatsächlich die Schließung der Universitäten planten, um der Opposition diese Stätten des Widerstandes zu rauben und auch, um den Lehrplan und das Personal zu islamisieren, ging aus einer Tonbandaufzeichnung hervor, die später von den Volksmojahedin und Banisadr veröffentlicht wurde. Auf diesem heimlich aufgezeichneten Tonband ist ein Gespräch zwischen Ayat, einem führenden Mitglied der Islamischen Republikpartei, und einem studentischen Aktivisten zu hören. Dabei sagte Ayat: «Wir werden nicht zulassen, daß die Universitäten wieder geöffnet werden. Es wird keine Prüfungen geben, keine Vorlesungen, nichts. Unsere nächsten Angriffe werden so heftig sein, daß sie Banisadr vollkommen lahmlegen. Lassen wir ihn sich noch eine Weile austoben. Um so besser für uns. Gegen unsere Waffen wird er sich niemals wehren können. Wichtig ist jetzt nur noch Chomeini. Er muß mitziehen und das letzte Wort sprechen, und er wird es tun.»[11]

Tatsächlich blieben die Hochschulen über zwei Jahre lang geschlossen, und Chomeini hatte das letzte Wort darüber gesprochen: «Die Universitäten müssen von Grund auf verändert werden», sagte er. «Unsere Universitäten stehen unter kolonialem Einfluß.»[12] Er ernannte eine Kommission, die den Auftrag hatte, die Hochschulen vollständig zu islamisieren. «Bis dahin», befahl er, «bleiben die Türen der Universitäten geschlossen.» Als Proteste gegen diese Maßnahme laut wurden, sagte er: «Ihr schreit und fragt, warum die Universitäten geschlossen bleiben sollen. Habt ihr vergessen, welches Verderben in diesen Universitäten hauste? Universitäten waren Bollwerke der Kommunisten... Sie befanden sich in den Krallen der Kommunisten, Fedayin und der Abtrünnigen (Volksmojahedin). Wollt ihr tatsächlich, daß wir die Universitäten wieder öffnen?»[13]

Der Ayatollah hatte sich nach seinem Krankenhausaufenthalt in Jamaran, einem nördlichen Stadtteil Teherans, niedergelassen. Diesen Ort hat er bis zum heutigen Tag nicht ein einziges Mal verlassen. Am ersten Jahrestag der Revolution ließ er durch seinen Sohn eine Botschaft an das Volk verlesen. Darin hieß es: «Schließt niemals Kompromisse, bleibt unversöhnlich... Wir werden unsere glorreiche Revolution auf die ganze Welt übertragen... Erhebt euch, reicht euch die Hände, wir werden bald den Staat Israel vernichten.»[14]

Aber vorerst mußte der Ayatollah derartige Großmachtträume hintanstellen und vor dem eigenen Hause kehren. In Turkmenistan, im Nordosten des Landes, tobten bewaffnete Auseinandersetzungen. Hier hatten die Bauern im Verlauf der Revolution das ihnen geraubte Land zurückerobert, zahlreiche Großgrundbesitzer verjagt und sich anschließend zu einer großen Gemeinde, zu einem Rat zusammengeschlossen. Selbstverständlich waren die Mullahs mit dieser Entwicklung nicht einverstanden und suchten nach einem Anlaß, um die autonomen Bauerngemeinden aufzulösen. Es kam zu Auseinandersetzungen und schließlich zum Kampf mit den Waffen. Banisadr, inzwischen auch Oberbefehlshaber der Armee, befahl den Streitkräften, für Ruhe und Ordnung zu sorgen.

Auch in Kurdistan versuchte der Präsident die Autonomiebewegung in die Schranken zu weisen. Beim Freitagsgebet in Tabriz sagte er am 15. Mai: «Unsere tapferen Soldaten, die jetzt in Baneh (eine Stadt in Kurdistan) Krieg führen, sollen meine Botschaft vernehmen. Als Staatspräsident und Generalstabschef der Armee befehle ich, mit ganzer Kraft den Krieg bis zum Sieg fortzusetzen. Ihr müßt die Stadt Baneh von verderblichen Elementen säubern. ... Die Amerikaner, die diese konterrevolutionären Pläne schmieden, sollen wissen, daß niemand auf der ganzen Welt weiter links steht als wir. Die wahren Linken, das sind wir, die Muslims.»[15]

Schahreno, das «Sündenviertel» von Teheran, war ein alter Stadtteil, der fünf- bis sechstausend Prostituierte beherbergte. In den kleinen Gassen, halbdunklen Häusern und labyrinthartigen Gängen herrschte jeden Tag, vor allem abends, reger Betrieb. Die Frauen, die hier lebten, kamen zumeist aus der Provinz. Armut und Ahnungslosigkeit trieben sie in die Fänge der Zuhälter und Puffmütter. Nach der Revolution waren einige aus Angst vor den Mullahs geflüchtet. Übriggeblieben waren die Ärmsten der Armen, etwa tausend Frauen, die nicht wußten, wohin sie gehen sollten.

Die Führer der islamischen Republik empfanden Schahreno als Schandfleck, der unbedingt beseitigt werden mußte. Eines Abends wurde zum Sturm geblasen. Wie Raubtiere, die hungrig aus den Käfigen herausgelassen werden und sich auf die Beute stürzen, drangen Hunderte von Hezbollahis mit Fackeln in der Hand in Schahreno ein, schlugen die Frauen blutig zusammen und zündeten ihre Häuser an. Wer nicht flüchten konnte, wurde abtransportiert.

Das Ministerium für moralische Angelegenheiten gab am nächsten Tag triumphierend bekannt, daß die «Stadt der Sünde» vernichtet und die Republik gesäubert sei. An die Kunden hatte man natürlich auch gedacht. In vier verschiedenen Stadtteilen Teherans wurden Standesämter eingerichtet, dort konnten Männer und Frauen, gemäß islamischer Vorschriften, in wenigen Minuten eine Ehe auf Zeit schließen, von einer Stunde bis 99 Jahre. Den Schaden hatten außer den vertriebenen und verhafteten Frauen die Zuhälter, deren Aufgaben nun von den Mullahs in den Standesämtern übernommen wurden.

Mit zunehmender Macht der Mullahs verstärkte auch das Ministerium für moralische Angelegenheiten seine Aktivitäten. Es ordnete an, bei allen Hochzeiten und sonstigen Familienfeiern

Frauen und Männer räumlich voneinander zu trennen. Jede musikalische Darbietung, selbst das Abspielen von Schallplatten und Kassetten wurde untersagt. Das Zusammensein von Frauen und Männern wurde auch bei Sportversammlungen, ja sogar in den Restaurants und Cafés verboten. Tonband- und Videohändler wurden angewiesen, ihre Tätigkeit aufzugeben und sich eine neue Arbeit zu suchen.

Der Terror gegen Frauen wurde immer schärfer. Eine organisierte Gruppe von Frauen, in schwarze Schleier gehüllt, demonstrierte sogar gegen Geschäfte, die Frauenwäsche verkauften. Es sei gegen die islamische Moral, wenn Büstenhalter oder Unterröcke in den Schaufenstern ausgestellt würden, riefen sie. Bei einigen Geschäften gingen Schaufenster zu Bruch.

Am 4. Juli 1980 wurden die Frauen in sämtlichen Behörden angewiesen, islamische Kleidungsvorschriften streng einzuhalten. Sie sollten Kopftücher tragen, die Hals und Stirn bedecken. Ihre Kleider sollten lang und in dunklen Farben, die Hosen weit und die Strümpfe dick sein. Frauen, die gegen diese Vorschriften verstießen, wurde der Zutritt zu ihrer Arbeitsstelle verweigert, sie wurden entlassen.

Als etwa dreitausend Frauen gegen diese Maßnahmen vor dem Amtssitz des Ministeriums protestierten, wurden sie mit Steinen beworfen und durch Warnschüsse vertrieben. Die Tageszeitung *Ettelaat* kommentierte:

«Schwarzgekleidete, halbnackte Frauen schritten mit verführerischen Bewegungen, stinkendem Parfüm und behängt mit bunten Juwelen zum Ministerpräsidentenamt und forderten mit geballten Fäusten die Fortsetzung der Prostitution. Jawohl, derselbe Platz, auf dem das Blut eines jungen Mannes geflossen war, weil er Freiheit, Unabhängigkeit und die Islamische Republik gefordert hatte, wurde zum Tummelplatz von Prostituierten, die durch ihre schmutzigen Rufe in unserem Land Unruhe stiften und die Rückkehr des faschistischen Schahregimes erzwingen wollen... Laßt uns die islamische Kleidung zu einer Waffe gegen den Imperialismus schmieden.»[16]

Am nächsten Tag konnte man an den Hauswänden die Parole

lesen: «Schwester, jedes Haar, das aus deinem Kopftuch schaut, bedeutet eine Gefahr für unsere Republik.»

Frauen, die die islamische Kleidung nicht beachteten, wurde auf der Straße Säure ins Gesicht gespritzt. Sie wurden von Schlägertrupps zusammengeschlagen, oft auch in die Moscheen gezerrt und dort ausgepeitscht. Diese Aktivitäten galten als «spontane Reaktionen der Bevölkerung». Alle diese Vorfälle, die Erniedrigungen von Frauen, die Entlassung von Zehntausenden von weiblichen Angestellten in den öffentlichen Ämtern, das Verbot der Ausübung bestimmter Berufe, wie Anwältin oder Richterin, die Islamisierung von Schulen, die Schließung der Universitäten, die Zensur der Presse, des Fernsehens und Rundfunks, hinderten Banisadr nicht, in Tabriz die Islamische Republik als eine Republik der Werktätigen und die neuen Herren im Lande als die wahren Linken zu bezeichnen.

Dem Staatspräsidenten blieb zunächst offenbar auch verborgen, daß die Mullahs dabei waren, nicht nur ihre politischen Gegner auszuschalten, sondern auch ihm selbst den Machtsockel unter den Füßen wegzuziehen.

Inzwischen waren auch die Parlamentswahlen in raschem Tempo durchgezogen worden. Fälschungen der Stimmzettel, Wahlmanipulationen und die verschiedenen Hürden, die selbst von bereits gewählten Abgeordneten überwunden werden mußten, führten dazu, daß kein oppositioneller Abgeordneter in das Parlament einzog. Nicht, daß die dort Versammelten unter sich einig gewesen wären, sie zählten sich aber in ihrer Gesamtheit zum religiösen Lager und bejahten den neugegründeten islamischen Staat, vor allem seinen großen Führer Ayatollah Chomeini. Die meisten von ihnen waren Gegner des Präsidenten. Dies wurde deutlich, als es um die Wahl eines Ministerpräsidenten ging. Gemäß der Verfassung mußte der Staatspräsident dem Parlament einen oder mehrere Kandidaten vorschlagen. Das Parlament aber lehnte sämtliche Vorschläge Banisadrs ab. Wochenlang zogen sich die Auseinandersetzungen hin. Die Mullahs wollten ihren Vertrauensmann Rejai auf dem Stuhl des Ministerpräsidenten sehen. Die gesamte Staatsverwaltung drohte über diesen Konflikt zusammenzubrechen. Schließlich mußte sich der Ayatollah einmischen und ein Machtwort sprechen. «Wir haben genug von diesen verfluchten Bürgerlich-Liberalen.́ Die sollen endgültig verschwinden. Wir wollen den Islam und nichts als den Islam. Leute, die nicht revolutionär sind, dürfen keine Ministerposten besetzen, und Herr Banisadr darf solche Leute nicht vorschlagen. Wenn er es tut, muß das Parlament das ablehnen. Wir haben bei der Wahl der provisorischen Regierung (gemeint ist die Regierung Bazargan) einen Fehler gemacht, und diesen Fehler dürfen wir nicht wiederholen.»[17]

Banisadr gab nach, Rejai wurde mit großer Mehrheit (153 von 196 Stimmen bei 19 Enthaltungen) gewählt.

Rejai war in der Tat der Mann, der als wahrer Repräsentant der Islamischen Republik auftreten konnte. Ein ahnungsloser, naiver, unwissender, einfacher Mensch, ein Untertan Chomeinis. Sowohl geistig als auch materiell anspruchslos, hielt er nichts von Sachverstand. «Auf den Glauben kommt es an»; dementsprechend wählte er auch sein Kabinett aus. Seine Sprache war äußerst einfach. Er kam mit wenigen Worten aus. Die «Barfüßigen» und «Schwachen» verstanden ihn gut, auch er war mit der Welt dieser Menschen gut vertraut. Unrasiert, mit schmutzigem Hemdkragen und einfacher Kleidung lief er herum.

Wie sollte es nun weitergehen? Ein starrsinniger, machtbesessener Revolutionsführer, ein selbstbewußter, von der Richtigkeit seiner Ideen und Fähigkeiten völlig überzeugter Intellektueller auf dem Stuhl des Staatspräsidenten, ein mit rivalisierenden Mullahs und inkompetenten Abgeordneten besetztes Parlament, dessen Entscheidungsmöglichkeiten durch den «Wächterrat» stark eingeschränkt waren und schließlich dieser Ministerpräsident. Diese heterogene Staatsführung stand unlösbaren ökonomischen, sozialen, kulturellen und juristischen Problemen gegenüber: Die steigende Arbeitslosigkeit, die durch die Flucht vieler Unternehmer, Entzug des Kapitals und Fabrikbesetzungen lahmgelegte Industrie, die zum Teil schon ruinierte Landwirtschaft, das Wohnungsproblem, die Unruhen an Schulen, die geschlossenen Hochschulen, der desolate Zustand der

Verwaltung und der Mangel an Fachkräften, die in Scharen das Land verlassen hatten.

Und nun kam ein neues gewaltiges Problem hinzu: der Krieg gegen den Irak.

Der Krieg

Am 22. September 1980 starteten irakische Streitkräfte einen Blitzangriff gegen das Nachbarland. Ziel dieses Angriffes war die Besetzung eines Teils des iranischen Westens und Südens.

Hier sollte zunächst ein «befreites Gebiet» entstehen, von dem aus dann eine von Schahanhängern und Generälen gebildete Regierung mit Hilfe der iranischen Armee den Sturz des Chomeiniregimes und die Eroberung des Landes vorbereiten sollte.

Dieser Blitzangriff, der nach israelischem Vorbild innerhalb weniger Tage durchgeführt wurde, blieb ohne den erwünschten Erfolg. Er entwickelte sich zu einem sinnlosen Zermürbungskrieg, der inzwischen die Länge des Ersten und Zweiten Weltkrieges überschritten hat, und trotz mehr als einer Million Toten weitergeführt wird.

Die Gründe, die zum irakischen Blitzangriff geführt haben, sind vielschichtig und umstritten. Fest steht jedenfalls, daß Chomeini die irakische Bevölkerung, namentlich den schiitischen Teil, der im Irak die Mehrheit bildet, gegen die herrschende Baath-Partei aufzuwiegeln und seinen islamischen Staat auf den Irak auszuweiten versucht hat. Schon während seiner Verbannung hatte Chomeini zu schiitischen Gruppen Verbindung aufgenommen und sie für seine Ideen von einem Islamischen Staat zu gewinnen versucht. Nach der Revolution erhielten schiitische Untergrundorganisationen und einflußreiche Geistliche im Irak großzügige materielle bzw. militärische Hilfe aus dem Iran. Iranische Sender leisteten zusätzliche Propagandahilfe. Nicht selten hatte es an der iranisch-irakischen Grenze Provokationen gegeben, die vom Iran ausgingen. Andererseits ist aber auch bekannt, daß der irakische Staatspräsident Saddam Hossein auf eine Gelegenheit wartete, den 1975 in Algier unter Zwang unterzeichneten Vertrag mit dem Iran zu annullieren, welcher die Grenzen zwischen beiden Ländern festlegte, und er schon immer davon träumte, in der Golfregion die erste Geige spielen und damit in der arabischen Welt die Vormachtstellung einnehmen zu können.

Saddam Hossein war im Juli 1979 an die Macht gelangt. Die Opposition im Irak wurde durch die iranische Revolution und die Unterstützung aus dem Nachbarland zum Widerstand gegen das herrschende Regime ermuntert. Auch im Hinblick auf die innenpolitische Situation mußte Saddam Hossein Erfolge vorweisen. Dazu ist bekanntlich ein äußerer Feind immer hilfreich. Er nahm die Provokationen aus dem Iran zum Anlaß, einen Angriff zu starten. Der Zeitpunkt schien günstig. Das Regime des Ayatollah Chomeini hatte sich im Iran längst noch nicht stabilisiert; innere Unruhen, Fraktionskämpfe, Rivalitäten unter den Mullahs und den Laizisten und die zahlreichen ungelösten Probleme ließen einen Erfolg als möglich erscheinen. Auch Iraner, Anhänger des Schah, Generäle und Politiker standen Saddam Hossein zur Seite, ermutigten ihn zum Angriff.

Banisadr behauptet, daß auch Bachtiar die Hand mit im Spiel hatte. Bachtiar stritt uns gegenüber diese Behauptung ab. Er sei zwar im Irak gewesen, habe sich auch mit Saddam Hossein getroffen, habe ihn aber vor einem Angriff gegen den Iran gewarnt. «Das wird Chomeini nicht schwächen, er wird im Gegenteil Nutzen daraus ziehen», will er ihm gesagt haben. Bachtiar nannte uns aber den Namen einer anderen Person, die die Kriegspläne Saddams unterstützt haben soll. General Oweissi, ehemaliger Militärgouverneur in der Hauptstadt, auch als «Schlächter von Teheran» bekannt, soll den Irakern sogar versprochen haben, wenn sie die strategisch wichtige Stadt Ghasre Schirin erobern würden, wäre der Sturz Chomeinis sicher. Diese Zuversicht schöpfte Oweissi aus dem Zustand der iranischen Armee. Die Vermutung, daß die iranische Armee, stark angeschlagen durch die Revolution und den Verlust ihrer Führung, zur Verteidigung des Landes unfähig sei, erschien nicht so abwegig. Man hätte sogar auf die Unterstützung der Militärs zum Sturz des Regimes hoffen können. Ein großer Teil der iranischen Offiziere waren in den USA und Westeuropa ausgebildet worden, ideologisch standen sie der Monarchie weit näher als der Islamischen Republik. Ihre Zukunft schien unter der Herrschaft der Mullahs gefährdet. Auch die Putschversuche, die es vorher gegeben hatte, sprachen dafür, daß die Armee eher auf seiten der Gegner des Regimes stehen würde.

Saddam Hossein wagte den Angriff. Die irakische Armee bombardierte und verwüstete zahlreiche iranische Städte und Dörfer. Ölanlagen, die größte Ölraffinerie der Welt in Abadan, Fabrikanlagen, Häfen, Straßen wurden zerstört und größere Gebiete besetzt, auch Ghasre Schirin. Dennoch machte General Oweissi einen Rückzieher. «Eine ausländische Macht hatte ihn gewarnt», sagte uns Bachtiar, welche, wolte er nicht verraten.[1]

Der Überraschungsangriff der Iraker wirkte auf die Verantwortlichen im Iran zunächst schockierend. Zum erstenmal verlor auch Chomeini die Beherrschung. «Seine Hände zitterten», erzählte uns Banisadr, der ihn unmittelbar nach dem Angriff aufgesucht hatte, um die neuentstandene Lage mit ihm zu erörtern. «So verängstigt hatte ich den Imam noch nie gesehen», sagte er. «Auf dem Weg zum Fernsehstudio habe ich meine vorbereitete Rede geändert, um Chomeinis Ängste nicht noch zusätzlich zu verstärken.»

Als Oberbefehlshaber der Armee trommelte Banisadr die Führung der Streitkräfte zusammen. «Wie lange können wir uns verteidigen», fragte er. «Höchstens vier Tage», war die übereinstimmende Antwort.

Nach Berichten des Staatspräsidenten gab es in der Provinz Khusistan, auf die sich die Angriffe der Iraker konzentrierten, ganze 28 einsatzbereite Panzer. Die Mullahs hätten die Armee gänzlich demoralisiert. Die beiden Kommandanten von Dezful und Ahwas habe man verhaftet und im Gefängnis schwer foltern lassen. Der Kommandant der Provinz Khusistan sei nach Teheran gebracht worden, dort habe man ihm den Kopf rasiert und ihn vier Tage lang in eine Einzelzelle gesteckt. Einen Oberst habe man gezwungen, in der Kaserne die Toiletten zu säubern. Mit dieser schwer angeschlagenen, demoralisierten und fast entwaffneten Armee habe man schwerlich eine erfolgreiche Abwehr leisten können.

Aber Chomeini hatte seine Angst bald überwunden, der Staatspräsident appellierte an das Nationalgefühl der Offiziere und Soldaten und ermutigte sie zum Widerstand. Die politische Opposition liebte Chomeini zwar nicht, noch weniger aber liebte sie den irakischen Staatspräsidenten Saddam Hossein. Jeder Iraner empfand den irakischen Angriff als Herausforderung.

So bewirkte der Blitzkrieg genau das Gegenteil dessen, was Saddam erhofft hatte. Seine Kriegsaktion erwies den Mullahs den größten Dienst. Von da an drängte die Notwendigkeit der Vaterlandsverteidigung im Iran alle sozialen, ökonomischen und politischen Probleme in den Hintergrund. Jetzt konnte der Bevölkerung jedes Opfer abverlangt werden. Die Rationierung der Lebensmittel, der Energieversorgung und zahlreicher Konsumartikel konnte ohne nennenswerten Widerspruch eingeleitet werden. Der Krieg lieferte auch eine Handhabe für jede denkbare Willkürmaßnahme. Jeder politische Widerstand, jeder Protest gegen die Mißwirtschaft und jede auch noch so geringe Abweichung vom Diktat des theokratischen Staates wurde als Landesverrat und Kollaboration mit dem Feind deklariert und mit brutalsten Sanktionen bestraft. Der Krieg wurde als «Heiliger Krieg» bezeichnet. Millionen wurden aufgefordert, unter der Fahne des «wahren und gerechten Islam», gegen «große und kleine Teufel» an die Front zu ziehen. Alle religiösen, nationalistischen, rassistischen Irrationalismen aus der historischen Mottenkiste wurden hervorgeholt, um die Massen in Bewegung zu halten. «Ein Geschenk des Himmels» nannte Chomeini den Krieg, und aus seiner Sicht hatte er recht damit. Jeden Teilnehmer an diesem Krieg bezeichnete er als Märtyrer, dessen Tod ihn direkt ins Paradies führen würde.

Nach außen hin schienen auch die Konflikte mit Banisadr beigelegt. Banisadr hielt sich kaum noch in der Hauptstadt auf, konzentrierte sich mehr auf seine Aufgaben als Oberbefehlshaber
der Streitkräfte als auf die des Staatspräsidenten. Er bemühte sich
um die Reorganisierung der Armee und um die moralische Auf-
rüstung der Offiziere. Die Zuschauer im Fernsehen sahen ihn in
Khakiuniform auf einem Motorrad oder hinter einer Schanze.
Mehrfach befand er sich in Lebensgefahr, einmal wäre er beinahe
mit einem Hubschrauber abgestürzt, aber er wollte den Soldaten
ein Vorbild sein und ihnen Mut machen. Trotzdem konnte er
keine großen Erfolge vorweisen. Im Gegenteil, am 17. Oktober
fielen die beiden wichtigsten Städte im Süden, Abadan und Kho-
ramschar. In Abadan stand die größte Raffinerie der Welt, Kho-
ramschar war die größte Hafenstadt Irans, über die der Haupt-
teil des Außenhandels abgewickelt wurde. Diese Niederlage
wurde zunächst hinter vorgehaltener Hand, später ganz offen
dem Staatspräsidenten angelastet. Banisadr hingegen berichtete
in seinem Tagebuch, das jetzt täglich in der von ihm herausgege-
benen Zeitung *Enghelabe eslami* (Islamische Revolution) abge-
druckt wurde, die Mullahs hätten sogar innerhalb der Armee
Sabotageakte durchgeführt, um seine Verteidigungsstrategie zu
durchkreuzen. Er zitierte einen Mullah, der gesagt haben soll, es
sei ihm lieber, einen Teil des Landes an den Irak zu verlieren, als
Banisadr als Sieger zu feiern.[2]

Tatsächlich nutzten die Mullahs die Abwesenheit des Staatspräsidenten von der Hauptstadt aus, um ihn politisch zu ent-
machten. Der Vorsitzende der Islamischen Republikpartei,
Ayatollah Beheschti, Parlamentspräsident Rafsanjani, Ministerpräsident Rejai und viele ihrer Anhänger monopolisierten Presse,
Fernsehen und Rundfunk, beeinflußten die Organisation der
Revolutionswächter und die Revolutionskomitees, stifteten Unruhen, schränkten die demokratischen Rechte ein – alles, um Banisadr das Regieren und die Kriegführung zu erschweren. Allmählich nahm der Kampf offene Formen an. Auch Banisadr
sparte nicht mit Kritik, beanstandete als Staatspräsident im eigenen Land die Zensur der Presse und die Willkür der Justiz.

Der Präsident und die Mullahs

Das Ende der Geiselaffäre verschärfte die Konflikte. Ministerpräsident Rejai und sein Beratungsminister Nabawi hatten sich – was die iranischen Guthaben in den USA anbetraf – von den Amerikanern gründlich übers Ohr hauen lassen. Die Opposition witterte Verrat und forderte eine rücksichtslose Aufklärung. Banisadr ging noch einen Schritt weiter, klagte den Ministerpräsidenten und seinen Berater wegen Mißachtung nationaler Interessen und Landesverrat an.

Gewollt oder ungewollt war Banisadr allmählich in Opposition zum eigenen Regime gegangen. Seine Attacken gegen die Mullahs, Chomeini natürlich ausgenommen, wurden immer schärfer. Die Opposition, Linke, Nationalliberale, die Volksmojahedin und auch andere Kräfte aus dem islamischen Lager, die mit dem System des *welayate faghieh* nicht einverstanden waren, unterstützten ihn. Jetzt ging es nur noch um Chomeini. Viele, auch Banisadr gehörte dazu, machten sich immer noch Illusionen und hofften, er werde sich auf die Seite der Opposition begeben. Chomeini, so argumentierten sie, werde sich letztendlich für die Mächtigeren entscheiden, und sie glaubten, daß sie mächtiger seien als die Mullahs. In beiden Punkten befanden sie sich im Irrtum. Chomeini liebte zwar die Macht, doch er war klug genug, um zu wissen, daß er seine Macht nur aus der Ideologie, nur aus dem Islam schöpfen konnte. Chomeini wäre unter keinen Umständen bereit gewesen, seine eigenen Ideen aufzugeben. Er ist ein fanatischer fundamentalistischer Muslim. Und jener Teil der Massen, der die Basis des Revolutionsführers bildete und zum Opfer und zum Märtyrertod für ihn bereit war, unterschied sich stark von denen, die Banisadr folgten. Viele Habenichtse, Slumbewohner, Erniedrigte und Geknechtete hatten jetzt als Revolutionswächter, als Mitglieder der Revolutionskomitees – mit Macht ausgestattet – ein neues Selbstbewußtsein und eine neue Position erreicht, auf die sie nicht verzichten wollten. Von denen, die Banisadr unterstützten, war hingegen nur ein geringer Teil von den Ideen des Präsidenten überzeugt. Die meisten scharten sich lediglich aus taktischen Gründen um ihn. Ihr Ziel war die Schwächung der Mullahs, nicht der Sieg des Präsidenten.

Chomeini hatte schon seit langem den Mitarbeiter Banisadrs, Garmarudi, beauftragt, den Staatspräsidenten zu bespitzeln. Garmarudi fühlte sich in dieser Rolle recht unwohl und bat den Imam, diese Tätigkeit beenden zu dürfen. Der lehnte ab. Nach weiteren Monaten trug Garmarudi abermals seine Bitte vor. «Meine Ehre steht auf dem Spiel», sagte er. «Ich bin nicht imstande, den Auftrag weiterhin auszuführen.» – «Ehre ist nicht wertvoller als Blut», gab Chomeini zurück. «Unsere Jugend hat für diese heilige Revolution viel Blut geopfert, opfern Sie Ihre Ehre.»[1]

Äußerlich gab sich Chomeini immer noch neutral, doch lange konnte er diese Rolle nicht mehr durchhalten. Die Mullahs, Banisadrs Rivalen, versuchten mit allen Mitteln, das Feuer zu schüren. Wo immer Banisadr auftauchte, schickten sie Schlägertrupps, die mit Bildern von Beheschti und Rafsanjani in der Hand den Rücktritt des Präsidenten forderten. Bei einer Großkundgebung in Isfahan, Ende Januar 1981, verlor Banisadr die Geduld, rief die Bevölkerung zum Kampf gegen die Diktatur auf und sagte: «Mit Gottes Hilfe und der Unterstützung dieses großen Volkes werde ich die errungenen Freiheiten verteidigen.» – «Banisadr, wir unterstützen dich», riefen die Teilnehmer.[2] Eine kleine Gruppe von Hezbollahis versuchte, die Rede zu stören, beschimpfte und beleidigte ihn. Es kam zu Schlägereien, auf beiden Seiten gab es Verletzte. Chomeini wurde über die Ereignisse unterrichtet, die Mullahs drängten ihn zur Stellungnahme.

Am 4. Februar sprach er seine erste Warnung aus, ohne dabei den Namen Banisadrs zu erwähnen. «Gott behüte, daß ich eines Tages meine Pflichten wahrnehme...Wenn es einmal dazu kommen sollte, werde ich mir von jedem das zurücknehmen, was ich ihm gegeben habe.»[3] Und als die Proteste gegen die Schlägertrupps, die bei den Versammlungen der Opposition mit Knüppeln, Messern und Ketten gegen die Teilnehmer vorgingen, lauter wurden, sagte er: «Ich muß betonen, daß manche Zungen schlimmer sind als Knüppel. Die Knüppel der Zungen und die Knüppel der Federn sind hundertmal verderblicher als andere Knüppel... Gewissen Leuten fehlt offenbar das politische Gespür. Das Volk muß aber seine religiösen Pflichten erfüllen und gegen die vorgehen, die den Interessen unseres Landes zuwiderhandeln.» Und einige Tage später sagte er: «Es gibt Leute, die die Worte ‹Volk› und ‹Nation› leicht im Mund führen. Wenn sie aber an die Macht kommen, stellen sie sich gegen das Volk und die Nation. Das sind Leute, die die Früchte der Bäume pflücken, die andere gepflanzt haben. Sie sind nicht einmal gewillt, das Obst mit dem Gartenbesitzer zu teilen... Wir brauchen keine selbsternannten Führer. Unser Führer ist der zwölfjährige Junge, der sich mit einer Handgranate unter den Panzer des Feindes warf, ihn sprengte und selbst dabei den Märtyrertod starb. Sein kleines Herz ist tausendmal größer als eure giftigen Zungen und Federn.»[4]

Jedem war klar, wem die Schelte galt. Auch die Hezbollahis vernahmen den deutlichen Wink ihres Führers. Am nächsten Tag verlangten sie bei Demonstrationen in vielen Städten den Kopf des Präsidenten. «Banisadr muß hingerichtet werden», riefen sie.

Am 5. März erreichten die Auseinandersetzungen ihren vorläufigen Höhepunkt. Schon Tage zuvor hatte Banisadr eine Kundgebung an der Teheraner Universität angekündigt. Es war der Todestag von Mossadegh. Der Staatspräsident wollte aus diesem Anlaß eine Rede halten. Allein das Thema und das Datum waren für Chomeini und die Mullahs eine Provokation. Jeder wußte, daß Mossadegh eigentlich nur ein Vorwand war. Viele befürchteten jedoch, Banisadr werde im letzten Augenblick einen Rückzieher machen.

Schon Stunden vor dem angesetzten Termin waren mehr als hunderttausend Teilnehmer versammelt. Die politischen Oppositionsgruppen, die Volksmojahedin und Teile der Linken hatten ihre Kräfte mobilisiert.

Als Banisadr endlich auf die Rednertribüne trat, brach großer Jubel aus. «Banisadr, Banisadr, wir unterstützen dich», riefen alle. Sobald aber er zu reden anfing, begannen organisierte Gruppen von allen Seiten mit Störaktionen. «Nieder mit Banisadr», «Du Banisadr Pinochet, Iran ist nicht Chile», riefen sie.

Banisadr mahnte das Publikum, Ruhe zu bewahren. Er habe bereits das Innenministerium und die Polizei gebeten, für Ordnung zu sorgen, sagte er. Sollten diese aber ihren Pflichten nicht nachkommen, werde er die Anwesenden bitten, den Störern ein für allemal eine richtige Lektion zu erteilen. Diese Worte waren für einen Staatspräsidenten recht ungewöhnlich.

Die Störer gaben nicht nach. Sie rissen die Kabel der Lautsprecher ab. Die Milizen der Volksmojahedin nahmen einzelne von ihnen fest und führten sie zur Tribüne. Aus ihren Taschen holten sie Ketten, Schlagringe, Flaschen mit Säure und ihre Ausweise. Banisadr zeigte sie dem Publikum und gab bekannt, welchen Institutionen und Behörden sie angehörten. Es waren, nach ihren Ausweisen zu urteilen, ohne Ausnahme Mitglieder islamischer Organisationen, die der Regierung unterstanden.

Banisadr bekam nun Auftrieb. «Pack aus, pack aus, Banisadr», ermunterte ihn das Publikum. Er sagte im Grunde nichts Neues. Aber seine Art zu sprechen und die Wahl der Worte, seine erregte Stimme, die ständigen Unterbrechungen und die blutigen Schlägereien um ihn herum, all dies schuf eine höchst gespannte Atmosphäre. «Eine Republik, in der der Präsident durch bewaffnete Provokateure am Reden gehindert wird, ist keine von Dauer, es sei denn, das Volk leistet Widerstand. Ich ziehe es vor, hier und heute von einem Schläger getötet zu werden, wenn dadurch diese Methoden der Auseinandersetzung endlich aufhören würden», sagte er ganz pathetisch und fuhr fort: «Wenn ihr nicht wollt, daß euer Land von denen beherrscht wird, die durch Lüge und List, Gefängnisstrafe und Folter regieren wollen, dann fürchtet euch nicht, leistet mit ganzer Kraft Widerstand gegen die Unterdrücker und Schläger. Wenn ihr gegen die, die alles mit Gewalt durchsetzen wollen, keinen Widerstand leistet, dann werdet ihr eine schwere Zukunft vor euch haben, eine Zukunft, die schlimmer sein wird als alles, was ihr bisher erlebt habt.»[5]

Wir fragten Banisadr, ob er seine Rede an diesem Tag bewußt geplant hatte oder ob er sich durch die Provokationen der Gegner und die Aufmunterungen des Publikums dazu hatte treiben lassen. Er habe schon Tage zuvor die Rede vorbereitet; was er gesagt habe, sei keineswegs eine spontane Reaktion gewesen, lautete seine Antwort.

Ein Staatspräsident, der in dieser Weise die Regierung, die Verantwortlichen der Justiz und Polizei kritisiert, ihnen despotische Absichten unterstellt, offen ausspricht, daß in den Gefängnissen seines Landes Unschuldige gefoltert werden, hat den Bruch mit dem Regime, das er vertritt, bereits vollzogen. Schon seit einigen Wochen war Banisadr unterwegs, er reiste von Stadt zu Stadt, forderte die Bevölkerung zum Widerstand auf, und überall versammelten sich Hunderttausende, die riefen: «Banisadr, wir unterstützen dich.»

«Wie sah denn Ihr Plan aus?» wollten wir wissen. «Sie haben die Massen gegen die Mullahs mobilisiert, haben den Konflikt, wie Sie sagen, bewußt auf die Spitze getrieben, viele waren bereit, Sie zu unterstützen. Was sollte nun geschehen?»

«Ich hatte schon vorher alles bedacht», antwortete er. «Ich hatte geplant, nach meiner Rede mit den Teilnehmern der Kundgebung durch Teheran zu ziehen, und zunächst die Revolutionskomitees zu entwaffnen. Danach wollte ich die Islamischen Revolutionsgerichte und das Parlament auflösen und Neuwahlen ankündigen.»

«Die Komitees waren doch bewaffnet, die Kundgebungsteilnehmer aber nicht», warfen wir ein.

«Gegen wen sollten die Komitees ihre Waffen richten?» sagte er, «gegen die eigene Bevölkerung? Das hätten sie niemals getan.»

«Und warum haben Sie den Plan nicht ausgeführt?» fragten wir.

«Mitten in meiner Rede habe ich gespürt, daß die Massen noch nicht soweit waren», sagte Banisadr. «Hätte ich meinen Plan durchgeführt, wäre alles verloren gewesen. Ich hatte mich einfach verrechnet. Für so eine Aktion war es noch zu früh. Das war meine erste Fehleinschätzung. Die zweite betraf Chomeini. Ich habe mir niemals vorstellen können, daß er den Krieg und den Untergang unseres Landes in Kauf nimmt und bereit ist, alles für die Macht zu opfern.»

Am selben Abend wurde der gesamte Verlauf der Veranstaltung im Fernsehen gezeigt. Vermutlich wollten die Mullahs, die auch über das Fernsehen bestimmten, Chomeini endlich zum Handeln veranlassen. Aber der Imam ließ sich immer noch nicht aus der Reserve locken. Auch ein Aufruf, der am nächsten Tag von einer Gruppe der «Islamischen Geistlichkeit» herausgegeben wurde, in dem es hieß: «Wir sind für den Kampf gegen konterrevolutionäre Gruppen bereit und warten nur noch auf den Befehl unseres hochverehrten Imam»[6], konnte Chomeini nicht zur Änderung seiner Taktik bewegen. Er wollte Zeit gewinnen. Die Opposition war schon zu mächtig geworden, Banisadr zu übermütig, übereilte Maßnahmen könnten verheerende Folgen haben. Er lud die Kontrahenten zu einer gemeinsamen Sitzung ein, auf Vorschlag Bazargans wurde eine Dreierkommission gebildet. Ein Vertreter der jeweiligen Partei sollte gemeinsam mit einem Vertreter Chomeinis über die Streitpunkte befinden. Banisadr nahm diesen Vorschlag an und lief damit prompt in die Falle. Es war vorauszusehen, wie das Urteil der Kommission ausgehen würde, selbst der Vertreter Banisadrs stimmte gegen ihn.

Doch der Präsident ließ sich dadurch nicht einschüchtern, seine politischen Kundgebungen, bei denen es oft zu heftigen Auseinandersetzungen kam, häuften sich. Beflügelt vom Jubel der Massen, schlug er vor, durch eine Volksabstimmung das Volk selbst über die anstehenden Probleme entscheiden zu lassen. Ayatollah Beheschti holte daraufhin zum Gegenschlag aus, warf ihm Bruch der Verfassung und Mißachtung von Regierung und Parlament vor. Und Chomeini sprach seine letzte Warnung aus. «Der innere Teufel der Menschen ist ein Meister seines Handwerks – langsam, ohne daß sie es merken, führt er sie in die Hölle und ins Verderben. Wer sich dem Willen des Parlamentes und des Wächterrates widersetzt, gilt als ‹Verderber auf Erden› und muß als solcher bestraft werden.»

Es blieb niemandem verborgen, wen der Imam im Auge hatte. Chomeini wollte sich aber zu einer persönlichen Abrechnung mit Banisadr nicht herablassen, das schien ihm unter seiner Würde zu sein. Der Konflikt sollte nicht als Alternative zwischen Chomeini und Banisadr erscheinen. Das Volk sollte immer den Eindruck haben, daß der heilige Revolutionsführer sich nicht auf Machtkämpfe, die auf menschlicher Schwäche beruhen, einläßt. Doch der Zorn des Gottgesandten schien so stark, daß ihm die Zügel aus der Hand glitten. Der Imam verlor die Beherrschung. «Unser Streit», sagte er, «geht nicht um Gott. Schlagt euch das aus dem Kopf. Es geht auch nicht um den Islam. Das ist Unsinn, mich könnt ihr damit nicht täuschen. Mir selbst und euch allen geht es um die eigene Person, jeder von uns will die Macht, die ganze Macht.»[7]

Das war nichts als die reine Wahrheit. Jeder der Beteiligten versuchte auf seine Art, die Macht zu erringen. Wer vor List und Tücke, Manipulation und Lüge, Gewalt und Mord als Mittel des Kampfes zurückscheute, schied bald aus dem Rennen. Chomeini erweist sich darin bis heute als Meister.

Banisadr hatte zwar auch eine Schwäche für die Macht, und es geschah oft, daß er zu ihren Gunsten die Moral aufgab. Dennoch war er nicht vom Schlage Chomeinis und Beheschtis. Er war ein Intellektueller, ein Idealist, der – von sich und seiner historischen Mission überzeugt – von moralischen Skrupeln geplagt wurde.

«Es war eine nervenaufreibende Zwickmühle», bestätigte uns später Banisadr, «ein ständiger innerer Konflikt, der bis zum Schluß andauerte. Die Macht ist sehr verführerisch. Besonders wenn man eine hohe Position innehat, will man diese nicht so ohne weiteres aus der Hand geben. Es war für mich eine äußerst lehrreiche Erfahrung. Nur die wenigsten Menschen haben die Chance, die Gefühlsschwankungen zu erfahren, denen der Mensch im höchsten Staatsamt ausgesetzt ist. Gerade im letzten Akt, als sich die Konflikte mit den Mullahs zuspitzten und Chomeini meine Absetzung in die Wege leitete, sah ich mich unbeschreiblichen Schwankungen unterworfen. Ich hatte zu wählen zwischen dem Amt des Staatspräsidenten, Oberbefehlshaber der Armee – wobei ich mich den Mullahs und vor allem Chomeini gegenüber loyal verhalten mußte – und dem Leben im Untergrund, in Angst vor Verfolgung und Hinrichtung. Es war eine unglaublich schwere Entscheidung.»

Der letzte Akt der Auseinandersetzungen hatte bereits begonnen. Bazargan, der nun als Abgeordneter im Parlament saß, hatte ihn eingeleitet und das bis dahin Unausgesprochene offen verkündet: «So kann es nicht weitergehen», schrieb er in seiner Zeitung *Mizan*. «Die Machtkämpfe bedrohen die Existenz der jungen Republik. Die Versöhnungsversuche sind gescheitert. Es gibt nur noch eine Lösung: eine Seite muß verschwinden. Das heißt, entweder das Parlament, der Justizrat und die Regierung lösen sich auf und der Staatspräsident bleibt, oder der Staatspräsident geht und die genannten Organe bleiben.» Die Entscheidung darüber, meinte Bazargan, sollte man dem Volk überlassen.[8]

Selbstverständlich dachte Chomeini nicht daran, Bazargans Vorschlag zu akzeptieren. Er hatte ja Banisadr bereits als «Verderber auf Erden» bezeichnet, was einem Todesurteil gleichkam.

Doch der Staatspräsident schien den Ernst der Lage immer noch nicht begriffen zu haben. Am Tag nach Chomeinis Rede flog er wieder zu einer Kundgebung nach Schiraz. Der Verteidigungsminister, der ihn dabei begleitete, meinte, es werde nach der gestrigen Attacke Chomeinis kaum noch jemand zu der Kundgebung erscheinen. «Sie irren sich», sagte Banisadr. «Das Publikum wird zahlreicher sein als je zuvor.»

Tatsächlich fand in Schiraz die größte Kundgebung statt, die es dort je gegeben hatte. «Banisadr, leiste Widerstand, wir unterstützen dich!» riefen die Versammelten. Und der Präsident hatte sich zum Widerstand entschlossen. «Droht mir nicht mit Anklagen und Prozessen», sagte er, offenbar ermutigt durch die Jubelrufe seiner Anhänger. «Angeklagt wäre das Volk, das mich gewählt hat. Ein solcher Prozeß würde zu einer zweiten Revolution führen. Wer bereit ist, auf dem heißen Sand von Khusistan zu sterben (er meinte die Kriegsfront), wird sich wohl kaum vor einer Zelle im Eviner Gefängnis fürchten.» Er ging noch weiter und wagte zum erstenmal, auch Chomeini anzugreifen. «Mir scheint», sagte er, «daß die Leute, die mir drohen, den Mund einfach zu voll nehmen. Das Volk ist längst erwacht. Es hat gelernt, Widerstand zu leisten, und ich zweifle keinen Augenblick daran, daß es niemals bereit sein wird, vor Gewaltanwendung und Erniedrigung zu kapitulieren. Ich warne euch! Wenn ich gebissen werde, schlage ich mit aller Härte zurück.»[9]

Beim Rückflug sagte der Verteidigungsminister, beeindruckt von der Zahl und Kampfbereitschaft der versammelten Menschen: «Den heutigen Tag muß man als ein neues Blatt in der iranischen Geschichte betrachten. Ich zweifele nicht mehr daran, daß uns eine entscheidende Wende bevorsteht.»

Auch in Hamadan, der Geburtsstadt Banisadrs, hatte man den Eindruck, die halbe Stadt habe sich zur Begrüßung des Präsidenten versammelt. Eine größere Mobilisierung konnte man nicht erwarten. Der Protest der Bevölkerung gegen radikale Mullahs, ihr Einsatz für Freiheit und Demokratie, ihre Bereitschaft zum Widerstand hatte ihren Höhepunkt erreicht. Allein, der Präsident hatte offenbar keine Vorstellung, wie die nächsten Schritte aussehen sollten.

Der Verteidigungsminister und die beiden Oberbefehlshaber der Luft- und Bodenstreitkräfte hatten detaillierte Pläne zum Umsturz des Mullahregimes ausgearbeitet. Nach der Kundgebung in Hamadan machten sie Banisadr den Vorschlag, er solle sie bei der Durchführung dieser Pläne unterstützen. «Es ist alles vorbereitet», sagte der Verteidigungsminister. «Das Ganze dauert keine vier Stunden. Bleiben Sie noch einige Stunden in Hamadan, und heute abend können Sie im Fernsehen der Bevölkerung alles erklären. Es wird kein Blutvergießen geben. Wir werden lediglich einige Verhaftungen vornehmen.»

Banisadr lehnte ab. «Ich bin kein Putschist», sagte er. «Ich werde einen Putsch niemals unterstützen. Außerdem ist das Volk mobilisiert und steht hinter uns. Wozu dann noch einen Putsch durchführen?»

«Wie sollen aber die Mullahs schließlich entmachtet werden?» fragten die Offiziere. «Genauso wie der Schah entmachtet wurde», entgegnete Banisadr. Dachte er etwa, die Mullahs würden freiwillig abtreten und ihm die Macht überlassen? Nein, Banisadrs Hoffnungen richteten sich auf Chomeini. Immer noch hatte der ehemalige Vertraute des Ayatollah seinen Glauben an Chomeini nicht verloren. Er hatte den vollständigen Gesinnungswandel des Revolutionsführers, dessen Machtbesessenheit und Brutalität miterlebt, hatte gesehen, wie er ohne jede Anteilnahme Todesurteile unterschrieb, wie er Folter und Gefängnisstrafen duldete, seine Gegner mit allen Mitteln ausschaltete und dabei das Land ruinierte. Dennoch hatte er ihn noch nicht aufgegeben. Im Gegenteil, er war, wie er uns gegenüber gestand, zuversichtlich, daß Chomeini sich auf seine Seite schlagen und die fundamentalistischen Mullahs aufgeben würde. Daher glaubte er, auf das Militär, auf die Bildung einer Partei oder Organisation, auf konkrete Pläne für einen Machtwechsel verzichten zu können. Welche Blindheit, welch ein Irrtum!

Chomeinis Geduld mit dem aufmüpfigen Präsidenten war zu Ende. Vor einer Versammlung der Hezbollahis sagte er: «Was soll ich mit diesem Menschen machen? Wem sonst als euch Barfüßigen in den Gassen und Basaren könnte ich mein Leid vortragen und meine Enttäuschung über diesen Verrat mitteilen?» Das Publikum weinte bitterlich, auch dem Imam kamen die Tränen, zumindest wischte er seine Augen mit einem weißen Taschentuch ab. «Du bist meine Seele, Chomeini», riefen die Hezbollahis. «Ich bedaure», fuhr Chomeini fort, «daß diese Menschen sich mit ihren eigenen Händen ihr Grab schaufeln. Ich wünschte, es wäre nicht so weit gekommen. Ich bin ein letztes Mal bereit, zu verzeihen. Er (gemeint ist Banisadr) soll sich im Rundfunk und im Fernsehen zu seinen Fehlern bekennen. Er soll Reue üben, soll gestehen, daß er sich geirrt, die Bevölkerung zum Aufruhr aufgefordert und dem Islam zuwidergehandelt hat... Er soll zugeben, daß er mit den Monafeghin (gemeint sind die Volksmojahedin) ein Bündnis eingegangen ist. Ich habe diesen Herrn schon öfters gewarnt. Hüten Sie sich vor diesen Monafeghin, habe ich gesagt. Sie werden Sie zugrunde richten. Noch ist es nicht zu spät. Noch will ich ihm eine letzte Chance geben. Wenn er sich öffentlich bei der Bevölkerung entschuldigt, wenn er bekennt, daß er das Vertrauen des Volkes mißbraucht hat und verspricht, daß er sich in Zukunft anders verhalten wird, dann will ich ihm ein letztes Mal verzeihen. Er soll die Zeit nutzen, bevor er den Fuß in sein eigenes Grab setzt. Das ist meine letzte Warnung.» [10]

Der Oberhirte hatte gesprochen. Man merkte, wie bedeutungslos ihm Gesetz und Recht waren. Immerhin war Banisadr von einer überwältigenden Mehrheit des Volks gewählt worden. Chomeini behandelte ihn wie einen Schuljungen, der der Autorität seines Lehrers völlig ausgeliefert ist. Einige Tausend Hezbollahis versammelten sich vor dem Parlament und forderten die Absetzung des Präsidenten: «Banisadr muß hingerichtet werden!»

Am 10. Juni 1981 wurde Banisadr durch einen Befehl des Revolutionsführers seines Postens als Oberbefehlshaber der Armee enthoben. Tage zuvor hatte der Ayatollah die hohen Offiziere zu sich zitiert und erklärt, daß sie Banisadrs Anweisungen nicht mehr zu gehorchen hätten und bot dem Oberbefehlshaber der Streitkräfte, Fakuri, den Posten des Oberbefehlshabers der Armee an. Als Fakuri Banisadr darüber informierte, wollte der unverbesserliche Idealist ihm das nicht glauben. «Das ist nicht wahr», sagte er. «Chomeini wird niemals soweit gehen.»

Banisadr hoffte, seinen «geistigen und leiblichen Vater» unter Druck setzen zu können. Die Nationale Front hatte zu einer Protestkundgebung aufgerufen, um gegen die beabsichtigte Islamisierung der Strafgesetze durch das Parlament zu protestieren. Diese Gesetzesvorlage, als *Ghanune Ghessas* (Vergeltungsgesetze) bekannt, war nach dem Prinzip der Vergeltung aufgebaut. Hatte zum Beispiel einer einem anderen ein Auge blind geschlagen, wurde er zur Strafe selbst geblendet. Frauen werden in diesen Gesetzen als halb soviel wert wie die Männer eingeschätzt. Die Vorlage war einige Wochen zuvor veröffentlicht worden und hatte alle Gemüter erregt, weil deutlich wurde, daß mit dieser Strafgesetzgebung wieder mittelalterliche Zeiten lebendig wurden.

Selbstverständlich richtete sich die angekündigte Protest-kundgebung der Nationalen Front nicht nur gegen die Vergel-tungsstrafen – diese Gesetze waren nur der Anlaß für eine politi-sche Generalabrechnung. Auf dieser Kundgebung sollten neben dem Vorsitzenden der Nationalen Front, Sanjabi, auch Ex-Mi-nisterpräsident Bazargan und Staatspräsident Banisadr spre-chen.

Zwei Stunden vorher hielt Chomeini im Rundfunk eine äu-ßerst scharfe Rede gegen die Nationale Front, bezeichnete sie als ein Machwerk der Konterrevolution und Feind des Islam. Seine Warnung gegen die Veranstalter der Demonstration war so deut-lich und so hart, daß sie sich aus Furcht vor der Rache des religiö-sen Herrschers nicht zu zeigen wagten. Dagegen beherrschten bewaffnete Hezbollahis und die Mullahs die Straßen. Wer zur Kundgebung erschien, mußte um sein Leben bangen. Jedes Wort des Protestes wäre lebensgefährlich gewesen. Dennoch waren Zehntausende gekommen und mußten enttäuscht und re-signiert wieder nach Hause gehen.

Allmählich merkte auch der Präsident, daß sein Leben in Ge-fahr war. Er tauchte ab in den Untergrund. Eine kuriose Situa-tion und nicht gerade rühmlich für die neugegründete Republik.

«In meiner Vorstellung stellte Chomeini einen Mythos dar», sagte Banisadr im Gespräch mit uns. «Mit jedem Akt mußte ich aber Abstriche davon machen. Soweit kann er doch nicht gehen, dachte ich jedesmal. Daß er aber eines Tages sogar dazu bereit sein könnte, mein Todesurteil zu fällen, auf Demonstranten schießen und junge Menschen in Gefängnissen foltern zu lassen, das habe ich mir niemals vorstellen können... Konnten Sie sich das vorstellen?» fragte er uns. «Ja», antworteten wir. «Das kann ich nicht glauben», sagte er. «Für mich jedenfalls war das unvor-stellbar.»

Die nackte Gewalt

Der Terror hatte System. Chomeinijünger, die Hezbollahis, die Revolutionswächter, die Komitees tobten auf den Straßen, niemand war sich seines Lebens sicher. Jetzt regierte die nackte Gewalt, sie hätte nur mit Gewalt beseitigt werden können. Banisadrs Mission war endgültig gescheitert.

Nun richteten sich die Blicke und Hoffnungen auf die Volksmojahedin. Diese ihrer Ideologie nach islamisch und ihren gesellschaftlichen Ansprüchen nach sozialistisch orientierte Organisation – die zu Zeiten des Schah als islamische Marxisten bezeichnet wurden – hatte im Zuge der Revolution und vor allem danach erheblich an Stärke gewonnen. Sie verfügte über größere bewaffnete Gruppen und über eine breite Basis in der Bevölkerung. Ihre Kontroversen mit den Mullahs hatten sich vor allem während der Parlamentswahlen zugespitzt. Viele ihrer Kandidaten, die trotz Wahlfälschung gewählt worden waren, wurden nicht ins Parlament hineingelassen. Chomeini hatte sie «Monafeghin» (Abtrünnige) genannt, was eine noch wesentlich stärkere Verurteilung bedeutet, als sie «Ungläubige» zu nennen. Die Tötung solcher Abtrünnigen sei ein Dienst an Gott.

Nun waren die Mojahedin an der Reihe. Sie kündigten für den 19. Juni eine Demonstration an. Jedem war klar, daß dies dem Auftakt zu einem Aufstand gegen die Mullahs gleichkam. Der Zeitpunkt war gut gewählt. Die Opposition war durch Banisadrs Konflikt mit den Mullahs gestärkt worden. Mit Ausnahme der moskautreuen Tudehpartei, die immer noch bedingungslos das Mullahregime unterstützte, war die gesamte Linke bereit, den offenen Kampf mit den Mullahs aufzunehmen.

Tatsächlich stellte der 19. Juni einen Wendepunkt in der Geschichte der Islamischen Republik dar, er war der Beginn einer Art Bürgerkrieges, der das ganze Land erfaßte. Teheran sah an diesem Tag wie ein Schlachtfeld aus. Mojahedin und Linke besetzten die wichtigsten Straßen des Stadtzentrums. Revolutionswächter und Mitglieder der Komitees griffen sie an. Auf beiden

Seiten gab es Tote und Verletzte, Revolutionswächter ballerten blindlings in die Reihen der Aufständischen. Diese schossen zurück. Wer in die Fänge der Gegenseite geriet, hatte kaum eine Chance, all die Messerstiche, Faustschläge und Stiefeltritte zu überleben. Autofahrer, die ahnungslos in umkämpfte Gebiete gerieten, ließen ihre Wagen stehen und rannten um ihr Leben. An diesem Tag wurden die Toten nicht gezählt, noch weniger die Verletzten. Einige Tausend Leute wurden verhaftet, darunter zahlreiche unbeteiligte Passanten.

Am Abend desselben Tages erteilte der Revolutionsanwalt folgende Anweisung an die Gerichte: «Nach der Kriegserklärung der Monafeghin und den heutigen Ereignissen sind alle islamischen Gerichte verpflichtet, hart und erbarmungslos durchzugreifen. Jedes Versäumnis in dieser Angelegenheit wird als Abweichung vom revolutionären Weg angesehen und mit aller Härte bestraft werden.»[1]

Und während draußen der Bürgerkrieg tobte, wurde drinnen im Parlament der Antrag zur Absetzung Banisadrs verabschiedet. Einige Abgeordnete, Anhänger des Präsidenten, waren ebenfalls in den Untergrund gegangen. Einer ihrer Kollegen war blutig zusammengeschlagen worden und nur durch Zufall dem Tod entkommen. Banisadrs Sympathisanten im Parlament waren eingeschüchtert. Von 190 Anwesenden stimmten 177 für den Antrag, zwölf enthielten sich der Stimme. Nur ein einziger zeigte Mut und stimmte dagegen, der Abgeordnete Moinfar.

Dieses Ergebnis wurde Chomeini mitgeteilt. Am 22. Juni erklärte der Revolutionsführer den Staatspräsidenten, den letzten Politiker aus dem bürgerlichen Lager, für abgesetzt. Und damit begann der theokratisch-terroristische Staat der absoluten Herrschaft der Mullahs.

Schon am 20. Juni wurde frühmorgens in den Sechs-Uhr-Nachrichten die Hinrichtung von 165 Personen im Eviner Gefängnis bekanntgegeben, darunter auch viele, die schon Monate zuvor verhaftet worden waren. Einer von ihnen war der Dichter und Theaterregisseur Said Soltanpur. Er hatte unter dem Schah mehrere Jahre im Gefängnis verbracht, dabei schlimmste Folterungen erlitten, er zählte zu den mutigsten Gefangenen. Als Sympathisant der linksgerichteten Volksfedayin war er einige Monate zuvor, während seiner Hochzeitsfeier, unter dem Vorwand des Devisenschmuggels festgenommen worden. Seine Hinrichtung war ein Racheakt gegen die Linke.

Die Hinrichtungen wurden in den nächsten Tagen fortgesetzt, selten waren es weniger als zweihundert. Aber auch die Opposition blieb nicht untätig. Am 27. Juni wurde auf den Mullah Ali Chamenei, Oberprediger von Teheran und gegenwärtiger Staatspräsident, ein Anschlag verübt. Als er in einer Teheraner Moschee mit seiner Predigt beginnen wollte und das Tonbandgerät eingeschaltet wurde, explodierte das Gerät, und Chamenei lag blutig am Boden.

Am selben Tag fiel der Direktor des Evin-Gefängnisses einem Attentat zum Opfer. Einer der Revolutionswächter, der ihm als Leibgarde diente, schoß ihm einige Kugeln durch den Kopf und stürzte sich danach selbst aus dem Fenster.

Am Abend des 28. Juni detonierte in der Zentrale der Islamischen Republikpartei (IRP) eine Bombe, als hier die wichtigsten Funktionäre des Regimes versammelt waren. Über achtzig Personen kamen bei dem Attentat ums Leben. Das war ein harter Schlag. Chomeini hatte die wichtigsten und tüchtigsten seiner Gefolgsleute verloren. Parlamentspräsident Rafsanjani, der kurz vor der Detonation die Parteizentrale verlassen hatte, erzählte später bei einem gemeinsamen Freitagsgebet: «Wir standen mit leeren Händen da. Alles schien verloren. Wir fühlten das Ende unserer Republik.»

Über die eigentlichen Initiatoren dieses Attentats wird bis heute gerätselt. Lange Zeit vermutete man die Volksmojahedin dahinter. Doch inzwischen wird der Verdacht immer stärker, daß die Attentäter auf der Seite der Mullahs selbst zu suchen sind. Die Tatsache, daß Rafsanjani die überaus wichtige Geheimsitzung ohne triftigen Grund verlassen hatte, machte viele nachdenklich. Kein Zweifel, daß Rafsanjani mit Beheschti, der dem Attentat zum Opfer fiel, rivalisierte. Beheschti wurde als stärkster Mann der Republik nach Chomeini angesehen. Keiner der Mullahs schien ihm gewachsen. Nach Banisadrs Absetzung hätte er konkurrenzlos seine Macht ausbauen können. Er war der einzige Mann, den Chomeini tatsächlich fürchtete. Daß die Mullahs kein Verbrechen scheuten, wußte man spätestens seit dem furchtbaren Kinobrand von Abadan, bei dem über 400 Menschen ums Leben kamen. Warum sollten die Mullahs nicht auch dieses Verbrechen geplant und durchgeführt haben? Auffällig ist auch, daß sie das Ereignis später nie untersucht haben – zumindest ist in der Öffentlichkeit davon nichts bekannt geworden. Als der Abgeordnete Zavarei im Parlament eine Anfrage wagte, ließ Parlamentspräsident Rafsanjani ihn nicht weiterreden. Es gäbe im Augenblick Wichtigeres zu tun, entgegnete er.

Um diesen tödlichen Schlag zu überwinden, gab es für die Mullahs nur noch einen einzigen Ausweg: Die Flucht nach vorn und pure Gewalt. Die Verhaftungen und Erschießungen wurden verstärkt fortgesetzt. Die Gefangenen wurden so lange gefoltert, bis sie zu Geständnissen bereit waren. Abend für Abend traten im iranischen Fernsehen Gefangene auf, die Bekenntnisse über ihre «Verbrechen» ablegten. Aber damit nicht genug. Nach ihrem öffentlichen Auftritt mußten sie den Wächtern der Revolution auf der Jagd nach ihren Freunden und Bekannten Hilfe leisten und ihnen mit Informationen dienen. Zeigten sie sich in der Erfüllung dieser Pflicht endlich gefügig, wurden sie gezwungen, Exekutionen beizuwohnen, vor allem, wenn es dabei um die Erschießung ihrer Freunde ging. Dieser Terror gipfelte schließlich darin, daß die Gefangenen sich an der Erschießung ihrer Freunde und Genossen aktiv beteiligen mußten. Ob ein Gefangener nach dieser Prozedur tatsächlich freigelassen oder von seinen irdischen Qualen erlöst wurde, blieb dem zuständigen Revolutionsrichter überlassen.

In dieser Atmosphäre des Schreckens wurden die allgemeinen Wahlen für die Nachfolge Banisadrs angekündigt. Einen wirklichen Wahlkampf gab es nicht. Am 24. Juli wurde der unscheinbare Rejai mit angeblich 13 Millionen Stimmen zum Präsidenten der Islamischen Republik gewählt. In der Bevölkerung wurde gewitzelt: «Wenn Rejais Vater gewußt hätte, daß sein Sohn eines

Tages Staatspräsident werden würde, dann hätte er ihn wenigstens die Volksschule besuchen lassen.»

Wenige Tage nach Rejais Wahl flüchteten Banisadr und der Führer der Volksmojahedin, Rajawi, ins Ausland. Der Abflug der beiden am meisten im Iran gesuchten Personen vom Teheraner Flughafen mit einer Militärmaschine am hellichten Tag zeigte, wie durchlässig der Machtapparat der Mullahs war.

Banisadr hatte sich von seinem Versteck aus in die Obhut der Mojahedin begeben. Gemeinsam hatten sie ein Bündnis geschlossen, den «Nationalen Widerstandsrat» gebildet und alle oppositionellen Organisationen und Persönlichkeiten eingeladen, sich dieser Front anzuschließen. In Paris angekommen, kündigten sie den baldigen Sturz des Regimes an.[2]

Die Mullahs waren durch die neuesten Ereignisse stark verunsichert. Viele glaubten tatsächlich an einen baldigen Machtwechsel. Niemand konnte sich vorstellen, daß die Mojahedin planlos in den bewaffneten Kampf hineingeraten waren. Chomeini forderte seine Anhänger auf, ständig präsent und wachsam zu sein und scheute nicht davor zurück, eine ganze Nation zu verpflichten, sich als Spitzel zu betätigen.

«Es ist die religiöse Pflicht eines jeden Bürgers», sagte er, «seine Nachbarn zu beobachten und zu sehen, was sich in deren Häusern abspielt. Ihr könnt eure Nachbarn beobachten und die Nachbarn euch, und wenn ihr diese Methode zehn, zwanzig, dreißig Tage lang praktiziert, wenn ihr genau beobachtet, wer bei euren Nachbarn aus- und eingeht, und wenn ihr im Verdachtsfall zur nächsten Polizeistation geht, dann haben wir das Problem bald gelöst... Eltern sollen auf ihre Kinder aufpassen. Sie dürfen es nicht zulassen, daß ihre arme und unschuldige Tochter in die Fänge der Verbrecher gerät. Und wenn die Kinder auf den elterlichen Rat nicht hören, dann haben die Eltern die religiöse Pflicht, sie anzuzeigen...»[3]

Was der Oberhirte Chomeini hier verlangte, war eine vollständige Absage an die über Jahrhunderte andauernde soziale Struktur, an einen der wichtigsten Pfeiler der iranischen Kultur, eine Demontage der Familie.

Familienbindungen bilden im Iran den einzigen Schutz, gegen staatliche Willkür, gegen Armut und Einsamkeit. Statt der Regierung leistet die Familie die soziale Fürsorge. Jetzt sollten sich laut Anweisungen des geistlichen und politischen Oberhauptes die Familienmitglieder gegenseitig bespitzeln und denunzieren. Das war ein Angriff auf die Substanz. Viele, auch fromme Muslims, fragten sich, wie der Imam, der noch wenige Monate zuvor so sehr die Einheit des Volkes beschworen hatte, nun eine Anweisung erteilen konnte, die nur eine Atomisierung der Gesellschaft und ein allgegenwärtiges Mißtrauen hervorrufen konnte.

Aber es sollte noch schlimmer kommen. Ein paar Tage später zeigte eine Mutter laut Presseberichten ihren Sohn beim Staatsanwalt an. Und tatsächlich wurde eines Abends im Fernsehen eine Frau vorgeführt, die sich zu dieser Heldentat bekannte. Sie zeigte sich glücklich darüber, daß ihr Sohn inzwischen verhaftet worden war und bat das Revolutionsgericht, ihren Sohn zum Tode zu verurteilen und hinzurichten. Das Ganze war so abwegig, daß man es einfach nicht glauben konnte. Die Frau wurde als nationales Vorbild gefeiert. Seitenlang veröffentlichten die Zeitungen Grußbotschaften an sie, und hohe Würdenträger der Schiiten priesen sie als eine überragende Persönlichkeit, die ihre religiösen Pflichten bis zur letzten Konsequenz erfüllt habe. Sie wurde auch von Chomeini empfangen: «Was du vollbracht hast», sagte der Ayatollah, «ist vorbildlich. Alle sollen sich nach dir richten.»[4] Eine weitere Frau, die ein paar Tage später im Fernsehen erschien, wollte das «Vorbild» übertreffen. Sie bat das Gericht, das Todesurteil selbst vollstrecken zu dürfen!

Trotz dieser Maßnahmen detonierte eine mit Sprengstoff gefüllte Aktentasche bei einer Sitzung des obersten Sicherheitsrates und setzte der steilen Karriere des neugewählten Staatspräsidenten Rejai ein Ende. Hier im Amt des Ministerpräsidenten Bahonar hatten sich am 30. August 1981 einige der wichtigsten Männer der Republik, der Staatspräsident, Ministerpräsident, Polizeipräsident, hohe Militärs und Geheimdienstler versammelt, um sicherheitspolitische Maßnahmen zur Bewältigung der Krise zu beschließen. Der Chef des Sicherheitsrates, Kaschmiri, brachte kurz vor Beginn der Sitzung einen Aktenkoffer, stellte ihn zwischen Rejai und Bahonar, sagte, der Koffer enthielte wichtige Unterlagen gegen die Mojahedin, er werde sogleich zurückkommen. Kaum hatte er den Raum verlassen, da detonierte der Sprengstoff. Die Explosion war so stark, daß der ganze Gebäudeteil sich sofort in eine Ruine verwandelte. Manche Leichen waren so verkohlt, daß man sie nur an den Zähnen identifizieren konnte.

Erst ein paar Tage später stellte sich heraus, daß Kaschmiri der Attentäter gewesen war. In wessen Auftrag er gehandelt hatte, ist bis heute nicht klar. Zunächst glaubte man, er sei ein Mitglied der Mojahedin gewesen. Tatsächlich hatten die Mojahedin damals noch in vielen Ämtern ihre Mittelsmänner, die, getarnt als Parteigänger Chomeinis, für sie Spitzeldienste leisteten. Aber wie bei dem Anschlag auf die Zentrale der Islamischen Republikpartei wurden mit der Zeit immer stärker Zweifel an dieser Vermutung laut. Die Mojahedin selbst haben sich bisher nicht offiziell dazu geäußert, obwohl sie bei anderen, von ihnen verübten Attentaten, öffentlich die Verantwortung übernommen haben. Auch bei privaten Anfragen geben sie zweideutige Antworten. Banisadr streitet die Teilnahme der Mojahedin bei beiden Attentaten entschieden ab. Der Vorsitzende der Mojahedin, Rajawi, sei nach dem Bekanntwerden des Anschlags auf den Ministerpräsidenten genauso überrascht gewesen wie er selbst. Waren es also wieder die Mullahs, steckten Chomeini und Rafsanjani dahinter?

Anfang 1986 wurden verschiedene Personen, darunter auch solche, die als hohe Staatsbeamte mit Rejai und Bahonar zusammengearbeitet hatten, im Zusammenhang mit diesem Attentat festgenommen. Der Staatsanwalt meinte, genügend Beweise für ihre Mittäterschaft in der Hand zu haben. Sie saßen monatelang im Gefängnis. Einer von ihnen beging angeblich Selbstmord. Als dann auch ein Haftbefehl gegen den früheren Regierungssprecher und gegenwärtigen Minister für Schwerindustrie, Nabawi, erlassen wurde, schalteten sich Parlamentsabgeordnete ein. Sechzig Abgeordnete schrieben einen Brief an Chomeini und baten ihn um die Freilassung der Gefangenen. Chomeini befahl die Freilassung, und das Revolutionsgericht ordnete «mangels Beweisen» die Einstellung des Verfahrens an.[5]

«Auch das Töten ist eine Gnade»

Chomeini sah seine Macht bedroht. Der Verlust wichtiger Männer der neuen Republik, das Erstarken des offenen und bewaffneten Widerstands in allen Teilen des Landes, die ungelösten ökonomischen und sozialen Probleme, der Krieg und die rapide Zunahme der Unzufriedenen bedrohten den Bestand seines islamischen Staates. Selbst viele Mullahs räumten dem Regime keine großen Chancen mehr ein. Für den Greis in Jamaran gab es nur noch ein Mittel, um sich und seinen Staat zu retten: die nackte Gewalt. So befahl er, mit größter Härte durchzugreifen, jeden Widerstand erbarmungslos niederzuschlagen. Geistliche Richter und Revolutionswächter, Mitglieder der Revolutionskomitees und Gefängniswärter folgten seinen Anweisungen. Innerhalb von drei Monaten wurden offiziell mehr als dreitausend Gefangene hingerichtet. Der oberste Richter an den Revolutionsgerichten appellierte an seine Kollegen, «revolutionär zu verfahren, so wie der Prophetennachfolger Ali, der an einem einzigen Tag viertausend seiner Gegner umbrachte». Wächter des Mullahregimes erhielten die Anweisung, bei dem geringsten Verdacht den Verdächtigen sofort festzunehmen und nötigenfalls auf der Stelle zu erschießen.

Die führenden Köpfe des Staates fürchteten nun um ihr Leben und trauten sich nicht mehr unter das Volk. Sie fuhren in kugelsicheren Wagen, umgeben von bewaffneten Revolutionswächtern, zum Dienst, ihre Häuser und Ämter wurden vom Militär geschützt. Beim gemeinsamen Freitagsgebet stellte sich der Prediger in ein kugelsicheres Glashäuschen, um sich vor Anschlägen zu schützen. Das Parlamentsgebäude sah aus wie eine Festung. Revolutionswächter standen mit ihren Maschinengewehren hinter Sandsäcken, bereit, jedem Angriff zu begegnen. Viele «Volksvertreter» blieben Tage und Wochen im Parlamentsgebäude, verließen es nur, wenn es unbedingt notwendig war.

Auch Chomeini saß, abgeschirmt von bewaffneten Wächtern, in Jamaran. Alle anliegenden Straßen waren für den gewöhnlichen Verkehr gesperrt. Anwohner und Besucher wurden scharf kontrolliert. Der Imam verließ seine Residenz nie. Aber ein Führer der Revolution, dazu noch höchste religiöse Instanz, kann ohne Massen, ohne Gläubige nicht existieren. Er ließ sie zu sich kommen. Aus allen Landesteilen wurden Männer, Frauen und Kinder, Kriegsinvaliden und Kranke mit Omnibussen in die Hauptstadt gefahren. Für diese Menschen, die zum Teil noch nie ihr Dorf verlassen hatten, bedeutete eine solche Reise das größte Erlebnis in ihrem Leben, eine Reise in eine Welt, die sie nur aus Erzählungen und ihren Träumen kannten, dazu noch der Besuch bei einem Gottgesandten, über den sie soviel Unglaubliches gehört hatten. Er könne Wunder vollbringen, besäße eine überirdische Kraft, mit der er jeden noch so mächtigen Kaiser vernichten könne, er sei vermutlich der verschwundene Imam, der endlich zurückgekehrt sei und sie aus ihrem Elend befreien werde. Oft wurden diese Menschen in Lagern untergebracht, wo sie tagelang auf den ersehnten Augenblick warten mußten. Vor dem Eingang zum Hause des Revolutionsführers wurden sie einer strengen Leibesvisitation unterzogen und anschließend in einen großen Saal geführt. Auf dem Boden kniend und betend warteten sie auf den Heiligen. Endlich kam er durch eine Tür herein, stellte sich auf ein Podest. «Du bist meine Seele, Chomeini», riefen sie unaufhörlich. Er bewegte ein paarmal die ausgestreckte rechte Hand und überließ sie wieder ihrem Schicksal. Allein seine Erscheinung meinte er, würde ausreichen, um die von weither Angereisten mit Segen und Glück zu erfüllen. Er hatte recht. Zurückgekehrt in ihr Dorf, schilderten sie den neugierigen Bewohnern ihre Erlebnisse und manch Wundersames, was sich auf der Rückfahrt in ihrer Phantasie gebildet hatte.

Manchmal hielt der Ayatollah auch eine Rede, insbesondere wenn es sich bei den Besuchern um bedeutendere Personen als einfache Dorfbewohner handelte oder er der Öffentlichkeit Wichtiges mitteilen wollte. Einmal, bei einer Versammlung von Mullahs aus allen Teilen des Landes, sagte er: «Gebt euch nicht zufrieden damit, das Volk die Regeln des Gebets und des Fastens zu lehren. Die Vorschriften des Islam sind nicht nur auf diese beschränkt ... Vergeßt nicht, daß Töten auch eine Form der Gnade ist ... Es gibt Übel, die nur geheilt werden können, indem sie verbrannt werden ... Der Koran lehrt uns, diejenigen als Brüder zu behandeln, die wahre Muslims sind und an Gott glauben. Er lehrt uns, andere zu schlagen, ins Gefängnis zu werfen, zu töten ...»[1]

«Wenn ein Verderber, der Untaten begeht, verhaftet und getötet wird, muß er dafür dankbar sein», meinte Chomeini. «Denn würde er leben, könnte er noch mehr Untaten begehen... er würde im Jenseits noch größere Strafen erleiden müssen. Diejenigen, die nichts begreifen, behaupten, der Islam sei barmherzig, dürfe nicht töten, Rache und Vergeltung üben. Doch die, die die Strafe Gottes kennen, wissen sehr wohl, daß das Abhacken von Händen, das Töten von Verderbern ein Segen ist.»[2]

Mit Chomeinis Anweisungen machten sich die Mullahs, Revolutionswächter und Revolutionskomitees ans Werk. Niemand hatte dieses Ausmaß der erbarmungslosen Brutalität erwartet. Innerhalb von wenigen Monaten gelang es den Mullahs, die organisierte und aktive Opposition, die Nationale Front, die Volksfedayin, die Nationaldemokratische Front und alle anderen linken und demokratischen Organisationen zu liquidieren. Mit Ausnahme von Kurdistan, wo bewaffnete Oppositionskräfte, die «Demokratische Partei Kurdistans» und «Kumula», noch Widerstand leisteten, konnten die Mullahs überall im Land ihre Macht und Herrschaft durchsetzen. Selbst die Volksmojahedin mußten vernichtende Schläge einstecken. Sie machten sich nur noch durch Attentate und Anschläge aus dem Untergrund hier und dort bemerkbar. Zwar hatte Chomeini längst nicht mehr die Mehrheit der Bevölkerung hinter sich, aber der staatliche Terror wurde so weit verschärft und die Bevölkerung so eingeschüchtert, daß es keine nennenswerten Proteste mehr gab.

Alle Schlüsselpositionen der staatlichen Verwaltung, der Justiz, des Militärs und selbstverständlich der Revolutionswächter wurden mit Mullahs und frommen Untergebenen des Ayatollah besetzt. Chomeini lieferte dafür folgende Begründung: «Ja, früher, als ich in Najaf war, habe ich einmal gesagt, daß es unter der Würde der Geistlichkeit sei, Regierungsämter zu übernehmen. Aber wenn es niemanden mehr gibt, der für diese Ämter genug Pflichtbewußtsein besitzt, dann können die Herren Schriftgelehrten nicht untätig bleiben...»[3] – «Vor der Revolution dachte ich, daß wir genügend fähige Männer hätten, die die Regierungsgeschäfte nach islamischen Grundsätzen leiten könnten. Deshalb habe ich die Geistlichen angewiesen, ihren eigenen Aufgaben nachzugehen. Später habe ich gemerkt, daß die meisten dieser Leute unfähig waren und meine Anordnung falsch war. Ich habe diesen Fehler offen eingestanden.»[4]

Ein Rückblick auf die achtjährige Geschichte der Islamischen Republik zeigt, daß der Krieg nach außen und der Terror nach innen die beiden wichtigsten Aufgaben sind, denen sich der Gottesstaat der Mullahs widmet.

Eine Welt voller Teufel

Chomeini ist nur an der Durchsetzung islamischer Gesetze, nicht an dem materiellen Leben der Menschen, ihrem Glück oder Unglück interessiert, die ökonomischen und sozialen Verhältnisse bedeuten ihm nichts. «Ökonomie, das ist was für Esel», hat er einmal gesagt. «Wir haben die Revolution nicht gemacht, um unsere Bäuche zu füllen, das Ziel der Revolution war der Islam.»[1] – «Einer, der sich auf dem Weg zum Märtyrertod befindet, wird sich nicht um Preise kümmern.»[2]

Chomeini selbst hat seine bescheidene Lebensweise nicht geändert. Er predigt Enthaltsamkeit und Verzicht, weil er weiß, je genügsamer ein Mensch ist, je mehr er bereit ist, auf seine natürlichen Bedürfnisse zu verzichten, seine Emotionen, Zuneigungen und Liebe sich selbst und anderen gegenüber einzuschränken, desto mehr wird er bereit sein, sich in den Dienst des Glaubens zu stellen, sich dem Willen Gottes zu unterwerfen und für ihn zu sterben.

Die Mißachtung materieller Lebensverhältnisse hat dazu geführt, daß nun nach acht Jahren Islamischer Republik nicht nur die aus der Zeit des Schahregimes geerbten ökonomischen Probleme ungelöst geblieben sind, es sind weitere hinzugekommen, die inzwischen zum völligen Ruin des Landes geführt haben.

Durch eine konfus durchgeführte Verstaatlichung der Industrie, Verjagung der Fachkräfte und Flucht zahlreicher Unternehmer mitsamt ihres Kapitals sind viele Industrieanlagen willfährig zerstört worden. Den Betrieben fehlt es an Ersatzteilen, die sie aus dem Ausland einführen müssen, an Krediten und staatlichen Subventionen. Eine ganze Reihe von Industrie- und Gewerbezweigen sind infolge moralischer Vorschriften einfach ausgetilgt worden. Ganze Regionen, wie beispielsweise die gesamte Küste am Kaspischen Meer, jährlich von Scharen von Urlaubern besucht, wurden durch das Verbot von Freizeitvergnügen in die Armut gestoßen. Viele Kneipen-, Restaurant- und Hotelbesitzer, Zehntausende Lebensmittelhändler, Straßenverkäufer, Strandwärter, Schwimmeister, verloren ihre Existenzgrundlage. Das Verbot von Unterhaltungsmusik oder gehobener klassischer Musik, von Filmen, Videogeräten, Schallplatten und Kassetten hat unzählige Händler, Schauspieler, Sänger, Musiker, Film- und Schallplattenproduzenten ruiniert. Die Zahl der Arbeitslosen wird mittlerweile auf fünf Millionen geschätzt. Die Wirtschaftspolitik hat ferner zu einem rapiden Rückgang der einheimischen industriellen Produktion geführt. Die unmittelbare Folge davon ist eine noch größere Abhängigkeit vom Ausland als je zuvor.

Auch die Probleme der Landwirtschaft, die ohne eine tiefgreifende Bodenreform nicht zu lösen sind, wurden kaum in Angriff genommen, geschweige denn bewältigt. Im Zuge der Revolution hatten in weiten Teilen des Landes die Bauern das ihnen geraubte Land besetzt und die Großgrundbesitzer davongejagt. In einigen Gegenden wurden Bauernräte und Bauerngemeinden gegründet und größere Bezirke selbst verwaltet. Doch diese Aktivitäten fanden keineswegs die Zustimmung der Staatsführung. So wurde die Bodenfrage zu einer Kraftprobe zwischen Bauern, Mullahs, Großgrundbesitzern und Regierungsbeauftragten, sie wurde nach den jeweiligen lokalen Machtverhältnissen entschieden. Diesem Zustand sollte eine im Februar 1980 vom Revolutionsrat beschlossene Bodenreform ein Ende setzen. Der Plan stieß jedoch auf den Widerspruch der Mullahs.

Schließlich griff Chomeini selbst in die Debatte ein und befahl, die Reformpläne zu den Akten zu legen. Ein abermaliger Versuch zu einer Bodenreform durch das Parlament wurde vom Wächterrat abgelehnt. Selbst die überarbeitete Vorlage aus dem Jahre 1985 kam nicht zur Anwendung, weil das Abstimmungsergebnis von einigen Parlamentsabgeordneten angefochten wurde. Schließlich verzichtete man auf die Durchführung einer Bodenreform und begnügte sich mit einem Ende Oktober 1986 verabschiedeten Gesetz zur bedingten Legalisierung der besetzten Ländereien.[3]

Auch die soziale Fürsorge ist mittlerweile unvergleichlich schlechter geworden als zu Zeiten des Schah. Es gibt weniger Lehrer, weniger Schulen, weniger Ärzte, Krankenhäuser und Krankenpflegepersonal. Selbst in der Hauptstadt, wo die meisten Krankenhäuser und Ärzte konzentriert sind, können Kranke oft keine medizinische Behandlung und Betreuung erhalten.

So sind die grundlegenden sozialen und ökonomischen Probleme nach achtjähriger Herrschaft der Mullahs ungelöst geblieben. Die Armen sind, mit Ausnahme derjenigen, die als Revolutionswächter tätig sind oder in paramilitärischen Organisationen aufgenommen wurden, noch ärmer geworden. Die meisten Angehörigen der Mittelschicht, kleine Unternehmer, Akademiker, freiberufliche Ärzte, Ingenieure, Lehrer, Kaufleute, sind zum größten Teil verarmt. Die wohlhabende Oberschicht hat sich teilweise ins Ausland begeben, teilweise ist sie, ergänzt durch die Kaste der Mullahs infolge der ungeheuren Korruption und der Blüte des Schwarzmarktes, noch reicher geworden.

Doch diese Entwicklung darf nicht allein darauf zurückgeführt werden, daß Chomeini und die Mullahs sozialen und ökonomischen Fragen weniger Aufmerksamkeit widmen. Die Gründe hierfür liegen auch in der Unvereinbarkeit des islamischen Fundamentalismus mit den Erfordernissen einer modernen Gesellschaft und in der Uneinigkeit, die unter den Mullahs über die Struktur einer islamischen Gesellschaft und eines islamischen Staates herrscht.

Chomeini ist zwar der absolute Herrscher im Iran – er kann über die Köpfe der Massen hinweg entscheiden, in politischen Fragen Befehle erteilen –, in grundsätzlichen sozialen und ökonomischen Fragen, soweit sie die Fundamente des Islam tangieren, ist er jedoch auf die Zustimmung der Geistlichkeit angewiesen. Die aber ist in sich selbst, gerade über die Fragen wie Verteilung des Eigentums, die Bodenfrage, Verstaatlichung, staatliche Zentralisierung zerstritten. Einzelne Großayatollahs verfügen weiterhin über eine beeindruckende Hausmacht und können sich trotz Chomeinis Übermacht immer noch behaupten. So haben sich inzwischen innerhalb des Regimes einzelne mächtige Fraktionen gebildet, die überall, im Parlament, in den staatlichen Schlüsselpositionen, in der Justiz, der Armee, bei den Revolutionswächtern und Revolutionskomitees, ihre Anhänger haben und sich gegenseitig die Macht streitig machen. Einig gegen Außenstehende wie Kommunisten, Liberale, Bürgerlich-Nationale, führen die Fraktionen einen erbitterten Kampf untereinander, der inzwischen immer offener und brutaler ausgetragen wird. So kommt es, daß heute im islamischen Parlament, anders als zu Zeiten des Schahs, scharfe Auseinandersetzungen geführt und vernichtende Kritiken, auch der Regierung gegenüber, geäußert werden. Selbst die Presse ist in diese Konflikte mit einbezogen und gibt die kontroversen Meinungen wieder. Imam Chomeini, selbstverständlich über jede Kritik erhaben, spielt die Kräfte meisterhaft gegeneinander aus und macht sich dadurch unentbehrlich. Selten greift er offen in die Streitigkeiten ein. Ihm geht es um die eigene Position, um den Bestand der Republik.

Und in der Tat wäre die Islamische Republik, wie sie heute existiert, ohne Chomeini undenkbar. Einzelne Fraktionen verfügen über bewaffnete Kräfte, die sie in der Not sicherlich gegen ihre Rivalen einsetzen würden.

Das islamische Regime ist eine geschlossene Gesellschaft. Nach außen hin wird Terror und Unterdrückung ausgeübt, totale Zensur der Presse, Verbot jedes Widerstands und jeder Kritik durchgesetzt, nach innen ein Machtkampf, offen und versteckt, mit erlaubten und unerlaubten Mitteln ausgetragen. Gerade dieser Umstand macht die Situation im Iran für viele ausländische Beobachter unverständlich. So läßt sich mancher Journalist, der beispielsweise die Debatten im Parlament oder die Auseinandersetzungen in der Presse verfolgt, zu falschen Schlußfolgerungen verleiten.

Die Mullahs haben zwar ihre politische Herrschaft mit Hilfe der Gewalt durchgesetzt, ihre Gegner ausgeschaltet und der Bevölkerung ihre Moral aufgezwungen; die islamische Herrschaft, der Gottesstaat hat sich aber nicht als funktionierendes Wirtschafts- und Gesellschaftssystem erwiesen und Wurzeln schlagen können.

Was auf sozialem und ökonomischem Gebiet vernachlässigt oder zerstört wurde, konnte jedoch im Bereich der Ideologie, der Moral, der Justiz erreicht werden.

Nach der Absetzung Banisadrs und der Liquidierung der Opposition schien der Weg zur vollständigen Islamisierung endlich geebnet. Chomeini erteilte seine Anweisungen. Er sagte: «Ich verkünde jetzt und weise alle Richter im ganzen Land und alle Verantwortlichen in juristischen Angelegenheiten darauf hin, daß sämtliche Gesetze, die zu Zeiten des Schah angewandt wurden und der islamischen Gesetzgebung widersprechen, weggeworfen werden müssen. Dafür übernehme ich persönlich die

Verantwortung. Werft diese Gesetze fort, handelt nach islamischen Gesetzen!»[4]

Seit der konstitutionellen Revolution von 1906 war die Rechtsprechung, die bis dahin zu den Domänen der Mullahs gehörte, den zivilen und weltlichen Justizbehörden übertragen worden. Die Islamische Republik vollzog hier eine radikale Wandlung, führte die islamische Strafgesetzgebung wieder ein und übertrug die gesamte Justiz der Geistlichkeit. Alle islamischen Strafmaßnahmen wie Abhacken von Händen bei Dieben, Auspeitschungen und Steinigungen für Frauen im Falle des Ehebruchs wurden wieder eingeführt.

Auch ein ganzes Gesetzespaket, das auf dem Prinzip der Blutrache beruht, wurde trotz heftiger Proteste der Bevölkerung vom Parlament verabschiedet. Diese Gesetze, die zu dem Schlimmsten zählen, was die Islamische Republik hervorgebracht hat, sehen vor, daß Gleiches mit Gleichem vergolten wird. Wird jemand getötet, so hat das Familienoberhaupt des Opfers das Recht, den Täter auf die gleiche Art zu töten. Dabei besteht zwischen einem männlichen und einem weiblichen Opfer ein Unterschied. Wird eine Frau von einem Mann getötet und beide sind islamischen Glaubens, dann hat das Familienoberhaupt der Frau zwar das Recht, den Mann zu töten, es muß aber vorher die Hälfte der Blutkosten eines Mannes an die Familie des Täters entrichten. Denn das Leben einer Frau ist halb soviel wert wie das eines Mannes.

Wird jemand getötet, weil er den Propheten oder seine Nachfolger beleidigt hat, dann darf der Täter dafür nicht bestraft werden. Dasselbe gilt für einen Mann, der seine Frau und ihren Liebhaber beim Beischlaf entdeckt und sie beide tötet.

Verletzt jemand einen Körperteil eines anderen, so wird dem Täter genau dieselbe Verletzung zugefügt.[5]

Chomeini verteidigt diese menschenverachtende Gesetzgebung. «Die Vergeltungsgesetze sind nicht unmenschlich, sondern sehr human.»[6] – «Die Hinrichtungen im Islam sind ein Segen Gottes. Wenn der Wille Gottes vollstreckt wird, dann wird sich die Gesellschaft bessern. Wenn man vier Dieben in der Öffentlichkeit die Hände abhackt, dann wird das Rauben aufhören. Wenn man ein paar Prostituierte vor aller Augen auspeitscht, dann wird es keine Prostitution mehr geben. Das sind Krebsgeschwüre der Gesellschaft, die der Arzt herausoperieren muß, um den Patienten retten zu können.»[7]

Auch die islamischen Vorschriften und Verhaltensregeln, vor allem in bezug auf Frauen, die anfangs scheinbar spontan von Hezbollahis und Schlägertrupps aufgezwungen wurden, sind inzwischen legalisiert. Gemäß einem Parlamentsbeschluß werden alle Hersteller, Verkäufer und Träger von Kleidungsstücken, die den islamischen Vorschriften nicht entsprechen, bestraft.

«Frauen, die sich in der Öffentlichkeit nicht vorschriftsmäßig kleiden und schmücken oder zur Verbreitung der Unmoral und fremder Kulturen beitragen, werden verhaftet und mit 74 Peitschenschlägen bestraft», heißt es in dem Gesetz.[8]

Seit einigen Jahren gibt es im Iran staatlich organisierte Gruppen, z. T. auch aus Frauen bestehend, die, ausgestattet mit Gesetz und Macht, sich um die Wahrung der Keuschheit der Frauen bemühen. Als bewaffnete Wächter und Wächterinnen, beauftragt vom Ministerium für moralische Führung, postieren sie sich am Eingang eines jeden öffentlichen Gebäudes, fahren auf den Straßen mit kugelsicheren Toyotas herum, führen Hausdurchsuchungen durch und überwachen so das Verhalten der Frauen. Selbst eine Haarsträhne, die unter der Kopfbedeckung herausschaut, reicht für die Betreffende aus, um in ein Auto gezerrt zu werden. Wenn es das erste Mal ist, daß sie bei einer «Sündentat» erwischt worden ist, kommt sie mit Ermahnungen und oft wenigen Peitschenschlägen davon. Bei Wiederholungen erwarten sie höhere Strafen: längerer Gefängnisaufenthalt oder neuerdings auch Umerziehungslager.

Die Islamische Republik hat die Frauen nicht nur in lange Kleider, Kopftücher oder Schleier in tristen Farben gezwungen, sie hat auch die ohnehin nicht weitreichenden Rechte der Frauen stark eingeschränkt. So wurde das Gesetz zum Schutz der Familie, das auch Frauen das Scheidungsrecht einräumte, aufgehoben oder den Frauen die Ausübung bestimmter Berufe wie Richterin und Anwältin untersagt.

Frauen und Männer werden überall, in den Ämtern, Schulen, Universitäten, Speiselokalen oder öffentlichen Versammlungen, voneinander getrennt, damit die Männer «nicht erregt werden, Sinneslust verspüren und im Geiste sündigen».

Vor der teilweisen Wiedereröffnung der Universitäten im Herbst 1984 waren die meisten weiblichen Lehrkräfte entlassen worden. Der Anteil der Studentinnen an der Gesamthörerzahl wurde auf zehn Prozent reduziert. Um jeglichen Kontakt der Studenten zu ihren Kommilitoninnen zu unterbinden, müssen sich die Studentinnen in die hinteren Reihen setzen. Oft werden sogar die Hörsäle durch einen Vorhang zweigeteilt. Will eine Studentin eine Frage an den Professor richten, soll sie dies möglichst schriftlich tun. Denn würde sie sprechen, könnte der Professor durch ihre weibliche Stimme sinnlich erregt werden!

Auch im Beruf werden Frauen harten Bestimmungen unterworfen. Benutzen sie ein Parfüm, geben sie am Arbeitsplatz ihrem männlichen Kollegen die Hand, pflegen sie als Studentinnen mit einem männlichen Kommilitonen Umgang, werden sie entlassen bzw. exmatrikuliert. Schon das Geräusch von hohen Absätzen könnte, nach Meinung der geistlichen Führer, einen Reiz auf Männer ausüben. Oft kommt es vor, daß eine unverheiratete Frau, die sich bei einem staatlichen Amt um eine Stelle bewirbt, u. a. ein ärztliches Attest über ihre Jungfräulichkeit vorlegen muß.

Dennoch kann die Islamische Republik nicht auf Frauen verzichten. Bei Trauerprozessionen, Demonstrationen, beim wöchentlichen Freitagsgebet, hinter der Kriegsfront und neuerdings auch als bewaffnete Einheiten in den vordersten Reihen der Front sind gläubige Frauen für den Bestand des Gottesstaates unentbehrlich. Frauen sollen, wie Chomeini bei einer Rede anläßlich des Frauentages sagte, militärisch ausgebildet werden und gemeinsam mit Männern den Islam verteidigen. «Die Männer sind Frauen gegenüber empfindlich», meinte der Imam. «Wenn ein Mann hundert Männer sieht, die getötet werden, empfindet er vielleicht nicht soviel Mitleid. Aber schon die Beleidigung einer Frau macht ihn wütend... Die Teilnahme der Frauen an der Verteidigung des Landes, am Heiligen Krieg, wird dazu führen, daß sich auch mehr Männer am Krieg beteiligen, und sie werden sich in Anwesenheit von Frauen weit stärker fühlen... Nehmen wir an, eine Truppe von Frauen würde an der Front auftauchen. Das hätte erstens den Vorteil, daß diese Frauen selbst kämpfen würden, und zweitens würden sich die Männer doppelt so stark fühlen und wesentlich besser kämpfen.»[9]

Die Mullahs legen zwar Wert darauf, die Familie zu erhalten. So werden Männer aufgefordert, Witwen der Kriegsopfer zu heiraten. Dies hat auch ökonomische Gründe, denn durch die Heirat wird der Staat von der Versorgung der Kriegswitwen entlastet. Andererseits werden die Frauen aber für außerfamiliäre Aufgaben herangezogen. Kinder sollen ihre Eltern bespitzeln und in der Schule darüber berichten, sie sollen sich freiwillig zur Teilnahme am Krieg melden, wenn es sein muß, ohne Erlaubnis der Eltern. Die Eltern sollen wiederum ihre Söhne und Töchter, die gegen das Regime aktiv sind, bei den zuständigen Behörden anzeigen. Die Ideologie steht über allem, jede Bindung kann und soll zu ihren Gunsten geopfert werden. Was die Islamische Republik verlangt, sind selbstlose Menschen, die sich von allem lossagen können, was das Leben lebenswert macht. Die Feindschaft gegen jede Form der Erotik, der Verzicht auf Spiel, Spaß, Genuß und Glück, Tanz und Musik, die puritanische Absage an das Leben und die Lebensfreude ist die Voraussetzung für eine Selbst-losigkeit, die es den Menschen ermöglicht, sich dem Schöpfer und seinen irdischen Vertretern zu unterwerfen, sich für den Islam, für die Ziele der religiösen Herrscher zu opfern.

Die Islamische Republik hat ihre Basis bei den Wohlhabenden, den Angehörigen der Mittelschicht und allen, die je materiell die Möglichkeit hatten, ihre Bedürfnisse zu befriedigen, längst verloren, nicht aber bei den verarmten Menschen, den Landflüchtigen, Slumbewohnern, Barfüßigen, Schwachen. Gerade diese Menschen, die schon immer zum Verzicht auf Genuß und Lebensfreude gezwungen waren und am meisten Demütigungen hinnehmen mußten, haben im islamischen Fundamentalismus einen Ersatz gefunden, der sie trotz Entbehrungen zu befriedigen scheint. Er läßt ihr menschenunwürdiges Leben als erhaben erscheinen, verleiht ihnen ihre verlorene Identität, verspricht ihnen, ihren Verzicht mit ewiger Glückseligkeit im Paradies zu belohnen.

So lautet die 57. Sure des Koran: «... In jenem Leben erhalten die, welche nur dem Irdischen nachstreben, schwere Strafe. Die aber demselben entsagen: Versöhnung mit Allah und sein Wohlgefallen. Das irdische Leben ist nur eine Häufung von Täuschungen. Beeilt euch in Wetteifer, von eurem Herrn Versöhnung zu erhalten, und bemüht euch um das Paradies, dessen Weite so groß ist wie die Ausdehnung der Himmel und der Erde, welches denen verheißen ist, die an Allah und seinen Gesandten glauben.» Und in der 61. Sure heißt es weiter: «O Gläubige, soll ich euch eine Ware (einen Handel) zeigen, welche (welcher) auch von peinvoller Strafe erretten kann? Glaubt an Allah und seinen Gesandten und kämpft mit Gut und Blut für die Religion Allahs. Dann wird Allah euch eure Sünde vergeben und euch in Gärten führen, welche Wasserläufe durchströmen, ein angenehmer Aufenthalt in Edens Garten. Dies wird eine große Glückseligkeit sein.»[10]

Die permanente Unterdrückung des Lebenstriebs, die lustfeindliche Moral, die von den Mullahs gepredigt wird, macht die Menschen gefügig, staut Aggressionen auf, verwandelt Lebensfreude und Glücksempfinden in Haß, Wut und Rache, die nur freigesetzt werden können in Zerstörung, Töten und Sterben. Der Lebenstrieb wird ersetzt durch den Todestrieb. Das Ziel ist nicht mehr ein glückliches, erfülltes Leben, es ist der Märtyrertod, der ins Paradies führt.

Nur so ist es zu erklären, daß Millionen Menschen trotz Entbehrungen und wirtschaftlicher Not Chomeini folgen, und nur so wird es verständlich, weshalb die Islamische Republik ohne ständige Zerstörung, ohne Kampf nach außen und innen nicht bestehen kann.

Faktisch war der Golfkrieg, obwohl der erste Angriff vom Irak ausging, den Mullahs für die Verwirklichung ihrer Ideologie willkommen und ist inzwischen für die Fortdauer der Republik unentbehrlich geworden.

Chomeini hat diesen Krieg, der nun fast sieben Jahre andauert und alle sozialen und ökonomischen Probleme überschattet, «ein Geschenk des Himmels» genannt. «Alle, die meinen, der Islam habe nicht die Parole ‹Krieg, Krieg, bis zum Sieg› gepredigt und behaupten, daß dieser Satz nicht im Koran steht, haben recht... Der Koran fordert noch viel mehr, er verlangt Krieg, Krieg, bis zur Aufhebung jeglichen Verderbens.» Unverblümt gibt der Imam zu, daß der Krieg zur Substanz seines Glaubens gehört. «Eine Religion, die den Krieg ausschließt, ist unvollkommen», sagt er. «Ich denke, daß auch Jesus, wenn man ihm dazu Zeit gelassen hätte, genauso gehandelt haben würde wie Moses.» [11]

So gehört auch der Krieg zum Wesen der Islamischen Republik. Am Eingang des Zentralfriedhofs der Hauptstadt Teheran, «Beheschte Zahra», steht ein Brunnen, aus dessen Fontänen Tag und Nacht rotgefärbtes Wasser fließt. Das rotgefärbte Wasser symbolisiert das Blut der Märtyrer, die ihr Leben für den Islam geopfert haben, sei es bei der Liquidierung der Gegner im Innern oder im Krieg gegen den westlichen Nachbarn Irak. Dieser Krieg ist ein Heiliger Krieg, sagen die Mullahs, ein Kampf der gläubigen Muslims gegen das Heer des Teufels Saddam Hossein. Wer an diesem Krieg teilnimmt, ist ein Märtyrer, verkünden sie, wer ihm zum Opfer fällt und den Märtyrertod stirbt, dem werden alle Sünden vergeben, dem wird die ewige Glückseligkeit zuteil werden.

In jedem anderen Land der Welt werden die Toten beklagt und beweint, im Iran nicht. Hier wird der Tod als Gabe Gottes gepriesen und gefeiert. Den Angehörigen der Opfer werden Glückwünsche entgegengebracht, denn der Märtyrertod ist eine Gnade, ein Segen, die schönste Erlösung, das größte Glück.

Chomeini hat einmal gesagt: «Der Baum des Islam kann nur wachsen, wenn er ständig mit dem Blut der Märtyrer getränkt wird.» Je mehr Blut also fließt, desto fruchtbarer wird der Boden für die Blüte des Islams, für die Verbreitung der Märtyrerideologie. Der Heilige Krieg ist die ideale Daseinsform der schiitischen Fundamentalisten, er bietet die Möglichkeit, Gott zu dienen, sich ihm hinzugeben. Schon zu Zeiten des Propheten wurde der Islam durch Kriege verbreitet. Die Heiligen des Schiismus, Ali und Hossein, haben Glaubenskriege geführt und sind als Märtyrer gefallen.

«Krieg, Krieg, bis zum Sieg», ist die wichtigste Parole der Islamischen Republik. Sie wird täglich im Fernsehen und Rundfunk verkündet, steht in den Zeitungen, an den Hauswänden, auf Transparenten. Jede Ideologie, jede Staatsordnung ist bemüht, ihre Anhänger und Bürger davon zu überzeugen, daß sie den besten und vernünftigsten Weg zu einem menschenwürdigen Leben anzubieten hat. Die Ayatollahs versuchen genau das Gegenteil. Sie propagieren den Tod, die Entbehrung, sie schüren den Haß gegen das Leben. Das Leben ist ein Übel, sagen sie, der Märtyrertod die schönste Erlösung.

Es ist allgemein bekannt, daß die Islamische Republik ihren Krieg in erster Linie mit fanatisierten Menschen, insbesondere Kindern und Jugendlichen, führt. Jede andere Regierung würde diese Tatsache verheimlichen, verharmlosen und abzustreiten versuchen, die Mullahs nicht. Sie propagieren den heldenhaften Kampf der Kindersoldaten und freiwilligen Schüler, schildern ihren grausamen Tod, veröffentlichen ihre Testamente. Jeder Märtyrertod ist die Wiederbelebung der Geschichte von Karbala, wo Hossein, der Enkel des Propheten Mohammed, im Jahr 680 auf brutale Weise erschlagen wurde.

Der Trauermonat Moharram dient dem Gedenken an die islamischen Märtyrer. Von der Kanzel herab schildern die Mullahs den grausamen Opfergang der großen Märtyrer, die Zuhörer brechen in Weinen und Klagerufe aus. Auf Trauerprozessionen schlagen sie sich blutig, geraten in Ekstase, fallen bewußtlos zu Boden. Hier in dieser Gemeinschaft fühlen sich all die ehemals Verstoßenen sicher aufgehoben. Bei Demonstrationen, in den Moscheen, beim gemeinsamen Freitagsgebet oder an der Kriegsfront, überall herrscht die gleiche Massenhysterie. Die Mullahs haben den Trauermonat praktisch auf das ganze Jahr ausgedehnt, denn Karbala ist überall und zeitlos. Täglich sieht man in jeder Stadt und fast jedem Dorf Menschen, die die Särge der Märtyrer zum Friedhof tragen. «Weint, weint, denn das Weinen bringt euch Gott näher», sagt Chomeini.

Aus dieser hysterisierten Masse heraus, aus der Gemeinschaft der zum Märtyrertod bereiten Männer und Frauen, erscheint jedes Verbrechen, das das Regime begeht, die Hinrichtungen, Folterungen, Auspeitschungen, Steinigungen wie ein Gottesdienst. All dies diene dem Islam, sagen die Mullahs. «Entweder sind diese Personen, die bestraft werden, wirklich Verderber», meint der Revolutionsstaatsanwalt, «dann müssen sie vernichtet werden, oder sie sind unschuldig, dann ist ihr Tod ein Segen Gottes, durch den sie ins Paradies gelangen.»

Doch jede Ideologie, auch die des Märtyrertums, ist auf Erfolge angewiesen. Chomeini lehnt diese Behauptung ab. «Wenn wir Gottes Befehlen gehorchen, dann besteht zwischen Siegen und Niederlagen kein Unterschied. Der Kampf für Gott bedeutet Sieg, gleichgültig ob wir wirklich siegen oder Niederlagen erleiden.» [12]

Diese Meinung wird offenbar von der Bevölkerung nicht mehr geteilt. Nach schätzungsweise zwanzigtausend Hinrichtungen und mindestens einer halben Million Gefallenen im Krieg ist für die Bevölkerung die Grenze des Erträglichen erreicht. So mußten sich schon vor zwei Jahren die Mullahs eingestehen, daß allein mit Menschenmaterial der «kleine Teufel» Saddam Hossein nicht zu besiegen ist.

Da bot der «große Teufel» Amerika seine Dienste an. Waffen gegen Geiseln hieß das geheime Geschäft, das die Mullahs bereitwillig eingingen, obwohl in derselben Zeit auf Massendemonstrationen amerikanische Fahnen verbrannt und bei den Freitagsgebeten die USA als die Inkarnation des Satanischen verurteilt wurden.

Doch das Geschäft ließ sich nicht lange geheimhalten. Die bereits erwähnte Rivalität zwischen den Fraktionen brachte Licht in die dunklen Machenschaften. Ein gewisser Mehdi Haschemi, enger Mitarbeiter Montazeris, spielte einer libanesischen Zeitung Informationen über amerikanische Waffenlieferungen an den Iran zu. Die Veröffentlichung dieser Informationen löste in den Vereinigten Staaten die sogenannte «Iran-Gate-Affaire» aus.

Im Iran selbst wurde Mehdi Haschemi verhaftet und zum öffentlichen Geständnis und Reuebekenntnis gezwungen. «Ich bin ein Verderber, ein Verschwörer», sagte er im Fernsehen. «Im Gefängnis und in Untersuchungshaft habe ich wunderbare Augenblicke erlebt. Hier habe ich die Wurzeln meines verdorbenen Wesens erkannt.» Haschemi gestand, vor der Revolution mit dem Schah-Geheimdienst zusammengearbeitet und drei Personen, darunter einen Geistlichen, getötet zu haben. Nach der Revolution habe er versucht, unter den Verantwortlichen der Republik Feindschaft zu stiften und führende Staatsmänner zu denunzieren.

Den eigentlichen Grund seiner Verhaftung erwähnte er selbstverständlich nicht.[13] Es ging nicht nur um Haschemi, sondern auch um Chomeinis designierten Nachfolger Montazeri. Dieser sollte in Verruf gebracht und abgekanzelt werden. Haschemi berichtete, daß er sich während der vergangenen Jahre Montazeri genähert und dessen Einfluß mißbraucht habe, um seine eigenen Pläne zu verwirklichen. Jeder im Iran wußte, worum es bei diesen Auseinandersetzungen ging. Die Bevölkerung hatte längst durch ausländische Sender von dem Waffengeschäft mit den Amerikanern erfahren. Es war bekannt geworden, daß Parlamentspräsident Rafsanjani der Initiator des Waffenhandels war, und die Verhandlungen über ihn geführt worden waren.

Im islamischen Parlament wagten einige Abgeordnete, Rafsanjanis Rivalen, eine Anfrage an die Regierung. Sie wollten erfahren, wer die iranischen Verhandlungspartner der Amerikaner waren und auf wessen Anweisung sie mit dem «großen Teufel» Verbindung aufgenommen hätten. Viele Gläubige konnten es nicht begreifen, daß dieselben Mullahs, die in ihren Predigten die USA und Israel als die wahre Quelle des Verderbens darstellten, gleichzeitig mit ihnen Geschäfte machten. Alles wartete auf ein Urteil Chomeinis. Er werde die Verantwortlichen sicherlich zur Rechenschaft ziehen, sie als Verräter verurteilen und hinrichten lassen. Auch für Rafsanjani sei die Zeit endgültig vorbei. Der Imam werde ihn in den Abgrund stoßen. Doch der Ayatollah hüllte sich lange Zeit in Schweigen. Erst am 22. November 1986 meldete er sich zu Wort. «Der amerikanische Präsident muß für diese Schlappe eine Trauerfeier veranstalten und das Weiße Haus schwarz streichen lassen», sagte er zum Erstaunen der Zuhörer. «...Angeblich ist ein hoher amerikanischer Staatsbeamter mit einem gefälschten Paß in den Iran gereist. ...Er wurde irgendwo unter Aufsicht gestellt und inhaftiert... und niemand war bereit, ihn zu empfangen.» Und offenbar an die Abgeordneten gerichtet, die die Anfrage im Parlament gestellt hatten, fuhr er fort: «Das Weiße Haus hat sich in ein schwarzes Haus verwandelt... trotzdem gibt es manche Leute im Iran, die nicht begreifen, was vorgefallen ist... Das habe ich nicht erwartet, obwohl einige dieser Leute in meinen Augen ein Nichts darstellen... Anstatt Amerika anzugreifen, richten sie ihre Protestrufe gegen unsere eigenen Staatsmänner. Was ist denn Ungewöhnliches geschehen? Warum regt ihr euch auf?... Warum versucht ihr Mißtrauen zu säen und die Regierenden zu spalten? Was bezweckt ihr damit?... Der Ton des Schreibens, das ihr dem Parlament vorgelegt habt, ist weitaus schärfer als eure Proteste gegen Israel ... Hört auf, von Radikalen und Gemäßigten zu reden, laßt ab von Spaltungen! Ihr handelt gegen den Islam, hört auf damit... Dieser Sieg ist der größte, den wir bisher errungen haben.»[14]

Jedem, der bis dahin an der Mitwisserschaft Chomeinis gezweifelt hatte, wurde spätestens jetzt klar, daß der Ayatollah zu den Verhandlungen mit den USA und dem Waffengeschäft seinen Segen erteilt hatte.

Chomeini ist 85 Jahre alt. Sicherlich wird es Stunden geben, in denen er, von seiner Residenz in Jamaran aus, am Hang der Elborzgebirge, im Norden Teherans, auf die Acht-Millionen-Stadt herabblickt, sein eigenes Werk betrachtet und über sein langes

Leben nachdenkt, über die Zeit seiner Kindheit in Chomein, den Aufenthalt in Arak und Ghom, über die Revolte gegen den Schah, seine Verbannung, die Zeit in Paris und die triumphale Rückkehr. Am meisten werden ihn vermutlich die acht Jahre Islamische Republik beschäftigen. Hat er erreicht, was er wünschte? Ist dies der ersehnte Gottesstaat, an dessen Spitze er als absoluter Herrscher steht?

Gelegentlich redet er darüber, über seine Sorgen und Ängste. Befürchtet er, daß er noch an seinem Lebensabend ähnlich wie sein Vorbild Scheich Fazlollah Nuri endet?

«Heute möchte ich die Gelegenheit dazu benutzen, etwas zu sagen, was alle betrifft», sagte er einmal vor einer Versammlung von Staatsbeamten. «Während der Zeit der konstitutionellen Revolution gab es gewisse Leute, die ein Erstarken des Islam in unserem Land verhindern wollten. Sie haben die Atmosphäre vergiftet, so weit, daß sogar eine allgemein bewunderte und hochgeachtete Persönlichkeit wie Scheich Fazlollah Nuri öffentlich und unter dem Jubel der Volksmassen erhängt wurde. Dies war eine große Niederlage für den Islam. Viele haben es nicht gemerkt, selbst ein großer Teil der Geistlichkeit hat die Bedeutung dieses Ereignisses nicht erkannt.

Dann kam die Zeit des Ayatollah Kaschani. Als Geistlicher kämpfte er gegen die britische Kolonialmacht. Sein ganzes Leben hat er diesem Kampf gewidmet. Ich habe ihn gut gekannt. Einst spielte er eine so wichtige Rolle, daß sogar ein Besuch von ihm in einer Moschee von der Presse bekanntgegeben wurde. Vielen paßte das nicht. Ein Geistlicher auf der politischen Bühne werde auch dem Islam größeren Einfluß verschaffen, befürchteten sie. Daher begannen sie wieder, gegen den Islam Stimmung zu machen und die Atmosphäre zu vergiften. Sie setzten zum Beispiel einem Hund eine Brille auf, nannten ihn Ayatollah und führten ihn auf den Straßen herum. ...Ich war einmal bei einer religiösen Veranstaltung anwesend. Als Ayatollah Kaschani, der dort predigen sollte, eintrat, erhob sich niemand zu seiner Begrüßung. Nur ein Geistlicher und ich haben ihm Achtung erwiesen und ihm einen Platz angeboten. Allmählich schlug die Stimmung gegen den Ayatollah so weit um, daß er sich nicht einmal mehr aus seinem Haus traute.

Auch jetzt sind die Feinde des Islam dabei, die Atmosphäre zu vergiften. Wieder soll der Islam zurückgedrängt und isoliert werden. Man fürchtet ihn, weiß, daß überall in der Welt diese große Kraft im Entstehen begriffen ist, zum Beispiel in Pakistan, bei den Schwarzen in Amerika, in der Sowjetunion. Die Großmächte sehen ihre Interessen gefährdet. Natürlich könnten sie einen allgemeinen Krieg gegen den Islam beginnen. Aber sie wissen sehr wohl, daß dies die ganze Welt durcheinanderbringen würde. Nein, sie sind klüger, sie gehen mit List und Tücke vor, sie wollen den Kampf im Iran beginnen.

Aber auch hier müssen sie mit Bedacht vorgehen. Zunächst heizen sie die Stimmung gegen die Regierung an. Dann werden sie gegen das Parlament und den Staatspräsidenten vorgehen und schließlich gegen die Geistlichkeit.

Ich bin sehr alt, ich werde all dies nicht mehr miterleben. Doch ihr müßt wachsam sein. Es ist kein Zufall, daß man plötzlich überall Gerüchte gegen die Regierung in Umlauf gesetzt hat, in Ghom, im Basar, in der Moschee, auf den Straßen, sogar in den Häusern der Schriftgelehrten, überall sind dieselben Gerüchte zu hören. Das zeigt, daß diese Gerüchte aus derselben Quelle stammen. Kein Zweifel, da sind fremde Hände im Spiel. Natürlich gibt es einiges, was man kritisieren könnte. Zum Beispiel sind die Preise zu hoch, das will ich nicht leugnen, auch die Regierung wird es nicht abstreiten. Aber erstens sind die Preise überall in der Welt zu hoch. Zweitens befinden wir uns im Krieg, wir haben eine Revolution hinter uns, die ganze Welt ist mit uns verfeindet, all dies kann man nicht der Regierung anlasten. Doch heute wird die Regierung überall kritisiert, im Parlament, bei den Herren Schriftgelehrten, im Basar, selbst im Fernsehen wird sie nicht verschont. Doch das ist genau der Plan, den ich beschrieben habe. Wir haben viele Feinde... Wir müssen den Islam retten und bewahren, sonst wird nichts mehr von uns übrigbleiben, nicht unsere Regierung, nicht unser Parlament, nicht unsere Schulen, nichts.»[15]

Chomeini sieht, daß seine Macht auseinanderbröckelt. Der Krieg, die Rivalitäten und Machtkämpfe drohen das Regime von innen her zu zerstören.

«Wir müssen unbedingt zusammenhalten. Alle Organe müssen sich gegenseitig unterstützen, die Armee die Revolutionswächter und umgekehrt. Niemand darf der Regierung, der Justiz, dem Parlament in den Rücken fallen und sie schwächen. Das ist eine religiöse Pflicht, die unbedingt eingehalten werden muß. Wenn aber – Gott behüte – diese Pflicht nicht befolgt wird, dann müssen wir mit allen Mitteln dagegen vorgehen und, wenn es sein muß, den einen oder anderen oder auch eine ganze Gruppe dabei opfern.»[16]

Opfer hat es genug gegeben, nicht allein unter den Gegnern. Von denen, die den Ayatollah auf dem berühmten Revolutionsflug von Paris nach Teheran begleitet haben, befindet sich kaum noch jemand an seiner Seite. Ghotbzadeh ist hingerichtet, Banisadr, Bazargan, Yazdi sind geächtet und verstoßen. Selbst sein designierter Nachfolger Montazeri, der Chomeini zeit seines Lebens die Treue erwiesen hat, scheint in Ungnade zu fallen. Der Alte in Jamaran sitzt vor einem Scherbenhaufen.

«Mein Alter ist weit fortgeschritten». sagt er. «Ich bin sehr geschwächt, habe große Sorgen und spüre eine schwere Müdigkeit. Wenn wir eines Tages abtreten sollten, müßte ich als erster den Platz räumen. Aber merkt euch! Wir sind an einem Ort angelangt, an dem es kein Zurück mehr gibt. Nur ein einziger Schritt zurück, und wir wären verloren.»[17]

Diese Worte aus dem Munde des Revolutionsführers sind ungewöhnlich. Auf dem Gipfel seiner Macht spürt er den tiefen Abgrund. Muß nun der Oberhirte Chomeini, der, berauscht von der Vision der Gründung eines islamischen Imperiums, zur Erreichung seiner Ziele bisher jedes Mittel heiligsprach, endlich bekennen, daß ihn Gott verlassen hat und er am Ende seines Weges angelangt ist? Hat er den Glauben an die Menschheit, an seine eigene Mission verloren?

«Ich glaube nicht, daß es jemals in der Geschichte der Menschheit so viele Teufel gegeben hat wie in diesen Zeiten», sagt er.

«Teufel hat es immer gegeben, aber je weiter die Welt sich entwickelt, desto erfolgreicher werden auch die Teufel. Unsere
Zeit, die als Epoche des Fortschritts bezeichnet wird, ist die Ära
des Teufels. Schaut euch in der Welt um, überall sind Teufel am
Werk.»[18]

Der Heilige in Jamaran sieht sich von lauter Teufeln umgeben.
Wünscht er seinen Tod herbei, um nicht das furchtbare Ende
miterleben zu müssen? Er ist sich jedoch nicht sicher, ob er im
Jenseits den ewigen Frieden finden wird. Vor einer Versammlung von Parlamentariern sagte er einmal:

«Ich fürchte, und die Furcht beunruhigt mich oft, daß diese
Menschen, die für uns kämpfen, ins Paradies kommen, wir aber
in die Hölle.»[19]

Anmerkungen

Der Heilige am Galgen

1 Berichte von Augenzeugen über die Hinrichtung Scheich Fazlollahs sind erschienen in: Scheich-e schahid Fazlollah Nuri (Märtyrer Scheich), herausgegeben von: Torkaman, Mohammad, Teheran 1983, Bd. 2.

2 Scheich-e schahid Fazlollah Nuri (Märtyrer Scheich), Teheran 1983, Band 1, S. 56 und 104.

3 Lawayeh-e Scheich Fazlollah (Die Traktate des Scheich Fazlollah), herausgegeben von Rezwani, Homa, Teheran 1983, S. 31 und 44.

4 Scheich-e schahid, S. 59.

5 Ebenda, S. 60 und 108.

6 Lawayeh, S. 32.

7 Scheich-e schahid, S. 75.

8 Ebenda, S. 113.

9 Ebenda, S. 64.

10 Ettelaat (Tageszeitung), 29. Aban 1359/20. November 1980.

Ruhollah, die Seele Gottes

1 Ruhani, Hamid, Nehzat-e Imam Chomeini (Imam Chomeinis Bewegung), Teheran 1977, Bd. 1, S. 23.

2 Taheri, Amir, Chomeini und die islamische Revolution, Hamburg 1985, S. 30.

Taheris Angaben müssen mit Vorsicht gelesen werden. Viele Ereignisse aus Chomeinis Leben, die Taheri detailliert beschreibt, sind reine Phantasieprodukte. Verschiedene Geschehnisse, die zeitlich auseinanderliegen, bringt er willkürlich zusammen, läßt seiner Feder freien Lauf und konstruiert so neue geschichtliche Tatsachen. Wir werden dies an einigen konkreten Beispielen belegen.

3 Ebenda, S. 31.

4 Zu den Vorfahren Chomeinis vgl. Interview mit Chomeinis Bruder Passandideh, in: Ettelaat, 25. Day 1357/15. Januar 1979, ebenso: Ruhani, Nehzat-e Imam Chomeini, S. 20 f.

5 Ettelaat, 26. Azar 1358/17. Dezember 1979.

Die Mullahs

1 Über das Bildungssystem der Theologieschulen s. Zawabeti, Mehdi, Pajuheschi dar nezam-e talabegi (Untersuchung des Ausbildungssystems der Theologiestudenten), Teheran 1980, ebenso: Fischer, Michael, Iran, From Religious Dispute to Revolution, Cambridge (USA)–London 1980. Wir danken auch Herrn Dr. Mehdi Serdani (Taromi) für seine wertvollen Informationen.

2 Die Schiiten betrachten Mohammeds Schwiegersohn Ali und dessen Nachkommen, alle «Imam» genannt, als einzige legitime Nachfolger des Propheten und als die wahren Führer der islamischen Gemeinschaft. Im Schiismus gibt es 12 Imame. Der 12. Imam, genannt Mahdi, ist seit 874 verschwunden. Nach schiitischem Glauben hält sich dieser Imam im Verborgenen auf, um eines Tages wiederzukehren und ein Reich der Freiheit und Gerechtigkeit zu errichten.

Der Sucher

1 Bahar, Malekolschoara, Tariche mochtasar-e ahzab-e siyasi (Kurze Geschichte der politischen Parteien), Teheran 1944, S. 113.

2 Ruhani, Nehzat-e Imam Chomeini, S 56.

3 Taheri datiert die Übersiedlung Chomeinis nach Ghom vor dieser Zeit. Er beschreibt detailliert, wie sich Ghom Anfang 1921 auf den Besuch von Ahmad Schah vorbereitete und Chomeini die Aufgabe zufiel, «die große Begrüßungszeremonie zu organisieren». Er fügt hinzu: «Dies war seine erste... Erfahrung in der aktiven Politik.» (S. 79) Diese Behauptung steht im krassen Widerspruch zu Chomeinis eigenen Worten. Nach dessen Angaben ist er in dieser Zeit nicht in Ghom, sondern in Arak gewesen, s. Majmueh-e maktubat, sochanraniha, payamha wa fetwaha-e Imam Chomeini (Sammlung der Schriften, Reden, Botschaften und religiösen Dekrete des Imam Chomeini), 2. Auflage Teheran 1981, S. 286 (Im folgenden: Majmueh).

4 Makki, Hossein, Tarich-e bist saleh-e Iran (zwanzig Jahre Geschichte des Iran), Teheran 1946, Bd. 3, S. 15.

5 Ebenda, S. 14.

6 In manchen Quellen wird angegeben, daß Reza Khan ein Heiligenbild des Imam Ali überreicht wurde.

7 Makki, S. 446 f.

8 Chomeini, Ruhollah, Mesbah al hedayeh (Das leitende Licht), Teheran 1981, S. 213.

Die verlorene Würde des Islam

1 Sadrolaschraf, Chaterat-e Sadrolaschraf (Memoiren), Teheran 1985, S. 302.

2 Ebenda, S. 307.

3 Ebenda, S. 308.

4 Nach Taheris Angaben soll Chomeini auf der Reise nach Mekka in Najaf mit Nawab Safawi zusammengetroffen sein.

«Die beiden Männer verbrachten viele Stunden, ins Gespräch vertieft, miteinander», schreibt Taheri. Nawab soll Chomeini Kontakte zur Moslembruderschaft vermittelt und ihn sogar überredet haben, sich mit ihm «am Zielschießen» zu beteiligen. (s. S. 116) Diese Darstellung ist eindeutig falsch. Nawab war zu dieser Zeit 13 Jahre alt. Es ist kaum anzunehmen, daß er Chomeini (inzwischen 35 Jahre alt) Kontakte vermittelt und mit ihm Schießübungen veranstaltet hat. Hinzu kommt, daß die «beiden Männer» sich gar nicht in Najaf treffen konnten. Nawab weilte zu der Zeit in Teheran. Er kam 1941 zum erstenmal nach Najaf.
5 Chomeini, Ruhollah, Kaschf al asrar (Die Entdeckung der Geheimnisse), o. J., S. 9.

Mohammad Mossadegh, der Volkstribun

1 Majmueh, S. 239.
2 Eden, Anthony, Memoirs, 3. Bd., London 1960, Oil: October 1951 – March 1955, S. 189–223.

Ruhollahs Geheimnisse

1 Kaschf al asrar, S. 239, 225.
2 Ebenda, S. 109 / 110.
3 Ebenda, S. 107.
4 Ebenda, S. 223.
5 Ebenda, S. 185.
6 Ebenda, S. 186 / 187.
7 Ebenda, S. 189 u. S. 232.
8 Ebenda, S. 213 / 214.
9 Ebenda, S. 298.
10 Ebenda, S. 327.

Der Islam ist Politik

1 Siehe: Dehnawi, Ghiyam-e Chunin-e 15. chordad (Blutiger Aufstand des 15. Chordad), Teheran 1981, S. 19; ebenso Akhavi, Shahroukh, Religion and Politics in Contemporary Iran, Albany 1980, S. 63.

2 Interview im Oktober 1986 mit einem Chomeini nahestehenden Geistlichen, der nicht genannt werden möchte.

3 Rahnamaye haghayegh (Wegweiser der Wahrheit), Teheran 1950, S. 5.

4 Ebenda, S. 7–12.

5 Zitiert nach: Nejati, Gholam Reza, Jonbesch-e melli schodane sanat-e naft-e Iran (Bewegung für die Nationalisierung der iranischen Erdölindustrie), Teheran 1985, S. 210/211.

Gestern zitterte die Erde

1 Ruhaniyat wa nehzat-e melli (Geistlichkeit und nationale Bewegung), Paris 1979, Dokument 28.

2 Über die Rolle des CIA bei dem Putsch gegen Mossadegh siehe: Roosevelt, Kermit, Countercoup: The Struggle for the Control of Iran, New York 1979.

3 Payameh enghelab (Organ der Revolutionswächter), 27. Esfand 1362/17. März 1984.

4 Ayatollah Kaschani, Majmueh-i az maktubat, sochanraniha wa payamha (Sammlung der Schriften, Reden und Botschaften), Teheran 1983, Bd. 3, S. 266 (im folgenden: Ayatollah Kaschani).

5 Nabard-e mellat (Kampf des Volkes), 29. Mordad 1332/20. August 1953.

6 Ayatollah Kaschani, Bd. 4, S. 35.

7 Ettelaat, 26. Chordad 1360/16. Juni 1981.

8 Interview mit Ahmad Salamatian, ehemaliger Stellvertretender Außenminister und Parlamentsabgeordneter, Mai 1986; vgl. auch: Banisadr, Chiyanat be omid (Verrat an der Hoffnung), Paris 1982, S. 326.

Der Kaiser von Amerikas Gnaden

1 30. Dep't State Bull (1954), S. 582, zitiert nach: Journal of Public Law, Atlanta 1962.

2 Lippmann, Walter, New York Herald Tribune, 16. und 17. Dezember 1951.

3 Interview mit Schanetschi, einem engen Mitarbeiter von Ayatollah Taleghani, April 1986.

4 Zendegi nameh-e Imam Chomeini (Biographie des Imam Chomeini), o. J., Band 1, S. 64 (im folgenden: Zendegi nameh), Rohani, Bd. 1, S. 149.

5 Dawani, Ali, Nehzat-e do maheye ruhaniyun-e Iran (Zweimonatige Bewegung der Geistlichkeit im Iran), Ghom 1962, S. 53.

6 Ebenda, S. 107.

Die Weiße Revolution und die schwarze Reaktion

1 Dawani, Ali, Nehzat-e ruhaniyun (Bewegung der Geistlichkeit), Maschad 1981, Bd. 3, S. 205, 213.

2 Ettelaat, 4. Bahman 1341 / 24. Januar 1963.

3 Chomeini wa jonbesch (Chomeini und die Bewegung), Teheran 1979, S. 53.

4 Dawani, Nehzat-e ruhaniyun, Bd. 3, S. 345.

5 Ruhani, Nehzat-e Imam Chomeini, Bd. 1, S. 451, Dawani, Bd. 4, S. 29.

6 Chomeini wa jonbesch, S. 4f.

7 Ruhani, Nehzat-e Imam Chomeini, Bd. 1, S. 472.

8 Ebenda, S. 556.

9 Ettelaat, 4. Day 1359 / 25. Dezember 1980.

10 Ettelaat, 12. Mordad 1342 / 3. Juli 1963.

11 Zendegi nameh, Bd. 2, S. 142.

12 Majmueh, S. 119 ff.

Die große Schmach

1 Ettelaat, 13. Aban 1343/4. November 1964.

2 Ruhani, Nehzat-e Imam Chomeini, Bd. 2, Teheran 1985, Dokument 4.

3 Chomeinis Akte beim Geheimdienst SAVAK, zitiert nach Ruhani, S. 55.

4 Ruhani, Nehzat-e Imam Chomeini, Bd. 2, S. 57.

5 Chomeinis Akte beim SAVAK, zitiert nach Ruhani, Bd. 2, S. 120/21.

6 Sargozaschthaye wijeh az sendegi-e Iman Chomeini (Biographische Notizen über das Leben von Imam Chomeini), Teheran 1983, Bd. 2, S. 12 (im folgenden: Sargozaschtha).

7 Ruhani, Bd. 2, Dokument 99.

8 Interview mit Azarm, Mai 1986. Dieser Brief ist im Azarm-Gedichtband «Golchun», Teheran 1980, veröffentlicht worden.

9 Ruhani, Bd. 2, S. 493.

10 Majmueh, S. 188.

11 Ruhani, Bd. 2, S. 428.

12 Interview mit Mahmud Rafi, ehemaliges Vorstandsmitglied der CIS/NU, Juli 1986.

13 Chomeini, Ruhollah, Hokumat-e eslami (Islamischer Staat), o. J., S. 41/42.

14 Ebenda, S. 177.

Der Sprung in die Große Zivilisation

1 Al Ahmad, Jalal, Gharbzadegi (Verwestlichung), Teheran 1965, S. 36.

Die Renaissance des Islam

1 Taheri behauptet, Chomeini sei über den Plan, Mansur zu ermorden, informiert gewesen und habe dem zugestimmt. Der Geistliche Mofattah soll, als «Beduine» verkleidet, Chomeini in dessen Haus in Najaf aufgesucht und ihn über das Todesurteil eines «geheimen islamischen Gerichtshofes» gegen Mansur unterrichtet haben. «Chomeini», schreibt Taheri, «erhob sich und verließ das Zimmer mit einem flüchtigen ‹Allah sei mit dir›... Mofattah faßte die Geste als Zustimmung zu dem Urteil auf.» (s. S. 189/190) Diese Schilderung Taheris entspricht nicht den Tatsachen. Chomeini war zu der Zeit des Attentats auf Mansur (Januar 1965) nicht in Najaf (Irak), sondern in der Türkei. Erst im September 1965 kam er nach Najaf.

2 Schariati, Ali, Majmueh-e asar (Gesammelte Werke), 1977, Bd. 7, S. 76.

3 Schariati, Ali, Taschayo-e alavi wa Taschayo-e safavi (Alavi- und Safavischiismus), 1971, S. 321 ff; siehe auch: Yann, Richard, Der verborgene Imam, Berlin 1983, S. 116 ff.

4 Schariati, Ala Majmueh-e asar, Bd. 7, S. 258.

5 Brief an den Vater, veröffentlicht in: Schariati, Ali, Majmueh-e asar, Bd. 1, S. 8.

6 Schariati, Ali, Majmueh-e asar, Bd. 4, S. 11.

7 Majmueh, S. 246.

8 Ebenda, S. 35.

9 Ebenda, S. 257.

Feuer unterm Pfauenthron

1 Ettelaat, 10. Tir 1356/1. Juli 1977.

2 Ettelaat, 12. Day 1356/2. Januar 1978.

Der Tod des Sohnes

1 Interview mit Kambiz Rusta, dem damaligen Führungsmitglied der Nahost-Organisation der National Front, August 1986.
2 Sargozaschtha, Bd. 1, S. 63.
3 Majmueh, S. 268 f.
4 Ebenda, S. 273 und 277.

Panzer und Blumen

1 Homayun, Darjusch, Diruz wa Farda (Gestern und morgen), USA 1981, S. 92.
2 Ettelaat, 17. Day 1356 / 7. Januar 1978.
3 Asnad wa tasawiri az mobarezate chalgh-e mosalman-e Iran (Dokumente und Bilder über den Kampf des muselmanischen Volkes Iran), 1978, S. 17 (im folgenden: Asnad).
4 Siehe: Enghelabe eslami dar hejrat Nr. 106, 107, 108 / September und Oktober 1985.
5 Pahlawi, Mohammad Reza, Pasoch be tarich (Antwort an die Geschichte), Paris 1980, S. 258.
6 Asnad, S. 72.
7 Sullivan, William, Mission to Iran, New York 1981, S. 156/157.
8 Asnad, S. 138.
9 Ebenda, S. 221.
10 Parsons, Anthony, The Pride and the Fall, London 1984, S. 71.

Ein Ayatollah in Paris

1 Asnad, S. 234.

2 Nedaye hagh, S. 358/359.

3 Interview mit Hassan Schariatmadari, Sohn des Ayatollah Schariatmadari, März 1986.

4 Interview mit Ahmad Salamatian.

5 Yazdi, Ebrahim, Acharin talaschha dar acharin ruzha (Die letzten Anstrengungen in den letzten Tagen), Teheran 1984, S. 33.

6 Interview mit Ahmad Salamatian.

7 Nedaye hagh, Payamha, mosahebeha wa sochanranihaye Imam Chomeini dar Paris (Stimme der Wahrheit, Botschaften, Interviews und Reden von Imam Chomeini in Paris), Paris 1978, S. 105 (im folgenden: Nedaye hagh).

8 Interview mit Hassan Schariatmadari.

9 Brzezinski, Zbigniew, Power and Principle, New York 1983, S. 364.

10 Ebenda, S. 365.

11 Sullivan, S. 201/202.

12 Yazdi, S. 39.

13 Nedaye hagh, S. 49.

14 Ebenda, S. 317.

15 Dawani, Ali, Nehzat-e ruhaniyun, Bd. 8, S. 342.

16 Interview mit Hassan Nazieh, Ölminister der Regierung Bazargan, und Karim Lahiji, Rechtsanwalt und Vorstandsmitglied des iranischen Komitees für die Verteidigung der Freiheit und Menschenrechte.

17 Botschaften, Interviews und Reden Chomeinis in Paris, vgl. Nedaye hagh.

18 Interview mit Banisadr, erster Präsident der Islamischen Republik, Mai 1986.

Was tun, Mr. President?

1 Brzezinski, S. 373, ebenso: Vance, Cyrus, Hard Choices, New York 1983, S. 331.
2 Sullivan, S. 212.
3 Pahlawi, Mohammad Reza, Pasoch be tarich, S. 271; siehe auch: Sullivan, S. 191/192.
4 Sick, Gary, All Fall Down, New York, 1985, S. 125, Brzezinski, S. 375.
5 Vance, S. 332.
6 Brzezinski, S. 375.
7 Interview mit Hassan Nazieh, Juli 1986.
8 Yazdi, S. 121.
9 Interview mit Ali Babai, ein enger Mitarbeiter von Ayatollah Taleghani, März 1986.
10 Kayhan, 17. Day 1357/7. Januar 1979.
11 Kayhan, 16. Day 1357/6. Januar 1979.
12 Interview mit Schapur Bachtiar, letzter Ministerpräsident des Schah, Oktober 1986.
13 Huyser, Robert, Putschen Sie, Herr General, Reinbek 1986, S. 336/37.
14 Ebenda, S. 36.
15 Ebenda, S. 29.
16 Sullivan, S. 230.
17 Huyser, S. 64.
18 Siehe: Enghelabe eslami dar Hejrat, Nr. 131/August 1986, ebenso: Huyser, S. 81/82.

Das Ende der Pahlawi-Dynastie

1 Sullivan, S. 230/231.
2 Huyser, S. 97.
3 Ettelaat, 23. Farwardin 1358/12. April 1979.
4 Yazdi, S. 92.
5 Dawani, Ali, Nehzat-e ruhaniyun, Bd. 9, S. 180.

6 Ebenda, S. 192.

7 Ettelaat, 27. Day 1357 / 17. Januar 1979.

8 Huyser, S. 143.

9 Yazdi, S. 139.

10 Brzezinski, S. 386 / 387.

11 Ebenda, S. 387.

12 Sullivan, S. 237.

13 Bazargan, Mehdi, Enghelab-e Iran dar do harekat (Die iranische Revolution in zwei Phasen), Teheran 1984, S. 71.

14 Vance, S. 338 / 339.

15 Ebenda, S. 339 / 340; Sick, S. 147.

16 Interview mit Banisadr.

Die Heimkehr

1 Kayhan, 12. Bahman 1357 / 1. Februar 1979.

2 Brzezinski, S. 388 / 389.

3 Scholl-Latour, Peter, Allah ist mit den Standhaften, Stuttgart 1983, Seite 94.

4 Enghelabe eslami (Tageszeitung), 12. Bahman 1359 / 1. Februar 1981.

5 Dawani, Ali, Nehzat-e ruhaniyun, Bd. 9, S. 356 f.

6 Enghelabe eslami, 12. Bahman 1359 / 1. Februar 1981.

7 Ettelaat, 15. Bahman 1357 / 4. Februar 1979.

8 Huyser, S. 307 / 308.

9 Ebenda, S. 310.

10 Sullivan, S. 241.

11 Gharabaghi, Abbas, Haghayegh dar bareh-e bohran-e Iran (Tatsachen über die iranische Krise), Paris 1984, S. 360 / 361.

12 Huyser, S. 318.

13 Bazargan, Mehdi, Moschkelat wa masa'el-e awwalin sal-e enghelab (Probleme und Schwierigkeiten des ersten Jahres der Revolution), Teheran 1982, S. 74.

14 Ettelaat, 24. Bahman 1357 / 13. Februar 1979.

15 Ettelaat, 18. Bahman 1357 / 7. Februar 1979.

Robin Wright

Die Schiiten
Allahs fanatische Krieger

288 Seiten. Klappenbroschur
SPIEGEL-BUCH 66

Die Schiiten beeinflussen die Politik in Nahost wie keine andere Gruppe. Seit der Ajatollah Chomeini auch die weltliche Macht eroberte, glauben die Fanatiker unter den Schiiten fest daran, in jenen Ländern des Nahen Ostens, wo sie die Mehrheit der Bevölkerung bilden, das Reich Gottes auf Erden errichten zu können.
Was wollen die Schiiten, und was macht sie so stark? Was treibt sie zu ihren fanatischen Taten? Welche extremistischen Gruppen gibt es, und wo herrschen sie? Wer sind die wirklichen Anführer dieser Terrortrupps? Warum sind die Amerikaner die Hauptgegner der finsteren Kämpfer Allahs? Was kann die Weltmacht USA gegen die zu allem entschlossenen Glaubenskrieger tun?

Rowohlt

Iran – Irak
«Bis die Gottlosen vernichtet sind»

Herausgegeben von Anja Malanowski /
Marianne Stern
Vorwort von Bahman Nirumand

rororo aktuell 12133

Krieg zwischen Iran und Irak: 1980 begann er mit einem irakischen Angriff auf die iranische Erdölprovinz Chusistan.

Ob es seit Kriegsbeginn sechshunderttausend, achthunderttausend oder gar über eine Million Tote gegeben hat, weiß niemand so genau. Gezählt werden die Toten schon lange nicht mehr. Ganze Landstriche sind verwüstet, Hunderttausende aus ihrer Heimat vertrieben und die Volkswirtschaften ruiniert.

Die Autoren/innen untersuchen, wie die Mobilisierung für den Krieg konkret aussieht, welche Folgen sie für die betroffenen Menschen hat, welche Interessen hinter dem Massaker am Golf stehen.

Rowohlt

Bahman Nirumand

Iran – hinter den Gittern
verdorren die Blumen

rororo aktuell 5735

Bahman Nirumand ist 1979 nach vierzehn Jahren Exil in den
Iran zurückgekehrt. Er erlebte den Sturz des Schahs und die
Machtergreifung der Mullahs. In Reiseberichten, Analysen,
Tagebüchern und Gesprächen versucht er Erklärungen zu finden
für die anfängliche Faszination Chomeinis, seinen Aufstieg, die
zunehmende Gewalttätigkeit seiner Anhänger, aber auch Antworten darauf, warum die Linken anfangs auf seiten der Mullahs
kämpften und später verfolgt und verboten wurden.
Dieses Buch ist die eindrucksvolle Schilderung eines Mannes,
der mit Selbstkritik und Trauer Bericht geben kann von einer
gesellschaftlichen Umwälzung, die die islamische Welt so
nachhaltig veränderte.

Rowohlt

Personenregister

Abdolazim 112
Ahmad (Chomeinis Großvater) 25, 26
Ahmad Schah 21, 40
Ala, Hossein 86
Al Ahmad, Jalal 138
Alam, Assadollah 96, 98, 99, 100, 111, 113
Ali (Prophetennachfolger) 59, 125, 144, 173, 176, 333, 347
Ali Babai, Ahmad 6
Amini, Ali 96, 189
Amir-Feisal 46
Amuzegar, Jamschid 153, 168
Araki, Mohsen 37 ff, 41, 42, 59
Ardebili (Musawi), Abdol Karim 183, 214, 239, 263, 281
Aschtiani, Ahmad 113
Atatürk, Kemal 66
Ayat, Hassan 303
Azhari, Gholam Reza 196

Bachtiar, Schapur 6, 181, 201 ff, 208, 209, 210, 212, 213, 214, 215, 216 ff, 221, 224, 227, 228, 229, 230, 232 ff, 310 f
Bachtiar, Taymur 130 f
Badreii, Abdol Ali 229
Bahonar, Mohammad Jawad 239, 286, 331 f

Banisadr, Abolhassan 6, 133, 148, 175, 180, 191 f, 216, 220, 241, 243, 262 f, 277 f, 282 f, 288, 291 ff, 295, 296, 300–305, 307, 308, 310, 311, 313–325, 327, 329, 330, 332, 340, 353
Batul (Chomeinis Frau) 53
Bazargan, Mehdi 99, 143, 155, 169, 175, 179 f, 183 f, 188, 191, 200, 213, 214, 215, 216, 217, 230, 232, 233, 235, 236, 243, 246, 248, 249, 251, 253, 262 f, 267, 271, 273, 274, 276, 278 f, 289, 301, 321, 353
Behbahani, Abdollah 15, 16, 70
Behbahani, Mohammad 83, 84, 93
Beheschti, Mohammad Hossein 133, 180, 190, 212, 216, 233, 239, 262, 272, 281, 283, 286 f, 313, 315, 319, 320, 328
Borujerdi, Mohammad Hossein 72 ff, 82, 83, 85, 86 ff, 93, 94, 95, 97, 98
Bourguet, Christian 293, 295
Brown, Harold 209, 220
Brzezinski, Zbigniew 184 f, 196, 197, 200, 204, 209, 219, 236, 237, 278

374

5 Ruznahmeh-e rasmi (Amtliches Mitteilungsblatt), 15. Aban 1361/6. November 1982.

6 Ettelaat, 26. Chordad 1360/16. Juni 1981.

7 Ayandegan, 12. Tir 1358/3. Juli 1979.

8 Kayhan hawai, 19. Schahriwar 1365/10. September 1986.

9 Kayhan hawai, 21. Esfand 1364/11. März 1986.

10 Der Koran, Das heilige Buch des Islam, Goldmann-Verlag, München, 12. Auflage 1980.

11 Payame enghelab, 1. Day 1363/22. Dezember 1984.

12 Payame enghelab, 26. Bahman 1364/15. Februar 1986.

13 Kayhan hawai, 26. Azar 1365/17. Dezember 1986.

14 Kayhan hawai, 5. Azar 1365/26. November 1986.

15 Kayhan, 27. Azar 1362/18. Dezember 1983.

16 Payame enghelab, 4. Aban 1364/26. Oktober 1985.

17 Payame enghelab, 10. Esfand 1364/1. März 1986.

18 Payame enghelab, 21. Ordibehescht 1364/11. Mai 1985.

19 Payame enghelab, 2. Tir 1363/23. Juni 1984.

5 Interview mit Banisadr.
6 Jordan, S. 266.
7 Ebenda, S. 362.
8 Interview mit Banisadr.
9 Ettelaat, 18. Bahman 1357 / 7. Februar 1979.
10 Ettelaat, 3. Ordibehescht 1359 / 23. April 1980.
11 Enghelabe eslami, 27. Chordad 1359 / 17. Juni 1980.
12 Ettelaat, 2. Ordibehescht 1359 / 22. April 1980.
13 Ettelaat, 29. Azar 1359 / 20. Dezember 1980.
14 Ettelaat, 22. Bahman 1358 / 11. Februar 1980.
15 Ettelaat, 27. Ordibehescht 1359 / 17. Mai 1980.
16 Ettelaat, 15. Tir 1359 / 6. Juni 1980.
17 Ettelaat, 16. Mordad 1359 / 7. August 1980.

Der Krieg

1 Oweissi kam am 7. Februar 1984 durch ein Attentat in Paris ums Leben.
2 Enghelabe eslami, 19. Ordibehescht 1360 / 9. Mai 1981.

Der Präsident und die Mullahs

1 Kayhan hawai, 27. Esfand 1365 / 18. März 1987.
2 Enghelabe eslami, 8. Bahman 1359 / 28. Januar 1981.
3 Enghelabe eslami, 16. Bahman 1359 / 5. Februar 1981.
4 Enghelabe eslami, 16. und 20. Bahman 1359 / 5. und 9. Februar 1981.
5 Enghelabe eslami, 16. Esfand 1359 / 6. März 1981.
6 Enghelabe eslami, 17. Esfand 1359 / 7. März 1981.
7 Enghelabe eslami, 7. Chordad 1360 / 28. Mai 1981.
8 Mizan, 3. Ordibehescht 1360 / 23. April 1981.
9 Enghelabe eslami, 9. Chordad 1360 / 30. Mai 1981.
10 Ettelaat, 26. Chordad 1360 / 16. Juni 1981.

Die nackte Gewalt

1 Ettelaat, 31. Chordad 1360 / 21. Juni 1981.
2 Der von Banisadr und den Volksmojahedin gebildete Nationale Widerstandsrat, dem sich wichtige Organisationen und Persönlichkeiten anschlossen, fiel bald auseinander. Der Absolutheitsanspruch der Volksmojahedin, ihre Kontroversen mit Banisadr und vor allem ihre Annäherung an die irakische Regierung brachten diese Front, die als ein Bündnis unterschiedlich orientierter politischer Strömungen gedacht war, zum Scheitern. Zwar wird der Name weiterhin von den Volksmojahedin geführt, doch der Rat kann nicht mehr als eine Front bezeichnet werden, er wird nur noch von den Mojahedin und ihren Anhängern getragen.
3 Ettelaat, 30. Mordad 1360 / 21. August 1981.
4 Ettelaat, 3. Schahriwar 1360 / 25. August 1981.
5 Enghelabe eslami dar Hejrat Nr. 126 / Juni 1986.

«Auch das Töten ist eine Gnade»

1 Payame enghelab, 27. Bahman 1363 / 16. Februar 1985.
2 Payame enghelab, 1. Day 1363 / 22. Dezember 1984.
3 Ettelaat, 4. Day 1359 / 25. Dezember 1980.
4 Payame enghelab, 3. Day 1362 / 24. Dezember 1983.

Eine Welt voller Teufel

1 Ettelaat, 14. Aban 1358 / 5. November 1979.
2 Payame enghelab, 24. Farwardin 1364 / 13. April 1985.
3 Siehe: Schirazi, Asghar, Problems of Land Reform in the Islamic Republic of Iran, Berlin 1987; ebenso: Masa'el-e arzi wa dehghani (Probleme der Landwirtschaft und der Bauern), Teheran 1982.
4 Payame enghelab, 13. Schahriwar 1361 / 4. September 1982.

16 Ettelaat, 22. Farwardin 1358 / 11. April 1979.
17 Interview mit Schapur Bachtiar.
18 Bachtiar, Schapur, Ma fidélité, Paris 1982 (persische Über-
setzung, S. 232).
19 Sullivan, S. 253.
20 Huyser, S. 329.

«Du bist meine Seele, Chomeini»

1 Zitiert nach Pakdaman, Nasser, Mollaha wa adamha (Mullahs
und die Menschen), in: Alefba, Nr. 4, S. 6; ebenso Esfahani, Musa,
Enghelab-e mehnatbar (Schändliche Revolution), o. J., S. 146.
2 Ayandegan (Tageszeitung), 28. Bahman 1357 / 17. Februar
1979.
3 Ayandegan, 12. Esfand 1357 / 2. März 1979.
4 Über die Aktivitäten der National-Demokratischen Front
vgl.: Nirumand, Bahman, Iran – hinter den Gittern verdorren
die Blumen, Reinbek 1985.
5 Banisadr, Chiyanat be omid, S. 391.
6 Ayandegan, 20. und 20. Esfand 1357 / 9. und 10. März 1979.
7 Bazargan, Moschkelat wa masa'el, S. 106.
8 Ayandegan, 4. Ordibehescht 1358 / 24. April 1979.
9 Ayandegan, 17. Ordibehescht 1358 / 7. Mai 1979.

Die Experten des Gottesstaates

1 Ayandegan, 7. Chordad 1358 / 28. Mai 1979.
2 Ettelaat, 16. Chordad 1358 / 6. Juni 1979.
3 Interview mit Banisadr, Mai 1986.
4 Ayandegan, 30. Chordad 1358 / 20. Juni 1979.
5 Ettelaat, 27. Tir 1358 / 18. Juli 1979.
6 Ayandegan, 1. Mordad 1358 / 23. Juli 1979.
7 Ettelaat, 10. Mordad 1358 / 1. August 1979.
8 Ayandegan, 10. Chordad 1358 / 31. Mai 1979.

9 Ettelaat, 27. Mordad 1358 / 18. August 1979.
10 Banisadr, Chiyanat be omid, S. 456.
11 Ettelaat, 28. Mordad 1358 / 19. August 1979.
12 Bazargan, Moschkelat wa masa'el, S. 221.
13 Interview mit Ali Babai.
14 Verfassung der Islamischen Republik Iran, herausgegeben von der Union der Islamischen Studentenvereine in Europa, Aachen 1980, S. 27 und S. 66.
15 Ettelaat, 29. Schahriwar 1358 / 20. September 1979.
16 Ettelaat, 1. bzw. 3. Aban 1358 / 23. bzw. 25. Oktober 1979.

Amerika – der Große Satan

1 Jordan, Hamilton, Crisis: The Last Year of the Carter Presidency, New York 1982, S. 30.
2 Ebenda, S. 32.
3 Brzezinski, S. 475 / 476.
4 Bazargan, Moschkelat wa masa'el, S. 288 / 289.
5 Ettelaat, 15. und 17. Aban 1358 / 6. und 8. November 1979.
6 Ettelaat, 20. Aban 1358 / 11. November 1979.
7 Interview mit Banisadr.
8 Interview mit Banisadr.
9 Jordan, S. 91.
10 Ettelaat, 15. Azar 1358 / 6. Dezember 1979.
11 Ettelaat, 17. Azar 1358 / 8. Dezember 1979.

In der Wüste von Tabas

1 Ettelaat, 4. Bahman 1358 / 24. Januar 1980.
2 Ettelaat, 6. Bahman 1358 / 26. Januar 1980.
3 Dieses Dokument hat Herr Banisadr uns freundlicherweise zur Verfügung gestellt. Vgl. auch Carter, Jimmy, Keeping Faith: Memoirs of a President, New York 1982, S. 496 f.
4 Jordan, S. 163 und 165.